FINANCIAL INVESTMENT ANALYSIS TECHNIQUES AND SKILLS

金融投资分析技术与技巧

欧阳莹　章　劼·主编
殷林森·副主编

复旦大学出版社

总　序

随着我国经济的快速发展，居民个人财富日益增长，中等收入的居民和家庭数量不断增加。在满足基本生活之后，如何安排子女教育、住房、社会医疗和退休保障，加强家庭风险管理等，是摆在人们面前的一系列现实问题。近几年，金融市场的迅猛发展，呈现出金融产品多样化、投资决策复杂化、家庭理财综合化的特点。人们的理财意识不断增强，依靠专业人士对家庭进行综合理财筹划的需求也日益高涨。

2004年9月，中国金融教育发展基金会金融理财标准委员会成立，并加入国际金融理财标准委员会（FPSB），获得授权在大陆独家开展国际金融理财的黄金标准——CFP（是Certified Financial Planner 的首字母缩写，意为国际金融理财师）资格认证工作，积极推广CFP资格认证培训。

CFP资格认证培训结合中国本土特点，秉承注重专业、侧重实务的原则，专注于为国内私人银行、财富管理、金融理财、零售银行等的专业人士进行金融培训，赢得了国内主流金融机构的高度认可及海内外业界人士的广泛赞誉。国内各大银行、保险公司、证券公司、基金公司等机构积极开展CFP资格认证培训，加大理财师队伍培养和建设。

国外金融理财业的迅速发展引起了教育界的关注，金融理财已经成为一门新兴的学科。在美国，多所高等教育机构培养了金融理财研究生，又有几所大学设立了金融理财博士学位。但在国内高校金融学科教学科研中，对金融理财方面的研究还不够。

2006年，上海金融学院获中国金融教育发展基金会金融理财标准委员会授权，开始进行金融理财师的培训。该院依托学校金融学科的综合优势，在金融理财方面的教学实践过程中，已经初步形成以培养应用型人才为目标的金融理财教学特色，为金融理财学科建设奠定了基础。

上海金融学院在上海市教委的大力支持下，获得了市教委高水平特色项目——金融理财中心。该项目建设任务之一是，要在金融学专业下新设金融理财方向。围绕这个新型专业方向的设立,需要建立相应的课程体系。学院在总结以往教材建设的基础上,结合应用型本科教育的经验,借鉴国内外的先进理念和做法,组织了长期在教学一线的教师,经过反复研究、讨论,推出了这套具有金融理财特色的系列教材,包括《金融理财学》、《税务筹划》、《保险理财学》、《金融投资分析技术与技巧》、《金融投资实务》和《金融理财规划》。

这套教材作为"金融理财中心"建设的标志性成果,具有鲜明的特点。一是超前性。吸收了西方发达国家金融理财的理论和方法,对我国的理财实践具有一定的借鉴意义。二是创新性。教材的理论结构和内容体系思路新颖,体例独特。三是应用性。充分体现了应用型本科教学和金融理财专业方向特色,将基础知识、专业理论和理财实践融为一体,注重基础与专业的结合、理论与实践的结合,培养学生的专业技能和综合素质。

金融理财这个新型专业方向在上海金融学院的创建,丰富了该学院金融学的学科体系,有力推动了金融理财的教学和研究工作,有利于培养金融理财专业人才,满足日益增长的理财需求。

我们期待着这套教材早日出版。

蔡重直

2009 年 12 月

前　言

进入 21 世纪以来,随着我国经济持续发展和国民收入分配体制的改革,居民财富不断增加,一方面,居民的投资意识越来越强烈,目前居民的资产已由简单的现金和存款发展到股票、债券、基金、保险、外汇等,甚至延伸至房产、汽车、黄金以及古玩字画等多个品种,居民财富中金融资产数量越来越多,内容越来越丰富。另一方面,从事金融投资服务的机构及其提供的产品越来越多,金融业对外开放度日益增大,海外金融机构积极进军中国市场,加剧了市场竞争,市场风险在聚集,消费信贷的飞速发展使得不少家庭的负债率不断攀升。在金融产品和投资工具不断丰富和完善的市场上,如何科学地安排一系列投资理财规划使之适合不同人生阶段的财务状况,需要投资者具备一定的金融投资分析的专业知识、分析技术和分析技巧。

为了适应我国金融理财市场的迫切需求,在金融理财人才的培养中,让学生完整地掌握金融投资分析的专业技术和技巧成为一个重要的教学方向,编写一本专门针对金融投资分析技术与技巧的教材成为指导该方向教学不可或缺的重要组成部分。

证券市场诞生已有三百多年的历史,关于投资分析的理论、方法、技巧的书籍也浩如烟海,在变幻莫测、纷繁复杂的证券市场中很难说哪一种分析技巧是完全正确的,但是经过实践的检验,每一种理论、方法都有其可取之处。金融投资分析的方法目前来看主要可以归结为:基本分析、技术分析、投资者心理分析。基本分析从宏观经济入手研究证券市场的总体趋势,掌握行业动向,了解公司投资价值;技术分析从历史变动来预测证券价格的未来趋势;投资者心理分析从行为金融学的角度分析投资者心理偏差带来的投资决策差异。对于证券市场的基本认识假设有两种,一种是有效市场理论,另一种是随即走动假设,很多学者支持认同后者。这些投资分析的方法和理论都有本身的适应范围及优缺点,本书在编撰时尽可能做到完整、准确、实用。

中国证券市场历年的调查表明,市场中少数人取得了比市场更好的业绩,大部分投资者的收益低于市场。同时,中国证券市场是个年轻的市场,存在一些亟待完善的问题,市场受政策等外部因素的干扰,市场的有效性假设以及随即走动假设并不完全符合中国实际,各种分析方法的灵活掌握和辩证分析是行之有效的投资经验。

本书在编写中突出以下几个特点:

第一,针对性强。本书不是金融投资的全面介绍书籍,内容侧重金融投资分析的技术与技巧,在学习和掌握了基本的金融投资知识后,针对金融投资分析内容深入展开介绍。

第二,理论与实用相结合。金融投资分析偏重实际的操作,如撰写投资分析报告、解读公司财务报表,各种技术分析工具的实际应用等,本书在编写时倾注了编者大量心血,收集整理各种图形、表格,用生动的语言让读者掌握金融投资分析的精髓。

第三,时效性强。本书尽量选取最新的市场数据资料,使学生在学习时充分结合社会实际。

本书分为四篇,第一篇为金融投资基本分析技术与技巧,分别从宏观经济分析、行业分析、公司分析三个模块介绍基本分析的内容和技巧;第二篇为金融投资技术分析与技巧,分别从技术分析概述、K线理论、量价关系、切线理论、形态理论、技术指标理论六个模块介绍技术分析的内容和技巧;第三篇为金融投资投资者行为分析技术与技巧,分别从投资者心理、投资者行为、投资策略三个模块介绍投资者行为分析的内容与技巧;第四篇为金融资产内在价值模型分析技术与技巧,主要分析介绍金融资产内在价值与市场价值的关系。

本书由欧阳莹、章劼主编,殷林森副主编。各章节编写分工如下:欧阳莹编写了第一篇金融投资基本分析技术与技巧,其中包括第一章、第二章、第三章、第四章;章劼编写了第二篇金融投资技术分析与技巧,其中包括第五章、第六章、第七章、第八章、第九章、第十章;殷林森编写了第三篇金融投资者行为分析技术与技巧,其中包括第十一章、第十二章、第十三章;第四篇金融资产内在价值模型分析与技巧,其中包括第十四章。编写过程中,参考借鉴了目前金融、投资等方面的相关书籍资料,采用了其中的部分研究成果,并将其列于本书参考文献中,在此向提供了前期成果的编著者们表示诚挚的谢意!

本书可作为金融学专业本科学生的教材,也可作为金融投资者的参考书籍。

本书的编写倾注了编写人员大量的时间和精力,但鉴于时间和水平有限,本书一定仍存在不当或疏漏之处,敬请读者予以批评指正。

欧阳莹

邮箱:ouyy@shfc.edu.cn

2010 年 10 月

目 录

第一篇 金融投资基本分析技术与技巧

第一章 金融投资基本分析概述 ················· 3
- 第一节 金融投资分析的重要性 ················· 3
- 第二节 基本分析简介 ················· 6
- 第三节 基本分析的主要内容 ················· 9
- 第四节 基本分析理论流派的发展演变 ················· 13

第二章 宏观经济分析技术与技巧 ················· 17
- 第一节 宏观经济分析概述 ················· 17
- 第二节 宏观经济分析的基本变量 ················· 20
- 第三节 宏观经济分析内容 ················· 31

第三章 行业分析技术与技巧 ················· 51
- 第一节 行业分析概述 ················· 51
- 第二节 行业的特征分析 ················· 56
- 第三节 行业分析技巧 ················· 69

第四章 公司分析技术与技巧 ················· 75
- 第一节 公司分析概述 ················· 75
- 第二节 公司基本分析与技巧 ················· 76
- 第三节 公司重大事项分析与技巧 ················· 86
- 第四节 公司财务分析 ················· 97

第二篇 金融投资技术分析与技巧

第五章 金融投资技术分析概述 ················· 121
- 第一节 技术分析的理论基础 ················· 121
- 第二节 技术分析方法的分类与注意事项 ················· 124
- 第三节 技术分析与基本分析的关系 ················· 126
- 第四节 对证券投资技术分析影响较大的几个理论 ················· 127
- 第五节 技术分析的缺陷 ················· 129

第六节　技术分析中的常用名词 …………………………………… 130

第六章　K线理论分析技术及技巧 …………………………………… 138
　　第一节　K线概述 …………………………………………………… 138
　　第二节　单一K线的图形及其行情分析 …………………………… 140
　　第三节　K线理论的实战与分析 …………………………………… 143
　　第四节　K线缺口实战技法 ………………………………………… 171
　　第五节　K线应用时应注意的问题 ………………………………… 177

第七章　量价关系分析技术与技巧 …………………………………… 180
　　第一节　不同价量形态组合模式 …………………………………… 181
　　第二节　价量逆时针曲线 …………………………………………… 182
　　第三节　传统价量关系原则 ………………………………………… 185
　　第四节　最基本的价量配合关系 …………………………………… 186
　　第五节　经典价量关系实战要领 …………………………………… 188
　　第六节　灵活、辩证运用价量关系 ………………………………… 194
　　第七节　价量分析须结合股价波动规律 …………………………… 198

第八章　切线理论分析技术与技巧 …………………………………… 211
　　第一节　趋势线 ……………………………………………………… 211
　　第二节　黄金分割线 ………………………………………………… 216
　　第三节　百分比线 …………………………………………………… 217
　　第四节　速度线 ……………………………………………………… 218
　　第五节　甘氏线 ……………………………………………………… 221
　　第六节　支撑线和阻力线 …………………………………………… 223
　　第七节　交叉线 ……………………………………………………… 227
　　第八节　通道线 ……………………………………………………… 232
　　第九节　扇形线 ……………………………………………………… 236
　　第十节　周期类切线 ………………………………………………… 240
　　第十一节　安德鲁音叉线 …………………………………………… 244
　　第十二节　波浪线 …………………………………………………… 246
　　第十三节　对称角度线 ……………………………………………… 249
　　第十四节　量度切线 ………………………………………………… 254

第九章　形态理论分析技术与技巧 …………………………………… 261
　　第一节　股价的运行规律和两种形态类型 ………………………… 261
　　第二节　反转形态分析及实践 ……………………………………… 264

第三节　整理形态分析及实践 ·· 282

第十章　技术指标分析技术与技巧 ·· 297
　　第一节　技术指标概述 ·· 297
　　第二节　移动平均线 ·· 303
　　第三节　趋向类指标 ·· 308
　　第四节　概率类指标 ·· 331
　　第五节　能量类指标 ·· 340
　　第六节　指标叠加 ··· 347

第三篇　金融投资投资者行为分析技术与技巧

第十一章　投资心理分析技术与技巧 ·· 353
　　第一节　投资决策的认知心理偏差 ··· 354
　　第二节　心理偏差与投资心理的表现形式 ·································· 359
　　第三节　投资者的群体心理 ··· 369

第十二章　投资行为分析技术与技巧 ·· 375
　　第一节　投资者的个体投资行为分析 ··· 375
　　第二节　羊群效应的心理与从众行为 ··· 386
　　第三节　证券市场中常见的市场异象行为 ·································· 392

第十三章　投资策略分析技术与技巧 ·· 402
　　第一节　行为投资组合策略 ··· 402
　　第二节　投资决策中的自我控制策略 ··· 404
　　第三节　证券市场中中小投资者的"羊群效应"及投资策略 ········ 407
　　第四节　基于行为金融学的股票常见投资策略 ·························· 412

第四篇　金融投资价值模型分析技术与技巧

第十四章　金融投资价值模型分析技术与技巧 ···························· 419
　　第一节　金融资产价值概述 ··· 419
　　第二节　金融资产收益率模型分析 ··· 420
　　第三节　资本资产定价模型分析 ··· 426
　　第四节　金融资产未来收益贴现模型分析 ·································· 433
　　第五节　市盈率模型分析 ··· 441
　　第六节　布莱克—斯克尔斯期权定价模型分析 ·························· 446

参考文献 ··· 451

第一篇

金融投资基本分析技术与技巧

第一章 金融投资基本分析概述

【本章导读】

> 金融投资如同购买其他任何商品一样,如果缺乏对购买对象的基本特征、现状和未来可能前景的了解,只能导致盲目的投资,最终失败的结果也在所难免。金融投资分析是理性地、系统地对证券进行估值的知识体系和技巧运用。金融投资分析也是一门专业化的学问,包括投资理论、方法、策略、投资组合等具体内容,在投资过程中的重要性也是不言而喻的。本章分析金融投资的重要性,介绍了金融投资分析基本过程和步骤,对金融投资的基本分析内容如宏观经济分析、行业分析和公司分析加以阐述。

第一节 金融投资分析的重要性

金融投资分析是理性地、系统地对股票进行估值的知识体系和技巧运用。虽然金融投资本身的基础可能是不理性的,并且金融投资分析也不像物理、数学一样百分之百可靠,但金融投资分析也是一门专业化的学问,包括投资理论、方法、策略、投资组合等具体内容,其在投资过程中的重要性也是不言而喻的。投资证券如同购买其他任何商品一样,如果缺乏对购买对象的基本特征、现状和未来可能前景的了解,只能导致盲目的投资,最终失败的结果也在所难免。

一、金融投资分析的意义

证券的价格是证券在市场上出售的价格,它的具体价格及其波动受制于各种经济、政治等方面的因素,并受到投资心理和交易技术等因素的影响。金融投资分析,就是投资者对证券市场所反映的各种信息进行收集、整理、综合,以了解和预测证券价格的走势,进而作出相应的投资策略,以降低风险和获取较高的收益。进行金融投资分析的必要性如下:

1. 证券大多属于风险性资产。其风险由投资者自负,所以每一个投资者在走每一步的时候都应谨慎行事。高收益带来的也是高风险,在从事投资时,为了争取尽可能大的收益,并把可能的风险降到最低限度,首先我们要做的是认真进行金融投资分析。这样,在买卖过程中才会有信心,并能看到可能发生的风险,及时避开隐蔽的陷阱,确保对投资行动来说最为重要的一点——安全。

2. 金融投资是一种智慧型投资。长期投资者要注重于基本方法,短期投资者则要注重技术分析。而要在证券市场上进行投机,更是一种需要高超智慧与勇气的举动,其前提是看准了时机再去投资。时机的把握需要投资者综合运用自己的知识、理论、技术以及方法详尽地周密分析,进行科学的决策,以获得有保障的投资收益。这与盲目的、碰运气的赌博性投资行为有根本的区别。

3. 从事金融投资要量力而行,适可而止。要时刻保持冷静的头脑,坚决杜绝贪念,要想到,哪怕只有一次要"赌一把"的心血来潮的冲动,也会让你追悔莫及。

二、金融投资的基本过程

理性的金融投资过程应该包括以下五个基本步骤:确定证券投资目标;进行证券投资分析;组建证券投资组合;投资组合业绩评估;投资组合的修正。其中最重要的内容是进行投资分析,这是投资成败的关键。

(一)确定金融投资目标

确定金融投资目标是投资过程的第一步,这一步涉及决定投资目标和可投资资金的数量。由于金融投资属于风险投资,而且风险和收益之间呈现出一种正相关关系,所以,投资者如果把只能赚钱不能赔钱定为证券投资的目标是不合适和不客观的,客观和合适的投资目标应该是在赚钱的同时也承认可能发生的亏损。因此,投资目标的确定一定要考虑风险和收益两项内容。

(二)进行金融投资分析

进行金融投资分析作为投资的第二步,方法很多,这些方法大致可分为两类:第一类称为基础分析,第二类称为技术分析。

基本分析的前提条件是:任何金融资产的"真实"(或"内在")价值等于这项资产所有者的所有预期收益流量的现值。基本分析通过对各公司的经营管理状况、行业的动态及一般经济情况的分析来研究证券的价值。基本分析试图预测这些现金流量的时间和数量,再利用适当的折现率把它们折算成现值。具体来说,需要预测折现率和证券未来的收益(股息、利息)流量(对于投资来说,这相当于预测企业的每股平均收益和派息率)两部分内容。如果预测的股票真实价值低于其当前的市场价格,则该证券的价格是被高估了,应该卖出;反之,则应该买入。基本分析包括宏观分析、行业分析、公司一般分析和公司的财务分析等内容。

技术分析的方法与出发点都和基本分析不同,它是利用某些历史资料来判断整个证券市场或个别证券价格未来变动的方向和程度的各种分析方法的统称。技术分析的目的是预测证券价格涨跌的趋势,以解决何时买卖证券的问题。技术分析偏重股票价格的分析,并认为股票价格是由供需关系所决定;技术分析并不研究影响供需状况的各种因素,而只是就供需情况、证券市场行情表上的变化加以分析。

(三)组建证券投资组合

组建证券投资组合是投资股票过程的第三步,它涉及确定具体的投资资产和投资者的资金对各种证券的投资比例。在这里,投资者需要注意个别证券选择、投资时机选择和多元化这三个问题。个别证券选择,主要是预测单只证券的价格走势及波动情况;投资时机选择,涉及预测和比较各种不同类型证券的价格走势和波动情况;多元化则是指依据一定的现实条件,组建一个在一定收益条件下风险最小的股票组合。

三、金融投资分析的步骤

投资者在进行金融投资分析时往往会受到信息不足、分析工具不全、个人分析能力有限等问题的制约,因此,投资者除自行分析外,还应参考外界力量对金融投资所作的分析,作出正确的判断。由于金融投资分析是一个复杂的过程,考虑问题时应采取从宏观到微观、由远及近的步骤进行。

第一步:必须对整个国民经济的运作,包括生产、流通、服务等各个部门作出详细的分析,以便了解国民经济各部门、各地区所处的增长阶段与其发展趋势,从而明确成千上万个具体的企业特征,了解它们在经济宏观背景下和所属行业特色下所从事的具体经济活动。

第二步:对发行股票的企业进行分析。因为股票是由不同的企业发行的,每个企业各有特点,应从股票发行企业的经济状况和财务状况入手,看其资本强弱、技术实力、获益多寡、偿债能力、成长潜力等,从而对股票发行企业作出恰如其分的判断与评价。同时,结合分析其股票本身的历史走势,看它在市场价格变动与企业财务状况相关联的特点及变化轨迹,股票交易量和股票价格变动、市场价格变动的对应关系,并运用各种分析的结果预测股票未来变化的特点及走势。

第三步:对证券市场状况进行分析。证券市场作为一个整体的表现,可能与基本分析的结果相一致,但也并不一定与之完全相同,某一证券的市场行为常常与基本经济所表现的状况相反。一个证券市场的经济状况和国民经济现状可能都是好的,但这种证券的市场价格可能反而下降;相反的,国民经济的基本状况可能并不好,但整个证券市场却可能很兴旺。总体来说,证券市场作为一个整体,其行为可能与基本投资分析所期望的不一样。证券市场有自己的好恶,投资者和投机者往往偏爱某些行业中的某些证券,不愿意投资另一些行业中的某些证券,这种情况可能会使市场趋势与整个国民经济背道而驰。但这种行为通常是短期现象,投资者不应忽视其中可能产生的得失。同时,证券市场的趋势可能领先于经济状况,它的周期性变动对可以看到也可能看不到的临时发生的技术上、心理上和投资者情绪上的事件会引起反应,使有些证券的波动比市场大一些,有些比市场小一些,不过市场作为一个整体,对每种证券价格的变动负主要责任,做决定性的影响。所以,有必要把个别证券的预测与整个证券市场的预测联系起来,互相对照,以提高个别证券价格预测的准确性。

四、金融投资分析的信息来源

(一) 政府部门

政府部门是国家宏观经济政策的制定者,是信息发布的主体,是一国金融市场上有关信息的主要来源。与金融市场相关的政府部门有以下八个部门:国务院、中国证券监督管理委员会、财政部、中国人民银行、国家发展和改革委员会、商务部、国家统计局、国务院国有资产监督管理委员会。我国四大宏观调控部门包括：财政部、中国人民银行、国家发展和改革委员会、商务部。

（二）证券交易所

我国沪、深证券交易所是不以营利为目的的会员制事业法人。证券交易所向社会公布的证券行情，按日制作的证券行情表，以及就市场内成交情况编制的日报表、周报表、月报表与年报表等，这些资料成为技术分析中的首要信息来源。

（三）上市公司

主要提供财务报表和临时公告。上市公司作为经营主体，其经营状况的好坏直接影响到投资者对其价值的判断，从而影响其股价水平的高低。作为信息发布的主体，它所公布的有关信息是投资者对其证券进行价值判断最重要的来源。

（四）中介机构

证券中介机构是指为证券市场参与者如发行人、投资者等提供各种服务的专职机构。其中包括：证券经营机构、证券投资咨询机构、证券登记结算机构以及从事证券相关业务的会计师事务所、资产评估事务所、律师事务所、信用评级机构等。

（五）媒体

媒体是信息发布的主体之一，媒体同时也是信息发布的主要渠道。具体渠道包括书籍、报纸、杂志、其他公开出版物，以及电视、广播、互联网等媒体披露有关信息。

（六）其他来源

投资者还可以通过实地调研、专家访谈、市场调查等获得有关的信息，也可以通过家庭成员、朋友、邻居等获得有关信息。

根据有关证券投资咨询业务行为的规定：证券分析师从事面向公众的证券投资咨询业务时，所引用的信息仅限于完整、详实地公开披露的信息资料，不得以虚假信息、内幕信息或者市场传言为依据向客户或投资者提供分析、建议、预测等，所以证券分析师应当谨慎处理所获得的非公开信息。

第二节　基本分析简介

一、基本分析的内涵

基本分析是指证券分析师根据经济学、金融学、财务管理学及投资学等基本原理，对决定证券价值及价格的基本要素，如宏观经济指标、经济政策走势、行业发展状况等进行分析，评估证券的投资价值，判断证券的合理价位，提出相应的投资建议的一种分析方法。

证券价值在市场上所表现的价格，往往受到许多因素的影响而频繁变动，因此，一种证券的实际价值很难与市场上的价格完全一致。如果某一天受了一种非常性因素的影响，价格背离了价值，又加上某些投资者的恐慌心理的烘托，必然会造成股市混乱，甚至形成危机。如市场上某种证券估价过高，必然竞相卖出，如果估价过低，则会引起投资者的抢购。影响证券价值的因素很多，最重要的有三个方面：一是宏观经济环境是繁荣还是萧条。二是各经济部门如农业、工业、商业、运输业、公用事业、金融业等行业的状况如何。三是发行该证券的企业的经营状况如何，如果经营得当，盈利丰厚，则其证券价值就高，价格相应的也高；反之，其价值就低，价格也越低。

基本分析法利用丰富的统计资料，运用多种多样的经济指标，采用比例、动态的分析方法从研究宏观的经济大气候开始，逐步开始中观的行业兴衰分析，进而根据微观的企业经营、盈利的现状和前景，对企业所发行的股票作出接近现实的客观的评价，并尽可能预测其未来的变化，作为投资者选购的依据。由于它具有比较系统的理论，受到学者们的支持，成为股价分析的主流方法。

基本分析法是准备做长线交易的投资者以及"业余"投资者所采取的最主要也是最重要的分析方法。因为这种分析方法是从分析金融资产的内在价值入手的，而把对金融资产市场的大环境的分析结果摆在次位，看好一支金融资产时，看中的是它的内在潜力与长期发展的良好前景，所以当我们采用这种分析法来进行完预测分析并在适当的时机购入了具体的金融资产后，就可不必耗费太多的时间与精力去关心金融资产价格的实时走势了。

二、基本分析的优、缺点

金融投资的基本面分析主要包括影响证券市场的宏观因素和微观的公司运行状况，它具有如下一些优点和不足之处。

（一）基本分析的优点

1. 信息数据的稳定性。基本面分析涵盖国民经济的宏观与微观，具有大量相关数据信息，其搜集难度相对较低，只要杜绝小道消息和传言，从正规渠道发布信息就有利于信息数据的搜集传播，也有利于资料的长期保存和去粗取精与加工整理，从而清晰地反映出规律性的东西，其分析结果也就更具有说服力和科学性。

2. 资料分析的综合性。所谓综合性，是指不偏离某一领域的数据，不放过其他看似平淡，但对市场产生长久温和影响的因素，以促成某种程度均衡的合力，这种结果必然有着相对的稳定和较明确的倾向，它显示出价格最终回归于价值的趋势，这是信息综合处理的效果，也是基本面分析特有的效应。人们只有严格按要求搜集信息，认真分析，才能获得相对全面有效的结论以指导投资实践。

（二）基本分析的局限性

1. 信息成本相对较高。信息搜集难度不高，但是其获取、整理、归类和分析的成本不低。投资者为获得第一手资料的长途跋涉，对大量无用、虚假甚至有害的信息的剔除，还有信息使用的边际效应的递减都会提高信息的成本。

2. 信息的时滞效应。人们通过各种渠道汇集信息，不管是第一手资料，还是间接的第二手资料，都要进行筛选、整理和加工，这都需要时间，即内部时滞效应，其长短由分析人员的数量、素质和分析方法的不同相应变化，这种内部时滞效应越小，投资者得到帮助的效果也越大。从采用分析结果到投资获利，又称外部时滞效应，其长短受众多不确定因素的制约，投资者是无法加以改变的。信息的时滞会影响投资者入市的时间和投资的效果。

3. 对投资者素质要求较高。基本分析要求分析人员具有较高的文化素养和对政治经济的全面关心和了解,并掌握相当的基础理论知识和社会经验,这就使得部分投资者无法对所有公开信息进行有效的分析,他们要么完全听从他人的投资建议,人云亦云,要么干脆凭感觉行事,投资随意性较大,投资质量不高,风险性较大。对于我国部分整体素质不高的投资者来说,基本分析的这个局限尤为明显。

三、金融投资基本分析的争议

20世纪30年代,Benjamin Graham第一次系统引进证券分析的基本理论。多年来,这个被称为基本分析的投资方法,成为华尔街绝大多数股票分析师和投资基金管理人的唯一基础。这些基本分析家不停地对成百上千个企业的商业模型和经营状况进行研究,试图计算出各公司股票的合理价值,从而做出最佳投资决策,然而他们的综合表现却令人失望。历史数据证明,按照职业股票分析师的建议投资股票还不如买指数基金,而共同基金整体年收益率永远低于标准普尔500股指一两个百分点。

基本分析法不能轻易带来超常的回报,其根本原因是,为了确定股票的合理价,就必须对未来的企业经营状况有准确的预测,而未来总是不可测的。基本分析家根据企业提供的信息确定其商业模式,针对处于不同发展阶段的企业,引进例如"增长型"和"价值型"等不同的投资模型,还要考虑不同行业各自独特的经营方式和发展历史。但所有这些劳动,最终都只是用企业或行业过去的历史去预测其未来的发展,难度之大是可以想象的。另外,由于基本分析法代表了市场绝大多数参与者的投资理念,基本分析投资者的整体表现自然不会与综合股指有明显的差别。共同基金也是整个市场的代表,它们的平均年收益率落后于综合股指原因是它们的管理费。

美国学术界在20世纪70年代开始流行所谓"随机行走论",认为股价的变动是完全随机的,股票和企业过去的表现不能用来预测将来,以基本分析或技术分析为基础的任何投资方法都不如综合股指。"随机行走论"的基础是所谓"有效市场假设",其主要内容有两点:第一,有关企业的新信息会立刻在市场中反映出来,没有一个市场参与者可以长期保证信息优势;第二,市场对这些信息的反应是理性的。如果这些假设成立,股票市场将永远是高效率的,任何人都不可能有长期的优势。

但对于多数市场参与者来说,"有效市场假设"绝不可能成立。首先,市场中信息传播的速度总是有限的,企业内部少数人和勤奋的职业投资者有获得信息上相对优势的可能。其次,市场参与者对信息的反应也并不理性,历史上泡沫股市的产生、破灭及经济发展的周期性是最明显的证据。在股市上有操作经验的人都知道,心理因素是成败的关键,股票交易者永远摆脱不了人类贪婪和恐惧的本性,这些都是经济学理论无法描述的。

理论分析和实际经验指出了基本分析投资者战胜综合股指的两个必需条件:一是保证信息上的优势;二是不为市场中非理性行为所惑,敢于逆向操作。

市场中永远存在着信息的不对称。美国证券法严禁任何人利用"实质性非公开"信息在市场中牟利,触犯者面临罚款和监禁。虽经过多年的检验和完善,这个"内部人交易"法规仍有一些被政府监管机构允许例外,使职业投资者合法获得一定的信息优势。在美国以外的世界其他证券市场上,信息不对称的现象更加严重。

基本分析投资者成功的另一个因素是必须以长期投资为目标,不为股价的短期波动所惑,在确定了股票的合理值后敢于逆向操作,充分利用市场中其他参与者非理性行为创造的机会。

从巴菲特的经验可以看出信息优势和逆向操作的关键。他意识到保证信息优势首先必须保证信息的真实性和可靠性,因此,企业领导人的诚信和才能是他选择投资对象的第一条件。他对企业的长期经营模式极为重视,强调商业模型的简单性和可靠性,只投资于他彻底了解的行业。巴菲特认为股价常不能反映企业的真实价值。

美国综合股指的历史平均增长率每年在7%左右,投资者想长期超过这个增长率是极其困难的。对于多数普通投资者来说,管理费最低的股指基金是最佳选择。但是正因为多数市场参与者并不具有信息上的优势,也常有非理性的行为,从而也使少数勤奋和理智的基本分析投资者获得超常收益的机会。

第三节 基本分析的主要内容

基本分析的理论基础在于:(1)任何一种投资对象都有一种可以称之为"内在价值"的固定基准,且这种内在价值可以通过对该种投资对象的现状和未来前景的分析而获得。(2)市场价格与内在价值之间的差距最终会被市场所纠正,因此市场价格低于(或高于)内在价值之日,便是买(卖)机会到来之时。基本分析的内容主要包括宏观经济分析、行业分析和区域分析、公司分析三大内容。

一、宏观经济分析

宏观经济分析主要探讨各经济指标和经济政策对证券价格的影响。宏观经济分析可以从下面几个方面着手。

1. 宏观经济运行分析

宏观经济运行对证券市场的影响体现在以下方面:公司经营效益,居民收入水平,投资者对股价的预期,资金成本。宏观经济变动与证券市场波动的关系则体现为GDP变动(持续、稳定、高速的GDP增长,高通胀下的GDP增长,宏观调控下的GDP减速增长,转折性的GDP变动,经济周期变动);通货变动(通货膨胀对证券市场的影响、通货紧缩对证券市场的影响)。

2. 宏观经济政策分析

主要研究财政政策的手段及其对证券市场的影响。财政政策的手段包括:国家预算,税收,国债,财政补贴,财政管理体制,转移支付。财政政策的种类与经济效应及其对证券市场的影响包括:减少税收、降低税率、扩大减免税范围,扩大财政支出、加大财政赤字,减少国债发行增加财政补贴。

同时要关注货币政策及其作用。货币政策工具包括:法定存款准备金率,再贴现政策,公开市场业务,直接信用控制,间接信用指导,货币政策的运作。货币政策对证券市场的影响包括:利率,中央银行的公开市场业务对证券价格的影响,调节货币供应量对证券市场的影响,选择性货币政策工具对证券市场的影响。

3. 国际金融市场环境分析

国际金融市场动荡通过人民币汇率预期影响证券市场,国际金融市场动荡通过宏观面和政策面间接影响我国证券市场。

二、行业分析

行业分析是通过深入研究某一行业发展动态、规模结构、竞争格局以及综合经济信息等,为企业自身发展或行业投资者等相关客户提供重要的参考依据。行业分析可以从下面几个方面着手。

1. 行业基本经济特性分析

行业基本经济变量是指描述行业主要经济特性的指标,对其进行分析是认识和了解一个行业整体情况的基础。行业主要经济变量包括:市场规模、市场增长率、生命周期阶段、竞争范围、竞争者数量及规模、消费者数量及规模、产品与技术更新速度、产品差异化程度、规模经济等。通过对这些变量的分析可以大致了解一个行业的整体情况。实际分析时应注意的是,有些行业可能会有独特的经济变量,此时应根据实际情况添加到分析变量中。

2. 行业演变及其驱动力分析

行业的演变对企业经营战略的制定与调整非常重要,它能增加或减少某行业作为一种投资机会的吸引力,并且常常要求企业作战略调整。行业演变过程分析的出发点是产品生命周期理论,即行业发展通常要经历进入、增长、成熟、衰退4个典型阶段。在不同阶段,行业内的一些典型经济变量表现出不同的特性(详见表1-1)。通过对这些典型行业经济变量的特性变化分析,可以基本掌握行业演变所处的阶段和未来发展趋势。

表1-1 行业典型经济变量在生命周期不同阶段的表征

经济变量	进入期	增长期	成熟期	衰退期
市场增长	较快	很快	很慢	下降
产品品种	较少	增多	稳定	减少
技术变量	大	渐稳定	稳定	—
竞争者数量	较少	增多	开始减少	大量减少
竞争规则	不确定	逐渐确定	确定	—
进入障碍	低	提高	很高	—
购买特点	不熟悉	逐渐清楚	非常清楚	—

行业发展的基本驱动因素有技术和市场需求两种。具体分析时应注意的是,这两种因素常常综合发挥作用。如当行业关键技术上的某点突破可能会首先导致市场需求发生变化,进而促进行业发展趋势的变化;某一个与本行业高度相关行业的技术或市场需求发生了重要变化,也可能对本行业技术或市场需求带来重要影响,从而影响本行业发展趋势的变化。

3. 行业竞争结构分析

企业竞争环境包含社会、经济等多种因素，其中行业竞争结构是影响行业竞争规则、企业竞争战略的关键因素。美国哈佛商学院迈克尔·波特教授提出的行业5种基本竞争力模型，供应方讨价还价能力、买方讨价还价能力、新进入者的威胁、替代产品或服务的威胁、行业内企业间竞争，这5种竞争力的强弱是决定行业经济水平（利润率）的关键因素。一个企业竞争战略的主要目标就在于使企业在行业中处于最佳位置，保护壮大自己，抗击5种竞争力，或根据自己的需要影响5种竞争力（见表1-2）。

表1-2 竞争力的主要决定因素

5种竞争力	主要决定因素
新进入者的威胁	规模经济程度、产品差异化程度、顾客的转换成本、技术障碍、销售渠道的控制程度
替代品的威胁	产品价格、产品性能、顾客的转换成本
供应方讨价还价能力	供方数量、供方产品差异化程度、企业、企业后向延伸能力、供方产品的可替代性
买方讨价还价能力	买方数量与集中程度、企业后向延伸能力、产品差异化程度
行业内的竞争	行业市场增长率、竞争者数量及均衡程度、产品差异化程度与转换成本、行业退出障碍

4. 竞争者分析

竞争者分析是站在一个具体企业的角度，对行业中的主要竞争对手进行分析。

5. 行业关键成功因素分析

关键成功因素是指企业在行业竞争中获取竞争优势的主要决定因素。通常每个行业有3—4个这样的因素。行业关键成功因素的分析对于企业了解核心竞争能力的内容，确定获取竞争优势的努力方向会带来帮助。

行业关键成功因素的分析方法主要有两种：一是根据上述部分的分析结论直接确定；二是采用对比分析的方法，对行业中最成功与最不成功企业的主要因素进行对比分析后确定。需要说明的是，随着行业发展的不同阶段，行业关键成功因素通常会表现出比较明显的动态性。

6. 行业吸引力分析

行业吸引力是指行业因具有良好的经济性等原因，而对企业产生参与其中竞争的吸引能力。行业吸引力的大小既是决定行业竞争激烈程度的主要因素之一，也是决定企业经营战略导向的主要因素之一。一般情况下，行业的吸引力越大，竞争的激烈程度也越高，企业的经营战略导向也越积极（见表1-3）。

表1-3 行业吸引力的主要影响因素及其作用

主要因素	对行业吸引力的作用
行业增长潜力	潜力越大，吸引力越强（正相关）
行业发展主要驱动力	企业掌握越多，吸引力越强（正相关）
竞争者进入、退出障碍	障碍越小，吸引力越强（负相关）
行业市场需求	需求越大，吸引力越强（正相关）

续表

主要因素	对行业吸引力的作用
行业竞争力情况	5种竞争力越弱,吸引力越强(负相关)
行业风险与不确定程度	风险和不确定性越低,吸引力越强(负相关)
行业总体利润水平	利润水平越高,吸引力越强(正相关)
行业的特殊影响因素	—

三、公司分析

公司分析是基本分析的重点,无论什么样的分析报告,最终都要落实在某家公司证券价格的走势上。公司分析可以从以下方面着手。

1. 公司竞争地位分析

欲投资的公司在本行业中的竞争地位是公司基本素质分析的首要内容。市场经济的规律就是优胜劣汰,在本行业中无竞争优势的企业,注定要随着时间的推移逐渐萎缩直至消亡。只有确立了竞争优势,并且不断地通过技术更新和管理提高来保持这种竞争优势的企业才有长期存在并发展壮大的机会,也只有这样的企业才有长期投资价值。

(1) 技术水平。决定公司竞争地位的首要因素在于公司的技术水平。对公司技术水平高低的评价可以分为评价技术硬件部分和软件部分两类。

评价技术硬件部分如机械设备、单机或成套设备,软件部分如生产工艺技术、工业产权、专利设备制造技术和经营管理技术,具备了何等生产能力和达到什么样的生产规模,企业扩大再生产的能力如何,给企业创造多少经济效益等。另外,企业如拥有较多的掌握技术的高级工程师、专业技术人员等,那么企业就能生产质优价廉、适销对路的产品,企业就会有很强的竞争能力。

(2) 市场开拓能力和市场占有率。公司的市场占有率是利润之源。效益好并能长期存在的公司,市场占有率必然是长期稳定并呈增长趋势的。不断地开拓、进取、挖掘现有市场潜力并不断进军新的市场,是企业扩大市场占有份额和提高市场占有率的主要手段。

(3) 资本与规模效益。有些行业,如汽车、钢铁、造船是资本密集型行业。这些行业往往是以"高投入、大产出"为行业基本特征。由资本的集中程度而决定的规模效益是决定公司收益前景的基本因素。以中国的汽车工业为例,中国汽车工业的三巨头一汽、二汽、上海大众迄今仍未达到国际上公认的规模经济产量,在深、沪两地交易所挂牌的其他汽车生产企业在规模上又逊一筹。另外,全国还有许多年产量不到千辆的汽车厂,其前景更是不容乐观。因而在进行长期投资时,这些身处资本密集型行业,但又无法形成规模效益的厂家,一般是不在考虑范围之内的。

(4) 项目储备及新产品开发。在科学技术发展日新月异的今天,只有不断进行产品更新、技术改造的企业才能长期立于不败之地。商海弄潮如逆水行舟,不进则退。一个企业在新产品开发上的停滞,相对于其他前进的企业,就是后退。多少"百年老字号"的倒闭都告诉人们这个道理。

2. 公司的盈利能力及增长性分析

衡量公司现实的盈利能力，以及通过分析各种资料而对公司将来的盈利能力作出预测是投资者要掌握的一项重要方法。股票投资的财务分析，就是投资者通过对股份公司的财务报表进行分析和解释，来了解该公司的财务情况、经营效果，进而了解财务报告中各项变动对股票价格的有利和不利影响，最终作出投资某一股票是否有利和安全的准确判断。财务分析的对象是财务报表，财务报表主要包括资产负债表、财务状况变动表和利润及利润分配表。衡量公司盈利能力的指标有资产利润率、销售利润率及每股收益率等。财务分析方法很多，常用的如差额分析法和财务比率分析法等。

3. 公司经营管理能力分析

在影响管理行为的管理要素中，管理者在管理活动中处于主导地位。在客观条件相近的两个组织中，决定管理工作好坏的关键因素就是管理者。管理者能力的高低，对保证组织目标的实现和管理效能的提高起着决定性的作用。公司经营管理能力的分析可以从以下方面考虑，如各层管理人员素质及能力分析、企业经营效率分析、内部调控机构效率分析、人事管理效率评估、生产调度效率分析。

第四节 基本分析理论流派的发展演变

西方证券投资理论中的基本分析流派是指以经济周期、宏观经济形势、行业特征以及上市公司的基本财务状况作为投资分析对象与投资决策基础的证券投资分析流派。基本分析又称为基本面分析，是指根据经济学、金融学、会计学、财务管理学以及投资学的基本原理，对能够决定证券价格或价值的基本要素，比如经济走势、宏观经济指标、行业发展状况、企业经营情况、产品市场状况、公司盈利状况以及财务状况等信息进行分析，在分析的基础上判断证券的投资价值和合理价位，进行投资决策。基本分析流派体现了以价值分析理论为基础、以统计计算和现值计算为主要方法的特征，又称为价值投资理论。

西方证券投资理论中的基本分析流派强调股票的基本价值，认为公司基本价值决定了股票在市场上的价格。从长期来看，股票的价格总是围绕着其基本价值上下波动。基本分析流派是西方证券投资理论界的主流分析流派。由于对股票基本价值判断的不同，基本分析流派可以分为价值投资流派和成长投资流派两个派别，但随着时间的推移和投资理论的不断发展，两个流派也逐渐融合，形成基本分析流派的理论体系。

一、20世纪30年代西方大萧条之前的基本分析流派

基本分析流派的价值投资流派和成长投资流派在20世纪30年代西方大萧条之前就已经出现，但价值投资流派产生的时间要早于成长投资流派。

价值投资流派产生于第一次世界大战之前。这段时期对股票投资的一些基本观点主要包括：如果对股票价值的分析不是根据过去的既定事实，而是根据对未来的预期，那么股票价值的分析者就采取一种投机的态度；投资者在投资决策时倾向于重视长期股利回报的积累；股票的投资者一般是企业家，他们将购买股票视为获得公司所有权的一种方式，同时他

们采取估价自己企业的方法来对其他的企业进行评估。在第一次世界大战之前，价值投资方法主要是对股票所对应的资产价值进行关注。"价值投资之父"格雷厄姆认为，在这段时期，投资者在购买普通股的时候有两个出发点：一是股票的面值，因为面值代表着投资者投入企业的现金或财产的初始价值；二是账面价值，账面价值等于面值加上积累盈余中的估算权益。投资者在对股票进行分析时往往以其账面价值为基准，他们的疑问主要表现在以与股票账面价值不相等的市场价格购买股票是否合算，此时证券分析的一个重要功能就是分析上市公司财务报表中所披露的固定资产价值是否与公司财产的基本成本相符合。

最早对"价值投资"进行论述的是美国金融帝国的创始人摩根（J. P. Morgan），他认为投资应从"控制企业"的角度来进行。这段时间关于价值投资的思想主要是"长期持有股票并获得相应的股利"，股票价格的变动只取决于对未来股息的预期，而与市场上的交易行为是不相关的，这也是最早的关于价值投资理念的思想。

成长投资流派的创始人是埃德加·史密斯（E. L. Smith）。他于1924年发表了《以普通股进行的长期投资》，他在书中提出，股票是比固定收益债券更有效的长期投资工具，普通股的价值取决于它的未来预期收益，从而消除了人们对普通股票的偏见（一般的投资者认为由于普通股比固定收益债券有更高的风险，所以他们对普通股有一定的恐惧感）。史密斯的思想也奠定了成长投资理论的基础，同时，当时著名的经济学家、宏观经济理论的奠基人凯恩斯和新古典学派的代表欧文·费雪（L Fisher）也同意史密斯的观点。

二、20世纪30年代（大萧条以后）——50年代：价值投资流派的迅速发展

经历了20世纪20年代末30年代初大萧条的痛苦之后，西方投资者对股票市场的恐惧程度进一步加深。但这时，本杰明·格雷厄姆（B. Graham）用专业的理论观点和富有逻辑的分析力度改变了人们对股票市场的偏见。格雷厄姆首次将富有逻辑的分析原理引入到股票市场的投资，改变了人们过去只根据直觉和感性认识进行投资的思想状况。他是西方证券投资理论发展历史上第一次用理论观点分析股票市场的学者，打破了人们对于"股票市场是投机市场"的认识，同时形成了一套完整的价值投资理论框架，被誉为"价值投资之父"。格雷厄姆的主要著作有1934年出版的《证券分析》、1935年出版的《上市公司财务报表解读》和1949年出版的《聪明的投资者》。这些思想也发展成了日后在华尔街普遍采用的股票投资方法。格雷厄姆在出版的这些著作中阐述了自己的价值投资思想，主要有：

① 股票的价格是由其"内在价值"决定的，"内在价值"是股票投资的基础和基准。
② 对公司价值的评估应重视公司持有资产的现值。
③ 投资和投机是完全不同的两个概念。
④ 投资的时候要进行长线投资，同时要注重分散的投资。

格雷厄姆认为，在投资中不应进行过多的预测（这一点是和成长投资学派的分歧，成长投资学派认为应对未来的收益进行预测）。

另外，约翰·威廉姆森（John. B. Williams）也是这段时期价值分析流派中的一个重要代表，同时也是第一个严格定义股票价值的学者。威廉姆森于1938年发表的《投资价值理论》中认为，公司的价值应该等于公司证券持有者在未来年份中得到的红利和利息的现值，这一

理论观点就是威廉姆森的"投资价值理论",他的这一思想给出了一个衡量公司价值的数学思想。威廉姆森所表达的公司价值等于未来现金流折现的思想,不仅拓展了投资者对股票投资和债券投资的理解,而且丰富了经济领域中有关证券投资的分析方法,更为后来的现代证券投资理论、公司财务理论以及证券分析理论的发展打下了基础,也导致了著名的"戈登模型"的产生。

在进行股票投资中,威廉姆森认为,公司未来收益、利润或股息等收益指标的增长是对公司价值进行评估的决定性因素。他的理论观点虽然被归为价值投资流派,但其中也包含着成长投资流派的思想,同时他也是一个非常坚定的长期投资者。威廉姆森的理论观点为股票价值的计算提供了一个精确的数学模型,并将股票价值和公司的未来成长状况密切地联系起来,是西方证券投资理论中基本分析流派的重要代表人物。

三、20世纪50年代以后:价值投资流派和成长投资流派的不断融合

在史密斯创立成长投资流派以后,直到20世纪50年代,该理论学派才有了更进一步的发展,代表人物就是菲利普·费雪(P. Fisher)。费雪(1958)避开了严密的数学模型,从一个全新的角度阐述了公司的成长价值。他于1958年发表的《普通股的非凡利润》中认为,对公司股票价值的分析不应只注重公司的未来收益,更要注重公司新产品的开发、公司的竞争优势、公司的管理创新、公司经理人的诚信等"软件"方面的因素。费雪从一个全新的角度试图帮助投资者更好地把握公司成长的内在原因,拓宽了学者们的研究视角,从而被视为成长投资学派的奠基人之一。

在费雪对成长投资学派的理论体系进行进一步的论述以后,该学派和价值投资学派的融合速度不断加快。将两种学派的理论观点进行融合的著名投资分析师就是沃伦·巴菲特(W. Bufferr)。巴菲特是一位著名的投资天才,他以格雷厄姆的价值投资思想和费雪的成长投资思想理论为基础,并融入了自己对股票市场的理解,成功地展示了自己在股票投资领域的才能,并提出了发展的成长投资理论。巴菲特综合以上几位学者的理论思想,认为应从公司的经营角度进行投资分析。他认为成功的投资者就是把购买股票看作成为公司的合伙人,这样投资者就可以参与公司的经营决策,同时投资者也应注重长期的收益状况。在格雷厄姆的理论方面,巴菲特继承了他的"安全边际理论",认为公司的实质价值和购买价格之间的差距只有在足够大的情况下才能保证投资的收益性和安全性,购买价格才是投资活动中最重要的。巴菲特认为,应致力于寻找具有强烈扩张实质价值潜质的公司,同时认为价格低于实质价值的股票并不是具有投资价值的股票,理想的、具有投资价值的股票应当同时满足以下两个条件,即市场价格低于内在价值和公司的内在价值具有扩张的潜质,也就是说,除了股票的市场价格要低于内在价值,公司的价值也要不断地增加。因此,巴菲特从股票价格与内在价值的对比以及公司价值的增长状况两方面来对公司的股票进行分析,认为应购买一流公司的股票。具有扩张价值的公司才是有价值的公司。

20世纪80—90年代以来,随着各种金融市场和资本市场的不断完善,价值投资流派和成长投资流派的融合速度进一步加快,同时股票市场上又出现了一个新的现象,即并购重组,因此强调控制投资和资产转换的现代价值投资理论就发展起来了,这一创始人是马丁·

怀特曼(M. Whiteman)。怀特曼的现代价值投资理论与有效市场假设理论和现代证券投资组合理论不同，同时也不同于格雷厄姆的价值投资理论和费雪的成长投资理论。现代价值理论在分析中采用了微观经济理论的均衡分析方法，在对股票的价格进行评估时综合考虑了公司的现金流、资产价值以及盈利状况等因素，同时在分析时也没有过分地强调某一个因素。怀特曼认为，投资者在进行投资决策时，公司的价值只可能是一个需要考虑的因素，但常常不一定是非常重要的因素。在其他的分析方法中，通常将企业界定为从事特定日常经营活动的、按照传统的投融资方式进行融资和投资管理的持续经营者，而在怀特曼的现代价值投资理论中，由于采用微观经济理论中的均衡分析方法，企业在这里既被看作一个资源的转换者，又被看作一个持续的经营者，它在运作中可以把自己资产或者负债项目里的子项目重新配置到新的领域，这一重新配置一般通过控制权的变动、并购重组、首次公开发行、杠杆收购来进行。怀特曼认为，对公司进行的分析与市场分析是没有关系的，在公司的整体状况没有受到永久性损害的情况下，股票价格的下跌也只是一种暂时的现象。

总之，从基本分析理论流派的发展过程可以看出，在早期的理论中，投资者只是完全被动地持有股票，其投资股票的主要目的就是获得长期股息收入，而后期的投资者可以在完整理论的指导下主动进行投资，其投资的主要思路就是投资者控制投资。而到成长投资流派和价值投资流派相融合的现代价值投资理论中，投资者的行为则更加进取，他们在投资中更倾向于把公司看作可以进行重组和并购转化的微观主体。早期的格雷厄姆、威廉姆森以及费雪的理论为现代价值投资理论的诞生打下了一个坚实的微观基础，正是这些投资思想的不断融合才形成了今天华尔街式的股票投资范式。

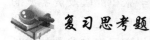

1. 金融投资分析的意义有哪些？
2. 简述金融投资的过程。
3. 如何进行金融投资分析？
4. 金融投资分析的具体步骤有哪些？
5. 可以从哪些渠道获得金融投资分析信息？
6. 为什么要开展基本分析？
7. 基本分析的优、缺点。
8. 基本分析的主要内容有哪些？
9. 宏观经济分析可以从哪些方面着手？
10. 行业分析可以从哪些方面着手？
11. 公司分析可以从哪些方面着手？

第二章　宏观经济分析技术与技巧

【本章导读】

> 经济运行与发展是一个抽象的过程,宏观分析的首要步骤就是熟悉反映宏观经济运行状况的各项指标。本章分析了国民经济发展状况的各项主要指标,如国民生产总值、国民收入、物价总指数、工农业总产值等,并介绍了分析货币形势与货币政策时需要的货币供应量、金融机构贷款、居民储蓄存款等金融指标。

证券投资是金融投资的一个重要环节,证券投资的目的就是合理地将当前财富和未来储蓄分配在各种投资工具上,以便更好地达到所设定的理财目标,而证券投资分析则是从宏观经济分析开始。

第一节　宏观经济分析概述

一、宏观经济分析的意义

宏观经济分析是结合居民、企业、政府和对外贸易这四大部门的运行来揭示一国经济的总产出、价格水平、就业水平和利率等宏观变量是如何变动的。在金融投资分析过程中,宏观经济分析是一个重要环节,只有对国内甚至国际的宏观经济有一定的认识,能够较为清楚地分析当前的国民经济运行状况,理解国家的宏观政策导向和未来的变动趋势,才能准确判断投资组合收益和风险变动的方向。只有密切关注宏观经济因素的变化,如货币政策和财政政策的变化,才能准确抓住金融投资的市场时机。

国民经济是一个统一的有机整体,在这个有机整体当中,有着门类齐全的不同部门,各部门又有千差万别的不同行业,各行业中更有成千上万的不同企业。这些众多的企业、行业和部门有着千丝万缕的密切联系,它们相互影响、相互制约。企业的强弱受行业的影响,行业的盛衰受部门的制约,部门是否兴旺又取决于国民经济的增长与发展的速度和质量。企业是国民经济的基本单位,但在不同的经济气候之下,企业的生产经营活动受到不同的影响,生产经营的后果也会有显著的不同,这就要求企业适时地进行调整。比如当国民经济处在繁荣或衰退的不同阶段时，影响国民经济发生重大变化的各种关键因素的变量，如利率和物价等也会出现上下波动，企业若不能适时地做出反应，必定会受到严重影响，遭受重大损失，甚至危及企业的生存。

证券市场与宏观经济密切相关，素有宏观经济晴雨表之称，所以宏观分析对证券投资来说非常重要。证券投资活动效果的好坏及效率的高低，不仅要受国民经济基本单位的影响，也要受宏观经济形势的直接制约。因此，宏观经济分析对投资者、投资对象、证券业本身乃至整个国民经济的快速健康发展都具有非常重要的意义。

二、宏观经济分析的基本方法

1. 总量分析法

总量分析法是指对影响宏观经济运行总量指标的因素及其变动规律进行分析，如对国民生产总值、消费额、投资额、银行贷款总额及物价水平的变动规律的分析等，进而说明整个经济的状态和全貌。总量分析主要是一种动态分析，因为它主要研究总量指标的变动规律。同时也包括静态分析，因为总量分析包括考察同一时间内各总量指标的相互关系，如投资额、消费额和国民生产总值的关系等。总量是反映整个社会经济活动状态的经济变量，它包括两个方面。一是个量的总和。例如，国民收入是构成整个经济各单位新创造价值的总和，总投资是指全社会私人投资和政府投资的总和，总消费是指参与经济活动各单位消费的总和。二是平均量或比例量。例如，价格水平是各种商品与劳务相对于基期而言的平均价格水平。

2. 结构分析法

结构分析法是指对经济系统中各组成部分及其对比关系变动规律的分析。如国民生产总值中三次产业的结构分析、消费和投资的结构分析、经济增长中各因素作用的结构分析等。结构分析主要是一种静态分析，即对一定时间内经济系统中各组成部分变动规律的分析。如果对不同时期内经济结构变动进行分析，则属于动态分析。

总量分析和结构分析是相互联系的。总量分析侧重于总量指标速度的考察，分析经济运行的动态过程；结构分析侧重于对一定时期经济整体中子组成部分相互关系的研究，分析经济现象的相对静止状态。总量分析非常重要，但它需要结构分析来深化和补充，而结构分析要服从于总量分析的目标。为使经济正常运行，需要对经济运行进行全面把握，将总量分析方法和结构分析方法结合起来使用。

3. 经济指标分析法

宏观经济分析可以通过一系列经济指标的计算、分析和对比来进行。经济指标是反映经济活动结果的一系列数据和比例关系。经济指标有三类。一是先行指标。这类指标可以对将来的经济状况提供预示性的信息。从实践来看，通过先行指标对国民经济的高峰和低谷进行计算和预测，得出结论的时间可以比实际高峰和低谷的出现时间提前半年。先行指标主要有货币供应量、股票价格指数等。二是同步指标。通过这类指标算出的国民经济转折点大致与总的经济活动转变时间同时发生。也就是说，这些指标反映的是国民经济正在发生的情况，并不预示将来的变动。同步指标主要包括失业率、国民生产总值等。三是滞后指标。这些指标反映出的国民经济的转折点一般要比实际经济活动晚半年。滞后指标主要有银行短期商业贷款利率、工商业未还贷款等。此外，还有国内外在进行宏观经济分析时经常使用的国内生产总值、国民生产净值、国民收入、个人收入、个人可支配收入等5个有密切联系的主要综合指标来反映和分析国民经济的主要面貌，如经济发展水平及其增长状况、国内生产总值和国民收入在部门与行业间的分配情况等。经济指标有许多个，要进行证券投资的宏观经济分析，主要选取那些能从各方面综合反映国民经济的基本面貌，并能与证券投资活动有机结合的指标。

4. 计量经济模型分析法

所谓计量经济模型，就是表示经济现象及其主要因素之间数量关系的方程式。经济现象之间的关系大都属于相关或函数关系，建立计量经济模型并进行运算，就可以探寻经济变量间的平衡关系，分析影响平衡的各种因素。

计量经济模型主要有经济变量、参数以及随机误差三大要素。经济变量是反映经济变动情况的量，分为自变量和因变量。而计量经济模型中的变量则可分为内生变量和外生变量两种。内生变量是指由模型本身加以说明的变量，它们是模型方程式中的未知数，其数值可由方程式求解获得；外生变量则是指不能由模型本身加以说明的量，它们是方程式中的已知数，其数值不是由模型本身的方程式算得，而是由模型以外的因素产生。计量经济模型的第二大要素是参数。参数是用以求出其他变量的常数。参数一般反映出事物之间相对稳定的比例关系。在分析某种自变量的变动引起因变量的数值变化时，通常假定其他自变量保持不变，这种不变的自变量就是所说的参数。计量经济模型的第三个要素是随机误差。是指那些很难预知的随机产生的差错，以及经济资料在统计、整理和综合过程中所出现的差错。随机误差可正可负，或大或小，最终正负误差可以抵消，因而通常忽略不计。

为证券投资而进行宏观经济分析，主要应运用宏观计量经济模型。所谓宏观计量经济模型是指在宏观总量水平上把握和反映经济运动的较全面的动态特征，研究宏观经济主要指标间的相互依存关系，描述国民经济各部门和社会再生产过程各环节之间的联系，并可用于宏观经济结构分析、政策模拟、决策研究以及发展预测等功能的计量经济模型。

在运用计量经济模型分析宏观经济形势时，除了要充分发挥模型的独特优势，挖掘其潜力为我所用之外，还要注意模型的潜在变量被忽略、变量的滞后长度难确定，以及引入非经济方面的变量过多等问题，以充分发挥这一分析方法的优越性。

5. 概率预测分析法

某随机事件发生的可能性大小称为该事件发生的概率，概率论则是一门研究随机现象的数量规律的学科。目前，越来越多的概率论方法被运用于经济、金融和管理科学。

概率论方法也在宏观经济分析中找到了用武之地。比如用计量经济模型进行预测时，就要给出以一定的概率处于一个区间的随机量。

在宏观经济分析中引入概率论的方法进行预测，西方国家早在20世纪初期即已开始，但到第二次世界大战后才开始蓬勃发展。这主要是由于政府调节经济、制定改革措施的迫切需要。各种宏观经济预测实践都是政府制定财政、货币、对外经济政策的重要依据，例如美国联邦储备委员会就要根据概率预测制定货币供应量目标。

概率预测的重要性是由客观经济环境和该方法自身的功能决定的。要了解经济活动的规律性,必须掌握它的过去,进而预计其未来。比如要进行证券投资,就要先熟知整个经济及其组成部门的过去、现状和未来。虽说国民经济的领域广阔、关系错综复杂,但从时间序列上看,却有必然的前后继承关系。只要掌握了经济现象的过去变动情况,就可以以此为依据,加入可能出现的新因素适当调整,就可以预计事物的将来。过去的经济活动都反映在大量的统计数字和资料上,根据这些数据,运用概率预测方法,就可以推算出以后若干时期各种相关的经济变量状况。

概率预测方法运用得比较多也比较成功的是对宏观经济的短期预测。宏观经济短期预测是指对实际国民生产总值及其增长率、通货膨胀率、失业率、利息率、个人收入、个人消费、企业投资、企业利润及对外贸易差额等指标的下一时期水平或变动率的预测,其中最重要的是对前三项指标的预测。西方各国进行这一预测的公司机构很多,它们使用自己制定的预测技术或构造的计量经济模型进行预测并定期公布预测数值,预测时限通常为一年或一年半。

概率预测实质上是根据过去和现在推想未来,广泛搜集经济领域的历史和现时的资料是开展经济预测的基本条件,善于处理和运用资料又是概率预测取得效果的必要手段。

6. 宏观分析资料的搜集与处理

宏观分析所需的有效资料一般包括政府的重点经济政策与措施、一般生产统计资料、金融物价统计资料、贸易统计资料、每年国民收入统计与景气动向、突发性非经济因素等。这些资料来源主要有。

① 从电视、广播、报纸、杂志等了解世界经济动态与国内经济大事。

② 政府部门与经济管理部门,省、市、自治区公布的各种经济政策、计划、统计资料和经济报告,各种统计年鉴,如《中国统计年鉴》、《中国经济年鉴》、《经济白皮书》等。

③ 各主管公司、行业管理部门搜集和编制的统计资料。

④ 部门与企业内部的原始记录。

⑤ 各预测、情报和咨询机构公布的数据资料。

⑥ 国家领导人和有关部门、省市领导报告或讲话中的统计数字和信息等。

其中,数据资料是宏观分析与预测,尤其是定量分析预测的基础。无论是对历史与现状的总结,还是对未来的预测,都必须以它为依据。因此,对数据资料有一定的质量要求,如准确性、系统性、时间性、可比性、适用性等。需要注意的是,有时资料可能因口径不一致而不可比,或是存在不反映变量变化规律的异常值,此时还需对数据资料进行处理。

第二节 宏观经济分析的基本变量

一、国民经济总体指标

1. 国内生产总值

国内生产总值(GDP)是指一个国家(或地区)所有常住居民在一定时期内(一般按年统

计)生产活动的最终成果。

区分国内生产和国外生产一般以"常住居民"为标准,只有常住居民在1年内生产的产品和提供劳务所得到的收入才计算在本国的国内生产总值之内。常住居民是指:①居住在本国的公民;②暂居外国的本国公民;③长期居住在本国但未加入本国国籍的居民。因此,一国的国内生产总值是指在一国的领土范围内,本国居民和外国居民在一定时期内所生产的、以市场价格表示的产品和劳务的总值。也就是在一国的国民生产总值中减去"国外要素收入净额"后的社会最终产值(或增加值)以及劳务价值的总和。

从这个意义上讲,与以"国民原则"为核算标准的国民生产总值(GNP)相比,以"国土原则"为核算标准的国内生产总值(GDP)不包含本国公民在国外取得的收入,但包含外国居民在国内取得的收入;相反,国民生产总值(GNP)包含本国公民在国外取得的收入,但不包含外国居民在国内取得的收入。

GDP = GNP − 本国居民在国外的收入 + 外国居民在本国的收入 或 GDP

在国民经济核算中,国内生产总值有三种计算方法,即生产法、收入法和支出法。三种方法分别从不同的方面反映国内生产总值及其构成。以常用的支出法为例,统计GDP时,要将出口计算在内,但不计算进口。其公式为:

$$GDP = C + I + G + (X - M)$$

上式中,C代表"消费"(即常住居民的个人消费。其中,所有房屋,包括居民住房的购买,都属于固定资本,而不属于消费性支出);I代表"投资"(包括净投资与折旧);G代表"政府支出"(包括政府购买,但不包括政府转移支付,以避免重复计算);X代表"出口",M代表"进口",(X − M)则表示"净出口"。

在宏观经济分析中,国内生产总值指标占有非常重要的地位,具有十分广泛的用途。国内生产总值的持续、稳定增长是政府着意追求的目标。

值得注意的是,国内生产总值等总量指标的情况只能对国民经济形势有一个大致的判断,要深入掌握经济运行的内在规律,还必须对经济运行的变动特点进行分析。与对国内生产总值等总量指标的分析相比,对经济运行变动特点进行分析更偏重于对经济运行质量的研究,主要包括以下几方面:一是经济增长的历史动态比较,说明增长波动的特征,即所处经济周期的阶段特征;二是经济结构的动态比较,说明经济结构的变化过程和趋势;三是物价变动的动态比较,说明物价总水平的波动与通货膨胀状况,并联系经济增长、经济结构的发展变化等,说明物价变化的特点及其对经济运行主要方面的影响。

2. 经济增长率

国内生产总值增长率通常被用来衡量一个国家的经济增长速度,也称经济增长率,它是反映一定时期经济发展水平变化程度的动态指标,也是反映一个国家经济是否具有活力的基本指标。对于发达国家来说,其经济发展总水平已经达到相当的高度,经济发展速度的提高就比较困难。对经济尚处于较低水平的发展中国家而言,由于发展潜力大,其经济发展速度可能达到高速甚至超高速增长。这时就要警惕由此可能带来的诸如通货膨胀、泡沫经济等问题,以免造成宏观经济的过热。

3. 工业增加值

工业增加值是指工业行业在报告期内以货币表现的工业生产活动的最终成果,是衡量国民经济的重要统计指标之一。

工业增加值有两种计算方法：一是生产法，即工业总产出减去工业中间投入。二是收入法，即从收入的角度出发，根据生产要素在生产过程中应得到的收入份额计算。具体构成项目有固定资产折旧、劳动者报酬、生产税净额、营业盈余，这种方法也称为要素分配法。以常用的支出法为例，工业增加值等于工业总产值与中间消耗的差额。工业增加值率则是指一定时期内工业增加值占工业总产值的比重，反映降低中间消耗的经济效益。

测算工业增加值的基础来源于工业总产值，即以货币表现的工业企业在一定时期内生产的已出售或可供出售的工业产品总量，它反映一定时间内工业生产的总规模和总水平。工业总产值采用"工厂法"计算，即以工业企业作为一个整体，按企业工业生产活动的最终成果来计算，企业内部不允许重复计算，不能把企业内部各个车间（分厂）生产的成果相加。但在企业之间、行业之间、地区之间存在着重复计算。

4. 失业率

失业率是指劳动力人口中失业人数所占的百分比，劳动力人口是指年龄在16岁以上具有劳动能力的人的全体。

目前，我国统计部门公布的失业率为城镇登记失业率，即城镇登记失业人数占城镇从业人数与城镇登记失业人数之和的百分比。城镇登记失业人数是指拥有非农业户口，在一定的劳动年龄内，有劳动能力，无业而要求就业，并在当地就业服务机构进行求职登记的人员数。

高就业率（或低失业率）是经济社会追求的另一个重要目标。失业率上升与下降是以国内生产总值（GDP）相对于潜在GDP的变动为背景的，而其本身则是现代社会的一个主要问题。当失业率很高时，资源被浪费，人们收入减少。此时，经济问题还可能影响人们的情绪和家庭生活，进而引发一系列的社会问题。在我国引用失业率指标时，还要考虑到下岗工人以及待业问题。

但值得注意的是，通常所说的充分就业是指对劳动力的充分利用，但不是完全利用，因此在实际的经济生活中不可能达到失业率为零的状态。在充分就业情况下也会存在一部分"正常"的失业，如结构性失业。

5. 通货膨胀

通货膨胀是指用某种价格指数衡量的一般价格水平的持续、普遍、明显的上涨。

对通货膨胀的衡量可以通过对一般物价水平上涨幅度的衡量来进行。一般说来，常用的指标有以下三种：零售物价指数、批发物价指数、国民生产总值物价平减指数。其中，零售物价指数又称为消费物价指数或生活费用指数，反映消费者为购买消费品而付出的价格的变动情况；批发物价指数反映一国商品批发价格上升或下降的幅度；国民生产总值物价平减指数则是按当年不变价格计算的国民生产总值与按基年不变价格计算的国民生产总值的比率。由于以上三种指标在衡量通货膨胀时各有优缺点，且所涉及商品和劳务的范围不同、计算口径不同，即使在同一国家的同一时期，各种指数所反映的通货膨胀程度也不尽相同，所以，在衡量通货膨胀时需要选择适当的指数。一般说来，在衡量通货膨胀时，零售物价指数使用得最多、最普遍。

通货膨胀常被视为经济的头号大敌,政治家和银行家天天对通货膨胀的危险性做出判断。各国政府都曾为控制通货膨胀采取过猛烈的行动。那么通货膨胀究竟对社会经济会产生哪些影响呢?一是造成收入和财富的再分配,二是形成不同商品相对价格和产量的扭曲,有时甚至是整体产量和就业的扭曲。但是这种影响是十分复杂的,因为,通货膨胀从方式上有平衡和不平衡之分,有被预期和未被预期之分,从程度上则有温和式的、严重的和恶性的三种。温和式通货膨胀(低于10%)对经济的影响是十分有限的,而严重的通货膨胀则指两位数的广阔空间,恶性通货膨胀指三位数以上的通货膨胀。

无论通货膨胀的实际或者觉察到的代价究竟如何,各个国家在今天都不会长期容忍高通货膨胀率。或迟或早,它们要采取步骤减轻通货膨胀,但为抑制通货膨胀而采取的货币政策和财政政策的反作用通常是高失业率和国内生产总值(GDP)的低增长,因此而损失的产量和就业数量本身作为通货膨胀的代价是很大的。

正因为通货膨胀对经济运行有这样大的影响,投资者要进行投资就必须对通货膨胀产生的可能及其程度有一个大约的预测。对于通货膨胀产生的原因,传统的理论解释主要有三种:需求拉上的通货膨胀、成本推进的通货膨胀、结构型通货膨胀。而在实践中,要正确把握通货膨胀可能的发展变化,还必须把它与经济增长的动态比较结合起来考虑,并考虑各种对通货膨胀发展所产生的影响的重要冲击因素,如政治经济体制的改革、经济结构的转变、战争、国际收支状况,以及一些突发的不确定性事件等。

5. 国际收支

国际收支一般是一国居民在一定时期内与非本国居民在政治、经济、军事、文化及其他往来中所产生的全部交易的系统记录。这里的"居民"是指在国内居住1年以上的自然人和法人。国际收支主要反映:(1)一国与他国之间的商品、劳务和收益等交易行为;(2)该国持有的货币、黄金、特别提款权的变化,以及与他国债权、债务关系的变化;(3)凡不需要偿还的单方转移项目和相应的科目、由于会计上必须用来平衡的尚未抵消的交易。

国际收支包括经常项目和资本项目。经常项目主要反映一国的贸易和劳务往来状况,包括贸易收支(也就是通常的进出口)、劳务收支(如运输、港口、通讯和旅游等)和单方面转移(如侨民汇款、无偿援助和捐赠、国际组织收支等),是最具综合性的对外贸易的指标。资本项目则集中反映一国同国外资金往来的情况,反映着一国利用外资和偿还本金的执行情况。资本项目一般分为长期资本和短期资本。长期资本是指合同规定偿还期超过1年的资本或未定偿还期的资本(如公司股本),其主要形式有直接投资、政府和银行的长期借款及企业信贷等。短期资本指即期付款的资本和合同规定借款期为1年或1年以下的资本。

进口和出口是国际收支中最主要的部分。进口量是指一个国家(或地区)所有常住居民向非常住居民购买或无偿得到的各种货物和服务的价值。反之,出口量则指一个国家(或地区)所有常住居民向非常住居民出售或无偿转让的各种货物和服务的价值。进出口总量及其增长是衡量一国经济开放程度的重要指标,且进口和出口的数量与结构直接对国内总供需产生重大的影响。实现国际收支平衡需要避免国际收支的过度逆差或顺差,可以维持适当的国际储备水平和相对稳定的汇率水平。

全面了解掌握国际收支状况,有利于从宏观上对国家的开放规模和开放速度进行规划、预测和控制。

二、投资指标

投资规模是指一定时期在国民经济各部门、各行业再生产中投入资金的数量。投资规模是否适度，是影响经济稳定与增长的一个决定因素。投资规模过小，不利于为经济的进一步发展奠定物质技术基础；投资规模安排过大，超出了一定时期人力、物力和财力的可能，又会造成国民经济比例的失调，导致经济大起大落。

全社会固定资产投资是衡量投资规模的主要变量。按经济类型划分，全社会固定资产投资包括国有经济单位投资、城乡集体经济单位投资、其他各种经济类型的单位投资和城乡居民个人投资。按我国现行管理体制划分，全社会固定资产投资包括基本建设、更新改造、房地产开发投资和其他固定资产投资四部分。固定资产投资是社会固定资产再生产的主要手段。固定资产投资额是以货币表现的建造和购置固定资产活动的工作量，它是反映固定资产投资规模、速度、比例关系和使用方向的综合性指标。

随着我国改革开放的不断深入，投资主体呈现出多元化的趋势，主要包括政府投资、企业投资和外商投资三个方面。

1. 政府投资

政府投资是政府以财政资金投资于经济建设，其目的是改变长期失衡的经济结构，完成私人部门不能或不愿从事的、但对国民经济发展却至关重要的投资项目，如大型水利设施、公路建设和生态保护等。同时，政府投资也是扩大投资需求、促进经济增长的重要手段。

2. 企业投资

随着我国现代企业制度的建立，企业逐渐成为了投资主体之一，企业投融资的权力不断扩大。随着我国市场化改革的不断深入，企业投资需求将成为国内投资需求的主要部分，企业投资的规模和方向影响着一国经济未来的走向。

3. 外商投资

外商投资包括外商直接投资和外商间接投资。外商直接投资是指外国企业和经济组织或个人（包括华侨、港澳台胞以及我国在境外注册的企业）按我国有关政策法规，用现汇、实物、技术等在我国境内开办外商独资企业，与我国境内的企业或经济组织共同举办中外合资经营企业、合作经营企业或合作开发资源的投资（包括外商投资收益的再投资），以及经政府有关部门批准的项目投资总额内，企业从境外借入的资金等。

外商间接投资是指除对外借款（外国政府贷款、国际金融组织贷款、商业银行商业贷款、出口信贷以及对外发行债券等）和外商直接投资以外的各种利用外资的形式，包括企业在境内外股票市场公开发行的以外币计价的股票（目前主要是在我国香港证券市场发行的 H 股和在境内证券市场发行的 B 股）发行总额，国际租赁进口设备的应付款，补偿贸易中外商提供的进口设备、技术、物料的价款，加工装配贸易中外商提供的进口设备、物料的价款。

三、消费指标

1. 社会消费品零售总额

社会消费品零售总额是指国民经济各行业通过多种商品流通渠道向城乡居民和社会集

团供应的消费品总额。根据我国国家统计局的统计标准,社会消费品零售总额包括10大项内容。具体来说,社会消费品零售总额包括各种经济类型的批发零售贸易业、餐饮业、制造业和其他行业销售给城乡居民和社会集团的消费品零售额,以及农民销售给非农业居民和社会集团的消费品零售额。

社会消费品零售总额按销售对象划分为两大部分,即对居民的消费品零售额和对社会集团的消费品零售额。对居民的消费品零售额针对销售给城乡居民用于生活消费的商品;对社会集团的消费品零售额针对企业、事业和行政等各种类型单位用公款购买的用作非生产、非经营用的消费品。其中,对居民的消费品零售额与国民经济核算中的居民消费之间具有密切的联系,前者中的大部分直接构成居民消费,是计算后者的主要资料来源之一。

社会消费品零售总额是研究国内零售市场变动情况、反映经济景气程度的重要指标。社会消费品零售总额的大小和增长速度也反映了城乡居民与社会集团消费水平的高低、居民消费意愿的强弱。社会消费品需求是国内需求的重要组成部分,对一国经济增长具有巨大促进作用。

2. 城乡居民储蓄存款余额

城乡居民储蓄存款余额是指某一时点城乡居民存入银行及农村信用社的储蓄金额,包括城镇居民储蓄存款和农民个人储蓄存款,不包括居民的手持现金和工矿企业、部队、机关、团体等单位存款。

居民储蓄存款是居民可支配收入扣除消费支出以后形成的。居民储蓄量的大小首先决定于可支配收入的多少,同时又受可支配收入中消费支出比例的限制。在可支配收入一定时,消费支出多了,储蓄就会减少,是此多彼少的关系。当市场上人们的消费意愿增强时,储蓄相应缩小;市场消费意愿减弱时,储蓄相应增加。

居民储蓄增加以后,银行的资金来源扩大了,如果存贷比率不变,银行贷款投放也会相应地增加,这就扩大了企业的资金使用,正常情况下就会扩大国内投资需求。所以储蓄扩大的直接效果就是投资需求扩大和消费需求减少。

四、金融指标

1. 总量指标

(1) 货币供应量。货币供应量是单位和居民个人在银行的各项存款和手持现金之和,其变化反映着中央银行货币政策的变化,对企业生产经营、金融市场尤其是证券市场的运行和居民个人的投资行为有着重大的影响。

中央银行一般根据宏观监测和宏观调控的需要,根据流动性的大小将货币供应量划分为不同的层次。我国现行货币统计制度将货币供应量划分为三个层次:

① 流通中现金(用符号 M_0 表示),指单位库存现金和居民手持现金之和,其中"单位"指银行体系以外的企业、机关、团体、部队、学校等单位;

② 狭义货币供应量(用符号 M_1 表示),指 M_0 加上单位在银行的可开支票进行支付的活期存款;

③ 广义货币供应量(用符号 M_2 表示),指 M_1 加上单位在银行的定期存款、城乡居民个

人在银行的各项储蓄存款以及证券公司的客户保证金。其中,中国人民银行从2001年7月起,将证券公司客户保证金计入广义货币供应量 M_2。M_2 与 M_1 的差额,通常称为准货币。

中央银行可以通过增加或减少货币供应量调节货币市场,实现对经济的干预。货币供应量的变动会影响利率,中央银行可以通过对货币供应量的管理来调节信贷供给和利率,从而影响货币需求,并使其与货币供给相一致,进而对宏观经济施加影响。

(2) 金融机构各项存贷款余额。金融机构各项存贷款余额是指某一时点金融机构存款金额(包括企业存款、财政存款、机关团体存款、城乡储蓄存款、农业存款、信托及其他类存款)与金融机构贷款金额(包括工业贷款、农业贷款、商业贷款、建筑业贷款、私营及个体贷款、乡镇企业贷款、固定资产贷款、信托及其他类贷款)。其中,金融机构主要包括商业银行、政策性银行、非银行信贷机构和保险公司。

(3) 金融资产总量。金融资产总量是指手持现金、银行存款、有价证券、保险等其他资产的总和。私人家庭的金融资产包括现款、储蓄存款、股票、债券、投资基金和人寿保险权利等在内。我国居民的金融资产中,银行储蓄存款占绝大部分,而有价证券和其他金融资产所占的比例很小。

金融资产的多样化是社会融资方式变化发展的标志。改革开放以来,中国金融资产由单一的银行资产向市场化、多元化的方向发展。非银行金融机构提供的其他各种类型的金融资产比重相对上升,同时银行贷款形式的金融资产比重相对下降,被证券化的金融资产开始不断涌现。

2. 利率

利率(或称利息率)是指在借贷期内所形成的利息额与本金的比率。利率直接反映的是信用关系中债务人支付给债权人的使用资金的代价,也是债权人出让资金使用权的报酬。

从宏观经济分析的角度看,利率的波动反映出市场资金供求的变动状况。在经济发展的不同阶段,市场利率有不同的表现。在经济持续繁荣增长时期,资金供不应求,利率上升;当经济萧条、市场疲软时,利率会随着资金需求的减少而下降。除了与整体经济状况密切相关之外,利率影响着人们的储蓄、投资和消费行为。利率结构影响着居民金融资产的选择,影响着证券的持有结构。

利率有存款利率、贷款利率、国债利率、回购利率、同业拆借利率之分,再贴现率和同业拆借利率是基准利率。随着市场经济的不断发展和政府宏观调控能力的不断加强,利率,特别是基准利率已经成为中央银行一项行之有效的货币政策工具。

(1) 贴现率与再贴现率。贴现是指银行应客户的要求,买进其未到付款日期的票据。或者说,购买票据的业务为贴现。办理贴现业务时,银行向客户收取一定的利息,称为贴现利息或折扣,其对应的比率即贴现率。

再贴现率是商业银行由于资金周转的需要,以未到期的合格票据再向中央银行贴现时所适用的利率。对中央银行而言,再贴现是买进票据,让渡资金;对商业银行而言,再贴现是卖出票据,获得资金。

再贴现是中央银行的一项主要的货币政策工具。中央银行根据市场资金供求状况调整再贴现率,能够影响商业银行资金借入的成本,进而影响商业银行对社会的信用量,从而调节货币供给总量。如果中央银行提高再贴现率,就意味着商业银行向中央银行再融资的成本提高了,因此它们必然要调高对客户的贴现率或提高放款利率,从而带动整个市场利率上涨,这样借款人就会减少,起到紧缩信用的作用,市场货币供应量减少。反之,如果中央银行降低再贴现率,就可以起到扩大信用的作用。所以再贴现率的变动直接对货币供应量起作用,进而对国内总需求发生影响。当再贴现率提高时,就会降低总需求;当再贴现率降低时,则会扩大总需求。

(2)同业拆借利率。同业拆借利率是指银行同业之间的短期资金借贷利率。同业拆借有两个利率,即拆进利率与拆出利率。其中,拆进利率表示银行愿意借款的利率,拆出利率表示银行愿意贷款的利率。一家银行的拆进(借款)实际上也是另一家银行的拆出(贷款)。同一家银行的拆进利率和拆出利率相比较,拆进利率永远小于拆出利率,其差额就是银行的收益。

同业拆借中大量使用的利率是伦敦同业拆借利率(LIBOR)。LIBOR是指在伦敦的第一流银行借款给伦敦的另一家第一流银行资金的利率。现在LIBOR已经作为国际金融市场中大多数浮动利率的基础利率,并作为银行从市场上筹集资金进行转贷的融资成本。贷款协议中议定的LIBOR通常是由几家指定的参考银行,在规定的时间(一般是伦敦时间上午11:00)报价的平均利率。最大量使用的是3个月和6个月的LIBOR。我国对外筹资成本即是在LIBOR利率的基础上加一定百分点。从LIBOR变化出来的,还有新加坡同业拆借利率、纽约同业拆借利率、香港同业拆借利率等。

(3)回购利率。回购是交易双方在全国统一同业拆借中心进行的以债券(包括国债、政策性金融债和中央银行融资券)为权利质押的一种短期资金融通业务,是指资金融入方(正回购方)在将债券出资给资金融出方(逆回购方)融入资金的同时,双方约定在将来某一日期由正回购方按某一约定利率计算的资金额向逆回购方返还资金,逆回购方向正回购方返还原出质债券的融资行为。该约定的利率即为回购利率。

全国银行间债券市场的回购交易是以国家主权级的债券作为质押品的交易,其回购利率可以说是一种无风险利率,可以准确反映市场资金成本和短期收益水平,比较真实地反映了中国金融市场的资金供求情况,已成为中央银行制定货币政策、财政部和其他债券发行人制定发行策略,以及市场参与者进行资产管理的重要参考指标。

(4)各项存贷款利率。各项存贷款利率包括金融机构对客户存贷款利率(即城乡居民和企事业单位存贷款利率)、中国人民银行对金融机构存贷款利率,以及优惠贷款利率。国务院批准和授权中国人民银行制定的各项利率为法定利率,具有法律效力,其他任何单位和个人无权变动,且法定利率的公布、实施由中国人民银行负责。

银行利率的变动不仅对银行存贷款有直接影响,也对债券利率产生影响,其他货币的市场价格也会随利率的变动而变动。所以利率是对市场反应非常灵敏的一个经济变量。在对利率与总供需关系的研究中,应该对存款利率和贷款利率加以区别。存款利率主要调节存款,贷款利率主要调节贷款。一般情况下,两者之间的变动方向是一致的,但是有时候在变动幅度上可以不同,因而,存贷款利率之间的差额也可以成为调节供需关系的一种工具(见表2-1)。

在其他条件不变时,由于利率水平上浮引起存款增加和贷款下降,一方面是居民的消费支出减少,另一方面是企业生产成本增加,它会同时抑制供给和需求。利率水平的降低则会引起需求和供给的双向扩大。

表2-1 央行历次调整利率时间及内容

次数	调整时间	调整内容	公布第二交易日股市表现(沪指)
12	2007年12月21日	一年期存款基准利率上调0.27个百分点;一年期贷款基准利率上调0.18个百分点	—
11	2007年9月15日	一年期存款基准利率上调0.27个百分点;一年期贷款基准利率上调0.27个百分点	9月17日,开盘:5 309.06点,收盘:5 421.39点,涨2.06%
10	2007年8月22日	一年期存款基准利率上调0.27个百分点;一年期贷款基准利率上调0.18个百分点	8月23日,开盘:5 070.65点,收盘:5 107.67点,涨1.49%
9	2007年7月20日	上调金融机构人民币存贷款基准利率0.27个百分点	7月23日,开盘:4 091.24点,收盘:4 213.36点,涨3.81%
8	2007年5月19日	一年期存款基准利率上调0.27个百分点;一年期贷款基准利率上调0.18个百分点	5月21日,开盘:3 902.35点,低开127.91点,报收4 072.22点,涨幅1.04%
7	2007年3月18日	上调金融机构人民币存贷款基准利率0.27%	3月19日,开盘:2 864.26点,报收3 014.442点,涨幅2.87%
6	2006年8月19日	一年期存、贷款基准利率均上调0.27%	8月21日,沪指开盘1 565.46,收盘上涨0.20%
5	2006年4月28日	金融机构贷款利率上调0.27%到5.85%	沪指低开14点,最高1 445点,收盘1 440点,涨23点,涨幅1.66%
4	2005年3月17日	提高了住房贷款利率	沪综指下跌0.96%
3	2004年10月29日	一年期存、贷款利率均上调0.27%	沪指大跌1.58%,报收于1 320点
2	1993年7月11日	一年期定期存款利率9.18%上调到10.98%	沪指下跌23.05点
1	1993年5月15日	各档次定期存款年利率平均提高2.18%;各项贷款利率平均提高0.82%	沪指下跌27.43点

3. 汇率

汇率是外汇市场上一国货币与他国货币相互交换的比率。实质上可以把汇率看做是以本国货币表示的外国货币的价格。一般来说,国际金融市场上的外汇汇率是由一国货币所代表的实际社会购买力平价和自由市场对外汇的供求关系决定的。

汇率变动是国际市场商品和货币供求关系的综合反映。当汇率降低时,本币贬值,国外的本币持有人就会抛出本币,或者加快从国内市场的商品购买速度。对于国内来说,一方面是流回国内的本币增多,另一方面是从国内流出的商品增多,出口量扩大,这就形成了国内需求的扩大和供给的减少。当汇率提高时,本币升值,国外对本币的需求增大以及流出增加,同时对国内的进口增加,这就一方面使国内需求减少,另一方面使国内供给增加。总体效应是,降低汇率会扩大国内总需求,提高汇率会缩减国内总需求。

一方面,一国的汇率会因该国的国际收支状况、通货膨胀水平、利率水平、经济增长率等因素的变化而波动;另一方面,汇率及其适当波动又会对一国的经济发展发挥重要作用。特别是在当前国际分工异常发达、各国间经济联系十分密切的情况下,汇率的变动对一国的国内经济、对外经济以及与国际间的经济联系都产生着重大影响。

为了不使汇率的过分波动危及一国的经济发展和对外经济关系的协调,各国政府和中央银行都通过在外汇市场上抛售或收购外汇的方式干预外汇市场,以影响外汇供求,进而影响汇率。此外,政府的宏观经济政策发生变化,也会直接影响到一国对外贸易结构、通货膨胀水平以及实际利率水平等因素,从而对汇率水平产生影响。

20世纪70年代以来,除了各国金融当局经常对外汇市场进行干预,使政府干预越来越多地成为影响汇率变动的重要因素之外,还出现了几个国家的中央银行联合干预外汇市场的情况。外汇体制的变迁见表2-2。

表2-2　外汇体制的变迁

1994年以前我国实行外汇留成的管理办法。
1994年1月1日起我国实现汇率并轨,实行以市场供求为基础、单一、有管理的浮动汇率制。
1994年4月1日银行间外汇市场正式运营。
1996年1月29日国务院发布了《中华人民共和国外汇管理条例》,条例规定从当年4月1日起,取消若干对经常项目中的非贸易非经营性交易的汇兑限制。
1996年年底我国达到了国际货币基金组织的有关规定,实现了人民币经常项目下的可兑换。
1998年年底中国人民银行和国家外汇管理局联合下发了《关于停办外汇调剂业务的通知》,决定从1998年12月1日起,在全国范围内取消外商投资企业外汇调剂业务,正式停止了外汇调剂业务,这是我统一和规范外汇市场的一大改革措施,说明我国以银行结售汇体系为主体的外汇市场已经初步建成。
2005年7月21日,中国实施人民币汇率形成机制改革,实行以市场供求为基础、参考"一篮子"货币进行调节、有管理的浮动汇率制度。截至2007年1月18日,人民币兑美元汇率累计升值4.12%。截至2006年12月末,中国国家外汇储备余额突破万亿美元,达到10 663亿美元。中国外汇储备余额在2001年年底跨过2 000亿美元的门槛。

4. 外汇储备

外汇储备是一国对外债权的总和,用于偿还外债和支付进口,是国际储备的一种。一国当前持有的外汇储备是以前各时期一直到现在为止的国际收支顺差的累计结果。

一国的国际储备除了外汇储备外,还包括黄金储备、特别提款权和在国际货币基金组织(IMF)的储备头寸。后两者我国所占比例较低,国际储备主要由黄金和外汇储备构成。在一个时期内,国际储备中可能发生较大变动的主要是外汇储备。外汇储备的变动是由国际收支发生差额引起的。在国际收支账户中,经常账户和资本账户都会发生差额,但如果两者方向不同,就会相互抵消。只有在国际收支账户上的所有项目综合起来发生综合差额,才会引起国际储备变动特别是外汇储备变动。

当国际收支发生顺差时,流入国内的外汇量大于流出的外汇量,外汇储备就会增加;当发生逆差时,外汇储备减少。当外汇流入国内的时候,拥有外汇的企业或其他单位可能会把它兑换成本币,比如用来在国内市场购买原材料等,这样就形成了对国内市场的需求。因而,扩大外汇储备会相应增加国内需求。

需要强调,一个国家除了储备外汇外,还有一部分非储备外汇,即通过国际货币市场单纯进行货币交易而增加或减少的外汇。它和储备外汇的不同之处就是它不是通过国际收支账户实现的。很多时候,人们可能需要进行货币兑换。当一个国家在国际市场卖出持有的外汇时,外汇流向国外,本币流向国内;当买进外汇时,本币流出,外币流入。所以非储备外汇减少就意味着国内需求增加,非储备外汇增加就意味着国内需求减少。它和储备外汇在方向上是不同的。

五、财政指标

1. 财政收入

财政收入指国家财政参与社会产品分配所取得的收入,是实现国家职能的财力保证。财政收入所包括的内容几经变化,目前主要包括。

（1）各项税收:包括增值税、营业税、消费税、土地增值税、城市维护建设税、资源税、城市土地使用税、印花税、个人所得税、企业所得税、关税、农牧业税和耕地占用税等。

（2）专项收入:包括征收排污费收入、征收城市水资源费收入、教育费附加收入等。

（3）其他收入:包括基本建设贷款归还收入、基本建设收入、捐赠收入等。

（4）国有企业计划亏损补贴:这项为负收入,冲减财政收入。

2. 财政支出

财政支出是指国家财政将筹集起来的资金进行分配使用,以满足经济建设和各项事业的需要,主要包括:基本建设支出、企业挖潜改造资金、地质勘探费用、科技三项费用(即新产品试制费、中间试验费、重要科学研究补助费)、支援农村生产支出、农林水利气象等部门的事业费用、工业交通商业等部门的事业费、文教科学卫生事业费、抚恤和社会福利救济费、国防支出、行政管理费和价格补贴支出。上述财政支出可归类为两部分:一部分是经常性支出,包括政府的日常性支出、公共消费产品的购买、经常性转移等;另一部分是资本性支出,就是政府的公共性投资支出,包括政府在基础设施上的投资、环境改善方面的投资以及政府储备物资的购买等。这两部分支出的变化对国内总供需的影响是不同的。

在财政收支平衡条件下,财政支出的总量并不能扩大和缩小总需求。但财政支出的结构会改变消费需求和投资需求的结构。经常性支出的扩大可以扩大消费需求,其中既有个人消费需求,也有公共物品的消费需求。资本性支出的扩大则扩大投资需求。在总量不变的条件下,两者是此多彼少的关系。扩大了投资,消费就必须减少;扩大了消费,投资就必须减少。所以在需求结构调整时,适当调整财政的支出结构就能很显著地产生效应。

3. 赤字或结余

财政收入与财政支出的差额即为赤字(差值为负时)或结余(差值为正时)。核算财政收支总额主要是为了进行财政收支状况的对比,财政收入大于支出表现为结余,财政收不抵支则出现赤字。如果财政赤字过大,就会引起社会总需求的膨胀和社会总供求的失衡。

同时,财政赤字或结余也是宏观调控中应用最普遍的一个经济变量。财政发生赤字的时候有两种弥补方式:一是通过举债即发行国债来弥补;二是通过向银行借款来弥补。发行国债对国内需求总量是不会产生影响的。财政对银行借款弥补赤字,如果银行不因此而增发货币,只是把本来应该增加贷款的数量借给财政使用,那么财政赤字同样不会使需求总量增加,这是由债务本身的性质所决定的。只有在银行因为财政借款而增加货币发行量时,财政赤字才会扩大国内需求。值得注意的是,为了更好地发挥财政政策的作用,财政政策应当和货币政策相互结合使用。

第三节 宏观经济分析内容

一、宏观经济运行分析

证券市场是社会主义市场经济体系的重要内容,证券投资活动也是国民经济活动的有效组成部分,在金融投资过程中,证券投资是不可或缺的一部分。因此有必要将证券市场和证券投资活动放到整个宏观经济运行的过程中去考察,从全局的角度找出影响证券市场价格的因素,揭示宏观经济变动与证券投资间的关系。

(一)影响证券市场价格的因素

证券市场主要包括股票市场和债券市场,以下分别从这两个方面进行分析。

1. 影响股票市场价格的因素

股票价格从根本上反映人们对未来收益的预期,随着影响人们预期的因素的有关信息进入市场,人们将改变预期并通过市场作用而改变价格,因而证券价格一方面受内在的一些基本因素的影响,同时还受市场行为因素的制约。

(1)宏观经济形势与政策因素

① 经济增长与经济周期。经济从来不是单向性地运动,而是在波动性的经济周期中运行。股票市场作为经济的"晴雨表",将提前反映经济周期。总体上,在经济繁荣开始时,人们对未来经济形势持好的预期,从而对公司的利润和发展也有好的预期。明智而果断的投资者开始购入股票使得市场价格随之上扬,当经济走向繁荣时,更多的投资者认识到好的经济形势已经到来,特别是此时公司经营形势已经好转,利润不断增加,投资者完全认同,市场必呈现大牛市走势。当经济繁荣接近顶峰时,明智的投资者意识到这一点开始撤离股市,股市减缩直到逆转,到经济开始衰退时,股市将加速下跌。不过不同行业受经济周期影响的程度会有差异,有些行业(如钢铁、能源、耐用消费品等)受经济周期影响比较明显,而有些行业(如公用事业、生活必需品行业等)受经济周期影响较小。

② 通货膨胀。通货膨胀对股市的影响十分复杂。总体上说,适度的通货膨胀对证券市场有利,过度的通货膨胀必然恶化经济环境,而且人们将资金用于囤积商品保值,对证券市场将产生极大的负面效应。

③ 利率水平。贷款利率的提高,增加公司成本,从而降低利润;存款利率提高增加了投资者股票投资的机会成本,两者均会使股票价格下跌。

④ 币值(汇率)水平。本币贬值,资本从本国流出,从而使股票价格下跌。这种影响对

国际性程度较高的证券市场影响程度较大,对国际性程度较低的证券市场影响较小。

⑤ 货币政策。当中央银行采取紧缩性的货币政策时,市场利率上升,货币供应量减少,公司资金困难,运行成本加大,盈利减少甚至亏损,股息减少甚至没有,居民收入下降,失业率增加,从而多方面促使股价下跌。

⑥ 财政政策。当政府通过支出刺激和压缩经济时,将增加或减少公司的利润和股息,当税率升降时,将降低或提高企业的税后利润和股息水平,财政政策还会影响居民收入。这些影响将综合作用在证券市场上。

(2) 产业因素

① 产业周期。经济发展有其内在的规律,各个不同产业之间也彼此关联、相互影响。在经济发展的不同时期和阶段,不同产业可能会有迥然不同的表现,某一产业伴随经济周期有不同的表现特征,这便形成产业伴生周期。更长期来看,产业自身也有产生、发展和衰落的生命周期,一般将产业的生命周期分为初创期、成长期、稳定期和衰退期四个阶段,不同产业经历这四个阶段的长短不一。一般在初创期,盈利少,风险大,因而股价较低;成长期利润大增,风险有所降低但仍然较高,产业总体股价水平上升,个股价格波动较大;在稳定期公司盈利相对稳定,风险较小,股价比较平稳;衰退期的产业通常称为"夕阳产业",盈利普遍减少,风险也较大,股价呈跌势。

② 其他因素。产业股价变动还受政府产业政策的明显影响,政府通过行政、财政和货币政策鼓励某产业的发展,产业的经营状况和盈利都将增加,也提高人们的预期从而使该行业股价上涨,否则下跌。

相关产业的变动对产业股价也将产生影响,某产业的投入品产业产品价格上涨,本产业的生产成本提高,利润下降,股价会下跌。替代产业的产品价格上涨,本产业产品的需求会提高,盈利增加,股价会上升。互补产业产品价格上涨,会影响本产业的销售,股价会下跌。

(3) 公司因素

公司因素一般只影响特定公司自身的股票价格,这些因素包括公司的财务状况、公司的盈利能力、股息水平与股息政策、公司资产价值、公司的管理水平、市场占有率、新产品开发能力、公司的行业性质等。

(4) 市场技术因素

所谓市场技术因素,指的是股票市场的各种投机操作、市场规律以及证券主管机构的某些干预行为等因素。其中,股票市场上的各种投机操作尤其应当引起投资者的注意。

① 股票市场上的投机操作。这是影响股市价格的技术因素。在股票交易市场,一些追求短期收益的股票投机者为了从股价变动中获取差价收益,往往对市场进行投机性操作。例如,转账轧空、操纵、制造题材进行技术性操作等。这种投机性操作会影响股市价格。

② 股票市场规律。任何市场都有其运动的规律,股票市场规律包括股价循环规律和信用交易规律。股价循环规律是指股票市场上的股票价格涨落存在一个"盘旋—转变—活跃—回落—再盘旋"的循环过程。盘旋期的股票交易不大,股价涨落幅度较小;转变期股票交易量上升,股票上涨幅度增大;活跃期的股票成交量剧增,股票价格也趋于大幅度上涨;回落期的股票交易卖多买少,价格大幅度下跌,当下跌到一定程度,引起下跌的因素逐渐消失

后,股市价格进入新的盘旋期。可见,处于不同循环期的股票价格的变动情况也是不一样的。信用交易规律是指以信用为基础的股票交易活动中股票价格的变动规律。当某种股票价格上涨,预期股价进一步上涨而远期买进股票的信用交易多于预期股价将转而下跌而远期卖出股票的信用交易时,预示着未来股票市场的现货价格因该种股票的售出冲销交易较多而可能出现下跌;相反,当某种股票价格上涨,而远期买进少于远期卖出时,预示着未来股票市场的现货交易价格因买进冲销交易较多而可能出现上涨。把握这种规律性,对投资者也是十分重要的。

③ 证券管理机构的管制行为。维持证券市场的正常秩序是证券管理机构的任务。当某些股票的市场价格因过度投机而波动过大时,管理机构会通过规定信用贷款限额,提高信用交易的保证金比率,降低抵押证券的抵押率等方法,限制股票交易的规模,平抑股票价格的异常波动。因此,证券管理机构的管制行为也是影响股票价格的重要因素。

(5) 社会心理因素

社会公众特点即投资者的心理变化对股票市价有着很大影响。法国学者密特朗在他的《股票市场》一书中在对影响股票市价变动因素作了归纳研究后认为,股价变动的依据主要是市场心理,并且进行了实证分析。这个结论或许不够全面,但至少可以看出社会心理因素在股价变动中的作用。

社会心理因素对股价变动的影响,主要表现于:如果投资者对某种股票的市场行情前景过分悲观,就会不顾发行公司的盈利状况而大量抛售手中的股票,致使股票价格下跌。有时,投资者对股市行情吃不透、看不准,股价就会盘旋呆滞。

在股票交易市场,很多投资者存在一种盲目跟风心理。这种跟风心理,被人们称之为"羊群心理"。"羊群心理"往往存在于小户持股者身上。他们的最大心理特点是求利心切,怕吃亏。这种心理状态往往被一些大投机者所利用,从而引起股价上涨或下跌的风波。

投资者的心理状态是多种因素作用的结果。对于具有不同心理素质的投资者来说,在同样的外部因素的影响下,其心理状态是不一样的。一个成功的股票投资者,除了要求有足够的实践经验和丰富的股市知识外,还必须具有良好的心理素质、稳定的心理机能和对外部的抗干扰力。

(6) 市场效率因素

市场效率因素主要包括以下几个方面。

① 信息披露是否全面、准确。

② 通信条件是否先进,从而决定信息传播是否快速、准确。

③ 投资专业化程度,投资大众分析、处理和理解信息的能力、速度及准确性。市场效率越高,价格对信息反应越及时、准确,价格稳定程度越低,价格变化的随机性越强。

(7) 政治因素

股票市场价格的波动,除受经济的、技术的和社会心理的因素影响外,还会受政治因素的影响。而且,这一因素对股市价格的影响是全面的、整体的和敏感的。

所谓政治因素,指的是国内外的政治形势、政治活动、政局变化、国家机构和领导人的更迭、执政党的更替、国家政治经济政策与法律的公布或改变、国家或地区间的战争和军事行为等。这些因素,尤其是其中的政局突变和战争爆发,会引起股票市场价格的巨大波动。

上述政治因素中,经常遇到的是国家经济政策和管理措施的调整,这会影响到股份有限公司的外部经济环境、经营方向、经营成本、盈利以及分配等方面,从而直接影响股市价格。

2. 影响债券市场价格的因素

影响债券价格的许多因素与股票相同,只不过传导机制存在差异。在这里,我们主要就那些对债券市场有特殊影响的因素进行分析。

(1) 宏观经济形势与政策因素

① 经济增长与经济周期。债券市场总体上与股票市场一样,随经济增长和经济周期作同向变动,但这种变动受债券本身的固定利息制和有限期限的特征的制约,变化程度远不及股市。当经济持续增长、经济繁荣时,商品需求旺盛,企业资金比较充足,经营条件和环境良好,盈利增加,债券风险减少,居民收入增加因而债券投资需求增加,促使价格上扬。但同时经济繁荣往往伴随着通货膨胀,从而使债券贬值,对价格起负面影响。当经济繁荣时,经济扩张,企业为筹集更多的资金扩大生产,可能发行债券,这将增加债券的供给,从而促使价格下跌,正负两方面的影响,其作用力对比的强度决定了其对债券影响的方向和程度。

② 利率水平。利率水平是债券价格变化最主要的因素,在债券发行之时其利息参照利率水平制定,在持有期,如果利率水平变化,必然导致债券所要求的收益率与利率水平相适应。为实现要求收益率的变化,利息是不变的,只有改变证券的价格。当利率上升时,要求收益率上升,价格必须下跌,反之则反。

③ 通货膨胀。一方面,通货膨胀提高了对债券的要求收益率,以抵消通货膨胀造成的资金贬值而降低债券的价格;另一方面,通货膨胀增大了债券投资的风险,风险补偿的要求提高了债券的要求收益率,从而降低债券的价格。但在适度的通货膨胀下,人们可能热衷于投资债券来实现资金保值,从而增加对债券的需求导致债券价格上涨,这可能抵消一部分下跌效应。过度通货膨胀时,前两种效应作用增大,第三种效应也将转向反方面使得债券价格下跌,因为此时任何资本市场的投资都起不到保值作用,人们纷纷将资金转移到实物资产和囤积商品上实现保值。

④ 货币政策与财政政策。对债券市场影响最大的是公开市场业务与国债发行,这主要是通过国债的供求状况并进而改变债券市场的供求,从而影响整个债券市场价格。

(2) 公司因素

影响债券的公司因素主要是公司的债务状况。债务比重越大,违约风险越大。这里债务状况包括负债总量占自有资本金的比重和偿债能力。用来反映偿债风险的最流行的指标是信用等级。信用等级提高,违约风险降低,从而市场对该公司债券的要求收益率降低,债券价格便会上涨。

(3) 期限因素

即使要求收益率不变,随着债券到期日的接近,价格将逐渐接近票面价值(注意不是价格)。

(4) 股票交易价格与债券交易价格特点比较

前面指出影响股票和债券的因素基本相同,但是这些影响因素对股票和债券价格的影响力度有很大差别,这些差别使得它们的价格呈现出不同的特点。

① 对影响因素变动的反应程度不一样。股票交易价格对影响因素的变动的反应远比债券交易价格的反应灵敏得多,而且程度也要大得多。其根本原因在于债券的利息是固定的,影响债券价值变化的根本因素是预期偿债风险的大小,一般来讲,风险状况是平稳变化的,所以债券价格变化也比较平稳,而股票则不同,股息不固定,各种因素可能对公司的盈利状况有较大影响,从而很大程度上影响股票投资收益。另外,债券的有限期限对债券价格形成制约,而股票期限无限,其收益空间也无限,因而价格涨跌空间也无限。

② 价格波动幅度不一样。股票的市场交易价格波动幅度很大,有时远远高于其理论价值,有时也会远远低于其理论价值。而债券的市场交易价格变动幅度则不大,其原因与前面的分析类似。

(二) 宏观经济变动与证券投资

1. 国内生产总值(GDP)变动对证券市场的影响

GDP 变动是一国经济成就的根本反映,GDP 的持续上升表明国民经济良性发展,制约经济的各种矛盾趋于或达到协调,人们有理由对未来经济产生好的预期;相反,如果 GDP 处于不稳定的非均衡增长状态,暂时的高产出水平并不表明一个好的经济形势,不均衡的发展可能激发各种矛盾,从而孕育一个深的经济衰退。证券市场作为经济的"晴雨表"如何对 GDP 的变动做出反应呢? 我们必须将 GDP 与经济形势结合起来进行考察,不能简单地以为 GDP 增长,证券市场就将伴之以上升的走势,实际上有时恰恰相反。关键是看 GDP 的变动是否将导致各种经济因素(或经济条件)的恶化,下面对几种基本情况进行阐述。

(1) 持续、稳定、高速的 GDP 增长

在这种情况下,社会总需求与总供给协调增长,经济结构逐步合理趋于平衡,经济增长来源于需求刺激并使得闲置的或利用率不高的资源得以更充分的利用,从而表明经济发展的良好势头,这时证券市场将基于下述原因而呈现上升走势。

① 伴随总体经济成长,上市公司利润持续上升,股息和红利不断增长,企业经营环境不断改善,产销两旺,投资风险也越来越小,从而公司的股票和债券得到全面升值,促使价格上扬。

② 人们对经济形势形成了良好的预期,投资积极性得以提高,从而增加了对证券的需求,促使证券价格上涨。

③ 随着国内生产总值 GDP 的持续增长,国民收入和个人收入都不断得到提高,收入增加也将增加证券投资的需求,从而证券价格上涨。

(2) 高通胀下 GDP 增长

当经济处于严重失衡下的高速增长时,总需求大大超过总供给,这将表现为高的通货膨胀率,这是经济形势恶化的征兆,如不采取调控措施,必将导致未来的"滞胀"(通货膨胀与增长停滞并存)。这时经济中的矛盾会突出地表现出来,企业经营将面临困境,居民实际收入也将降低,因而失衡的经济增长必将导致证券市场下跌。

(3) 宏观调控下的 GDP 减速增长

当 GDP 呈失衡的高速增长时,政府可能采用宏观调控措施以维持经济的稳定增长,这

样必然减缓 GDP 的增长速度。如果调控目标得以顺利实现,而 GDP 仍以适当的速度增长,而未导致 GDP 的负增长或低增长,说明宏观调控措施十分有效,经济矛盾逐步得以缓解,为进一步增长创造了有利条件,这时证券市场亦将反映这种好的形势而呈平稳渐升的态势。

(4) 转折性的 GDP 变动

如果 GDP 一定时期以来呈负增长,当负增长速度逐渐减缓并呈现向正增长转变的趋势时,表明恶化的经济环境逐步得到改善,证券市场走势也将由下跌转为上升。

当 GDP 由低速增长转向高速增长时,表明低速增长中,经济结构得到调整,经济的瓶颈制约得以改善,新一轮经济高速增长已经来临,证券市场亦将伴之以快速上涨之势。

在上面的分析中,我们只沿着一个方向进行,每一点都可沿着相反的方向导致相反的后果。最后我们还必须强调指出,证券市场一般提前对 GDP 的变动作出反应,也就是说它是反应预期的 GDP 变动,而 GDP 的实际变动被公布时,证券市场只反映实际变动与预期变动的差别,因而在证券投资中进行 GDP 变动分析时必须着眼于未来,这是最基本的原则。

2. 经济周期与股价波动的关系

股票市场素有"经济晴雨表"之称。经济情况从来不是静止不动的,某个时期产出、价格、利率、就业不断上升直至某个高峰——繁荣;之后可能是经济的衰退,产出、产品销售、利率、就业开始下降,直至某个低谷——萧条,此阶段的明显特征是需求严重不足,生产相对严重过剩,销售量下降,价格低落,企业盈利水平极低,生产萎缩,出现大量破产倒闭,失业率增大;接下来则是经济重新复苏,进入一个新的经济周期。而股票市场综合了人们对于经济形势的预期,这种预期较全面地反映了有关经济发展过程中表现出的有关信息,特别是经济中的投资者的切身感受。这种预期又必然反映到投资者的投资行为中,从而影响股票市场的价格。既然股价反映的是对经济形势的预期,因而其表现必定领先于经济的实际表现(除非预期出现偏差,经济形势本身才对股价产生纠错反应)。当经济持续衰退至尾声——萧条时期,百业不振,投资者已远离股票市场,每日成交量寥寥无几,此时,那些有眼光,而且在不停搜集和分析有关经济形势并作出合理判断的投资者已在默默吸纳股票,股价已缓缓上升,当各种媒介开始传播萧条已去,经济日渐复苏时,股价实际上已经升至一定水平。随着人们普遍认同,投资者自身的境遇亦在不断改善,股市日渐活跃,需求不断扩大,股价不停地攀升,更有大户和做手借经济形势之大"利好"进行哄抬,普通投资者在利欲和乐观从众心理的驱使下极力"捧场",股价累创新高。而那些有识之士在综合分析经济形势的基础上,认为经济将不会再创热潮时,已悄然抛出股票。股价虽然还在上涨,但供需力量逐渐发生转变,当经济形势逐渐被更多的投资者所认识,供求趋于平衡直至供大于求时,股价便开始下跌,当经济形势发展按照人们的预期走向衰退时,与上述相反的情况便会发生。

上面实际上描绘了股价波动与经济周期相互关联的一个总体轮廓,这个轮廓给我们以下几点启示。

(1) 经济总是处在周期性运动中。股价伴随经济相应地波动,但股价的波动超前于经济运动,股市的低迷和高涨不是永恒的。

(2) 收集有关宏观经济资料和政策信息,随时注意动向。正确把握当前经济发展处于经济周期的何种阶段,对未来做出正确判断,切忌盲目从众,否则极有可能成为别人的"盘中餐"。

（3）把握经济周期，认清经济形势。不要被股价的"小涨"、"小跌"驱使而追逐小利或回避小失（这一点对中长期投资者尤为重要），配合技术分析的趋势线进行研究会大有裨益。

对于经济周期的认识，要注意周期的任何阶段往往也是波浪式地完成的，或者说大周期中有小周期，参照何种周期，投资者就要根据自己的投资目标做出适当的选择。

不同行业受经济周期的影响程度是不一样的，对具体某种股票的行情分析，应深入细致地探究该波周期的起因，政府控制经济周期采取的政策措施，结合行业特征及发行公司的"公司分析"综合地进行。一般来说经济的景气与不景气对不同行业的相对影响程度在同一波周期中是对称的，因而下面的现象是常见的。

（4）景气来临之时首当其冲上涨的股票往往在衰退之时最先下跌。典型的情况是，能源、设备等股票在上涨初期将有优异表现，但其抗跌能力差；反之，公用事业股、消费弹性较小的日常消费品部门的股票则在下跌末期发挥较强的抗跌能力。

3. 通货膨胀对证券市场的影响

通货膨胀和失业一直是困扰各国政府的两个主要经济问题，在本章第一节中，我们对此已有初步的认识。通货膨胀存在的原因，以及它对经济的影响，是一个十分复杂的问题，对此几乎没有一个完整的阐述。而政府对通货膨胀进行控制的宏观政策往往只能以一定的代价（比如增加失业率）来实现。

（1）通货膨胀对股票市场的影响

通货膨胀对股价特别是个股的影响，也无永恒的定形，它完全可能同时产生相反方向的影响，对这些影响作具体分析和进行比较必须从该时期通胀的原因、通胀的程度，配合当时的经济结构和形势，政府可能采取的干预措施等分析入手，其复杂程度可想而知，这里我们只能就一般性的原则作以下几点说明。

① 温和的、稳定的通货膨胀对股价的影响较小。

② 如果通货膨胀在一定的可容忍范围内增长，而经济处于景气（扩张）阶段，产量和就业都持续增长，那么股价也将持续上升。

③ 严重的通货膨胀是很危险的，经济将被严重扭曲，货币每年以50%的速度以至更快地贬值，这时人们将会囤积商品，购买房屋以期对资金保值。这可能从两个方面影响股价：其一，资金流出金融市场，引起股价下跌；其二，经济扭曲和失去效率，企业一方面筹集不到必需的生产资金，同时，原材料、劳动力价格等成本飞涨，使企业经营严重受挫，盈利水平下降，甚至破产倒闭。

④ 政府往往不会长期容忍通货膨胀存在，因而必然会动用某些宏观经济工具来抑制通胀，这些政策必然对经济运行造成影响，这种影响将改变资金流向和企业的经营利润，从而影响股价，政策对股价的具体影响在后面阐述。

⑤ 通货膨胀时期，并不是所有价格和工资都按同一比率变动，而相对价格发生变化。这种相对价格变化导致财富和收入的再分配，产量和就业的扭曲，因而某些公司可能从中获利，而另一些公司可能蒙受损失。与之相应的是获利公司的股票上涨，相反，受损失的公司股票下跌。

⑥ 通货膨胀不仅产生经济影响,还可能产生社会影响,并影响公众的心理和预期,从而对股价产生影响。

⑦ 通货膨胀使得各种商品价格具有更大的不确定性,也使得企业未来经营状况具有更大的不确定性,从而影响市场对股息的预期,并增大获得预期股息的风险,从而导致股价下跌。

⑧ 通货膨胀对企业(公司)的微观影响可以从"税收效应"、"负债效应"、"存货效应"等对公司作具体的分析。但长期的通货膨胀必然恶化经济环境、社会环境,股价必受大环境影响下跌,短期效应的表现便不复存在。

比如,石油危机导致世界性的通货膨胀,工业原料、生产物资价格普遍上扬,最初拥有这些原料的厂商极度兴奋,因为库存的原料原以低价购进,产品价格忽然上扬,意外地提高了他们的利润。待一季盈余增加公布后,自会促使买气增加,股价上扬。待一段急速行情之后,通货膨胀现象未减轻,反而加重,低价原料库存终究有限,等到事实证明此次通货膨胀并不是景气复苏时,有识之士先行卖出股票,又因为股价本已偏高,买气弱,而卖压逐渐加重,当通胀继续恶化,直接影响产品成本和销量时,股价已下跌一段距离。

适度的通货膨胀下,人们为避免损失,将资金投向股市;而通货膨胀初期,物价上涨,生产受到刺激,企业利润增加,股价因此看涨。但持续增长的通货膨胀下,企业成本增加,而高价格下需求下降,企业经营恶化。特别是,政府此时不得已采取严厉的紧缩政策,则犹如雪上加霜,企业资金周转失灵,一些企业甚至倒闭,股市在恐慌中狂跌。

(2) 通货膨胀对债券市场的影响

① 通货膨胀提高了投资者对债券的收益率的要求,从而引起债券价格下跌。

② 未预期到的通货膨胀增加了企业经营的不确定性,提高了还本付息风险,从而使债券价格下跌。

③ 过度通货膨胀,将使企业经营困难甚至倒闭。同时投资者将资金转移到实物资产和交易上寻求保值,债券需求减少,债券价格下降。

二、宏观经济政策分析

(一) 货币政策对证券市场的影响

1. 货币政策的含义

货币政策是中央银行为实现一定的宏观经济调控目标运用各种货币政策工具调节货币供求的方针和策略的总称,是国家宏观经济政策的重要组成部分。

2. 货币政策的作用

货币政策对经济的调控是总体上和全方位的,货币政策的调控作用突出表现在以下几点。

(1) 通过调控货币供应总量保持社会总供给与总需求的平衡。货币政策可通过调控货币供应量达到对社会总需求和总供给两方面的调节,使经济达到均衡。当总需求膨胀导致供求失衡时,可通过控制货币量达到对总需求的抑制;当总需求不足时,可通过增加货币供应量,提高社会总需求,使经济继续发展。同时,货币供给的增加有利于贷款利率的降低,可减少投资成本,刺激投资增长和生产扩大,从而增加社会总供给。反之,货币供给的减少将促使贷款利率上升,从而抑制社会总供给的增加。

(2) 通过调控利率和货币总量控制通货膨胀,保持物价总水平的稳定。无论通货膨胀的形成原因多么复杂,从总量上看,都表现为流通中的货币超过社会在不变价格下所能提供的商品和劳务总量。提高利率可使现有货币购买力推迟,减少即期社会需求,同时也使银行贷款需求减少;降低利率的作用则相反。中央银行还可以通过金融市场直接调控货币供应量。

(3) 调节国民收入中消费与储蓄的比重。货币政策通过对利率的调节能够影响人们的消费倾向和储蓄倾向。低利率鼓励消费,高利率有利于吸收储蓄。

(4) 引导储蓄向投资的转化并实现资源的合理配置。储蓄是投资的来源,但储蓄不能自动转化为投资,储蓄向投资的转化依赖于一定的市场条件。货币政策可以通过利率的变化影响投资成本和投资的边际效率,提高储蓄转化的比重,并通过金融市场的有效运作实现资源的合理配置。

3. 货币政策的目标与中介指标

货币政策目标的选择,各个国家都是根据不同时期的具体经济环境和市场状况确定的,并适时进行调整。在现代社会,货币政策的目标总体上包括:稳定币值(物价)、充分就业、经济增长和国际收支平衡。货币政策的目标之间关系十分复杂,有的比较协调,如充分就业与经济增长;有的存在矛盾,如稳定物价与充分就业;有的更加复杂,如稳定物价与经济增长、稳定物价与国际收支平衡、经济增长与国际收支平衡;有的相对独立,如充分就业与国际收支平衡等,这就要求货币政策应在四个目标之间进行权衡,并根据当时经济环境有所侧重,解决主要矛盾。

由于货币政策目标本身不能操作、计量和控制,因而为实现货币政策目标需要选定可操作、可计量、可监控的金融变量,即中介指标。在市场经济比较发达的国家一般选择利率、货币供应量、超额准备金和基础货币等金融变量作为中介指标(有的还包括汇率)。其中利率和货币供给量对中央银行来说调控能力和方便程度相对较弱,但作用过程离政策最终目标较近,而超额准备金和基础货币,中央银行对它们的调控能力和方便程度较强,但其作用过程离货币政策最终目标较远。

4. 货币政策工具

货币政策工具又称货币政策手段,是指中央银行为实现货币政策目标所采用的政策手段。货币政策工具可分为一般性政策工具(包括法定存款准备金率、再贴现政策、公开市场业务)和选择性政策工具(包括直接信用控制、间接信用指导等)。一般性政策工具是指中央银行经常采用的。

(1) 法定存款准备金率

法定存款准备金率是指中央银行规定的金融机构为保证客户提取存款和资金清算需要而准备的在中央银行的存款占其存款总额的比例。当中央银行提高法定存款准备金率时,商业银行可运用的资金减少,贷款能力下降,货币乘数变小,市场货币流通量便会相应减少。所以在通货膨胀时,中央银行可提高法定准备金率;反之,则降低法定准备金率。由于通过货币乘数的作用,法定存款准备金率的作用效果十分明显。人们通常认为这一政策工具效果过于猛烈,它的调整会在很大程度上影响整个经济和社会心理预期,因此,一般对法定存款准备金率的调整都持谨慎态度。

(2) 再贴现政策

再贴现政策是指中央银行对商业银行用持有的未到期票据向中央银行融资所作的政策规定。再贴现政策一般包括再贴现率的确定和再贴现的资格条件。再贴现率主要着眼于短期政策效应。中央银行根据市场资金供求状况调整再贴现率,以影响商业银行借入资金成本,进而影响商业银行对社会的信用量,从而调整货币供给总量。在传导机制上,若商业银行需要以较高的代价才能获得中央银行的贷款,便会提高对客户的贴现率或提高放款利率,其结果就会使得信用量收缩,市场货币供应量减少;反之则相反。中央银行对再贴现资格条件的规定则着眼于长期的政策效用,以发挥抑制或扶持作用,并改变资金流向。

(3) 公开市场业务

公开市场业务是指中央银行在金融市场上公开买卖有价证券,以此来调节市场货币供应量的政策行为。当中央银行认为应该增加货币供应量时,就在金融市场上买进有价证券(主要是政府债券);反之就出售所持有的有价证券。

随着中央银行宏观调控作用的重要性的加强,货币政策工具也趋向多元化,因而出现了一些供选择使用的新措施,这些措施被称为选择性货币政策工具。选择性货币政策工具主要有两类:直接信用控制和间接信用指导。

① 直接信用控制。直接信用控制是指以行政命令或其他方式,直接对金融机构尤其是商业银行的信用活动进行控制。其具体手段包括:规定利率限额与信用配额、信用条件限制、规定金融机构流动性比率和直接干预等。

② 间接信用指导。间接信用指导是指中央银行通过道义劝告、窗口指导等办法来间接影响商业银行等金融机构行为的做法。

5. 货币政策的运作

凯恩斯学派的分析认为,货币政策的作用机理是:中央银行政策操作改变货币供给量,货币供给量的变动影响利率,利率的变化影响资本的边际效率,资本边际效率的变化使投资以乘数增减,投资的变动影响总支出和总收入。其中起主要作用的因素是利率。这种分析将着眼点放在货币市场而没有分析商品市场,被称作"局部均衡"分析。货币学派则与之不同,他们认为,增加货币供给量在开始时可能使利率降低,但不久会因货币收入增加和物价上涨而使利率上升,实质利率水平可能不变,因此,货币政策的传导机制是通过货币供给量的变动直接影响总支出和总收入。这种分析考虑了商品市场而被称为"一般均衡"分析。不管哪种分析,在货币政策的传导机制中,金融市场都发挥着极其重要的作用。此外,任何政策从制定到取得效果都必须经过一段时间,即存在时滞。时滞包括从认识到制定再到实施的内部时滞,以及从政策实施到对政策目标产生影响的外部时滞。

货币政策的运作主要是指中央银行根据客观经济形势采取适当的政策措施调控货币量和信用规模,使之达到预定的货币政策目标,并以此影响经济运行的运作。根据运作方向可以将货币政策的运作分为紧缩货币政策和宽松货币政策。

（1）紧缩货币政策。紧缩货币政策的主要政策手段是：减少货币供应量，提高利率，加强信贷控制。如果市场物价上涨，需求过度，经济过度繁荣，被认为是社会总需求大于总供给，中央银行就会采取紧缩货币政策以减少需求。

（2）宽松货币政策。宽松货币政策的主要政策手段是：增加货币供应量，降低利率，放松信贷控制。如果市场产品销售不畅，经济运转困难，资金短缺，设备闲置，被认为是社会总需求小于总供给，中央银行则会采取扩大货币供应的办法增加总需求。

总的来说，在经济衰退时，总需求不足，采取宽松型货币政策；在经济扩张时，总需求过大，采取紧缩型货币政策。但这只是一个方面的问题，政府还必须根据现实情况对松紧程度作科学合理的把握，还必须根据政策工具本身的利弊及实施条件和效果选择适当的政策工具。

6. 货币政策对证券市场的影响

从总体上来说，宽松货币政策将使得证券市场价格上扬。其原因是：第一，为企业生产发展提供充足的资金，利润上升，从而股价上升。第二，社会总需求增大，刺激生产发展；同时居民收入得到提高，因而对证券投资的需求增加，证券价格上扬。第三，银行利率随货币供应量增加而下降，部分资金从银行转移出来流向证券市场，也将扩大证券市场的需求；同时利率下降还提高了证券价值的评估，二者均使价格上升。第四，货币供应量的过度增加将引发通货膨胀，适度的通货膨胀或在通胀初期，市场表现出繁荣，企业利润上升，加上受保值意识驱使，资金转向证券市场，使证券价值和对证券的需求均增加，从而股价上升。但是当通货膨胀上升到一定程度，可能恶化经济环境，将对证券市场起反面作用，而且政府采取措施，实施紧缩政策（包括紧缩财政和紧缩货币）将为时不远，当市场对此做出预期时，证券价格将会下跌。

与宽松的货币政策相反，紧缩货币政策将使得证券市场价格下跌。

具体的政策工具对证券市场还会有其特殊的影响。

（1）利率

利率政策在各国存在差异，有的采用浮动利率制，此时利率是作为一个货币政策的中介目标，直接对货币供应量作出反应；有的实行固定利率制，利率作为一个货币政策工具受政府（央行）直接控制。无论如何，利率对证券市场的影响是十分直接的。

① 利率上升，公司借款成本增加，利润率下降，股票价格自然下跌。特别是那些负债率比较高，而且主要靠银行贷款从事生产经营的企业，这种影响将极为显著，相应股票的价格将跌得更惨。

② 利率上升，将使得负债经营的企业经营困难，经营风险增大，从而公司债券和股票价格都将下跌。

③ 利率上升，债券和股票投资机会成本增大，从而价值评估降低，导致价格下跌。

④ 利率上升，吸引部分资金从债市特别是股市转向储蓄，导致证券需求下降，证券价格下跌。特别是在我国现阶段，投资大众风险投资意识不强，而保险的观念和传统使得这种影响更为明显。

⑤ 利率降低，将对证券市场起完全相反的作用，在西方国家基金业比较发达，许多基金

通过分散投资极大地降低了风险,而且能够获得相对高的收益,个人投资者大多借助于基金来实现保值。因此,我国利率市场化应与基金市场的发展协调进行,这是整个金融市场完善与发展的要求。

（2）存款准备金率

存款准备金全称为法定存款准备金,是指凡具有吸收存款业务的金融机构都必须将吸收的存款按一定的比率交存到中央银行。交存金额占存款总额的比率称为存款准备金率或存款准备率。这一货币政策工具通常被认为是最猛烈的宏观调控工具之一。其小幅调整,也会通过货币乘数关系引起货币供应量的巨大波动。当中央银行上调存款准备率时,货币乘数变小,会有更多的存款从商业银行流向中央银行,商业银行的资金来源减少,放款能力降低,货币供应就会紧缩,社会资金供应紧张,股票价格有下跌的趋势;反之,下调存款准备率,利于股票价格上涨。

（3）中央银行的公开市场业务

当政府倾向于实施较为宽松的货币政策时,中央银行就会大量购进有价证券,从而使市场上货币供给量增加。这会推动利率下调,资金成本降低,从而企业和个人的投资和消费热情高涨,生产扩张,利润增加,进而又会推动股票价格上涨;反之,股票价格将下跌。我们之所以特别强调公开市场业务对证券市场的影响,还在于中央银行的公开市场业务的运作是直接以国债为操作对象,从而直接关系到国债市场的供求变动,影响到国债市场的波动。

（4）调节货币供应量

中央银行可以通过存款准备金率和再贴现政策调节货币供应量,从而影响货币市场和资本市场的资金供求,进而影响证券市场。如果中央银行提高存款准备金率,这在很大程度上限制了商业银行体系创造派生存款的能力,就等于冻结了一部分商业银行的超额准备。由于法定存款准备金率对应数额庞大的存款总量,并通过货币乘数的作用,使货币供应量更大幅度地减少,证券市场价格趋于下跌。同样,如果中央银行提高再贴现率,对再贴现资格加以严格审查,商业银行资金成本增加,市场贴现利率上升,社会信用收缩,证券市场的资金供应减少,使证券市场行情走势趋软。反之,如果中央银行降低存款准备金率或降低再贴现率,通常都会导致证券市场行情上扬。

（5）选择性货币政策工具

为了实现国家的产业政策和区域经济政策,我国对不同行业和区域采取区别对待的方针。一般说来,该项政策会对证券市场整体走势产生影响,而且还会因为板块效应对证券市场产生结构性影响。当直接信用控制或间接信用指导降低贷款限额、压缩信贷规模时,从紧的货币政策使证券市场行情呈下跌走势,但如果在从紧的货币政策前提下,实行总量控制,通过直接信用控制或间接信用指导区别对待,紧中有松,那么一些优先发展的产业和国家支柱产业以及农业、能源、交通、通信等基础产业及优先重点发展的地区的证券价格则可能不受影响,甚至逆势而上。总的来说,此时贷款流向反映当时的产业政策与区域政策,并引起证券市场价格的比价关系作出结构性的调整。

（6）汇率

汇率对证券市场的影响是多方面的,一般来讲,一国的经济越开放,证券市场的国际化程度越高,证券市场受汇率的影响越大。这里汇率用单位外币的本币标值来表示。

① 汇率上升,本币贬值,本国产品竞争力强,出口型企业将受益,因而企业的股票和债券价格将上涨;相反,依赖于进口的企业成本增加,利润受损,股票和债券价格将下跌。

② 汇率上升,本币贬值,将导致资本流出本国,资本的流失将使得本国证券市场需求减少,从而市场价格下跌。

③ 汇率上升,本币贬值,本币表示的进口商品价格提高,进而带动国内物价水平上涨,引起通货膨胀,通货膨胀对证券市场的影响需根据当时的经济形势和具体企业以及政策的对策行为进行分析。

④ 汇率上升,为维持汇率稳定,政府可能动用外汇储备,抛售外汇,从而将减少本币的供应量,使得证券市场价格下跌,直到汇率回落恢复均衡,反面效应可能使证券价格回升。

⑤ 汇率上升时,政府可能利用债市与汇市联动操作达到既控制汇率的升势又不减少货币供应量,即抛售外汇,同时回购国债,则将使得国债市场价格上扬。

(二) 财政政策对证券市场的影响

1. 财政政策的基本含义

财政政策是政府依据客观经济规律制定的指导财政工作和处理财政关系的一系列方针、准则和措施的总称。财政政策是当代市场经济条件下国家干预经济、与货币政策并重的一项手段。

财政政策分为长期、中期、短期财政政策。各种财政政策都是为相应时期的宏观经济调控总目标和总政策服务的。财政政策的短期目标是促进经济稳定增长,财政政策主要通过预算收支平衡或财政赤字、财政补贴和国债政策手段影响社会总需求数量,促进社会总需求和社会总供给趋向平衡。中长期目标,首先是资源的合理配置,总体上说,是通过对供给方面的调控来制约经济结构的形成,为社会总供求的均衡提供条件,比如,政府支出方向直接作用于经济结构的调整和制约,财政贴息手段引导社会投资方向,以配合产业政策为经济持续稳定增长创造均衡条件;其次,中长期政策的另一个重要目标是收入的公平分配,目前世界各国尤其是发达国家通常的做法是运用财政中的税收和转移支付手段来调节各地区和各阶层的收入差距,达到兼顾平等与效率,促进经济社会协调发展之目的。

2. 财政政策的手段及功能

财政政策手段上面已经涉及,它主要包括国家预算、税收、国债、财政补贴、财政管理体制、转移支付制度等。这些手段可以单独使用,也可以配合协调使用。

(1) 国家预算。国家预算是财政政策的主要手段,作为政府的基本财政收支计划,国家预算能够全面反映国家财力规模和平衡状态,并且是各种财政政策手段综合运用结果的反映,因而在宏观调控中具有重要的功能。

国家预算收支的规模和收支平衡状态可以对社会供求的总量平衡发生影响,在一定时期当其他社会需求总量不变时,财政赤字具有扩张社会总需求的功能。财政采用结余政策和压缩财政支出具有缩小社会总需求的功能。

国家预算的支出方向可以调节社会总供求的结构平衡。财政投资主要运用于能源、交通及重要的基础产业、基础设施的建议,财政投资的多少和投资方向直接影响和制约国民经济的部门结构,因而具有造就未来经济结构框架的功能,也有矫正当期结构失衡状态的功能。

(2)税收。税收是国家凭借政治权力参与社会产品分配的重要形式,由于税收具有强制性、无偿性和固定性的特征,使得它既是筹集财政收入的主要工具,又是调节宏观经济的重要手段。

税收调节经济的首要功能是调节收入的分配。首先,税制的设置可以调节和制约企业间的税负水平。"区别对待"的税制可以达到鼓励一部分企业的发展,限制另一部分企业的发展的目的;"公平税负"税制的设置则可使各类税负水平大致相当。当前为适应发展社会主义市场经济的需要,我国通过税制改革,设置统一的内资企业所得税和中性税率的增值税就是发挥"公平税负"的政策效应,促进各类企业平等竞争。另外,通过设置个人所得税可以调节个人收入的差距。

税收可以调节社会总供求的结构(见表2-3)。财政税收可以根据消费需求和投资需求的不同对象设置税种或同一税种中实行差别税率,以控制需求数量和调节供求结构。

税收对促进国际收支平衡具有重要的调节功能。对出口产品的退税政策可用来鼓励出口,进口关税的设置用来调节进口商品的品种和数量。

表2-3 我国通过印花税调整股市

1991年10月,深圳市将印花税率由6‰调到3‰,上海证券交易所对股票买方、卖方实行双向征收,税率为3‰。
1992年6月12日,国家税务总局和国家体改委联合下发《关于股份制试点企业有关税收问题的暂行规定》,明确规定交易双方分别按3‰的税率缴纳印花税。
1997年5月,证券交易印花税率由3‰提高到5‰。
1998年6月12日,国家税务总局又将税率由5‰调低至4‰。
1999年6月1日,国家税务总局将B股交易税率由4‰降低为3‰。
2001年11月16日,财政部调整证券交易印花税税率。对买卖、继承、赠予所书立的A、B股股权转让书据,由立据双方当事人分别按0.2‰的税率缴纳证券(股票)交易印花税。
2005年1月24日,财政部调整证券交易印花税税率。由立据双方当事人分别按0.1‰的税率缴纳证券(股票)交易印花税。
2007年5月30日,财政部调整证券交易印花税税率。由立据双方当事人分别按0.3‰的税率缴纳证券(股票)交易印花税。

(3)国债。国债是国家按照有偿信用原则筹集财政资金的一种形式,同时也是实现政府财政政策、进行宏观调控的重要工具。国债可以调节国民收入初次分配形成的格局,将部分企业和居民收入以信用方式集中在政府手中,以扩大政府收支的规模。

国债还可以调节国民收入的使用结构和产业结构,将部分用于消费的资金转化为投资基金,用于农业、能源、交通和基础设施等国民经济的薄弱部门和瓶颈产业的发展,调整固定资产投资结构,促进经济结构的合理化。

此外,国债可以调节资金供求和货币流通量,主要通过扩大或减少国债发行,降低或提高国债利率和贴现率以及公开市场业务来调节资金供求和货币流通量。

(4)财政补贴。它是国家为了某种特定需要,将一部分财政资金无偿补助给企业和居民的一种再分配形式。我国财政补贴主要包括价格补贴、企业亏损补贴、财政贴息、房租补贴、职工生活补贴和外贸补贴。

（5）财政管理体制。它是中央与地方、地方各级政府之间以及国家与企事业单位之间资金管理权限和财力划分的一种根本制度。其主要功能是调节各地区、各部门之间的财力分配。

（6）转移支付制度。它是中央财政将集中的一部分财政资金，按一定的标准拨付给地方财政的一项制度。其主要功能是调整中央政府与地方政府之间的财政纵向不平衡，以及调整地区间的财政横向不平衡。

3. 财政政策的种类及其对证券市场的影响

从整个国家财政对宏观经济的影响和作用来看，分为"自动稳定器"和"相机抉择"两个方面。在我国，财政政策主要是发挥"相机抉择"的作用。

（1）财政政策的种类与经济效应及其对证券市场的影响

财政政策分为扩张性财政政策、紧缩性财政政策和中性财政政策。总的来说，紧缩性财政政策将使得过热的经济受到控制，证券市场也将走弱，而扩张性财政政策刺激经济发展，证券市场走强。

具体而言，实施扩张性财政政策对证券市场的影响是：

① 减少税收，降低税率，扩大减免税范围。其政策的经济效用是：增加微观经济主体的收入，以刺激经济主体的投资需求，从而扩大社会供给。其对证券市场的影响为增加人们的收入，并同时增加了他们的投资需求和消费支出。前者直接引起证券市场价格上涨；后者则使得社会总需求增加，总需求增加反过来刺激投资需求，企业扩大生产规模，企业利润增加。同时，企业税后利润增加，也将刺激企业扩大生产规模的积极性，进一步增加利润总额，从而促进股票价格上涨。再者因市场需求活跃，企业经营环境改善，盈利能力增强，进而降低了还本付息风险，债券价格也将上扬。

② 扩大财政支出，加大财政赤字。政策效应是扩大社会总需求，从而刺激投资，扩大就业。政府通过政府购买和公共支出增加商品和劳务需求，激励企业增加投入，提高产出水平，于是企业利润增加，经营风险降低，将使得股价和债券价格上升；同时居民在经济复苏中增加了收入，持有货币增加，景气的趋势更增加了投资信心，买气增强，股市和债市趋于活跃，价格自然上扬。特别是与政府购买和支出相关的企业将最先最直接从财政政策中获益，因而有关企业的股价和债券价格将率先上涨。

③ 减少国债发行（或回购部分短期国债），其政策效应是扩大货币流通量，以扩大社会总需求，从而刺激生产。这首先将直接对债市特别是国债产生影响。由于债券供给规模缩小，价格上扬，继而由于货币供给效应和证券联动效应，整个证券市场价格均会上扬。需要指出的是，用于定向支出的国债发行，则应视其支出方向来分析对证券市场的影响，如果发行国债的收入用来引导投资和消费，以刺激经济的增长，则会促使证券价格的上扬。

④ 增加财政补贴。财政补贴往往使财政支出扩大。其政策效应是，总需求和刺激供给增加。

紧缩性财政政策的经济效应及其对证券市场的影响与上述分析相反。

（2）实现短期财政政策目标的运作及其对证券市场的影响

为了实现短期财政政策目标,财政政策的运作主要是发挥"相机抉择"作用,即政府根据宏观经济运行状况来选择相应的财政政策,调节和控制社会总供求的均衡。这些运作大致有以下几种情况:

① 当社会总需求不足时,单纯使用扩张性财政政策,通过扩大支出,增加赤字,以扩大社会总需求,也可以采取扩大税收减免、增加财政补贴等政策,刺激微观经济主体的投资需求,证券价格上涨。

② 当社会总供给不足时,单纯使用紧缩性财政政策,通过减少赤字、增加公开市场上出售国债的数量,以及减少财政补贴等政策,压缩社会总需求,证券价格下跌。

③ 当社会总供给大于社会总需求时,可以搭配运用"扩张性"、"紧缩性"政策,一方面通过增加赤字、扩大支出等政策刺激总需求增长;另一方面采取扩大税收、调高税率等措施抑制微观经济主体的供给。如果支出总量效应大于税收效应,那么,对证券价格的上扬会起到一种推动的作用。

④ 当社会总供给小于社会总需求时,可以搭配使用"紧缩性"、"扩张性"政策,一方面通过压缩支出、减少赤字等政策缩小社会总需求;另一方面采取扩大税收减免、减少税收等措施刺激微观经济主体增加供给。支出的压缩效应大于税收的紧缩效应,证券价格下跌。

(3) 实现中长期财政目标的运作及其对证券市场的影响。为了达到中长期财政政策目标,财政政策的运作主要是调整财政支出结构和改革,调整税制。其做法是:

① 按照国家产业政策和产业结构调整的要求,在预算支出中,优先安排国家鼓励发展的产业的投资。

② 运用财政贴息、财政信用支出以及国家政策性金融机构提供投资或者担保,支持高新技术产业和农业的发展。

③ 通过合理确定国债规模,吸纳部分社会资金,列入中央预算,转作政府的集中性投资,用于能源、交通等重点建设。

④ 调整和改革整个税制体系,或者调整部分主要税制,以实现对收入分配的调节。特定的税制体系或主要税制,其客观作用可以有利于刺激效率,或有利于收入的平等。一般来说,实行边际税率较高的超额累进税制有利于收入的平等,而边际税率较低的超额累进税制有利于刺激效率。政府根据一定时期的社会经济发展战略要求,调整和改革税制体系,以利于进行宏观调控,达到既定的目标。

国家产业政策主要通过财政政策和货币政策来实现。优先发展的产业将得到一系列政策优惠和扶持,因而将获得较高的利润和具有良好的发展前景,这势必受到投资者的普遍青睐,股价自然会上扬。债券价格也会因为这些产业具有较低的经营风险,从而具有较低的还本付息风险而上涨。即便在紧的财政货币政策下,这些产业也会受到特殊照顾,因而产业政策对证券市场的影响是长期而深远的。

4. 分析财政政策对证券市场影响应注意的问题

财政政策对证券市场的影响是十分深刻的,也是十分复杂的。正确地运用财政政策来为证券投资决策服务,应把握以下几个方面:

(1) 关注有关的统计资料信息,认清经济形势。

（2）从各种媒介中了解经济界人士对当前经济形势的看法，关心政府有关部门主要负责人的日常讲话，分析其经济观点、主张，从而预见政府可能采取的经济措施和采取措施的时机。

（3）分析过去类似形势下的政府行为及其经济影响，据此预期政策倾向和相应的经济影响。

（4）关注年度财政预算，从而把握财政收支总量的变化趋势，更重要的是对财政收支结构及其重点作出分析，以便了解政府的财政投资重点和倾斜政策。一般而言，受倾斜的行业业绩较有保障，该行业平均股价因此存在上涨的空间。

（5）在预见和分析财政政策的基础上，进一步分析相应政策对经济形势的综合影响（比如通货膨胀、利率等），结合行业分析和公司分析作出投资选择。通常，与政府采购密切相关的行业和公司对财政政策较为敏感。

（三）收入政策对证券市场的影响

1. 收入政策概述

收入政策是国家为实现宏观调控总目标和总任务，针对居民收入水平高低、收入差距大小在分配方面制定的原则和方针。与财政政策、货币政策相比，收入政策具有更高一层次的调节功能，它制约着财政政策和货币政策的作用方向和作用力度，而且收入政策最终也要通过财政政策和货币政策来实现。

收入政策目标包括收入总量目标和收入结构目标。收入总量目标着眼于近期的宏观经济总量平衡，着重处理积累和消费、人们近期生活水平改善和国家长远经济发展的关系，以及失业和通货膨胀的问题。收入结构目标则着眼于处理各种收入的比例，以解决公共消费和私人消费、收入差距等问题。

收入总量调控政策主要通过财政、货币机制来实施，还可以通过行政干预和法律调整等机制来实施。财政机制通过预算控制、税收控制、补贴调控和国债调控等手段贯彻收入政策。货币机制通过调控货币供应量、调控货币流通量、调控信贷方向和数量、调控利息率等贯彻收入政策，因而收入总量调控通过财政政策和货币政策的传导对证券市场产生影响。

2. 我国收入政策的变化及其对证券市场的影响

我国个人收入分配实行以按劳分配为主体、多种分配方式并存的收入分配政策。在以劳动收入为主体的前提下，国家依法保护法人和居民的一切合法收入和财产，鼓励城乡居民储蓄和投资，允许属于个人的资本等生产要素参与分配。

自1979年经济体制改革以来，我国对劳动者个人实行按劳分配原则。农村实行家庭联产承包，企业职工实行按时、按件计酬，还辅以奖金、津贴、补助等分配形式，在经营方式上实行承包制和租赁制。这些措施使劳动者收入有了较大提高。收入的增长带来积累的增加，城乡居民的可自由支配收入增长很快。随着经济的发展，居民的金融投资意识也将逐步增强。随着居民金融投资意识的增强，就有越来越多的人进入证券市场购买债券或进行股票投资。

同时，由于对企业放权让利，使企业收入也得到较大增长。自1979年以来，对企业分别实行利润留成，利润递增包干，工资总额与利税增长挂钩，第一、第二步利改税，利税分流等多项分配制度改革,提高了企业积累和扩大再生产的积极性。随着现代企业制度的建立,企业的积累功能将大大增强。企业积累除用于自我发展外,部分积累较多的企业分别用于银行存款、购买债券、参与实业、合作投资、股权投资、股票投资、期货投资等。

党的"十六大"报告明确了一切合法的劳动收入和合法的非劳动收入都应该得到保护,把过去有关文献中"保护合法收入"的规定具体化和明确化了。在论述分配制度时突破性地指出:"确立资本、劳动、技术和管理等生产要素按贡献参与分配的原则,完善按劳分配为主体、多种分配方式并存的分配制度。"在我国社会主义初级阶段,存在多种所有制经济和多种分配方式。在多种分配方式中获得的收入有劳动收入与非劳动收入之别。在公有制经济中根据按劳分配方式获得的收入,国家事业单位以及党、政、军、警等部门的工作者所获得的工资、奖金等,都是合法的劳动收入。私营企业和外资企业的职工所获得的工资、奖金等,也是合法的劳动收入。个体劳动者的劳动收入同样是合法的,私营企业和外资企业的企业主凭借管理劳动和技术劳动获得的收入,也属于合法的劳动收入。

此外,按要素贡献分配的收入,同样可分为劳动收入和非劳动收入。劳动有狭义、广义之别,这里所讲的劳动要素,是狭义的一般工人的劳动。广义的劳动,还包括科技人员和管理人员的劳动。马克思的"整体劳动"概念,就是广义的劳动。因此,作为生产要素的劳动、技术工作、管理活动的贡献收入,是广义的劳动收入。而作为非劳动生产要素的资本贡献收入,则是非劳动收入。技术作为生产要素的收入可分为三个层次:一是技术劳动收入,二是技术专利转让收入,三是技术入股收入。技术专利有偿转让的收入也是劳动收入,因为科技发明是科技劳动成果。技术入股如果大幅度提高经济效益,则可获得较大的技术股收入,这与资本入股收入相类似,一般属于合法的非劳动收入。

总之,随着社会主义市场经济体制的建立和完善,我国收入分配格局发生了根本性的变化,从而导致了我国民间金融资产大幅度增加,并具有相当规模。这些资产必然要寻找出路,或者储蓄,或者投资。由于资金分散,直接的实业投资很难普遍进行,大部分投资须借助于金融市场来实现。民间金融资产的增大、社会总积累向社会分配的趋向,将导致储蓄增加,同时增加证券市场需求,促进证券市场规模的扩大和价格水平的逐步提高。

着眼于短期供求总量均衡的收入总量调控通过财政、货币政策来进行,因而收入总量调控通过财政政策和货币政策的传导对证券市场产生影响。

三、国际金融市场环境分析

国际金融市场按经营业务的种类划分,可以分为货币市场、证券市场、外汇市场、黄金市场和期权期货市场,这些市场是一个整体,各个市场相互影响。证券市场仅仅是国际金融市场的一部分,国际证券市场受其他市场的影响,它对一国证券市场的影响是通过该国国内其他金融市场的传导而发生的。如20世纪80年代初,发展中国家难以在国际证券市场上筹集资金,导致国内资金市场上资金短缺,利率上升,从而影响本国证券市场的发展。

加入 WTO 之后,我国资本市场将逐步开放。目前人民币还没有实现完全自由兑换,同时证券市场是有限度的开放,因此,我国的证券市场是相对独立的。目前国际金融市场对我国证券市场的直接冲击较小。但由于经济全球化的发展,我国经济与世界经济的联系日趋紧密,因此,国际金融市场的剧烈动荡会通过各种途径影响我国的证券市场。

(一) 国际金融市场动荡通过人民币汇率预期影响证券市场

汇率对证券市场的影响是多方面的。一般来讲,一国的经济越开放,证券市场的国际化程度越高,证券市场受汇率的影响越大。这里汇率用单位外币的本币标值来表示。

一般而言,汇率上升,本币贬值,本国产品竞争力强,出口型企业将增加收益,因而企业的股票和债券价格将上涨;相反,依赖于进口的企业成本增加,利润受损,股票和债券价格将下跌。同时,汇率上升,本币贬值,将导致资本流出本国,资本的流失将使得本国证券市场需求减少,从而市场价格下跌。

另外,汇率上升时,本币表示的进口商品价格提高,进而带动国内物价水平上涨,引起通货膨胀。通货膨胀对证券市场的影响需根据当时的经济形势和具体企业以及政策行为进行分析。为维持汇率稳定,政府可能动用外汇储备,抛售外汇,从而减少本币的供应量,使得证券市场价格下跌,直到汇率回落恢复均衡,反面效应可能使证券价格回升。如果政府利用债市与汇市联动操作达到既控制汇率的升势又不减少货币供应量,即抛售外汇,同时回购国债,则将使国债市场价格上扬。

由于国际金融市场的动荡,导致周边国家或其他重要贸易伙伴国家货币的贬值,使人民币汇率相对这些货币的汇率升值,也会影响我国证券市场。

(二) 国际金融市场动荡通过宏观面和政策面上间接影响我国证券市场

国际金融市场动荡加大了我国宏观经济增长目标的执行难度,从而在宏观面和政策面上间接影响我国证券市场的发展。

改革开放以来,我国国民经济的对外依存度大大提高,国际金融市场动荡会导致出口增幅下降、外商直接投资下降,从而影响经济增长率,失业率随之上升,宏观经济环境的恶化导致上市公司业绩下降和投资者信心下降,最终使证券市场行情下跌。其中,国际金融市场的动荡对外向型上市公司和外贸行业上市公司的业绩影响最大,对其股价的冲击也最大。

同时,有关政府部门将吸取国际金融市场动荡的教训,采取降低证券市场的风险、加强监管、提高上市公司的素质等积极的措施,促使证券市场的稳健发展。

复习思考题

1. 影响证券市场价格的因素有哪些? 它们如何影响证券的市场价格?
2. 分析国内生产总值变动对证券市场的影响。
3. 经济周期与股价波动的关系有哪些?
4. 失业率在宏观经济分析中有什么意义?
5. 什么是通货膨胀? 通货膨胀对社会经济会产生哪些影响?
6. 分析通货膨胀对证券市场的影响。
7. 试述财政政策手段及其功能。
8. 分析财政政策的运作及其对证券市场的影响。
9. 什么是货币政策运作? 货币政策运作一般如何划分?

10. 简述货币政策目标的内容及其相互关系。
11. 中央银行采用的货币政策工具有哪些?
12. 分析货币政策对证券市场的影响。
13. 对处于急剧衰退中的经济应采取怎样的货币政策与财政政策?
14. 如果你与其他投资者相比更加确信美元会急剧贬值,你将会如何处置你对美国汽车制造业的投资?
15. 根据供给学派经济学家的观点,所得税率的减少对价格有何长期影响?
16. 为何消费者预期指数是宏观经济的一个极为有用的先行指标?
17. 为何每单位产出劳动力成本指数的变化是宏观经济的一个极为有用的滞后指标?

第三章 行业分析技术与技巧

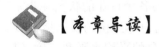
【本章导读】

> 行业是宏观经济整体与微观个体公司之间的一个概念,宏观经济分析为金融投资提供了背景条件,但是具体投资对象的选择还要从行业分析开始。本章从行业分析的含义与作用开始,分别阐述了行业的划分方法、行业的特征分析与行业分析的技巧。

第一节 行业分析概述

一、行业分析的含义

行业是处于宏观经济整体与微观个体公司之间的一个概念,宏观经济分析主要分析社会经济的总体状况,但是各行业的发展与整个宏观经济发展并不完全一致。行业的景气状况在相当程度上决定了有关企业当前的获利能力和未来的增长潜力。行业分析就是对公司所处的行业状况进行分析。

所谓行业,是指从事国民经济中同性质的生产或其他经济社会活动的经营单位和个体等构成的组织结构体系,如林业、汽车业、银行业、房地产业等。从严格意义上讲,行业与产业有差别,主要是适用范围不一样。产业作为经济学的专门术语,有更严格的使用条件。构成产业一般具有三个特点:(1)规模性。即产业的企业数量、产品或服务的产出量达到一定的规模。(2)职业化。即形成了专门从事这一产业活动的职业人员。(3)社会功能性。即这一产业在社会经济活动中承担一定的角色,而且是不可缺少的。行业虽然也拥有从业人员,也具有特定的社会功能,但一般没有规模上的约定。比如,国家机关和党政机关行业就不构成一个产业。证券分析师关注的往往都是具有相当规模的行业,特别是含有上市公司的行业,所以在业内一直约定俗成地把行业分析与产业分析视为同义语。

二、行业分析的作用

行业分析在股票投资中起着重要的作用。首先,行业分析可为投资者提供详尽的行业投资背景;其次,行业分析有助于投资者确定行业投资重点;最后,行业分析还能帮助投资者选择投资企业和确定持股时间。

行业分析的主要任务包括：解释行业本身所处的发展阶段及其在国民经济中的地位，分析影响行业发展的各种因素以及判断对行业影响的力度，预测并引导行业的未来发展趋势，判断行业投资价值，揭示行业投资风险，从而为政府部门、投资者及其他机构提供决策依据或投资依据。

分析上市公司所属的行业与股票价格变化关系的意义非常重大，它是宏观经济形势分析的具体化。我们在分析宏观经济形势时，根据国民生产总值等指标可以知道或预测某个时期整个宏观经济的状况。但是整个经济的状况与构成经济总体与各个行业的状况并非完全吻合。宏观经济分析主要分析了社会经济的总体状况，但没有对总体经济的各组成部分进行具体分析。宏观经济的发展水平和增长速度反映了各组成部分的平均水平和速度，但各个组成部分的发展却有很大的差别，并非都和总体水平相一致。实际上，总是有些行业的增长快于宏观经济的增长，而有些行业的增长慢于宏观经济的增长。当整个经济形势好时，只能说明大部分行业的形势较好，而不是每个行业都好。反之，经济整体形势恶化，则可能是大多数行业面临困境，而可能某些行业的发展仍然较好。分析宏观经济形势也不能知道某个行业的兴衰发展情况，不能反映产业结构的调整。例如，一个世纪前，美国的铁路处于鼎盛时期，铁路股票炙手可热。但是在今天，约有一半以上的美国人没有坐过火车，铁路股票已不能再引起人们的兴趣。相反，过去被人们冷落的高新技术产业如计算机、电信等行业的股票现在已是门庭若市。这些说明，只有进行行业分析，我们才能更加明确地知道某个行业的发展状况，以及它所处的行业生命周期的位置，并据此作出正确的投资决策。如果只进行宏观经济形势分析，那么我们顶多只能了解某个行业的笼统的、模糊的轮廓。

行业经济是宏观经济的构成部分，宏观经济活动是行业经济活动的总和。行业经济活动是介于宏观经济活动和微观经济活动中的经济层面，是中观经济分析的主要对象之一。

从证券投资分析的角度看，宏观经济分析是为了掌握证券投资的宏观环境，把握证券市场的总体趋势，但宏观经济分析并不能提供具体的投资领域和投资对象的建议。面对只能投资于国内上市的证券的投资者，分析师们除了提供宏观经济分析之外，更需要深入的行业分析和公司分析。

当然，随着投资全球化的趋势，在多个国家进行证券投资的投资者，尤其是机构投资者，越来越需要对各国的宏观经济进行分析从而决定不同的投资比例。另外，对于全球范围投资的指数基金来说，宏观经济分析也非常重要。

其次，进行行业分析可以为更好地进行公司分析奠定基础。行业是由许多同类公司构成的群体。如果我们只进行公司分析，则虽然我们可以知道某个公司的经营和财务状况，但不能知道其他同类公司的状况，无法通过横向比较知道目前公司在同行业中的位置。而这在充满着高度竞争的现代经济中是非常重要的。另外，行业所处生命周期的位置制约着或决定着公司的生存和发展。汽车诞生以前，欧美的马车制造业曾经是何等的辉煌，然而时至今日，连汽车业都已进入生命周期中的稳定期了。这说明，如果某个行业已处于衰退期，则属于这个行业中的公司，不管其资产多么雄厚，经营管理能力多么强，都不能摆脱其阴暗的前景。现在还有谁愿意去大规模投资于马车生产呢？投资者在考虑新投资时，不能投资到那些快要没落和淘汰的"夕阳"行业。投资者在选择股票时,不能被眼前的景象所迷惑,而要分析和判断公司所属的行业是处于初创期、成长期,还是稳定期或衰退期,绝对不能购买那些属于衰退期的行业股票。

行业分析是对上市公司进行分析的前提,也是连接宏观经济分析和上市公司分析的桥梁,是基本分析的重要环节。行业有自己特定的生命周期,处在生命周期不同发展阶段的行业,其投资价值也不一样,而在国民经济中具有不同地位的行业,其投资价值也不一样。公司的投资价值可能会由于所处行业不同而有明显差异。因此,行业是决定公司投资价值的重要因素之一。行业分析和公司分析是相辅相成的。一方面,上市公司的投资价值可能会因为所处行业的不同而产生差异;另一方面,同一行业内的上市公司也会千差万别。

三、行业的划分方法

不同的需要要求对行业进行不同的分类,因而也就产生了不同的行业分类方法。目前有许多种行业分类方法,如三次行业分类法、联合国标准行业分类法、我国的国民经济行业分类法等。这些分类方法一般是适应宏观经济管理的需要,根据行业的技术特点来进行分类的。从证券投资的角度来看,一般的投资者既不可能懂得各种各样的技术,也不实际参与公司的经营管理,他们所关心的只是他们的证券投资能否保值增值,因此证券市场的行业分类要重点反映行业的盈利前景,而按技术特征进行行业分类对证券投资一般说来意义不大,除非行业的发展具有显著的技术特征。行业的发展前景与许多方面的因素有关,因此,行业的分类也有多重标准。

(一)根据行业发展与国民经济周期性变化的关系分类

根据行业的发展与国民经济的周期性变化的关系,行业可分为成长型行业、周期型行业、防御型行业和成长周期型行业

1. 成长型行业。成长型行业的运动状态与经济活动总水平的周期及其振幅无关。这些行业销售收入和利润的增长速度不受宏观经济周期性变动的影响,特别是经济衰退的消极影响。它们依靠技术进步、推出新产品及更优质的服务及改善经营管理,可实现持续成长。

2. 周期型行业。周期型行业的运动状态直接与经济周期相关。当经济处于上升时期,这些行业会紧随其扩张;当经济衰退时,这些行业也相应跌落。产生这种现象的原因是,当经济衰退时,对这些行业相关产品的购买被延迟到经济改善之后。例如珠宝业、耐用品制造业及其他依赖于需求的收入弹性的行业就属于典型的周期型行业。

3. 防御型行业。防御型行业与周期型行业刚好相反。这种类型的行业的运动状态并不受经济周期的影响。也就是说,不论宏观经济处在经济周期的哪个阶段,行业的销售收入和利润均呈缓慢成长态势或变化不大。正是因为这个原因,对其投资便属于收入投资,而非资本利得投资。例如,食品业和公用事业就属于防御型行业,因为需求对其产品的收入弹性较小,所以这些公司的收入相对稳定。

4. 成长周期型行业。这种类型的行业既包含有成长状态,又随经济周期而波动。许多行业均属于这种类型。

（二）根据行业未来发展前景分类

根据行业未来可预期的发展前景，行业可以分为朝阳行业和夕阳行业。朝阳行业是指未来发展前景看好的行业，如目前的信息行业。夕阳行业是指未来发展前景不乐观的行业，如目前的钢铁业、纺织业。朝阳行业和夕阳行业的划分具有一定的相对性。一个国家或地区的夕阳行业在另一个国家或地区则可能是朝阳行业，如化工行业在发达国家已是夕阳行业，而在我国则被认为是朝阳行业。朝阳行业和夕阳行业之间也可相互转化，即朝阳行业在其市场需求渐渐丧失时就会成为夕阳行业，如纺织业曾经是工业革命的急先锋，但如今已风光不再。而夕阳行业也常有再度辉煌的机会，如钢铁业在日本20世纪70年代得到了复兴。

（三）按照行业技术水平分类

按照行业所采用技术的先进程度，行业可分为新兴行业和传统行业。新兴行业是指采用新兴技术进行生产，产品技术含量高的行业，如电子业。传统行业是指采用传统技术进行生产，产品技术含量低的行业，如资源型行业。由于技术的不断更新和发展，新兴行业和传统行业之间的区分是相对的。目前，它们之间的区分是以第三次技术革命为标志的，也就是以微电子技术、基因工程技术、海洋工程技术、太空技术等为技术基础的行业称为新兴行业，而以机械、电力等为技术基础的行业称为传统行业。新兴行业和传统行业内部也可作进一步的分类。一般地，新兴行业多为朝阳行业，传统行业多为夕阳行业。

（四）按照行业的要素集约度分类

按照行业的要素集约度，可以分为资本密集型、技术密集型和劳动密集型行业。三者之间并没有严格的界限，有些行业同时是资本密集和技术密集，如汽车行业。一般地，资本密集型行业容易产生垄断，技术密集型行业容易激发竞争，劳动密集型行业容易受到技术革命的冲击。

（五）道-琼斯分类法

一些金融服务机构或证券交易所为了方便、完整地发布信息，常将上市的股票或其样本进行简要的产业分类。道-琼斯分类法是在19世纪末为选取在纽约证券交易所上市的有代表性的股票而对各公司进行的分类，它是证券指数统计中最常用的分类法之一。道-琼斯分类法将大多数股票分为三类：工业、运输业和公用事业，然后选取有代表性的股票。虽然入选的股票并不涵盖这类行业中的全部股票，但所选择的这些股票足以表明行业的一种趋势。

在道-琼斯指数中，工业类股票取自工业部门的30家公司，包括了采掘业、制造业和商业；运输业类股票取自20家交通运输业公司，包括了航空、铁路、汽车运输与航运业；公用事业类股票取自6家公用事业公司，主要包括电话公司、煤气公司和电力公司等。1929年公用事业行业作为计算道-琼斯股价指数的股票类别也被确认添加进来。

（六）国际标准行业分类

为了便于汇总各国的统计资料进行对比，联合国经济和社会事务统计局曾制定了一个《全部经济活动国际标准行业分类》（简称《国际标准行业分类》）（见表3-1），建议各国采用。它把国民经济划分为10个门类：

表 3-1 《国际标准行业分类》中的国民经济划分门类

1	农业、畜牧狩猎业、林业和渔业
2	采矿业及土、石采掘业
3	制造业
4	电、煤气和水
5	建筑业
6	批发和零售业、饮食和旅馆业
7	运输、仓储和邮电通信业
8	金融、保险、房地产和工商服务业
9	政府、社会和个人服务业
10	其他行业

（七）我国国民经济行业的分类

为适应社会主义市场经济的发展，正确反映国民经济内部的结构和发展状况，并为国家宏观管理、各级政府部门和行业协会的经济管理以及进行科研、教学、新闻宣传、信息咨询服务等提供统一的行业分类和编码，《中华人民共和国国家标准》(GB/T4754-94)中对我国国民经济行业分类进行了详细的划分。新行业分类采用了线分类法，将社会经济活动划分为门类、大类、中类和小类四级。与此相对应，此编码主要采用层次编码法。门类在体系中与大类的联系并不紧密，它的编码与大、中、小类的编码方法独立。大的门类分为从 A 到 P 共 21 类(见表 3-2)：

表 3-2 我国国民经济行业分类编码

A	农、林、牧、渔业
B	采掘业
C	制造业
D	电力、煤气及水的生产和应用业
E	建筑业
F	地质勘察业、水利管理业
G	交通运输、仓储及邮电通信业
H	批发和零售贸易、餐饮业
I	金融保险业
J	房地产业
K	社会服务业
L	卫生、体育和社会福利业
M	教育、文化艺术及广播业
N	科学研究和综合技术服务
O	国家机关、党政机关
P	其他行业

（八）我国证券市场的行业划分

1. 上证指数分类法

2003年经上海证券交易所指数专家委员会研究决定，将在上海证券交易所上市的公司按照一定标准划分为十大行业。行业分类以摩根斯坦利和普尔公司联合发布的全球行业分类标准（CICS）为基础，参照中国证监会发布的上市公司行业分类指引进行调整。十大行业的基本情况如表3-3所示。

表3-3　上证指数十大行业分类

行业名称	行业主要类别
能源	能源设备与服务、石油与天然气
原材料	化学产品、建筑材料、容器与包装、金属与采矿、纸与木材品
工业	宇航与国防、房屋产品、建筑工程、电力设备、综合性工业、机械制造、工业品贸易与销售、商业服务、航空货运与快递、海运、公路铁路、运输基础设施
可选消费	车零配件、汽车、家庭耐用消费品、休闲设备及产品、纺织品和服饰、餐饮住宿和休闲、媒体、批发、零售、互联网和邮购、直销等清单销售、专业零售
主要消费	食品医药零售、饮料生产加工、食品生产加工、烟草、家庭用品、个人用品
健康护理	健康护理设备与消耗品生产、健康护理的提供和服务、商务技术、制药
金融	银行、保险、房地产、多样化金融
信息技术	互联网软件及服务、信息技术咨询与服务、软件、网络设备、计算机和外围设备、电子设备和仪器、办公电子设备、半导体设备和产品
电信	电信设备、多样化电信服务、无线电信服务
公用事业	电力、气体、水、多种公用事业

2. 深证指数分类法

深圳证券市场也将在深市上市的全部公司分成六类，即工业、商业、金融业、地产业、公用事业和综合类，同时计算和公布各分类股价指数。需要注意的是，我国的两个证券交易所为编制股价指数而对行业进行的分类显然是不完全的，这与我国证券市场发展状况有关。我国上市公司数量少，不能涵盖所有行业，例如，农业方面的上市公司就较为少见。但为了编制股价指数，从目前的情况来看，这些分类是适当的。

第二节　行业的特征分析

一、行业的市场结构分析

行业的经济结构随该行业中公司的数量、产品的性质、价格的制定和其他一些因素的变化而变化，根据经济结构的不同，行业基本上可分为四种市场类型：完全竞争、垄断竞争、寡头垄断、完全垄断。

（一）完全竞争型

完全竞争型是指一个行业中有很多的独立生产者，他们都以相同的方式向市场提供同质产品。其主要特点有以下几个方面。

1. 公司是价格的接受者，而不是价格的制定者，也就是说，公司不能影响产品的价格。
2. 所有公司向市场提供的产品都是同质的、无差别的。
3. 生产者众多，所有资源都可以自由流动。
4. 公司的盈利基本上是由市场对产品的需求决定的。
5. 公司的盈利由市场对产品的需求来决定。
6. 生产者和消费者对市场完全了解，并且可随意进入或退出此行业。

显然，完全竞争是一个理论上的假设，在现实经济中很少存在，一些初级产品和某些农产品的市场类型比较接近完全竞争市场的情况。

（二）垄断竞争型

垄断竞争是指一个行业中有许多公司生产同一种类但具有明显差别的产品。其主要特点有以下几个方面。

1. 公司生产的产品同种不同质，即产品存在着差别。也就是说，产品基本相似，但在质量、商标、包装、大小以及卖者的服务态度、信用等方面存在一定的差别。这是垄断竞争与完全竞争的主要区别。
2. 从一定程度上说，公司对自己产品的价格有一定的控制能力，是价格的制定者。
3. 生产者众多，所有资源可以流动，进入该行业比较容易。

在国民经济各产业中，大多数产成品的市场类型都属于这种类型。

（三）寡头垄断型

寡头垄断是指一个行业中少数几家大公司（称为"寡头"）控制了绝大部分的市场需求量。其主要特点有以下几个方面。

1. 公司为数不多，而且相互影响、相互依存。正因为如此，每个公司的经营方式和竞争策略都会对其他几家公司产生重要影响。
2. 产品差别可有可无。当产品无差别时称为纯粹寡头垄断。当产品有差别时称为差别寡头垄断。
3. 生产者较少，进入该行业十分困难。

从以上特点可以看出，寡头垄断在现实中是普遍存在的，资本密集型、技术密集型行业，以及少数储量集中的矿产品（如石油等产品）的市场多属这种类型。生产所需的巨额投资、复杂的技术或产品储量的分布成为限制新公司进入寡头垄断型行业的主要障碍。目前西方国家的许多重要行业常常被几家公司所控制，例如，美国汽车市场是被通用汽车公司、福特汽车公司、克莱斯勒公司以及日本的本田汽车公司和日产汽车公司所控制。

（四）完全垄断型

完全垄断型是指一个行业中只有一家公司生产某种特质产品。特质产品指那些没有或基本没有其他替代品的产品。完全垄断可分为两种类型：(1) 政府完全垄断，如国营铁路、邮电等部门；(2) 私人完全垄断，如根据政府授予的特许专营或根据专利生产的独家经营，以及由于资本雄厚、技术先进而建立的排他性的私人垄断经营。完全垄断型的特点有以下几个方面。

1. 一个行业仅有一个公司,也就是说,这个垄断公司就构成了一个行业,其他公司进入这个行业几乎是不可能的。

2. 产品没有或缺少合适的替代品。因此垄断公司能够根据市场的供需情况制定理想的价格和产量,在高价少销和低价多销之间进行选择,以获取最大利润。但是,垄断者的自由性是有限度的,要受到政府管制和反垄断法的约束。

在现实经济生活中,公用事业(如铁路、煤气公司、自来水公司和通信等)和某些资本、技术高度密集型行业或稀有金属矿藏的开采等行业属于这种完全垄断的市场类型。

我们可以看出,如果按照经济效益的高低和产量的大小排列,上述四种市场类型依次为完全竞争、垄断竞争、寡头垄断和完全垄断;而按照价格的高低和可能获得的利润的大小排列,则次序正好相反,即依次为完全垄断、寡头垄断、垄断竞争和完全竞争。

二、行业的生命周期分析

每个行业都要经历一个由成长到衰退的发展演变过程。这个过程称为行业的生命周期。一般地,行业的生命周期可分为四个阶段,即初创阶段(也叫幼稚期)、成长阶段、成熟阶段和衰退阶段。

（一）初创阶段

在这一阶段,新行业刚刚诞生或初建不久,只有为数不多的创业公司投资于这个新兴的产业。

在初创阶段,产业的创立投资和产品的研究、开发费用较高,而产品市场需求狭小,销售收入较低,因此这些创业公司财务上可能不但没有盈利,反而普遍亏损,甚至可能破产。同时,公司还面临着由较高的产品成本和价格与较小的市场需求导致的投资风险。因而,这类公司更适合投机者而不是投资者。在初创阶段后期,随着行业生产技术的提高、成本的降低和市场需求的扩大,行业将逐步由高风险、低收益的初创期转入高风险、高收益的成长期。

（二）成长阶段

在这一时期,拥有一定市场营销和财务力量的公司逐渐主导市场,其资本结构比较稳定,因而它们开始定期支付股利并扩大经营。

在成长阶段,新行业的产品通过各种渠道以其自身的特点赢得了大众的认可,市场需求逐渐上升,与此同时,产品的供给方面也发生了一系列变化。由于市场前景看好,投资于新行业的厂商大量增加,产品也逐步从单一、低质、高价向多样、优质和低价方向发展,因此新行业出现了生产厂商和产品之间相互竞争的局面,这种状况的持续将使市场需求趋于饱和。在这一阶段,生产厂商不能单纯依靠扩大产量提高市场份额来增加收入,而必须依靠提高生产技术、降低成本,以及研制和开发新产品来获得竞争优势,从而战胜竞争对手和维持公司的生存与发展。因此那些财力与技术较弱,经营不善,或新加入的公司(因产品的成本较高或不符合市场的需要)往往被淘汰或被兼并。在成长阶段的后期,由于行业中生产厂商与产品竞争优胜劣汰规律的作用,市场上生产厂商的数量在大幅度下降以后便开始稳定下来。

由于市场需求基本饱和,产品的销售增长率减慢,整个行业开始进入稳定期。在这一阶段,由于受不确定因素的影响较小,行业的增长具有可预测性,行业的波动也较小。此时,投资者蒙受经营失败而导致投资损失的可能性大大降低,分享行业增长带来的收益的可能性则会大大提高。

（三）成熟阶段

行业的成熟阶段是一个相对较长的时期。在这一时期里,在竞争中生存下来的少数大厂商垄断了整个行业的市场,每个厂商都占有一定比例的市场份额。厂商与产品之间的竞争手段逐渐从价格手段转向各种非价格手段,如提高质量、改善性能和加强售后服务等。此时,行业的利润由于一定程度的垄断达到了很高的水平,而风险因市场比例较稳定、新公司难以进入而降低。其原因是市场已被原有大公司比例分割,产品的价格比较低,新公司由于创业投资无法很快得到补偿或产品销路不畅,资金周转困难而难以进入。

在行业成熟阶段,行业增长速度降到一个更加适度的水平。在某些情况下,整个行业的增长可能完全停止,其产出甚至下降,因此行业的发展很难较好地与国民生产总值保持同步增长,当国民生产总值减少时,行业甚至蒙受更大的损失。但是,由于技术创新等原因,某些行业或许实际上会有新的增长。

（四）衰退阶段

行业在经历了较长的稳定阶段后,就进入了衰退阶段。这主要是因为新产品和大量替代品的出现,使得原行业的市场需求减少,产品的销售量开始下降,某些厂商开始向其他更有利可图的行业转移资金,从而原行业的厂商数目减少,利润下降。至此,整个行业便进入了生命周期的最后阶段。在衰退阶段,市场逐渐萎缩,当正常利润无法维持或现有投资折旧完毕后,整个行业便解体了。

三、行业兴衰的影响因素分析

上述行业生命周期四个阶段的说明只是一个总体状况的描述,这并不适用于所有行业的情况。行业的实际生命周期由于受技术进步、政府政策及社会习惯的改变等许多因素的影响而复杂得多。

（一）技术进步

技术进步是影响行业发展的首要因素。它一方面决定了新产业的兴起和旧产业的消亡,另一方面也推动了现有产业的技术升级。技术进步对行业的影响是巨大的,追求技术进步是时代的要求。我们所处的时代是科学技术日新月异的时代,新兴学科的不断涌现,技术进步速度的不断加快,使得不断出现新行业的同时,也在不断淘汰旧行业。

在众多技术因素中,最重要的也是首先需要考虑的是产品的稳定性。通过产品稳定性分析,检验产品的性质及技术复杂性有助于判断产品的未来需求是保持不变,还是可能出现大幅度变化,而历史资料只能说明过去的行业产品需求。例如,仅以一时风行的产品为基础的行业会很快被淘汰。产品性质较稳定的产业,如钢铁工业和化学工业,其产品需求则有着较长期的稳定性。然而,由于价格构成的变动及其产品需求的减少,这些产品需求较稳定的行业在不同的年份其获利能力仍有波动。

技术进步对行业的影响是巨大的。例如,电灯的出现极大地削减了对煤气灯的需求,蒸汽动力行业则被电力行业逐渐取代。显而易见,投资于衰落的行业是一种错误的选择。投资者还必须不断地考察一个行业产品生产线的前途,分析其被优良产品或消费需求替代的趋势。

行业追求技术进步也是时代的要求。目前人类社会所处的时代正是科学技术日新月异的时代。不仅新兴学科不断涌现,而且理论科学向实用技术的转化过程也被大大缩短,速度大大加快。战后工业发展的一个显著特点是,新技术在不断地推出新行业的同时,也在不断地淘汰旧行业。如在较短的时间里,喷气式飞机就代替了螺旋桨飞机;大规模集成电路计算机代替了一般的电子计算机;通信卫星代替了海底电缆等。这些新产品在定型和大批量生产后,市场价格大幅度下降,从而很快就能被消费者所使用。

上述这些特点使得新兴行业能够很快地超过并代替旧行业,或严重地威胁原有行业的生存。因此,充分了解各种行业技术发展的状况和趋势,对投资者来说是至关重要的。

(二) 政府的影响和干预

凯恩斯主义诞生以来,各国政府均加强了对宏观经济的干预。无论是奉行自由主义的国家还是强调统一集中的国家,在这一点上没有实质的区别,有的仅仅是程度或方式的不同而已。政府影响和干预经济的目的在于维护经济的公平和自由竞争,保证经济的健康运行和发展。

1. 政府影响的行业范围

政府实施管理的主要行业是:公共事业,如电力、邮电通信、广播电视、供水、排污、煤气等;运输部门,如铁路、公路、航空、航运和管道运输等;金融部门,包括银行以及保险公司、商品与证券交易市场、经纪商、交易商等非银行金融机构。政府对这些行业的管理措施可以影响行业的经营范围、增长速度、价格政策、利润率等诸多方面。

政府实施管理的行业大多直接服务于公共利益,或与公共利益联系密切。公用事业作为社会的基础设施,具有投资大、建设周期长、收效慢的特点,允许众多厂家投巨资竞相建设是不经济的,因此政府往往通过授予某些厂商在指定地区独家经营某项公用事业特许权的方法来对他们进行管理。被授权的厂商也就成为这些行业的合法垄断者,但他们的定价受到政府的调节和管制,政府一般只允许这些厂商获得合理的利润率,而且政府的价格管理不保证这些公司一定能够盈利,成本的增加、管理的不善和需求的变化同样也会使其发生亏损。

交通运输行业与大众生活和经济发展有着密切的联系。这些行业服务的范围广(国内外运输),涉及的问题多(各地不同的法律、税收和安全规则等),因而有必要由政府统一管理。

金融部门,尤其是银行部门,是国民经济的枢纽,也是政府干预经济的主要渠道之一。它们的稳定关系到整个经济的繁荣和发展,因而是政府重点管理的对象。在美国,政府相继制定了《谢尔曼反垄断法》(1890 年)、《克雷顿反垄断法》(1914 年)和《罗宾逊·帕特曼法》(1936 年)等法律对行业的经营活动进行管理。《谢尔曼反垄断法》主要是保护贸易与商业免受非法限制与垄断的影响;《克雷顿反垄断法》禁止可能导致行业竞争大大减弱或行业限制的一家公司持有其他公司股票的行为;《罗宾逊·帕特曼法》则规定某些类型的价格歧视是非法的,应当取缔。政府的行政管理部门在执行其职能时也将考虑反垄断的问题。如美国联邦储备局在审查银行合并或银行持有公司股份申请时通常要考虑反垄断的情况。此外,政府作为国家商品市场上的最大买主对军火工业和许多民用工业也起着重要的影响作用。

2. 政府对行业的促进干预和限制干预

政府对行业的促进作用可通过补贴、优惠税、限制外国竞争的关税、保护某一行业的附加法规等措施来实现。因为这些措施有利于降低该行业的成本,并刺激和扩大其投资规模。例如,美国纺织业就受到进口关税这一法律的极大保护。

同时,考虑到生态、安全、企业规模和价格因素,政府会对某些行业实施限制性规定,这会加重该行业的负担,某些法律已经对某些行业的短期业绩产生了副作用。在美国,铁路和天然气便能证明政府的干预是怎样影响私人利润形成的。

总的来说,政府的干预极大地支持了某些行业的稳定性,否则,情况会变得十分混乱。例如,航空业有其自己的正常航线,因而不会出现所有的航班仅在可能获利的城市之间飞行;公用事业的规模保证了某地域只能有一家电力公司,从而避免了潜在的混乱,不至于有四五家电力公司在同一条街上竖起自己的电线杆。

(三) 产业政策

政府对于行业的管理和调控主要是通过产业政策来实现的。产业政策是国家干预或参与经济的一种形式,是国家(政府)系统设计的有关产业发展的政策目标和政策措施的总和。一般认为,产业政策可以包括产业结构政策、产业组织政策、产业技术政策和产业布局政策等部分。其中,产业结构政策与产业组织政策是产业政策的核心。

1. 产业结构政策

产业结构政策是选择行业发展重点的优先顺序的政策措施,其目标是促使行业之间的关系更协调、社会资源配置更合理,使产业结构高级化。产业结构政策是一个政策系统,主要包括以下方面。

(1) 产业结构长期构想。它是根据现阶段发展水平和进一步发展的要求,遵循产业发展演变的规律,提出在较长一段时期内产业发展的目标和方向。

(2) 对战略产业的保护和扶植。对战略产业的保护和扶植政策是产业结构政策的重点,而所谓"战略产业"一般是指具有较高需求弹性和收入弹性,能够带动国民经济其他部门发展的产业。

对战略产业的保护政策包括限制所保护的同类国外产品的进口,限制国外私人直接投资等。对战略产业的扶植政策主要包括财政投资、倾斜金融、倾斜税收以及行政性干预等,其中,政府直接投资、差别税率、优惠税、保护性关税、补贴、折旧和成本控制等是较常使用的方式。如1998年4月,美国商务部发表题为《新兴的数字经济》的报告,宣布美国电子商务为免税区,进一步加速了网络经济在美国的强劲增长。当然,对于关系到国计民生和国家安全的基础行业以及战略性行业,政府可能实施较多干预,如钢铁、石油化工、电力、供水、邮电通信、广播电视、铁路、航空、银行、证券公司、保险公司等。公用事业由于投资大、建设周期长、投资回收慢,允许众多厂商投巨资竞相建设是不经济的,因此政府往往通过授予某些厂商在指定地区独家经营某项公用事业特许权的方法来进行管理。被授权的厂商也就因此成为这些行业的合法垄断者。但这些合法的垄断者和一般的垄断者不一样,他们不能任意规定不合理的价格,其定价要受到政府的调节和管制。

(3)对衰退产业的调整和援助。对衰退产业的调整和援助政策主要包括限制进口、财政补贴、减免税等。对衰退产业及时进行救援和调整,有利于减少经济损失、避免社会动乱。日本政府自20世纪50年代中期起,先后对煤炭、铝、合成纤维、船舶、化肥、石化等衰退产业,采取了规模收缩和合理化对策,通过课税特例、特定产业信用基金的债务保证以及开发银行的融资等措施促进相关企业的设备处理、事业转移。

2. 产业组织政策

产业组织政策是调整市场结构和规范市场行为的政策,以反对垄断、促进竞争,规范大型企业集团,扶持中小企业发展为主要核心,其目的在于实现同一产业内企业的组织形态和企业间的关系的合理化。所谓"同一产业"是指具有相同使用功能和替代功能的产品或劳务的集合,实质上就是具有竞争关系的卖方企业的集合。产业组织政策主要包括以下内容。

(1)市场秩序政策。其目的在于鼓励竞争、限制垄断。如1997年美国总统克林顿发布了《全球电子商务框架》,主张私营企业在电子商务中起主导作用,政府应当避免作不恰当的限制,在需要政府参与的情况下,其目标也应当是支持和加强一个可预见的、宽松、一致和简单的商业法制环境。

(2)产业合理化政策。其目的在于确保规模经济的充分利用,防止过度竞争。例如我国1994年颁布的《汽车工业产业政策》,就对我国汽车工业的集中投资和产业内企业的兼并重组起到了较大的推动作用,很大程度上抑制了重复生产,催生了三大汽车生产企业集团,使汽车生产集中度得到大幅度提高。

(3)产业保护政策。其目的在于减小国外企业对本国幼稚产业的冲击。我国有关外商投资的产业政策中,对外商投资方式的限制规定,在一定程度上起到了对本国部分产业内的现有企业进行保护的作用。

3. 产业技术政策

产业技术政策是促进产业技术进步的政策,是产业政策的重要组成部分,它主要包括两方面内容。

(1)产业技术结构的选择和技术发展政策。主要涉及制定具体的技术标准、规定各产业的技术发展方向,鼓励采用先进技术等。

(2)促进资源向技术开发领域投入的政策。主要包括技术引进政策、促进技术开发政策和基础技术研究的资助与组织政策。

4. 产业布局政策

产业布局是产业存在和发展的空间形式。产业布局政策的目标是实现产业布局的合理化。产业布局政策一般遵循以下原则。

(1)经济性原则。即保证那些投资效率高、经济效益好、发展速度快的地区优先发展。

(2)合理性原则。即鼓励各地区根据自身资源、经济、技术条件,发展具有相对优势的产业。

（3）协调性原则。即促进地区间的经济、技术交流，形成合理的分工协作体系。

（4）平衡性原则。即在加快先进地区发展的同时，逐步缩小先进地区与落后地区的差距。

（四）产业组织创新

产业组织是指同一产业内企业的组织形态和企业间的关系，包括市场结构、市场行为、市场绩效三方面内容。因此，所谓产业组织创新，是指同一产业内企业的组织形态和企业间的关系的创新，产业组织的创新过程（活动）实际上是对影响产业组织绩效的密切要素进行整合优化的过程，是使产业组织重新获取竞争优势的过程。

从作用的效果来看，产业政策的调控与产业组织的创新都有优化产业组织的功能，但产业政策在产业组织合理化过程中的作用是一种经济过程中的"被组织"力量，而产业组织创新则往往是产业及产业内企业的"自组织"过程。

一方面，产业组织与产业结构息息相关，是连接产业结构与产业政策的纽带。因此，产业组织创新是推动产业结构升级的重要力量之一。另一方面，产业组织又与企业组织密切相关，是具有某种同一性的互动范畴。因此，产业组织的创新不仅仅是产业内企业与企业之间垄断抑或竞争关系平衡的结果，它更是企业组织创新与产业组织创新的协调与互动的结果。

实践证明，产业组织创新的直接效应包括实现规模经济、专业化分工与协作、提高产业集中度、促进技术进步和有效竞争等，间接影响包括创造产业增长机会、促进产业增长实现、构筑产业赶超效应、适应产业经济增长等多项功效。产业组织创新能在一定程度上引起产业（或行业）生命周期运行轨迹或生命周期阶段持续时间的变化。

与其他创新活动一样，产业组织的创新没有固定的模式，在不同行业或同一行业的不同发展时期，产业组织创新有着与行业本身固有的行业属性、行业所处生命周期的阶段特征、行业内企业组织变革乃至与整个社会经济演进相关联的各种形式。例如产业化经营旨在延长产业链，增加附加值，加深产业与相关产业的融合发展，解决产品的产、供、销衔接问题，使商业资本与产业资本相对集中，产生聚合的规模效益。产融结合则旨在通过产业部门与金融部门的资本融合，使产业资本加速集中，充分发挥金融对产业发展的融资作用，使产业结构的调整得以迅速有效地进行。服务体系建设，旨在加强产业的服务体系建设，完善产业市场信息体系、产业质量标准体系及产业自律体系。大规模数字化经济，旨在改变产业内企业的组织管理形式、厂商与消费者的关系、竞争者之间的竞争方式以及企业间乃至产业间的分工协作方式等等。以我国农业为例，家庭承包制、一体化经营、农业产业化等成为我国农业在不同发展时期的产业组织创新的尝试，构筑了传统农业向现代农业演进的产业升级之路。

此外，产业组织创新与产业技术创新等密不可分。产业技术创新在很大程度上由产业组织创新的过程和产业组织创新的结果所驱动，技术创新是组织创新的某方面表现，组织创新是技术创新的有效载体，二者是相互促进的互动关系。具有创新活力且通过组织创新不断进行优化了的产业组织，能最大限度地、系统地为产业技术创新配置资源（如资本资源、人力资源、环境资源等）。由此，产业组织创新与产业技术创新共同成为产业不断适应外部竞争环境或者从内部增强产业核心能力的关键。

（五）社会习惯

随着人们生活水平和受教育水平的提高,消费心理、消费习惯、文明程度和社会责任感会逐渐改变,从而引起对某些商品的需求变化并进一步影响行业的兴衰。在基本温饱解决之后,人们更注意生活的质量,不受污染的天然食品和纺织品备受人们青睐;对健康投资从注重保健品转向健身器材;在物质生活丰富后注重智力投资和丰富的精神生活,旅游、音响成了新的消费热点;快节奏的现代生活使人们更偏好便捷的交通和通信工具;高度工业化和生活现代化又使人们认识到保护生存环境免受污染的重要,发达国家的工业部门每年都要花费几十亿美元的经费来研制和生产与环境保护有关的各种设备,以便使工业排放的废渣、废水和废气能够符合规定的标准。所有这些社会观念、社会习惯、社会趋势的变化对企业的经营活动、生产成本和利润收益等方面都会产生一定的影响,足以使一些不再适应社会需要的行业衰退而又激发新兴行业的发展。社会习惯对关系经济增长的消费、储蓄、投资、贸易等诸方面因而也就必然对产业的发展和产业结构的演变有着重要的影响。如社会公众对安全性的强烈要求促使汽车产业加固汽车保险杠、安装乘员安全带、改善燃油系统、提高防污染系统的质量等。而大众环保意识的觉醒则推动了环保产业的迅速发展。

在社会习惯的变迁过程中,国际文化交流起着重要的作用。如我国传统上以勤俭为持家原则,但在国际交往过程中逐渐接受了超前消费的观念。这一转变相信将会对许多产业如房地产业的发展产生深远的影响。

（六）经济全球化

所谓经济全球化,是指商品、服务、生产要素与信息跨国界流动的规模与形式不断增加,通过国际分工在世界市场范围内提高资源配置效率,从而使各国经济相互依赖程度有日益加深的趋势。它是全球生产力发展的结果,其推动力是追求利润和取得竞争优势。20 世纪90 年代以来,经济全球化的趋势大大加强。导致经济全球化的直接原因是国际直接投资与贸易环境出现了新变化,经济全球化对各国产业发展有着深远的影响。

1. 经济全球化导致产业的全球性转移

发达国家将低端制造技术加速向发展中国家进行产业化转移。随着高新技术行业逐渐成为发达国家的主导产业,传统的劳动密集型(如纺织服装、消费类电子产品)甚至是低端技术的资本密集型行业(如中低档汽车制造)将加快向发展中国家转移。发达国家在将发展中国家变成它的加工组装基地和制造工厂的同时,仍然可以掌握传统行业的核心技术,并通过不断向发展中国家转让其技术专利取得市场利益。例如,中国虽然是世界鞋业的"全球性工厂",但是美国 NIKE 公司却拥有最先进的运动鞋设计制造技术。其他还有诸如 DVD、移动电话等行业都存在这种状况。

制造业结构正在向技术密集型和高新技术行业加速转移。20 世纪 70 年代世界技术密集型行业的增长就已经出现快于一般工业的趋势,80 年代这一趋势更加明显。从高新技术行业在整个制造业的增加值和出口总值的比重来看,欧洲、北美和日本自 1970 年以来都有明显的增长。

选择性发展将是未来各国形成优势行业的重要途径,因为一个国家受技术水平、资源潜力的限制,不可能在所有领域都取得领先优势。战略性产业发展思路成为许多国家的战略,比如美国的信息技术和生物技术行业、日本的机器人行业、印度的计算机软件业等。

产业全球化导致的国际竞争和国际投资因素将会影响行业结构发生很大变化。比如成熟的美国汽车行业长期被通用、福特和克莱斯勒三家汽车公司所控制,市场处于稳定状态。但近年来,美国汽车工业受到日本、欧洲,甚至韩国汽车的挑战。这种国际竞争不仅打破了美国国内原先的市场格局,而且影响到美国汽车行业生命周期的发展。

2. 国际分工出现重要变化

(1) 国际分工的基础出现了重要变化。传统的国际分工理论认为,国家间分工的基础是各国的资源禀赋。各国自然禀赋的差异导致各国产业结构的不同,通过不同商品的贸易可以增进各国的福利。经济全球化的不断深化,使生产要素与商品、服务跨国界流动的障碍与成本大大降低,一个国家的优势行业不再主要取决于资源禀赋。随着产业结构的高度化,在决定各国比较优势的因素中,资源禀赋作用在减弱,后天因素的作用逐步增强。所谓后天因素包括政府的效率、市场机制完善的程度、劳动者掌握知识与信息的能力、受到政策影响的市场规模等。后天因素的改善可以弥补资源禀赋方面的劣势,而后天因素的劣势则可能使资源禀赋方面的比较优势难以发挥。

(2) 国际分工的模式出现了重要变化。以往的国际分工是各国从其比较优势出发,用具有比较优势行业的商品交换比较劣势行业的商品,表现在贸易结构上,主要是行业间的贸易。随着经济全球化的日益加深,跨国公司在全球范围内寻求资源的最佳配置,将其产业链的不同环节分别布局在不同的国家,将越来越多的国家纳入跨国公司的全球生产与服务网络之中。这种新的国际分工表现在贸易结构上,就是行业内贸易和公司内贸易的比重大幅度提高。

3. 经济全球化导致贸易理论与国际直接投资理论一体化

在贸易与投资一体化理论中,企业行为被分为两大类型:第一,总部行为。总部行为包括工程、管理和金融服务,以及信誉、商标等甚至可以无偿转让给远方生产区位的服务,这类行为有时被简化概括为研究与开发。第二,实际生产行为。实际生产行为又可再分为上游生产(中间产品)和下游生产(终极产品)。企业在两个国家间进行活动时,可以将总部行为安排在母国进行,但其实际生产或转移到东道国进行(纵向一体化),或者既安排在国内,又安排在国外进行(横向一体化)。因此,跨国企业不仅通过价格和质量进行竞争,而且还通过生产的组织进行竞争。贸易与投资理论的一体化表明,在经济全球化背景下,不能以单纯的贸易行为来衡量国家之间的经济利益。

四、行业结构的形成和演进

行业结构是指国民经济体系中众多行业之间形成的相互联系和比例关系。行业结构包含许多内容,如三次行业之间的关系、重工业和轻工业之间的关系、传统行业和新兴行业之间的关系、原材料工业和加工工业之间的关系、资本密集型和技术密集型及劳动密集型行业之间的关系等。

由于行业生命周期的存在,行业结构的演进是必然的。目前,世界行业结构总的演进方向是行业结构的高度化。它包括三个方面的内容：一是在整个行业结构中，由第一行业占优势向第二行业、第三行业占优势的比重演进；二是行业结构中由劳动密集型的行业占优势比重逐渐向资本密集型、技术知识密集型行业占优势比重演进；三是行业结构中由制造初级产品的行业占优势比重逐渐向制造中间产品、最终产品的行业占优势比重演进。

在全球经济一体化的过程中，经济结构也呈现全球性特征，也就是说，经济序列在全球范围内展开，从而产生了各个国家不同行业的国际比较优势和比较劣势，形成了国家或地区性的朝阳行业和夕阳行业。于是，在发达国家经济结构高度化的同时，发展中国家经济结构高度化的进程常常受到抑制。这样，一些按照行业结构演进的一般规律应当迅速发展的行业在发展中国家却发展迟缓，如汽车工业，而一些应当限制发展的行业却在发展中国家快速发展，如我国的磷化工行业。

五、行业与区域板块分析

众所周知，我国东、中、西部的经济发展极不平衡，这里有历史的原因，也有地理的、经济的原因。正由于经济区域发展的不平衡，处于不同区域的产业发展速度和基本特点都会有所不同。投资者在选择上市公司进行证券投资时就有必要考虑到这一因素对于投资收益的影响。

股票市场的"板块"效应是我国证券市场的特殊现象，风靡了整个证券市场。股票板块指的是这样一些股票组成的群体，这些股票因为有某一共同特征而被人为地归类在一起，而这一特征往往是被所谓股市庄家用来进行炒作的题材。这些特征有的可能是地理上的，例如"江苏板块"、"浦东板块"；有的可能是业绩上的，如"绩优板块"；有的可能是上市公司经营行为方面的，如"购并板块"；还有的是行业分类方面的，如"钢铁板块"、"科技板块"、"金融板块"、"房地产板块"等不一而足。总之，几乎什么都可以冠以板块的名称，只要这一名称能成为股市炒作的题材。

六、行业投资的选择

（一）选择的目的

一般来说，在投资决策过程中，投资者应选择增长型的行业和在行业生命周期中处于成长期和稳定期的行业，所以要仔细研究想投资公司所处的行业生命周期及行业特征。

增长型行业的特点是增长速度快于整个国民经济的增长率，投资者可享受快速增长带来的较高股价和股息。投资者也不应排斥增长速度与国民经济同步的行业，这些行业一般发展比较稳定，投资回报虽不及增长型行业，但投资风险相应也小。

对处于生命周期不同阶段的行业选择上，投资者应选择处于成长期和稳定期的行业，这些行业有较大的发展潜力，基础逐渐稳定，盈利逐年增加，股息红利相应提高，有望得到丰厚而稳定的收益。投资者一般应避免初创期的行业，因这些行业的发展前景尚难预料，投资风险较大，同样，也不应选择处于衰退期的行业。现举例说明。

通过图3-1，我们可以作以下分析。

（1）遗传工程行业正处于行业生命周期的初创阶段。由此便可以知道以下投资信息：

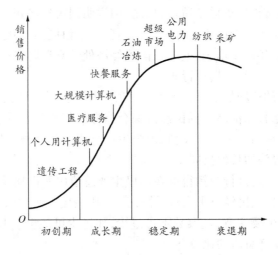

图 3-1 行业生命周期

如果打算对该行业进行投资的话,那么只有为数不多的几家企业可供选择,投资于该行业的风险较大,但可能会获得很高的收益。掌握以上信息以后,通过未来风险和未来收益的权衡比较来决定是否投资于该行业。

(2)个人用计算机行业处于成长阶段的初期,医疗服务行业处于成长阶段的中期,大规模计算机和快餐服务行业处于成长阶段的后期。由此便可知道个人用计算机的行业将会以很快的速度增长,但企业所面临的竞争风险也将不断增长;而医疗服务、大规模计算机和快餐服务行业在增长速度上要低于个人用计算机行业,但竞争风险则相对较小。因此,投资者需通过收益与风险分析来决定投资于哪种行业。

(3)石油冶炼、超级市场和公用电力等行业已进入成熟期阶段,因此这些行业将会继续增长,但速度要比前面各阶段的行业慢。成熟期的行业通常是盈利的,而且投资的风险相对较小,当然,一般来说,盈利不会太大。

(4)纺织和采矿业已进入衰退期。由此可知,对这些行业投资的收益较少,而且从长期看,这种投资也是不安全的。

需要说明的是对处于不同发展水平的不同国家的经济,以及处于不同发展阶段的同一国家的经济而言,同一行业可能处于生命周期的不同阶段。

(二)选择方法

如何在众多行业中选择呢?通常可以用两种方法来衡量:一是将行业的增长情况与国民经济的增长进行比较,从中发现增长速度快于国民经济的行业;二是利用行业历年的销售额、盈利额等历史资料分析过去的增长情况,并预测行业的未来发展趋势。

1. 行业增长比较分析

分析某行业是否属于增长型行业,可利用该行业的历年统计资料与国民经济综合指标进行对比。具体做法是取得某行业历年的销售额或营业收入的可靠数据并计算出年变动率,与国民生产总值增长率、国内生产总值增长率进行比较。通过比较,可以作出如下判断。

第一,确定该行业是否属于周期型行业。如果国民生产总值或国内生产总值连续几年逐年上升，说明国民经济正处于繁荣阶段；反之，则说明国民经济正处于衰退阶段。观察同一时期该行业销售额是否与国民生产总值或国内生产总值同向变化，如果在国民经济繁荣阶段行业的销售额也逐年同步增长，或是在国民经济处于衰退阶段时行业的销售额也同步下降，说明这一行业很可能是周期型行业。

第二，比较该行业的年增长率与国民生产总值、国内生产总值的年增长率。如果在大多数年份中该行业的年增长率都高于国民经济综合指标的年增长率，说明这一行业是增长型行业；如果行业年增长率与国民生产总值、国内生产总值的年增长率持平甚至相对较低，则说明这一行业与国民经济增长保持同步或是增长过缓。

第三，计算各观察年份该行业销售额在国民生产总值中所占比重。如果这一比重逐年上升，说明该行业增长比国民经济平均水平快；反之，则较慢。通过以上分析，基本上可以发现和判断增长型行业，但要注意，观察数不可过少，如过少可能会引起判断失误。表3-4为某行业销售额与国民生产总值的比较。

表3-4　某行业销售额与国民生产总值比较

次	某行业		国民生产总值		某行业销售额占国民生产总值百分比（%）
	销售额（10亿元）	年增长率（%）	销售额（10亿元）	年增长率（%）	
1	8.12		105		7.73
2	8.78	8.13	112	6.67	7.84
3	9.64	8.56	120	7.14	8.03
4	10.50	8.92	129	7.50	8.14
5	11.48	9.33	139	7.75	8.26
6	12.65	10.19	150	7.91	8.43
7	14.12	10.40	162	8.00	8.72
8	15.80	11.90	176	8.64	8.98

2. 行业未来增长率的预测

利用行业历年销售额与国民生产总值、国内生产总值的周期资料进行对比，只是说明过去的情况，投资者还需要了解和分析行业未来的增长变化，因此还需要对行业未来的发展趋势作出预测。

预测的方法有多种，使用较多的方法有以下两种。一种方法是将行业历年销售额与国民生产总值标在坐标图上，用最小二乘法找出两者的关系曲线，也绘在坐标图上，这一关系曲线即为行业增长的趋势线。根据国民生产总值的计划指标或预计值可以预测行业的未来销售额。另一种方法是利用行业历年的增长率计算历史的平均增长率和标准差，预计未来增长率。使用这一方法要使用行业在过去10年或10年以上的历史数据，预计的结果才较有说服力。如果某一行业是与居民基本生活资料相关的，也可利用历史资料计算人均消费量及人均消费增长率，再利用人口增长预测资料预计行业的未来增长。

（三）行业投资决策

综上所述，通过行业分析，投资者可以选择处于成长期或稳定期、竞争实力雄厚、有较大发展潜力的行业作为投资对象。同时，即期的价格/收益比率也在某种程度上可以反映投资者出于对未来总收入考虑所产生的信心和期望。

例如，某行业也许显示出未来增长和潜力很大，但是该行业证券的价格相对来说太高，以至于不能充分证明这些证券是可以购买的。相反，一些有着适度收入的某些行业证券，如果其价格很低，并且估计其未来收入的变动很小，那么这些证券是值得购买的。

投资者还必须通过对某一行业的考察，判断市场是否高估或低估了其证券及该行业的增长能力。在许多时候，市场中的投资者和投机者之间的相互作用和影响，足以驱使证券的价格过高或过低，以致偏离其真实价值。

大多数市场运动的变化都源于投资者对某一企业或行业真实价值的感觉，而并非产生于影响某行业未来收入基本因素的变化。很多时候，股票的价格会随着某一行业的发展而相应地上升。例如，某一种新型发动机的引入使得许多与该行业有关的证券价格上升，因为投资者和投机家们都断定，由于新型发动机的出现使得这些行业都处在潜在增长的边缘。然而，当投资者获悉这种发动机具有耐久性，并且极易应用于现有制造生产体系的确切资料之后，这些行业的证券市场价格便恢复到更为合理的水平，从而确认了这一产品引入的长期影响。

商业性投资公司定期公布生产行业范围的分析或调查资料，以及具有投资观点和建议的补充资料，对于个别投资者来说，在慎重进行投资决策时，这些信息是十分有益的。就调查报告来说，首先，它包含了对某一行业未来的展望，并描述了其规模和经济重要性，从而概括出了一个行业经营模式、现期困难及发展的可能性，它们对行业在未来若干年中业绩的影响。其次，这些调查报告论及行业的作为与属类、活动的广度和获利的程度及其未来最有可能的增长潜力。

对个别投资者来讲，行业评价和意见的资料是极有价值的。因为个别投资者往往不能够对必要的大量资料作出准确的计算，而这些投资机构拥有许多金融分析人员，他们专长于各行业，并且提供以行业和经济分析为基础的报告。

投资者要确定某一行业证券的投资价值，就必须辨别现实价格所反映的未来收入的机会有多大，所反映的投机需求程度有多大。投资者还应该考虑其他一些因素。例如，消费者的偏好和收入分配的变化，某产品或许有国外竞争者的介入等。只有系统地评估这些因素，投资者才能作一个正确的行业分析，从而最后作出明智的行业投资决策。

第三节 行业分析技巧

行业及竞争分析是对公司商业生态环境的重要层面做战略性的评估。行业之间在经济特点、竞争环境、未来的利润前景等方面有着重大的区别。行业经济特性的变化取决于下列因素：行业总需求量和市场成长率、技术变革的速度、该市场的地理边界（区域性还是全国范围）、买方和卖方的数量及规模、卖方的产品或服务是统一的还是具有高度差别化的、规模经济对成本的影响程度、到达购买者的分销渠道类型等。行业之间的差别还体现在对下列因素的竞争重视程度:价格、产品质量、性能特色、服务、广告和促销、新产品的革新。在某些行业中,价格竞争占统治地位;而在其他行业中,竞争的核心却可能集中在质量上,或集中在产品的性能上,或集中在品牌形象与声誉上。

一个行业的经济特性和竞争环境以及它们的变化趋势往往决定了该行业未来的利润前景,对于那些毫无吸引力的行业,最好的公司也难获得满意的利润;相反,颇有吸引力的行业中,弱小的公司也可能取得良好的经营业绩。

一、找出行业最主要的经济特性

因为行业之间在特征和结构方面有很大差别,所以行业及竞争分析必须首先从整体上把握行业中最主要的经济特性。

市场规模:小市场一般吸引不了大的或新的竞争者。大市场常能引起公司的兴趣,因为它们希望在有吸引力的市场中建立稳固的竞争地位。

竞争角逐的范围:市场是当地性的、区域性的还是全国范围的?

市场增长速度:快速增长的市场会鼓励其他公司进入,增长缓慢的市场使市场竞争加剧,并使弱小的竞争者出局。

行业在成长周期中目前所处的阶段:是处于初始发展阶段、快速成长阶段、成熟阶段、停滞阶段还是衰退阶段?

竞争厂家的数量及相对规模:行业是被众多的小公司所细分还是被几家大公司所垄断?

购买者的数量及相对规模:不同行业的消费者群体在数量上有较大差异。

供应链:在整个供应链中,向前整合或向后整合的程度如何?因为在完全整合、部分整合和非整合公司之间往往会产生竞争差异及成本差异。

渠道:到达购买者的分销渠道种类。

技术变革:产品生产工艺革新和新产品技术变革的速度。

差异化:竞争对手的产品服务是强差别化的、弱差别化的、同一的还是无差别化的?

规模经济:行业中的公司能否实现采购、制造、运输、营销或广告等方面的规模经济?

学习效应:行业中的某些活动是不是有学习和经验效应方面的特色,从而导致单位成本会随累计产量的增长而降低?

生产能力:生产能力利用率的高低是否在很大程度上决定公司能否获得成本生产效率?因为生产过剩往往降低价格和利润率,而紧缺时则会提高价格和利润率。

必要的资源以及进入和退出市场的难度:壁垒高往往可以保护现有公司的地位和利润,壁垒低则使得该行业易于被新进入者入侵。

行业平均盈利水平:行业的盈利水平处于平均水平之上还是处于平均水平之下?高利润行业吸引新进入者,行业环境萧条往往会加速竞争者退出。

硫酸行业主要经济特性概览

市场规模:年销售收入4亿—5亿美元。总销量为400万吨。

竞争角逐的范围:主要是区域性的竞争。厂商很少将其产品销往距离工厂250里以外的地区,因为长距离运输成本很高。

市场增长率:年增长率为2%—3%。

所处生命周期阶段:成熟期。

行业中公司的数量:大约有30多家公司,110个生产基地,共有450万吨的生产能力。公司市场份额最低的为3%,最高的为21%。

客户:大约有2 000家买主,多为工业化学品公司。

整合程度:混合性整合,10家最大的公司总有5家向后整合到采矿,并且进行向前整合,总公司下属的工业化学品公司的内部采购占生产量的50%;所有其他公司都只单一经营硫酸。

技术革新:生产技术是标准的,变革缓慢。最大的变化是产品本身,最近每年推出1—2种专业化学品,而行业的增长几乎全部来自这些新产品。

产品特色:高度标准化。不同品牌的产品基本上是同一的,几乎没有什么差别。

规模经济:一般。各个公司的生产成本基本是一样的,但如果用多节卡车装运并向同一客户运输和大规模采购原材料,则可以获得规模经济。

学习和经验效益:在该行业中不是一个影响因素。

生产能力利用率:最高生产率是额定生产率的90%—100%,生产能力利用率一旦低于90%,单位生产成本就会急剧上升。

行业盈利水平:平均利润率或平均利润率以下。由于行业具有的特性,需求疲软时降价很厉害,而需求强劲时,价格则坚挺。

二、行业中取得竞争成功的关键因素

一个行业的关键成功因素指那些最能影响行业成员能否在市场上繁荣的因素,如产品的属性、公司的资源、竞争能力以及与公司盈利能力直接相关的市场成就。为了进一步确认行业的关键成功因素,须要回答下面三个问题:

1. 客户在各个竞争品牌之间进行选择的基础是什么?
2. 行业中一家竞争厂商要取得竞争成功需要怎样的资源和竞争能力?
3. 行业中一家竞争厂商要获取持久的竞争优势必须采取什么样的措施?

例如在啤酒行业中,关键的成功因素是充分利用酿酒能力(以使制造成本保持在较低的水平上),强大的批发分销商网络(以尽可能多地进入零售渠道),上乘的广告(以吸引喝啤酒的人购买某一特定的品牌)。表3-5列出了几种关键的成功因素。

表3-5　常见的关键成功因素

与技术相关的关键成功因素	• 技术研究能力 • 在产品工艺和制造过程中进行有创造性改进的能力 • 产品革新能力 • 在既定技术上的专有技能 • 运用网络发布信息、承接订单、送货和提供服务的能力

与制造相关的关键成功因素	• 低成本生产效率 • 固定资产很高的利用率 • 低成本的生产工厂定位 • 能供获得足够的熟练劳动力 • 劳动生产率提高 • 成本低的产品设计和产品工程 • 能够定制化地生产一系列规格的产品
与分销相关的关键成功因素	• 强大的批发分销商/特约经销商网络 • 通过互联网建立起来电子化的分销能力 • 能够在零售商的货架上获得充足的空间 • 拥有公司自己的分销渠道和网点 • 分销成本低 • 送货速度快
与市场营销相关的关键成功因素	• 快速准确的技术支持 • 礼貌的客户服务 • 准确地满足客户订单 • 产品线和可供选择的产品很宽 • 推销技巧 • 有吸引力的款式或包装 • 客户保修和保险 • 精准的广告
与技能相关的关键成功因素	• 劳动力拥有卓越的才能 • 质量控制诀窍 • 设计方面的专有技能 • 在某一项具体的技术上的专有技能 • 能够开发出创造性的产品和取得创造性的产品改进 • 能够是最近构想出来的产品快速地经过研发阶段到达市场 • 组织能力 • 卓越的信息系统 • 能够快速地对变化的市场环境做出反应 • 能够熟练地用互联网和电子商务做生意 • 拥有较多的经验和技术秘密
其他关键成功因素	• 在购买者中间拥有有利的公司形象/声誉 • 总成本很低 • 便利的选址 • 公司职员在与所有客户打交道时都很礼貌,态度和善可亲 • 专利保护

三、行业吸引力及盈利前景分析

行业是否具有吸引力要考虑下列一些重要因素:

行业成长的潜力如何?

当前的竞争态势是否可以带来足够的盈利？行业或市场上的竞争力量将会增强还是减弱？

行业的盈利水平受到当前主要驱动因素的影响是有利还是不利？

公司在行业中的竞争地位如何？公司的竞争地位将增强还是衰落？

公司利用实力比较弱的公司的潜力如何？

公司是否不受或者可以抵挡得住那些使行业失去吸引力因素的影响。

公司竞争能力在行业关键成功因素上的匹配程度如何？

行业未来的风险和不确定性程度？

整个行业所面临的各种问题的严重程度？

继续参与这个行业的竞争是否可以增加该公司在有兴趣的行业中成功的能力。

一般来说，如果一个行业的整体利润前景处于平均水平之上，那么就可以认为该行业有吸引力；如果一个行业的利润前景处于平均水平之下，那么就可以认为该行业没有吸引力。在某些情况下，如果一家公司在一个没有吸引力的行业中占有独特的位置，那么，它仍然可以获得非常不错的利润，这是因为该公司有能力和资源从比较弱一点的竞争对手那里获得销量和市场份额，从而获得不凡的盈利水平。

四、行业分析调查表

行业分析调查表内容示例见表3-6。

表3-6 行业分析调查表内容示例

行业最主要的经济特性是什么？
行业中的变革驱动因素有哪些？
决定在行业环境中取得竞争成功的因素是什么？
行业是否具有吸引力以及取得超过年平均水平的盈利前景如何？
行业的竞争结构如何,哪一方力量最强大？
客户能找到替代产品的难易程度如何？
供应商对该行业有多大影响力？
在购买过程中,客户是否有很大的讨价还价能力？
经销商在该行业中起着怎样的作用？

复习思考题

1. 为什么要进行行业分析？
2. 完全竞争型市场有哪些特点？
3. 垄断竞争型市场有哪些特点？
4. 完全垄断型市场有哪些特点？

5. 为什么处于行业生命周期初创阶段的企业更适合投机者而非投资者?
6. 怎样进行行业投资决策?
7. 为什么要进行经济区域分析?
8. 为什么说中、西部资源开发将构成今后我国经济持续高速发展的重要基础?
9. 我国区域经济的发展呈现哪些趋势?
10. 沪、深上市公司区域分布有哪些共同点?

第四章 公司分析技术与技巧

【本章导读】

> 对投资者来说,必须要懂得一定的财务知识才能正确选择投资对象。本章介绍了公司分析的内涵与重要性,并对公司基本分析技巧及公司财务分析技巧展开阐述。公司财务分析是公司分析的关键,财务分析是指以财务报表和其他资料为依据和起点,采用专门方法,系统分析和评价企业的过去和现在的经营成果、财务状况及其变动,目的是了解过去、评价现在、预测未来,帮助利益关系集团改善决策。

第一节 公司分析概述

一、公司分析的内涵

在不同的国家,由于社会习惯、经济、文化及法律体系的差异,公司的定义不尽相同。即使在同一国家中,随着社会、经济及有关立法的发展,公司的传统定义也不断被突破。

从经济学角度来看,所谓公司是指依法设立的从事经济活动并以营利为目的的企业法人。从立法角度而言,我国的现行法律并没有对公司作直接的定义。但根据我国《公司法》有关条款所揭示的公司本质特征,我国的公司应指全部资本由股东出资构成,股东以其出资额或所持股份为限对公司承担责任,公司以其全部资产对公司债务承担责任的依《公司法》成立的企业法人。

根据不同的划分标准,公司可分为各种不同的类型。其中,按公司股票是否上市流通为标准,可将公司分为上市公司和非上市公司。

上市公司有广义和狭义的两种理解。广义上的上市公司不仅包括所发行的股票在证券交易所上市交易的股份有限公司,还包括在全国证券交易自动报价系统(简称 S9,AQ 系统)挂牌买卖的股份有限公司。狭义上的上市公司仅指其所发行的股票在证券交易所上市交易的股份有限公司。

我国目前立法所确认的上市公司仅指狭义的上市公司。根据我国《公司法》的规定,我国的上市公司是指其所发行的股票经国务院或者国务院授权证券管理部门批准在证券交易所上市交易的股份有限公司。

证券投资分析中的公司分析的对象主要是指上市公司,但证券分析师在上市公司分析的过程中往往还关注一些与上市公司之间存在关联关系或收购行为的非上市公司。

二、公司分析的意义

在实际投资活动中,投资者最有必要了解的就是对于上市公司的了解,否则其收益将面临很大的风险。无论对于宏观经济的分析,还是行业的分析,最终都将落实到微观层面的上市公司分析上(市场指数投资除外)。真正使股票升值,为投资者带来投资收益的也是这些上市公司。在决定投资于某公司股票之前必然要有一个系统地收集资料、分析资料的过程,通过对投资对象的背景资料、业务资料、财务资料的分析,从整体上多角度地了解企业,才能适当地确定公司股票的合理定价,进而通过比较市场价位与合理定价的差异而做出投资决策。

公司分析中最重要的是公司财务状况分析。财务报表通常被认为是能够发现有关公司信息的工具。在信息披露规范的前提下,已公布的财务报表是上市公司投资价值预测与证券定价的重要信息来源。证券分析师对真实、完整、详细的财务报表的分析,是其预测公司股东收益和现金流的各项因素的基础,也是其做出具体投资建议的直接依据之一。

此外,就投资者个人而言,宏观面分析与中观面分析难度较大,不具备分析基础,而相对简单、直接且行之有效的就是公司分析。

第二节 公司基本分析与技巧

一、公司综合分析

投资者进行公司分析时的第一步是了解公司概况,一般免费提供的股票交易行情分析软件都有关于个股公司的介绍,如公司的历史、行业地位、经营概述、公司的战略、公司的经济特色、公司基本财务状况等基本内容。根据这些内容就可以判断公司在整个行业中的大致地位。除了股票交易分析软件,大型门户网站的金融财经板块也提供即时更新的公司基本信息。

投资目标公司在本行业中的竞争地位是公司基本素质分析的首要内容。在本行业中无竞争优势的企业,注定要随着时间的推移逐渐萎缩直至消亡。只有确立了竞争优势,并且不断地通过技术更新和管理提高来保持这种竞争优势的企业才有长期存在并发展壮大的机会,也只有这样的企业才有长期投资价值。

公司的市场占有率是利润之源。效益好并能长期存在的公司市场占有率,必然是长期稳定并呈增长趋势的。不断地开拓进取,挖掘现有市场潜力并不断进军新的市场,是扩大市场占有份额和提高市场占有率的主要手段。

决定公司竞争地位的因素还在于公司的技术水平。对公司技术水平高低的评价可以分为评价技术硬件部分和软件部分两类。评价技术硬件部分如机器设备,单机或成套设备;软件部分如生产工艺技术、工业产权、专利设备制造技术和经营管理技术,具备了何等生产能力和达到什么样的生产规模,企业扩大再生产的能力如何,给企业创造多少经济效益等。另外,企业如有较多的掌握技术的高级工程师、专业技术人员等,那么企业就能生产质优价廉、适销对路的产品,企业就会有很强的竞争能力。

二、公司产品分析

（一）产品的竞争能力分析

1. 成本优势

成本优势是指公司的产品依靠低成本获得高于同行业其他企业的盈利能力。在很多行业中,成本优势是决定竞争优势的关键因素。企业一般通过规模经济、专有技术、优惠的原材料和低廉的劳动力实现成本优势。由资本的集中程度而决定的规模效益是决定公司生产成本的基本因素。当企业达到一定的资本投入或生产能力时,根据规模经济的理论,企业的生产成本和管理费用将会得到有效降低。原材料和劳动力成本则应考虑公司的原料来源以及公司的生产企业所处的地区。取得了成本优势,企业在激烈的竞争中便处于优势地位,意味着企业在竞争对手失去利润时仍有利可图,亏本的危险较小;同时,低成本的优势,也使其他想利用价格竞争的企业有所顾忌,成为价格竞争的抑制力。

2. 技术优势

企业的技术优势是指企业拥有的比同行业其他竞争对手更强的技术实力,及其研究与开发新产品的能力。这种能力主要体现在生产的技术水平和产品的技术含量上。在现代经济中,企业新产品的研究与开发能力是决定企业竞争成败的关键,因此,任何企业一般都确定了占销售额一定比例的研究开发费用,这一比例的高低往往能决定企业的新产品开发能力。产品的创新包括研制出新的核心技术,开发出新一代产品;研究出新的工艺,降低现有的生产成本;根据细分市场进行产品细分。技术创新,不仅包括产品技术,还包括创新人才,因为技术资源本身就包括人才资源。现在大多数上市公司越来越重视人才的引进。在激烈的市场竞争中,谁先抢占智力资本的制高点,谁就具有决胜的把握。技术创新的主体是高智能、高创造力的高级创新人才,实施创新人才战略,是上市公司竞争制胜的务本之举,具有技术优势的上市公司往往具有更大的发展潜力。

3. 质量优势

质量优势是指公司的产品以高于其他公司同类产品的质量赢得市场,从而取得竞争优势。由于公司技术能力及管理等诸多因素的差别,不同公司间相同产品的质量是有差别的。消费者在进行购买选择时,虽然有很多因素会影响他们的购买倾向,但是产品的质量始终是影响他们购买倾向的一个重要因素。质量是产品信誉的保证,质量好的产品会给消费者带来信任感。严格管理,不断提高公司产品的质量,是提升公司产品竞争力的行之有效的方法。具有产品质量优势的上市公司往往在该行业占据领先地位。

谁是可口可乐的竞争者？

一个公司当前的和潜在的竞争对手范围是相当广泛的。如果你想知道谁是你当前的竞争对手，那么你需要了解客户在决定购买之前，一般会去看多少产品以及哪些产品。

可口可乐公司生产的软饮料几乎占领了全世界饮料市场的一半，然而它仍面临着竞争。可以这样说，大多数喝过可口可乐的人至少都尝过百事可乐。百事可乐仅占世界饮料市场的1/4。与可口可乐公司竞争的还有哪些公司呢？以下是主要的竞争者：

其他种类的可乐
其他软饮料
果汁及果汁饮料
加味冰茶
加味咖啡
加味的矿泉水
矿泉水
啤酒和葡萄酒
自来水

可口可乐真的与自来水竞争吗？可能。但是，在考虑主要竞争对手时，它应把界限划在别的地方。这些主要竞争对手是将来对其经营造成真正影响的对手。要了解应把界限划在哪儿以及怎样划，主要取决于客户在追求什么。对可口可乐来说，这种了解涉及客户选择时对以下因素的考虑：

可口可乐与非可口可乐
保健可乐与非保健可乐
高焦耳与低焦耳
有咖啡因与没有咖啡因
含有酒精与不含有酒精

这些标准的重要性在不同的市场里会有所不同，而且经过一段时间也许会改变。同样，可口可乐要竞争，再竞争。

在你当前的市场或别的市场销售相同或类似产品或服务的任何人都是你的竞争者。你需要对你的竞争对手做如下区别：

- 竞争的死对头：这些公司代表了你最激烈的竞争对手。它们的产品似乎总是客户所缺的东西，客户会让你与它们的产品在特色、性能、质量、服务及价格等方面进行比较。你必须尽可能多地了解这些竞争者。
- 直接竞争者：这些公司并不像死对头那么厉害，你可以只在某些方面、在某些特殊类型客户中与之竞争。然而，你绝对不能忽视这种竞争者，因为他们当中任何人都会有欲望和能力跟在你的后面，然后成为你竞争的死对头。
- 间接竞争者：你并不经常想到这些竞争者。他们的产品只有偶尔才替代你的产品，而你担心的是更重要的竞争。同样，你应定期对这类竞争者加以考虑，因为间接竞争者有一种潜力，它会出其不意地拿出有竞争力的产品。

（二）产品的市场占有率

分析公司的产品市场占有率，在衡量公司产品竞争力问题上占有重要地位，通常从两个方面进行考察。其一，公司产品销售市场的地域分布情况。从这一角度可将公司的销售市场划分为地区型、全国型和世界范围型。销售市场地域的范围能大致地估计一个公司的经营能力和实力。其二，公司产品在同类产品市场上的占有率。市场占有率是对公司的实力和经营能力的较精确的估计。市场占有率是指一个公司的产品销售量占该类产品整个市场销售总量的比例。市场占有率越高，表示公司的经营能力和竞争力越强，公司的销售和利润水平越好、越稳定。公司的市场占有率是利润之源。效益好并能长期存在的公司市场占有率必然是长期稳定并呈增长趋势的。不断地开拓进取，挖掘现有市场潜力，不断进军新的市场，是扩大市场占有份额和提高市场占有率的主要手段。

标杆管理改善竞争绩效

标杆管理是一门艺术。其目标是模仿其他公司的最好做法并改进和超过它。日本人在第二次世界大战以后，勤奋不懈地采用了这一做法。他们模仿美国产品和操作方法，最终成功地超越了其竞争对手。日本在汽车行业的成功就是这方面最好的例子。

施乐公司 1979 年率先在美国执行标杆惯例。该公司想学习日本竞争者生产性能和成本更低的能力。施乐买进日本复印机，并通过"逆向工程"分析它，从而在这方面有了较大的改进。

福特汽车的销售曾一度落后于日本和欧洲的汽车商。当时福特的总裁唐·彼得森只是福特的工程师和设计师，根据客户认为的最重要 400 个特征组合成新汽车。他进一步要求，他的工程师要成为"比最好的还要好"的人。当新汽车完成时，彼得森声称，他的工程师已经改进竞争者汽车的大部分最佳特征。

今天，诸如美国 AT&T、IBM、柯达、杜邦及摩托罗拉等许多公司都把标杆管理作为重要的工具。

标杆管理的步骤如下：
- 确定标杆项目
- 确定衡量关键绩效的变量
- 确定最佳的竞争者
- 确定最佳竞争对手的绩效
- 衡量公司绩效
- 制定缩小差距的计划和行动
- 执行和评估结果

当一个公司决定实施标杆管理时，首先要解决的关键任务是影响客户满意度、公司的成本和在实质上的更好绩效，同时要有时间和成本的紧迫感。

如何寻找最佳的竞争者？可以问供应商、客户和分销商，让他们把竞争者进行排队；也可以接触咨询公司，他们有最好公司的档案。

（三）品牌战略

品牌是一个商品名称和商标的总称,它可以用来辨别一个卖者或卖者集团的货物或劳务,以便同竞争者的产品相区别。一个品牌不仅是一种产品的标识,而且是产品质量、性能、满足消费者效用的可靠程度的综合体现。品牌竞争是产品竞争的深化和延伸。当产业发展进入成熟阶段,产业竞争充分展开时,品牌就成为产品及企业竞争力的一个越来越重要的因素。品牌具有产品所不具有的开拓市场的多种功能:一是品牌具有创造市场的功能;二是品牌具有联合市场的功能;三是品牌具有巩固市场的功能。以品牌为开路先锋,为作战利器,不断攻破市场壁垒,从而实现迅猛发展的目标,是国内外很多知名大企业行之有效的措施。效益好的上市公司,大多都有自己的品牌和名牌战略。品牌战略不仅能提升产品的竞争力,而且能够利用品牌进行收购兼并。

表 4-1　公司竞争地位变化的主要指标

竞争地位加强的指标	竞争地位转弱的指标
• 拥有重要的资源强势和核心能力; • 具有能带来竞争优势的核心竞争能力; • 拥有很高的市场份额; • 客户群在增大,客户忠诚度不断提高; • 在具有吸引力的细分市场上占据着有力的地位; • 有差别化很强的产品; • 具有成本优势; • 可获得平均水平之上的利润率; • 拥有高于平均水平以上的技术和革新能力; • 具有创新精神和团队精神的管理队伍; • 具有能够利用新兴市场机会的能力。	• 面临竞争劣势; • 竞争对手正在攫取自己的市场份额; • 收入增长居于平均水平之下; • 缺乏财务资源; • 在客户中的声誉正在下降; • 产品开发和创新能力落后; • 在有着很多市场机会的领域里能力很弱; • 成本很高; • 所出的状况不能很好地应付市场威胁; • 产品质量很差; • 在关键的领域里缺乏技术、资源和竞争能力; • 比竞争对手的分销能力要差。

三、上市公司经营能力分析

（一）公司管理人员的素质和能力分析

所谓素质,是指一个人的品质、性格、学识、能力、体质等方面特性的总和。在现代企业里,管理人员不仅担负着对企业生产经营活动进行计划、组织、指挥、控制等管理职能,而且从不同角度和方面负责或参与对各类非管理人员的选择、使用与培训工作。因此,管理人员的素质是决定企业能否取得成功的一个重要因素。在现代市场经济条件下,企业面临的内外环境日益复杂,对公司管理人员的要求也不断提高。在一定意义上,是否有卓越的企业管理人员和管理人员集团,直接决定着企业的经营成败。显然,才智平庸、软弱无能者是无法担当起有效管理企业的重任的。所以,现代企业管理职能客观上要求企业管理人员具有相应的良好素质。换而言之,良好的管理人员的素质是提高管理的不可或缺的重要条件。管理人员的素质要求是指从事企业管理工作的人员应当具备的基本品质、素养和能力,它是选拔管理人员担任相应职务的依据和标准,也是决定管理者工作效能的先决条件。对管理人员的素质分析是公司分析的重要组成部分。一般而言,企业的管理人员应该具备如下素质。

1. 从事管理工作的愿望

企业管理是组织、引导和影响他人为实现组织目标而努力的专业性工作,胜任这一工作的前提条件是必须具有从事管理工作的愿望。只有那些具有影响他人的强烈愿望,并能从管理工作中获得乐趣、真正得到满足的人,才可能成为一个有效的管理者;反之,倘若没有从事管理工作对他人施加影响的愿望,个人就不会花费时间和精力去探索管理活动的规律性和方法,也缺乏做好管理工作的动力,不可能致力于提高他人的工作效率,难以成为一个优秀的管理者。

2. 专业技术能力

管理人员应当具备处理专门业务技术问题的能力,包括掌握必要的专业知识,能够从事专业问题的分析研究,能够熟练运用专业工具和方法等。这是由于企业的各项管理工作,不论是综合性管理还是职能管理,都有其特定的技术要求。如计划管理要求掌握制定计划的基本方法和各项经济指标的内在联系,能够综合分析企业的经营状况和预测未来的发展趋势,善于运用有关计算工具和预测方法。要胜任计划管理工作,就必须具备上述专业能力。因此,管理人员应当是所从事管理工作的专家。此外,就管理对象的业务活动而言,管理人员虽然不一定直接从事具体的技术操作,但必须精通有关业务技术特点,否则就无法对业务活动出现的问题作出准确判断,也不可能从技术上给下级职工以正确指导,这会使管理人员的影响力和工作效能受到很大限制。

3. 良好的道德品质修养

管理人员能否有效影响和激发他人的工作动机,不仅决定于企业组织赋予管理者个人的职权大小,而且在很大程度上取决于个人的影响力。而构成影响力的主要因素是管理者的道德品质修养,包括思想品德、工作作风、生活作风、性格气质等方面。管理者只有具备能对他人起到榜样、楷模作用的道德品质修养,才能赢得被管理者的尊敬和信赖,建立起威信和威望,使之自觉接受管理者的影响,提高管理工作的效果;反之,管理人员如果不具有良好的道德品质修养,甚至低于一般规范,则非但无法正常行使职权,反而会抵消管理工作中其他推动力的作用,影响下级工作的积极性。

4. 人际关系协调能力

这是从事管理工作必须具备的基本能力。在企业组织中,管理人员通常担负着带领和推动某一部门、环节的若干个人或群体共同从事生产经营活动的职责,因此,需要管理人员具有较强的组织能力,能够按照分工协作的要求合理分配人员,布置工作任务,调节工作进程,将计划目标转化为每个员工的实际行动,促进生产经营过程连续有序地稳定进行。不仅如此,为了充分发挥协作劳动的集体力量,适应企业内外联系日益复杂的要求,管理人员应成为有效的协调者,善于协调工作群体内部各个成员之间以及部门内各工作群体之间的关系,鼓励职工与群体发挥合作精神,创造和谐融洽的组织气氛。同时管理人员要善于处理与企业有直接或间接关系的各种社会集团及个人的关系,妥善化解矛盾,避免冲突和纠纷,最大限度地争取社会各界公众的理解、信任、合作与支持,为企业的发展创造良好的外部环境。

5. 综合能力

现代市场经济条件下,企业作为不断与外部环境进行信息、物质与人才转换的开放系统,生产经营过程具有明显的动态性质,即需要随时根据市场环境的变化作出反应和调整。与这一状况相适应,管理工作经常面对大量的新情况、新问题。在一定意义上,管理过程就是不断发现问题、解决问题的过程。为此,管理人员必须具备较强的解决问题的能力,要能够敏锐地发现问题之所在,迅速提出解决问题的各种措施和途径,使得问题得到及时、妥善的解决。在解决问题的过程中,决策能力具有至关重要的作用。现代管理人员特别是高层管理人员面临的非程序性、非规范化问题越来越多,在没有先例可循的情况下,管理人员必须具备较高的决策能力,要善于在全面收集、整理信息的基础上,准确判断,大胆拍板,从各种备选方案中果断地选择最优方案,并将决策方案付诸实施。不同层次的管理人员所需要的能力构成也有所不同。一般说来,专业技术能力对基层管理人员显得比较重要,中层管理人员次之,高层管理人员则不需要太强的专业技术能力。基层管理者日常管理工作中面对大量技术问题,必须有熟练的专业技术能力和深厚的专业基础知识才能胜任。综合能力对高层管理人员最重要,因为高层管理者承担企业重大战略决策、协调内外环境平衡的职能,专业问题可以委托职能部门的参谋人员去解决,但是最终的决策必须由自己承担。人际关系协调能力对每个管理层次都很重要,但不同管理层次人际关系协调能力的类型有所不同。基层管理者需要协调基层操作人员工作协作、配合方面的能力;中层管理人员既要协调上级和下级单位之间的关系,也要承担大量的横向协调职能;高层管理人员主要承担企业外部关系的协调职能,为企业营造一个良好的环境。

(二) 公司管理风格及经营理念分析

管理风格是企业在管理过程中一贯坚持的原则、目标及方式等方面的总称。经营理念是企业发展一贯坚持的核心思想,是公司员工坚守的基本信条,也是企业制定战略目标及实施战术的前提条件和基本依据。一个企业不必追求"宏伟的"理念,而应建立一个切合自身实际的,并能贯彻渗透下去的理念体系。经营理念往往是管理风格形成的前提。一般而言,公司的管理风格和经营理念有稳健型和创新型两种。稳健型公司的特点是在管理风格和经营理念上以稳健原则为核心,一般不会轻易改变业已形成的管理和经营模式。因为成熟模式是企业内部经过各方面反复探索、学习、调整和适应才形成的,意味着企业的发展达到了较理想的状态。奉行稳健原则的公司发展一般较为平稳,大起大落的情况较少,但是由于不太愿意从事风险较高的经营活动,公司较难获得超额利润,跳跃式增长的可能性较小,而且有时由于过于稳健,会丧失大发展的良机。稳健并不排斥创新,由于企业面临的生存发展环境在不断变化之中,企业也需要在坚持稳健的原则下不断调整自己的管理方式和经营策略以适应外部环境的变化。如果排斥创新的话,稳健型的公司也可能会遭到失败。创新型公司的特点是管理风格和经营理念上以创新为核心,公司在经营活动中的开拓能力较强。创新型的管理风格是此类公司获得持续竞争力的关键。管理创新是指管理人员借助于系统的观点,利用新思维、新技术、新方法,创造一种新的更有效的资源整合方式,以促进企业管理系统综合效益的不断提高,达到以尽可能少的投入获得尽可能多的综合效益,具有动态反馈机制的全过程管理目的。管理创新应贯穿于企业管理系统的各环节,包括经营理念、战略决策、组织结构、业务流程、管理技术和人力资源开发等各方面,这些也是管理创新的主要内容。创新型企业依靠自己的开拓创造,有可能在行业中率先崛起,获得超常规的发展。但创新并不意味着企业的发展一定能够获得成功,有时实行的一些冒进式的发展战略也有可能导致企业失败。分析公司的管理风格可以跳过现有的财务指标来预测公司是否具有可持续发展的能力,而分析公司的经营理念则可据以判断公司管理层制定何种公司发展战略。

（三）公司业务人员素质和创新能力分析

公司业务人员的素质也会对公司的发展起到很重要的作用。作为公司的员工,公司业务人员应该具有如下的素质:熟悉自己从事的业务,必要的专业技术能力,对企业的忠诚度,对本职工作的责任感,具有团队合作精神等。具有以上这些基本素质的公司业务人员,才有可能做好自己的本职工作,才有可能贯彻落实公司的各项管理措施,以及完成公司的各项经营业务,才有可能把自身的发展和企业的发展紧密地联系在一起。当今国际经济竞争的核心,是知识创新、技术创新和高技术产业化,不少高科技公司依靠提高产品和技术服务的市场竞争力,加快新产品开发,公司业绩实现持续增长。管理创新是企业创新的一个方面,其他还有产品创新、技术创新、市场创新。管理创新则是产品、技术和市场创新的基础。在进取型的公司管理风格下,还需要具有创新能力的公司业务人员,如技术创新、新产品的开发必须要由技术开发人员来完成,而市场创新的信息获得和创新方式则不可缺少市场营销人员的努力。因此,公司业务人员的素质,包括进取意识和业务技能也是公司发展不可或缺的要素。对员工的素质进行分析可以判断该公司发展的持久力和创新能力。

四、公司的盈利能力分析

衡量公司现实的盈利能力,以及通过分析各种资料而对公司将来的盈利能力作出预测是投资者要掌握的一项重要方法。衡量公司盈利能力的指标有资产利润率、销售利润率及每股收益率,在本章第四节有详述内容。

五、上市公司成长性分析

（一）公司经营战略分析

经营战略是企业面对激烈的变化与严峻挑战的环境,为求得长期生存和不断发展而进行的总体性谋划。它是企业战略思想的集中体现,是企业经营范围的科学规定,同时又是制定规划(计划)的基础。经营战略是在符合和保证实现企业使命的条件下,在充分利用环境中存在的各种机会和创造新机会的基础上,确定企业同环境的关系,规定企业从事的经营范围、成长方向和竞争对策,合理调整企业结构和分配企业的全部资源。经营战略具有全局性、长远性和纲领性的性质,它从宏观上规定了公司的成长方向、成长速度及其实现方式。由于经营战略决策直接牵涉到企业的未来发展,其决策对象是复杂的,所面对的问题常常是突发性的、难以预料的。因此,对公司经营战略的评价比较困难,难以标准化。一般可以从以下几方面进行:

（1）通过公开传媒资料、调查走访等途径了解公司的经营战略,特别是注意公司是否有明确、统一的经营战略。

（2）考察和评估公司高级管理层的稳定性及其对公司经营战略的可能影响。

（3）公司的投资项目、财力资源、研究创新、人力资源等是否适应公司经营战略的要求。

（4）在公司所处行业市场结构分析的基础上，进一步分析公司的竞争地位，是行业领先者、挑战者，还是追随者，公司与之相对应的经营战略是否适当。

（5）结合公司产品所处的生命周期，分析和评估公司的产品策略是专业化还是多元化。

（6）分析和评估公司的竞争战略是成本领先、差异化，还是聚焦战略。

（二）公司规模变动特征及扩张潜力分析

公司规模变动特征和扩张潜力一般与其所处的行业发展阶段、市场结构、经营战略密切相关，它是从微观方面具体考察公司的成长性。可以从以下几个方面进行分析：

（1）公司规模的扩张是由供给推动还是由市场需求拉动，是通过公司的产品创造市场需求还是生产产品去满足市场需求，是依靠技术进步还是依靠其他生产要素等，以此找出企业发展的内在规律。

（2）纵向比较公司历年的销售、利润、资产规模等数据，把握公司的发展趋势，是加速发展、稳步扩张还是停滞不前。

（3）将公司销售、利润、资产规模等数据及其增长率与行业平均水平及主要竞争对手的数据进行比较，了解其行业地位的变化。

（4）分析预测公司主要产品的市场前景及公司未来的市场份额，对公司的投资项目进行分析，并预测其销售和利润水平。

（5）分析公司的财务状况以及公司的投资和筹资潜力。

六、公司分析案例

下面以2002年8月15日上市的山东金晶科技股份有限公司为例，对其进行公司基本分析。通过公司及产品介绍，投资者可以对该上市公司有大致了解，进而通过其销售的产品了解其盈利模式和产品的竞争力，对公司的管理能力和成长能力有了完整的认识后，投资者就有充分的理由决定这是不是一家值得关注的上市公司了。

山东金晶科技股份有限公司的盈利能力及成长性分析

公司及产品简介：建筑建材类原材料生产企业，主营浮法玻璃、在线镀膜玻璃和超白玻璃的生产和销售。公司前身是山东玻璃总公司下属淄博金晶浮法玻璃厂，于2002年8月在上交所上市。

超白玻璃是一种超透明低铁浮法玻璃，普通浮法玻璃的透光率为86%，而超白玻璃透光率可达91%以上。超白玻璃同时具备优质浮法玻璃所具有的一切可加工性能，具有优越的物理、机械及光学性能，可进行各种深加工，超白玻璃能对色彩提供高保真的传输还原物品的本色，从而产生美轮美奂的视觉效果。

当前超白玻璃主要应用在高档建筑、高档玻璃家具、装饰用玻璃、仿水晶制品、灯具玻璃、高透明特种建筑、高档加工玻璃（包括行走工业、电子工业、信息产业等）等。

盈利模式：通过延伸纯碱产业链提升高毛利产品比重，生产加工超白玻璃、高档玻璃、优质浮法玻璃，它们的毛利占比分别为41%、13%、46%；毛利率分别为50%、23%、14%。相对较高的技术含量和附加值，使得高档/超白玻璃盈利水平远高于优质浮法玻璃，虽然高档/

超白仅占产能21%,却贡献了54%的毛利。纯碱项目2008年中期投产后,预期纯碱毛利将分别占2008年、2009年公司总毛利的21%、41%。

生产垄断:公司600t/d超白玻璃生产线引进美国PPG技术,实际投资6.05亿元,是目前国内唯一一条超白玻璃生产线。项目从2003年6月下旬开始施工,历经建设期18个月,于2004年11月上旬点火烤窑,2004年12月26日开始投料生产;并历经6个月投产期,于2005年7月开始试生产超白玻璃(为期2个月)。目前世界范围内,只有美国PPG、法国圣戈班、英国皮尔金顿等少数几家国际著名玻璃公司掌握超白玻璃生产技术,并建有专门超白玻璃生产线。应用最多的国家是美国、日本、欧洲等国家和地区,在加拿大、澳大利亚、韩国、中国香港和台湾地区也广泛应用。我国也在上述领域广泛应用,但在金晶科技建立超白玻璃生产线之前主要依赖进口。

在技术稳定基础上的市场推广和品牌树立也需要很长的时间,作为玻璃产品系列里面的高档产品,市场的认知和接受程度也非常重要,就像2005年金晶的超白尚未被市场接受从而销售局面很难打开一样,我们认为,即使新进企业有能力生产超白玻璃,金晶科技在市场方面尚具有相当明显的时间领先优势。

公司超白玻璃逐渐由产品引入期进入成长期:自2005年7月8日第一片超白玻璃下线以来,2005年全年共销售超白玻璃11万重量箱,2006年生产57万重量箱,经过产品技术的磨合和稳定以及市场销售渠道建立和品牌的初步培育,超白玻璃顺利度过产品引入期。

金晶科技产品的需求与供给:产品的需求来自两个方面:1.依托低成本优势对国内进口超白玻璃产品的替代和开拓国内新的应用领域;2.依托低成本优势对国际部分市场的开拓。基于以下4个驱动因素,未来2—3年时间超白玻璃产品供给也将进入放量成长期:①随国内超白玻璃品牌和销售渠道建立,较低的成本优势仍将继续对进口产品进行替代,因为进口产品通过集装箱运输对产品尺寸有限制,因此公司在大尺寸产品上替代趋势将更为明显。②从国内应用领域来看,国内灯饰市场已形成稳中有升的需求态势,家电领域部分厂商经过打样后已经开始应用超白玻璃作为面板且批量生产,这种引入期需求进入放量增长过程中,国内需求领域和需求量的提升潜力巨大。③美国PPG在国外仅将技术转让给了金晶科技,公司是国内唯一生产超白玻璃企业,产品技术壁垒相对较高。④2005年12月金晶超白玻璃经SGS检测达到欧盟ROHS指令要求,被世界最权威的认证机构认证为环保、健康型的高档绿色产品。在品质获得认可的条件下,公司低成本就成为开拓国际市场的利器,2006年超白玻璃出口量为16万重量箱,而2007年中期销售量大幅上升到31万重量箱,随着未来国际客户对金晶品牌的认同和销售渠道的完善,低成本优势将在市场拓展中继续得到体现。

高毛利率水平仍可保持:由于受到市场客户认同和高端产品结构调整,超白玻璃平均销售仍旧远高于优质/高档浮法玻璃,超白玻璃与优质/高档浮法玻璃保持价格与毛利率差距的原因是:国内超白玻璃具有唯一垄断性、生产技术及附加值更高、产品品质及技术性能更高、进口产品价格高支撑国内价格。

基于以下3个因素,我们认为超白玻璃毛利率和价格仍能维持目前高位:①国内仍有部分超白玻璃进口,而进口价格受制于生产国玻璃价格高位运行和海运费上升仍将维持高位,对国内超白玻璃价格构成底线支撑。②基于上文分析原因,相对逐步扩大的需求而言,未来

1—2年国内超白玻璃生产商仍主要是金晶科技,激烈竞争导致价格下滑可能性不大。③市场已安然度过产品导入期,在产品进入成长期过程中,大幅降价扩大销售应不是最佳策略。

公司的管理张力:金晶管理张力体现在持续扩展浮法玻璃产能的同时,把产品领域延伸至超白玻璃和纯碱项目的蓝海,实现有效的成本节约和差异化战略。管理层利益和公司利益趋同将有效加强企业管理张力在业务规模和新领域拓展上的惯性,而国家在节能环保等政策背景下倡导的节能玻璃和玻璃高档化消费的需求将为这种张力的惯性拓展提供市场需求。对于公司其他浮法玻璃业务,我们认为公司在通过收购方式扩大产能规模的基础上,将充分享受行业复苏带来的增长效应。

公司成长性:浮法玻璃行业演进包含三个阶段:一是随供需关系变化价格呈现周期性变化;二是随下游消费需求变化产品逐步升级;三是行业内企业相对竞争格局发生变化。这三个阶段的交替融合基本决定了企业业绩波动和股价理性繁荣程度,而国家政策行为和企业管理张力是决定性变量。在目前玻璃行业演进处于景气周期时,企业管理张力决定着企业投资的差异化。政策驱动行业景气演进、管理张力强化是金晶本轮理性繁荣的根源。

第三节 公司重大事项分析与技巧

一、公司的资产重组

(一) 资产重组方式

对于证券分析师而言,他们更关注资本市场上的公司扩张、公司调整、公司所有权和控制权转移这三大类既不相同但又互相关联的资产重组行为。在具体的重组实践中,这三类不同的重组行为基于不同的重组目的,组合成不同的重组方式。

1. 扩张型公司重组

公司的扩张通常指扩大公司经营规模和资产规模的重组行为,主要体现在以下方面。

(1) 购买资产。购买资产通常指购买房地产、债权、业务部门、生产线、商标等有形或无形的资产。收购资产的特点在于收购方不必承担与该部分资产有关联的债务和义务。以多元化发展为目标的扩张通常不采取收购资产而大都采取收购公司的方式来进行,因为缺乏有效组织的资产通常并不能为公司带来新的核心能力。

(2) 收购公司。收购公司通常是指获取目标公司全部股权,使其成为全资子公司或者获取大部分股权处于绝对控股或相对控股地位的重组行为。购买公司不仅获得公司的产权与相应的法人财产,同时也是所有因契约而产生的权利和义务的转让。因此,通过收购,收购公司不仅可以获得目标公司拥有的某些专有权利,如专营权、经营特许权等,更能快速地获得由公司的特有组织资本而产生的核心能力。

(3) 收购股份。收购股份通常指以获取参股地位而非目标公司控制权为目的的股权收购行为。收购股份通常是试探性的多元化经营的开始和策略性的投资,或是为了强化与上、下游企业之间的协作关联,如参股原材料供应商以求保证原材料供应的及时和价格优惠,参股经销商以求产品销售的顺畅、货款回收的及时等。

(4) 合资或联营组建子公司。公司在考虑如何将必要的资源与能力组织在一起从而能在其选择的产品市场中取得竞争优势的时候,通常有三种选择,即内部开发、收购以及合资。对于那些缺少某些特定能力或者资源的公司来说,合资或联营可以作为合作战略的最基本手段,它可以将公司与其他具有互补技能和资源的合作伙伴联系起来,获得共同的竞争优势。

(5) 公司合并。公司合并是指两家以上的公司结合成一家公司,原有公司的资产、负债、权利和义务由新设或存续的公司承担。我国《公司法》界定了两种形式的合并——吸收合并和新设合并。公司合并的目的是实现战略伙伴之间的一体化,进行资源、技能的互补,从而形成更强、范围更广的公司核心能力,提高市场竞争力。同时,公司合并还可以减少同业竞争,扩大市场份额。

2. 调整型公司重组

公司的调整包括不改变控制权的股权置换、股权——资产置换、不改变公司资产规模的资产置换,以及缩小公司规模的资产出售、公司分立、资产配负债剥离等。

(1) 股权置换。其目的通常在于引入战略投资者或合作伙伴。通常,股权置换不涉及控股权的变更。股权置换的结果是:实现公司控股股东与战略伙伴之间的交叉持股,以建立利益关联。

(2) 股权——资产置换。股权——资产置换是由公司原有股东以出让部分股权为代价,使公司获得其他公司或股东的优质资产。其最大优点就在于,公司不用支付现金便可获得优质资产,扩大公司规模。股权——资产置换的另一种形式是以增发新股的方式来获得其他公司或股东的优质资产,这实质上也是一种以股权方式收购资产的行为。

(3) 资产置换。资产置换是指公司重组中为了使资产处于最佳配置状态获取最大收益,或出于其他目的而对其资产进行交换。双方通过资产置换,能够获得与自己核心能力相协调的、相匹配的资产。

(4) 资产出售或剥离。资产出售或剥离是指公司将其拥有的某些子公司、部门、产品生产线、固定资产等出售给其他的经济主体。由于出售这些资产可以获得现金回报,因此从某种意义上来讲,资产剥离并未减少资产的规模,而只是公司资产形式的转化,即从实物资产转化为货币资产。

(5) 公司的分立。公司的分立是指公司将其资产与负债转移给新建立的公司,把新公司的股票按比例分配给母公司的股东,从而在法律上和组织上将部分业务从母公司中分离出去,形成一个与母公司有着相同股东的新公司。通过这种资产运作方式,新分立出来的公司管理权和控股权也同时会发生变化。在公司分立的过程中有许多做法,包括并股和裂股两种方式。其结果是母公司以子公司股权向母公司股东回购母公司股份,而子公司则成为由母公司原有股东控股的与母公司没有关联的独立公司。

(6) 资产配负债剥离。资产配负债剥离是将公司资产配上等额的负债一并剥离出公司母体,而接受主体一般为其控股母公司。这一方式在甩掉劣质资产的同时能够迅速减小公司总资产规模,降低负债率,而公司的净资产不会发生改变。对资产接受方来说,由于在获得资产所有权的同时也承担了偿债的义务,其实质也是一种以承担债务为支付手段的收购行为。

3. 控制权变更型公司重组

公司的所有权与控制权变更是公司重组的最高形式。通常公司的所有权决定了公司的控制权,但两者不存在必然的联系。常见的公司控股权及控制权的转移方式有以下几种。

(1) 股权的无偿划拨。国有股的无偿划拨是当前证券市场上公司重组的一种常见方式,通常发生在属同一级财政范围或同一级国有资本运营主体的国有企业和政府机构之间,国有股的受让方一定为国有独资企业。由于股权的最终所有者没有发生改变,因而国有控股权的划拨实际是公司控制权的转移和管理层的重组。其目的或是为调整和理顺国有资本运营体系,或是为了利用优势企业的管理经验来重振处于困境的上市公司。

(2) 股权的协议转让。股权的协议转让是指股权的出让与受让双方不是通过交易所系统集合竞价的方式进行买卖,而是通过面对面的谈判方式,在交易所外进行交易,故通常称之为场外交易。这些交易往往出于一些特定的目的,如引入战略合作者、被有较强实力的对手善意收购等。在我国的资本市场上,场外协议转让案例产生的主要原因在于证券市场中处于控股地位的大量非流通股的存在。

(3) 公司股权托管和公司托管。公司股权托管和公司托管是指公司股东将其持有的股权以契约的形式,在一定条件和期限内委托给其他法人或自然人,由其代为行使对公司的表决权。当委托人为公司的控股股东时,公司股权托管就演化为公司的控制权托管,使受托人介入公司的管理和运作,成为整个公司的托管。

(4) 表决权信托与委托书。表决权信托是指许多分散股东集合在一起设定信托,将自己拥有的表决权集中于受托人,使受托人可以通过集中原本分散的股权来实现对公司的控制。表决权委托书是指中小股东可以通过征集其他股东的委托书来召集临时股东大会,以达到改组公司董事会、控制公司目的的一种方式。

(5) 股份回购。股份回购是指公司或是用现金,或是以债权换股权,或是以优先股换普通股的方式购回其流通在外的股票的行为,它会导致公司股权结构的变化。由于公司股本缩减,而控股大股东的股权没有发生改变,因而原有大股东的控股地位得到强化。我国《公司法》对上市公司回购股份有着较为严格的限制,只有在注销股本或与其他公司合并时方能购回发行在外的股票,并需及时变更登记和公告。

(6) 交叉控股。交叉控股是指母、子公司之间互相持有绝对控股权或相对控股权,使母、子公司之间可以互相控制运作。交叉控股产生的原因是母公司增资扩股时,子公司收购母公司新增发的股份。我国《公司法》规定,一般公司对外投资不得超过净资产的50%。这在一定程度上限制了母、子公司间的交叉控股,但也可以通过多层的逐级控股方式迂回地达到交叉控股的目的。交叉控股的一大特点是企业产权模糊化,找不到最终控股的大股东,公司的经理人员取代公司所有者成为公司的主宰,从而形成内部人控制。

以上对这三类行为的划分只是从单一上市公司的视角出发的。但在实践中,一个重组行为甚至可以同时划入这三类概念。比如收购公司,对收购方来说,是一种扩张行为;而对目标公司而言,是一种控制权或所有权的转移行为;对目标公司的出让方来讲,又是一种收缩或调整行为。

（二）资产重组对公司的影响

从理论上讲，资产重组可以促进资源的优化配置，有利于产业结构的调整，增强公司的市场竞争力，从而使一批上市公司由小变大，由弱变强。但在实践中，许多上市公司进行资产重组后，其经营和业绩并没有得到持续、显著的改善。究其原因，最关键的是重组后的整合不成功。重组后的整合主要包括企业资产的整合、人力资源配置和企业文化的融合、企业组织的重构三个方面。

不同类型的重组对公司业绩和经营的影响也是不一样的。对于扩张型资产重组而言，通过收购、兼并，对外进行股权投资，公司可以拓展产品市场份额，或进入其他经营领域。但这种重组方式的特点之一，就是其效果受被收购兼并方生产及经营现状影响较大，磨合期较长，因而见效可能较慢。有关统计数据表明，上市公司在实施收购兼并后，主营业务收入的增长幅度要小于净利润的增长幅度，每股收益和净资产收益率仍是负增长。这说明，重组后公司的规模扩大了，主营业务收入和净利润有一定程度的增长，但其盈利能力并没有同步提高。从长远看，这类重组往往能够使公司在行业利润率下降的情况下，通过扩大市场规模和生产规模，降低成本，巩固或增强其市场竞争力。

由于多方面的原因，我国证券市场存在着上市公司资产质量较差、股权结构和公司治理结构不合理等客观状况，因此，着眼于改善上市公司经营业绩、调整股权结构和治理结构的调整型公司重组和控制权变更型重组，成为我国证券市场最常见的资产重组类型。对于公司控制权变更型资产重组而言，由于控制权的变更并不代表公司的经营业务活动必然随之发生变化，因此，一般而言，控制权变更后必须进行相应的经营重组，这种方式才会对公司经营和业绩产生显著效果。

对于调整型资产重组而言，分析资产重组对公司业绩和经营的影响，首先需鉴别"报表性重组"和"实质性重组"。区分报表性重组和实质性重组的关键是看有没有进行大规模的资产置换或合并。实质性重组一般要将被并购企业50%以上的资产与并购企业的资产进行置换，或双方资产合并；而报表性重组一般都不进行大规模的资产置换或合并。

英国两大生物技术公司合并案例分析

一、并购的方式、过程及其对市场的影响

1999年6月，英国两大生物技术公司——细胞技术公司（CELLTECH）、粒子螺旋藻科学公司（CHIROSCIENCE）宣布合并，合并后的企业集团将成为欧洲最大的生物技术集团公司。人们预计这次合并将为过于分散的欧洲生物技术产业的重新整合开创一个新纪元。新的企业集团将拥有一种市场前景非常乐观的成药——局部麻醉剂卡罗卡因（CHIROCAINE）的生产经营权，还拥有2种已进入研究开发后期的候选新药和8条已经投资运营的生产线工程。

这次合并采用两家公司相互换股的方式进行，即以每62股细胞技术公司的股票交换100股粒子螺旋藻科学公司的股票。新的企业集团总资本市值高达6.96亿英镑。细胞技术公司的股东持有新公司52.4%的股份，有关并购还需经过双方公司董事会的同意，如果新的公司没有削减费用预算的计划，那么这家公司将形成具有400名研究专家、年度研究开发预算费用达5 100万英镑的综合开发实力。

两公司合并后,原细胞技术公司总裁彼特·菲尔勒(Peter Feller)将掌管新的公司。新公司的非执行总裁约翰·杰克逊(John Jackson)与执行总裁彼特·阿兰(Peter Allen)也都来自细胞技术公司。原粒子螺旋藻科学公司总裁约翰·帕德菲尔德(John Padfield)退下来后担任了新的企业集团下属的一家分支机构负责人(即由英国与挪威合资的一家生命科学公司)。约翰·帕德菲尔德接受了这一工作安排,实质上已为这次并购行动扫清了障碍。

粒子螺旋藻科学技术公司最近还宣布,在今年英国药品集团与瑞典阿斯特,热尼卡(Astra Zeneca)反托拉斯集团合并后,选择该公司作为卡罗卡因的市场营销合作伙伴。帕德菲尔德博士表示,卡罗卡因在美国的销售将通过潘德尤·弗尔码(Purdue Pharma)公司进行,在日本以外的其他地区将通过阿尔波特(Abbott)国际公司经销。上述交易约占螺旋藻科学公司收益的50%以上。

从并购事件对两公司股价的影响程度来看,以1999年6月14日伦敦股市的收盘价计算,粒子螺旋藻科学公司的股价收在2.59英镑,单日上涨了13.1%。6月15日,细胞技术公司的股价微跌了0.085英镑,收盘于4.64英镑;而粒子螺旋藻公司股价则继续上涨了0.21英镑,收盘于2.80英镑。截至6月18日伦敦股票交易所收盘时,两公司的股价分别收于4.90英镑和2.955英镑,均保持单边上涨的趋势。

行业分析师们普遍看好这两家大公司的合并,因为它们在各自拥有的技术、产品、投资与资产结构等方面都表现出了明显的优势互补性。粒子螺旋藻科学公司在美国的基地所掌握的基因发现技术将大大加强细胞技术公司这方面的研究开发力量,而细胞技术公司强大的中期生产线将填补粒子螺旋藻公司在这方面的投资空隙。

并购后的新企业集团还拥有在银行账户上8000万英镑的现金资产,预计新公司将据此谋求进一步的并购行动。一家大型投资银行的生物技术行业分析师就此评论说,这次并购行动是英国生物技术产业发展史上的一个转折点。一个最主要的特征是,合并的主要目的并非是要削减企业成本,而是要通过重组来提高产业集中度,形成这一产业的主力部队。

过去两年里,不仅是英国,整个欧洲地区的生物技术产业都一直处于十分不景气的状态,甚至连一种新药的诞生也无法激起这类公司的股价上升。股票市场的一些机构投资人甚至考虑要全面放弃对这一领域的投资。关于"投资生物技术可以获得暴利"的流言已经破产,特别是因为研制抗癌新药一度被视作该领域最大希望的英国生物技术公司,如今已使那些早期对其狂热的投资者感到他们的利益被出卖了。在英国和欧洲大陆均居于榜首的生物技术风险资本基金——穆林生物科学基金主席克瑞斯·伊克斯这样评论说,过去3年里,有大量的资金投入了这一领域,但是这些钱再也没有收回来。实际上,生物技术产业已经成为一个巨大的投资"黑洞"。细胞技术公司与粒子螺旋藻公司的合并,不过是这一领域的企业在未来几年大规模合并的开端,因为欧洲根本不需要有1100家生物技术公司。生产能力的严重过剩已使得这种调整刻不容缓。生物技术产业只有通过重新整合,确保公司的股东们有所收益,才是真正的出路。伊克斯的生物技术风险资本基金同这一领域的其他投资人一样,已经开始向外转移投资。

新组建的细胞技术与螺旋藻科学公司的非执行总裁约翰·杰克逊认为,这次合并行动是欧洲生物技术产业经过15年发展历史后的一个转折点,它将对这一产业的结构调整起到重要的推动作用。因为直到现在，在生物技术产业内部仍然存在着一种麻痹意识，它植根于对发展生物技术产业的错误理解。

生物技术公司产生的第一波高潮产生于20世纪70年代晚期，加利福尼亚的一批企业家利用分子生物科学领域的最新成果创建了一批生物技术公司。当时，这类公司都纷纷另起炉灶独立于大型制药企业集团之外，但现在又正在融合为制药大企业的一部分。对那些大型制药公司来说，生物技术已经成为其研究开发所必需的手段，他们并不需要把研究完全放在自己的实验室里进行，而是可以通过与生物技术公司建立一种紧密的关系链，以保障他们下更大的赌注在多样化技术开发和新药的研制上。

但是，对于生物技术领域的投资人来说，他们则面对着更大的难题。因为投资人不可能把投资失败的风险成本纳入研究开发费用预算中，他们必须力求在数以百计的小型生物技术公司中找到成功者来进行投资。而事实上要发明（研制）一种新药是极其艰难的，通常一种新药从开始研究到推向生产、有利可图，粗略计算需要10年时间，其间还充满着各种不确定性因素和众多的管制性障碍。因此，大多数生物技术公司根本就没有能力研制新药。

不同的是，大型制药公司能够通过其他产品的部分利润来弥补研发失败的损失，而生物技术公司往往就是从一个项目起家，一旦失败也就所剩无几了。如今已狼狈不堪的英国生物技术公司就是典型的例子。欧洲的一位行业分析师形象地比喻说，"大型制药商一般是在夜半更深之际悄悄地掩埋失败的死难者，而生物技术公司往往只能是在投资人的声讨会上公开埋葬自己！"

因此，在英、美等国，很多投资人对生物技术不切实际的幻想已经彻底破灭。他们已经认识到，盲目的狂热投资（投机）实际上是误入歧途，即试图从失败者中找到赢家。在美国，寥寥可数的几家生物技术公司曾经创造了获取暴利的奇迹，包括发现红蛋白（学名是促红细胞生成素，Erythropoietin）的阿母根（Amgen）公司，它因为成功地商业化这种专治贫血症的蛋白质类新药而获取了暴利，今天这家公司已经成为全球第一大生物技术公司，总资本市值达275亿美元。其他几家比较成功的美国生物技术公司，包括成功地研制出治疗艾滋病新药的艾高仑（Agouron）公司等均已被大型制药企业集团收购。

相反，英国的生物技术产业根本就没有美国这种动人的成功故事。英国生物技术公司曾一度向世界宣布它已经找到了抗癌新药，但最终还是失败了。就在3年前，这家公司的股价还很高，总资本市值高达20亿英镑，如今这家公司的股价已滑落到3年前的十分之一。英国生物技术公司的惨败已把大多数投资人从生物技术这一领域吓走了，只有少数"顽固派"还留在这里。即使这些留下来的投资人也已经改变了他们的投资策略，投资人根本不看那些资本市值在1亿英镑以下或手中只有前期研究开发项目的公司股票。他们只投资那些产品贴近市场、有实际盈利能力的公司股票，任何投资人都不愿意手持股票等5年再说。

过去几个月里，投资人态度的转变已直接促成了生物技术产业的第一波重组浪潮，那些已经研制出了新药但是还没有将之推向市场的公司，与那些由于资金短缺而导致周转不灵的公司，如今纷纷走到一起寻求重组。如因克隆羊而闻名的一家苏格兰公司（Roslinbiomed）与美国细胞再生技术的先驱企业合并了，发现变形杆菌和治疗用抗体（Proteus and Therpeuti-cantibodies）的两家小型英国生物技术集团也合二为一了，总部设在Dundee的Shield也与挪威的 AXIS 集团合并了。

但是,这类合并案与细胞技术公司和粒子螺旋藻公司的合并是不可同日而语的。因为这两家公司都拥有面向大众、市场旺销的成品药,都具有独立地为制药产业服务、稳定地获取技术补偿收益的研发技术力量,合并后的总资本市值高达近 7 亿英镑,投资人自然也倾注了更大的热情。

二、对于合并的简要评述

综观英国两大生物技术公司合并案的简要过程,我们不难发现,这起并购案具有以下几方面的特点。

1. 英国生物技术产业乃至欧洲生物技术产业存在的企业数量多、规模小、产业过于分散、生产能力过剩的现实问题,是促成英国两大生物技术公司强强联合的外部环境因素。也就是说,欧洲生物技术产业要提高产业集中度、进行产业结构的战略性调整,是这起并购事件的外部动因。因此,人们普遍预期,这两家大公司的合并是欧洲生物技术产业战略性结构大调整的前奏。

2. 英国两大生物技术公司合并最直接的动因不是出于降低成本的考虑,而是从生物技术产业固有的高风险性出发,通过强强联合,追求规模经济的升级,来保障企业在产品开发领域的抗风险能力。

3. 这起合并案是通过国际上企业并购经常采用的换股方式进行的,不出意外,应该是企业非敌意收购的一宗经典案例。这种并购双方私下讨价还价、最终以协议方式解决企业合并重组一揽子问题的和平方式,避免了企业之间因实施收购与反收购策略导致企业资产意外损失、影响企业正常运营,以及股票市场价格异常波动等负面效果。

4. 这起并购案尽管是用和平的协议方式达成的,但是从新的集团公司的组织结构来看,显然是以合并的一方(细胞技术公司)为主来重组另一方(粒子螺旋藻公司)的,这无论是从合并后新公司的股权控制上,还是从新公司的管理决策权控制上都十分明显,因为细胞技术公司的股东控有新公司 52.4% 的股份,新公司的核心决策层人物也全部来自于细胞技术公司。所以,在这个意义上也可以说是细胞技术公司兼并了粒子螺旋藻公司。

5. 这两大生物技术公司合并的社会、经济效果如何,现在评价还为时过早,需要待新的企业集团运营磨合一段时间后的实践来证明。

三、对我国生物技术企业重组及对投资人的启示

英国两大生物技术公司合并发生在市场经济制度发育已经高度成熟的资本主义发源地,企业合并的产业背景、具体运作方式以及企业和投资人的决策方式,对于正在进行市场经济制度重组的我国企业和广大投资人来说,具有重要的借鉴意义。

1. 投资以利润为目标,企业运营以股东收益为目标,这是市场经济制度下的基本行为准则。任何不顾投资收益率,或者直接损害股东利益的企业或个人投资方式,必将受到市场规律的无情惩罚。在一般产业领域的投资如此,在创业风险资本领域的投资和股票市场上的投资就更是如此。在股票市场上,人们更注重投资的时间价值,因此,企业的中短期收益情况将直接影响到人们的投资决策。

2. 透过这起合并案我们看到,通过资本市场来建立企业在产业之间有序地进入和退出

机制,是保持合理的产业集中度、增强企业竞争力,提高企业抗风险能力和综合盈利能力的基础保障机制。

3. 企业的整合应本着专业化为主的原则。无论是同类产品企业间的横向一体化,还是上下游产品企业间的垂直一体化,都应该依据产业自身内在的技术、工艺或产品经营方式等方面的相互关联关系来进行重组。盲目地追求多元化经营目标的企业重组,往往最终以失败告终。我国企业进入资本市场从建立有形的规范证券市场算起,迄今不到20年的时间,上市公司的平均资本市值规模与欧美同类大公司的规模不可相提并论,我国发展生物技术产业则还处于起步阶段。我们注意到,从1997年下半年开始,我国已有一批上市公司打出了"开发生物技术产业"的旗号,股票市场投资人也作出了十分热烈的反应。因此,我们现在来分析欧洲生物技术产业所走过的历程以及今天所面临的重新整合的命运,对我国涉足这一领域的上市公司和投资人来说无疑是在读一本生动的历史教科书。生物技术产业的企业,特别是这一领域的上市公司,应该有效地进行企业资产结构和收益结构的优化管理,合理安排好企业的长、中、短期收益结构,以确保企业资产的流动性和股东收益的适度稳定性。

4. 企业并购应依据明确的法律制度规定,借助专业投资银行的独立财务顾问服务功能,以最大限度地降低企业的融资成本,提高企业重组和资产管理的效率。

5. 股票市场的投资人对于生物技术这类高风险投资领域,应在正确界定自身的风险偏好和风险承受能力的前提下,理性地作出投资决策,切不可在市场盲目炒作"高新生物技术产业概念"的气氛下狂热投机,导致社会资源和个人财富的极大浪费。

二、公司的关联交易

(一)关联交易方式

关联交易是指公司与其关联方之间发生的交换资产、提供商品或劳务的交易行为。《企业会计准则第36号——关联方披露》第3条对关联方进行了界定,即"一方控制、共同控制另一方或对另一方施加重大影响,以及两方或两方以上同受一方控制、共同控制或重大影响的,构成关联方"。

所谓"控制",是指有权决定一个企业的财务和经营政策,并能据以从该企业的经营活动中获取利益,包括直接控制和间接控制两种类型。

我国上市公司的关联交易具有形式繁多、关系错综复杂、市场透明度较低的特点。按照交易的性质划分,关联交易可划分为经营往来中的关联交易和资产重组中的关联交易。前者符合一般意义上的关联交易概念,而后者则具有鲜明的中国特色,是在目前现实法律、法规环境下使用频率较高的形式。

1. 经营活动中的关联交易

(1) 关联购销。关联购销类关联交易,主要集中在这样几个行业:一种是资本密集型行业,如冶金、有色、石化和电力行业等;另一种是市场集中度较高的行业,如家电、汽车和摩托车行业等。一些上市公司仅是集团公司的部分资产,与集团其他公司间产生关联交易在所难免。除了集团公司以外,其他大股东如果在业务上与上市公司有所联系的话,也有可能产生关联交易。因此,此类关联交易在众多上市公司中或多或少地存在,交易量在各类交易中居首位。

(2) 费用负担的转嫁。股份公司改制上市时,一般都将企业办社会的非生产性资产剥离出来,但股份公司上市后仍需要关联公司提供有关方面的服务,因此上市前各方都会签订有关费用的支付和分摊标准的协议。这些项目引起的资金往来是我国上市公司关联交易的重要内容之一。这些项目涵盖面较广,包括医疗、饮食、托儿所、职工住房、广告费用、离退休人员的费用等。

(3) 资产租赁。由于非整体上市,上市公司与其集团公司之间普遍存在着资产租赁关系,包括土地使用权、商标等无形资产的租赁,以及厂房、设备等固定资产的租赁。

(4) 资金占用。由于上市公司与集团公司存在业务上的密切联系,由此而产生一定数额的关联方应收账款也是正常的。上市公司以收取资金占用费形式为集团公司或公司垫付部分资金,一方面可增加股份公司的盈利,另一方面又使集团公司获得了所需的资金。但如果关联方占用上市公司资金的数目过大且期限较长,应加以关注,特别是要注意分析资金占用的利息、回收的可能性以及对上市公司经营、投资和财务状况等方面的影响。

(5) 信用担保。涉及上市公司的关联信用担保也普遍存在。上市公司与集团公司或者各个关联公司可以相互提供信用担保。关联公司之间相互提供信用担保虽能有效解决各公司的资金问题,但也会形成或有负债,增加上市公司的财务风险,有可能引起经济纠纷。上市公司与其主要股东,特别是控股股东之间的关联担保可以是双向的,既可能是上市公司担保主要股东的债务,反过来也可能是主要股东为上市公司提供担保。

2. 资产重组中的关联交易

(1) 资产转让和置换。资产转让和资产置换是关联交易重组中提高利润水平最有效的手段。如通过由集团公司收购上市公司的劣质资产,或者由上市公司低价收购集团公司的优质资产,或者把上市公司的劣质资产同集团公司的优质资产进行置换,使亏损企业扭亏。而且,这些往往是在上市公司通过第一大股东易主之后才发生的。还有一些通过关联交易注入优质资产,以使得上市公司获得可持续发展的潜力。

(2) 托管经营、承包经营。绝大多数的托管经营和承包经营属于关联交易,关联方大多是控股股东、托管方或是上市公司,或是关联企业。所托管的资产要么质量一般,要么是上市公司没有能力进行经营和管理的资产。但自己的资产被关联公司托管或承包经营以后,可以获得比较稳定的托管费用和承包费用。另外,关联托管和承包往往是进行关联收购的第一步。因为在托管期间,可以对所托管或承包的企业进行深入细致的了解,考察企业的发展潜力,以降低收购的风险。

3. 合作投资

合作投资形式的关联交易通常指的是上市公司与关联公司就某一具体项目联合出资,并按事前确定的比例分配收益。这种投资方式因关联关系的存在,达成交易的概率较高,但操作透明度较低,特别是分利比例的确定。

4. 相互持股

关联企业之间相互持股会形成一系列法人实体相互渗透、依赖和监督的网络和利益共同体,但同时也会引起资本相互抵消,造成虚假资本、股份垄断及经营透明度不高等缺陷。

一些国家对相互持股作了限制性规定,普遍采用"有限双向持有制度"。但我国法律仍无这一方面的规定限制。目前有些股份公司也向其母公司、集团公司进行了投资持股,形成更复杂的关联关系及其交易,这在我国尤其容易造成信用膨胀、加剧信用风险。

(二)关联交易对公司的影响

从理论上说,关联交易属于中性交易,它既不属于单纯的市场行为,也不属于内幕交易的范畴,其主要作用是降低企业的交易成本,促进生产经营渠道的畅通,提供扩张所需的优质资产,有利于实现利润的最大化等。但在实际操作过程中,关联交易有其非经济特性。与市场竞争、公开竞价的方式不同,关联交易价格可由关联双方协商决定,特别是在我国评估和审计等中介机构尚不健全的情况下,关联交易就容易成为企业调节利润、避税和为一些部门及个人获利的途径,往往使中小投资者利益受损。

交易价格如果不能按照市场价格来确定,就有可能成为利润调节的工具。如各项服务收费的具体数量和摊销原则因外界无法准确地判断其是否合理,因而操作弹性较大。目前通常的做法是,当上市公司经营不理想时,集团公司或者调低上市公司应缴纳的费用标准,或者承担上市公司的相关费用,甚至将以前年度已缴纳的费用退回,从而达到转移费用、增加利润的目的。又由于各类资产租赁的市场价格难以确定,租赁也可以成为上市公司与集团公司等关联公司之间转移费用、调节利润的手段。上市公司利润水平不理想时,集团公司调低租金价格或以象征性的价格收费,或上市公司以远高于市场价格的租金水平将资产租赁给集团公司使用。有的上市公司将从母公司租来的资产以更高的租金再转租给其他关联方,形成股份公司的其他业务利润,实现向股份公司转移利润。上市公司获得类似的"补贴",从表面上看,对于上市公司和投资者来说是好事,但这种"补贴"首先不可能持久且终究要付出代价,同时也不利于上市公司核心竞争力的培育,对其长远发展不利。

资产重组中的关联交易,其对公司经营和业绩的影响需要结合重组目的、重组所处的阶段、重组方的实力、重组后的整合进行具体分析。首先,重组谈判过程一般长达几个月,其中变数颇多,因此在重组的谈判或审批阶段,难以判断重组成功的概率和绩效。如果上市公司重组目的带有短期化倾向,如为了短期业绩的改观、配股融资能力的增强等,企业经营现状的改变将是非质变性的。其次,重组后能否带来预期效益还要看后期整合的结果。由于原有企业的文化、管理模式具有一定程度的排他性,新资产从进入到正常运转还要面临一段时间的磨合。由此可见,资产重组类股票的投资不确定性较大,而带有关联交易性质的资产重组,由于其透明度较低,更需要进行较长时期的、仔细的跟踪分析。

在分析关联交易时,尤其要注意关联交易可能给上市公司带来的隐患,如资金占用、信用担保、关联购销等。证券投资分析师在分析关联交易时,应尤其关注交易价格的公平性、关联交易占公司资产的比重、关联交易的利润占公司利润的比重,以及关联交易的披露是否规范等事项。

三、会计政策和税收政策的变化

（一）会计政策的变化及其对公司的影响

会计政策是指企业在会计核算时所遵循的具体原则以及企业所采纳的具体会计处理方法。企业基本上是在法规所允许的范围内选择适合本企业实际情况的会计政策。当会计制度发生变更，或企业根据实际情况认为需要变更会计政策时，企业可以变更会计政策。

企业的会计政策发生变更将影响公司年末的资产负债表和利润表。如果采用追溯调整法进行会计处理，则会计政策的变更将影响公司年初及以前年度的利润、净资产、未分配利润等数据。2000年，财政部颁布了《企业会计制度》，按照相关规定，股份公司除了计提坏账准备、短期投资跌价准备、存货跌价准备和长期投资减值准备等四项减值准备以外，还要计提固定资产减值准备、在建工程减值准备、无形资产减值准备和委托贷款减值准备，并要求对计提的四项准备采用追溯调整法来处理。企业采取这一新的会计政策后，上市公司2000年度及以前年度的报表都受到了一定的影响。2006年，财政部发布新的《企业会计准则》，并与2007年1月1日起在上市公司范围内实施。

（二）税收政策的变化及其对公司的影响

税收政策的变更也将对上市公司的业绩产生一定的影响。如1999年国务院发布了《关于纠正地方自定税收先征后返政策的通知》，明确要求各级地方政府一律不得自行制定税收先征后返政策。各地区自行制定的税收先征后返政策从2000年1月1日起一律停止执行。这意味着多数企业在利润保持不变的情况下，收益要减少18%，因此取消先征后返对上市公司的收益形成了较大的冲击。又如增值税的出口退税，增值税作为价外税，其出口退税是指销售时免征增值税，同时将购进时支付的增值税进项税额退给企业，这就意味着产品是以不含税的价格进入国际市场的，因此从价格上提高了企业在国际市场上的竞争能力。对于出口比重较大的上市公司来说，这一政策对经营会产生明显有利的影响。由于增值税的出口退税额作为一种收益只计入会计利润而不计入应纳税所得额，因而不需要征收企业所得税。因此，一方面，出口退税会使现金流量表有一个明显改观，使"经营活动产生的现金流量净额"有一个正增加；另一方面，使利润表中的"主营业务收入"增加。主要是由于退税额的再投入，解决了企业资金不足、运转不灵的困难，使出口业务扩大，销售收入增加。

国家有关部门对增值税政策的频繁调整也会影响到有关行业乃至上市公司的效益。如2006年12月14日财政部、国家发展和改革委员会等五部门联合下发《关于调整部分商品出口退税率和增补加工贸易禁止类商品目录的通知》，对部分石材产品取消出口退税。此规定使中国的石材行业面临前所未有的挑战，对以出口为主的福建、山东等石材大省的有关公司影响尤为巨大。于2008年1月1日起施行的《中华人民共和国企业所得税法》，对我国包括上市公司在内的内资企业的净利润增长带来积极的预期。新税法实施后，一直执行较高税率的银行业、通信服务业及批发零售业受益突出。所得税政策改革趋势还会影响上市公司的价值重估。

第四节 公司财务分析

一、公司主要的财务报表

股份公司一旦成为上市公司,就必须遵守财务公开的原则,定期公开自己的财务状况,提供有关财务资料,便于投资者查询。上市公司公布的财务资料中主要是一些财务报表。而这些财务报表中最为重要的有:资产负债表、损益表或利润及利润分配表、财务状况变动表。

(一)资产负债表

资产负债表是反映公司在某一特定时点(往往是年末或季末)财务状况的静态报告。资产负债表反映的是公司资产、负债(包括股东权益)之间的平衡关系,表4-2为A企业的资产负债表。

表4-2 资产负债表

编制单位:A企业　　　　　2009年12月31日　　　　　　　　　　　　单位:万元

资产	2008年	2009年	负债	2008年	2009年
流动资产:			流动负债:		
现金	175	655	短期借款	4 952	3 090
存货	2 186	3 249	应付账款	475	−437
应收账款	2 613	2 849	应付票据	365	575
应收票据	99		应付工资	92	98
减:坏账准备	−35	−14	应付费用	207	357
其他应收款	2 341	1 286	应付税金	76	448
预付费用	248	226	其他应付款	616	878
其他流动资产		−11	流动负债合计	6 783	5 009
流动资产合计	7 517	8 350			
长期资产:			长期负债:		
固定资产	1 526	1 941	长期借款		1 451
减:累计折旧	−447	−695	长期负债合计		1 451
固定资产净值	1 079	1 246	负债合计	6 783	6 460
在建工程	513	500	所有者权益:		
递延资产	25	47	实收资本	2 645	2 728
开办费	30	18	公积金	303	369
无形资产	153	104	留存收益	−414	708
长期资产合计	1 800	1 915	所有者权益合计	2 534	3 805
资产总计	9 317	10 265	负债及所有者权益合计	9 317	10 265

资产负债表由资产和负债两部分组成,每部分各项目的排列一般以流动性的高低为序。资产部分表示公司所拥有或掌握的,以及其他公司所欠的各种资源或财产;负债部分包括负债和股东权益两项。负债表示公司应支付的所有债务;股东权益表示公司的净值,即在清偿各种债务以后,公司股东所拥有的资产价值。资产负债和股东权益的关系用公式表示如下:

$$资产 = 负债 + 股东权益$$

1. 第一部分:资产

(1) 流动资产:是指公司日常经营所需的资金,以及那些在较少时间内能换成现金的短期资产。流动资产是最容易变现的资产,按变现快慢可分为货币资金、短期投资、应收票据和应收账款、预付账款、其他应收款、存货、其他流动资产等。

(2) 长期投资:是指一年以上才能收回的投资,包括权益证券投资、债务证券投资、为将来经营而进行的实物资产投资、为支付退休金而设立基金、为偿还企业债券而设立偿债基金。国内上市公司的长期投资主要是股权投资和联营投资两部分。

(3) 固定资产:是指经营过程中使用的经济寿命在一年以上,单位价值在规定标准以上,并在使用过程中保持原来实物形态的资产,包括厂房、设备等实物资产,包括已经建好使用中的固定资产和在建工程、机器设备、运输设备、工具器具等。一般来说,工业企业和基础设施类公用事业企业固定资产比例较高,商贸类企业固定资产比例较小。

(4) 无形资产:是指不具实物形体而在较长时间内能给企业带来经济效益的资源,包括专利权、非专利技术、专营权、商标权、著作权、土地使用权、商誉等,反映企业各项无形资产的原价扣除摊销后的净额。我国宪法规定,城镇土地属国家所有,农村土地属集体所有,因而,作为有形资产的土地所有权不可能表现在企业的财务报表上,只有使用权才能转让,企业所拥有的地产就只能作为土地使用权的"无形资产"。

(5) 递延资产:是指不能记入当期损益,而需在后续几个会计年度内摊销的各种费用,包括开办费、待摊固定资产修理支出、租入固定资产改良支出等。

(6) 其他资产:是指以上各类资产以外的杂项资产。

2. 第二部分:负债

负债即企业的债务。

(1) 流动负债:指一年或者一个经营周期内需用流动资产或新的流动负债去偿还的债务,包括应付员工的工资、应付未付账款、应付未付银行和其他贷款人的票据、应交未交的税款等。

(2) 长期负债:指无须在下一年或下一个经营周期内动用流动资产或承担新的流动负债去偿还的债务,包括借银行的长期贷款、还包括企业发行的长期债券、长期应付款以及其他长期负债等。

(3) 其他负债:不属于以上所述流动、长期负债的杂项负债,包括递延所得税负债、长期预提固定资产修理支出等。

3. 第三部分:股东权益

股东权益就是企业的自有资产,包括股本金、资本公积金、盈余公积金(含公益金)、未分配利润等项目。

(1) 实收资本:反映企业各投资者实际投入的资本(或股本)总额。

(2) 资本公积:明细项目有资本或股本溢价、受赠、股权投资准备、拨款转入、外币资本折算差额、其他。

(3) 盈余公积:是指企业按照规定从净利润中提取的各种积累资金。

(4) 未分配利润:是企业留待以后年度进行分配的结存利润。

资产负债表内容庞杂,数字繁多,作为一般投资者,阅读时"总揽全局",分析时应"把握重点"浏览资产负债表的主要内容,对企业的资产、负债及股东权益的总额及其内部各项目的构成和增减变化有一个初步的认识。初步浏览一遍后,则要对资产负债表的一些重要项目,尤其是期初与期末数据变化很大、或出现大额红字的项目进行进一步分析。

企业总资产在一定程度上反映了企业的经营规模,而它的增减变化与企业负债与股东权益的变化有极大的关系,当企业股东权益的增长幅度高于资产总额的增长时,说明企业的资金实力有了相对的提高;反之,则说明企业规模扩大的主要原因是来自于负债的大规模上升,进而说明企业的资金实力在相对降低、偿还债务的安全性亦在下降。

企业应收账款过多,占总资产的比重过高,说明该企业资金被占用的情况较为严重,而其增长速度过快,说明该企业可能因产品的市场竞争能力较弱或受经济环境的影响,企业结算工作的质量有所降低。再如,企业年初及年末的负债较多,说明企业每股的利息负担较重,但如果企业在这种情况下仍然有较好的盈利水平,说明企业产品的获利能力较佳、经营能力较强,管理者经营的风险意识较强,魄力较大。

在企业股东权益中,如果法定的资本公积金大大超过企业的股本总额,这预示着企业将有良好的股利分配政策。但与此同时,如果企业没有充足的货币资金作保证,预计该企业将会选择送配股增资的分配方案而不会采用发放现金股利的分配方案。

(二) 损益表或利润及利润分配表(见表4-3、表4-4)

公司损益表是一定时期内(通常是1年或1季度内)经营成果的反映,是关于收益和损耗情况的财务报表。损益表是一个动态报告,它展示本公司的损益账目,反映公司在一定时期的业务经营状况,直接明了地揭示公司获取利润能力的大小、潜力以及经营趋势。

如果说资产负债表是公司财务状况的瞬时写照,那么损益表就是公司财务状况的一段录像,因为它反映了两个资产负债表编制日之间公司财务盈利或亏损的变动情况。可见,损益表对于了解、分析上市公司的实力和前景具有重要的意义。

损益表主要列示收入和与收入相配比的成本和费用,反映公司经营取得的利润。根据收入和费用在表中的不同排序,可将损益表分成两种格式:单步式和多步式。

(1) 单步式损益表。在没有非常项目情况下,将本期的所有收益加在一起,然后将所有费用加在一起,两者相减,通过一次计算得出本期盈亏。单步式损益表具有简单、易于理解的优点,但层次不够分明,特别是没有将营业利润及净利润与形成这些利润所产生的费用配比排列,不利于进行成本分析。

(2) 多步式损益表。一般由主营业务收入、主营业务利润、营业利润及利润总额等几个部分组成。它因具有层次分明、收入与费用配比排列的优点而被广泛采用。有的公司公布财务资料时以利润及利润分配表代替损益表。在实际运用中,前者似乎还更多一些。利润及利润分配表就是在损益表的基础上再加上利润分配的内容。

表 4-3　损益表

编制单位：B 企业　　　　2009 年 12 月 31 日　　　　　　　　　　　　单位：万元

项目	金额	
	2008 年	2009 年
销售收入（现销 60%）	5 099	10 612
减：销售成本	4 032	7 808
销售税金		
销售费用	256	457
＝毛利润	811	2 347
加：其他业务收入	145	165
减：管理费用	450	583
财务费用（利息费用）	376	754
＝营业利润	130	1 175
加：营业外收入	11	9
减：营业外支出	7	11
投资收益		
＝利润总额	134	1 173
减：所得税（33%）	44	387
＝净利润	90	786

表 4-4　利润分配表

编制单位：C 企业　　　　2009 年 12 月 31 日　　　　　　　　　　　　单位：元

项目	行次	上年数	本年数
一、主营业务收入	1	160 493 677.13	180 897 432.20
其中：出口产品销售收入	2	20 977 524.68	30 298 192.45
	3	0.00	0.00
二、主营业务收入净额	4	160 493 677.13	180 897 432.20
减：（一）主营业务成本	5	152 144 888.42	168 913 265.04
其中：出口产品销售成本	6	20 810 873.86	29 823 773.69
（二）主营业务税金及附加	7	23 418.39	35 144.07
三、主营业务利润	8	8 325 370.32	11 949 023.09
加：其他业务利润	9	1 359 586.31	181 350.20
减：（一）营业费用	10	3 566 314.75	4 689 456.07
（二）管理费用	11	1 214 626.02	1 738 893.76
（三）财务费用	12	1 763 630.81	2 399 485.95
其中：利息支出	13	1 612 130.28	
汇兑损失	14	102 257.49	

续表

项　目	行次	上年数	本年数
四、营业利润	15	3 140 385.05	3 302 537.51
加:(一)投资收益	16	3 000	4 848
(二)补贴收入	17	0.00	200 000
(三)营业外收入	18	0.00	0.00
减:营业外支出		135 299.69	119 332.16
加:以前年度损益调整	19	0.00	-123 838.84
五、利润总额	20	3 008 085.36	3 264 214.51
减:所得税	21	0.00	406 566.40
少数股东损益	22	0.00	0.00
加:未确认的投资损失		0.00	0.00
六、净利润		3 008 085.36	2 857 648.11
加:年初未分配利润		2 921 571.53	5 929 656.89
其他转入		0.00	0.00
		0.00	0.00
七、可供分配的利润		5 929 656.89	8 787 305.00
减:提取法定盈余基金		0.00	0.00
提取法定公益金		0.00	0.00
提取职工奖励及福利基金		0.00	178 000
提取储备基金		0.00	593 000
提取企业发展基金		0.00	178 000
利润归还投资		0.00	0.00
八、可供投资者分配的利润		5 929 656.89	7 838 305.00
减:应付优先股股利		0.00	0.00
提取任意盈余公积		0.00	0.00
应付普通股股利		0.00	0.00
其中:应付中方股利		0.00	0.00
应付外方股利		0.00	0.00
转作资本的普通股股利		0.00	4 812 600.00
其中:中方转赠		0.00	0.00
外方转赠		0.00	4 812 600.00
九、未分配利润		5 929 656.89	3 025 705.00
补充资料:			
1.出售、处置部门或被投资单位所得收益		0.00	0.00

续表

项　　目	行次	上年数	本年数
2. 自然灾害发生的损失		0.00	0.00
3. 会计政策变更增加（或减少）利润总额		0.00	0.00
4. 会计估计变更增加（或减少）利润总额		0.00	0.00
5. 债务重组损失		0.00	0.00
6. 其他		0.00	0.00

利润表主要列示收入和与收入相配比的成本和费用，反映公司经营取得的利润。一般由主营业务收入、主营业务利润、营业利润及利润总额等几个部分组成。

（1）营业收入：是指企业通过销售产品或对外提供劳务而获得的新的资产，其形式通常为现金或应收账款等项目。

（2）营业费用：是指企业为获得营业收入而使用各种财物或服务所发生的耗费。销货成本是一般公司最大的一笔费用，它包括原材料耗费、工资和一般费用。一般费用包括水电杂费、物料费和其他非直接加工费。与销货成本不同的销售和管理费用包括广告费、行政管理费、职员薪水、销售费和一般办公费用。利息费是指用以偿付债务的费用。

（3）利润：税前利润由通常的营业收入与营业费用之差来决定。从税前净利润中减去税款，再对非常项目调整后，剩余的利润就是税后净利润。税后净利润又分为支付给股东的股息和公司的留存收益两项。公司若亏损，公司的留存收益就将减少，公司多半会因此而停止派发现金股息。若公司盈利，这些收益将首先用于支付优先股的股息；之后再由普通股取息分红。另外，我们不仅要看利润的多少，还要看利润的性质。主营业务收入减去主营业务成本及相关税金，反映的是主营业务实现的毛利，称为主营业务利润。主营利润加其他利润减去管理费用、财务费用等得出的差额，反映公司的经营效益，称为营业利润。利润总额则从营业利润开始，加投资收益，加营业外收入，减营业外支出而得出。它反映公司直接在供产销经营过程中，或投资联营、购买股票债券等所有公司业务活动的总效益。

可见利润表具有层次分明、收入与费用配比排列的优点。利润表的编制是基于某一定的期间反映该期间内的收支情况的，这是利润表与资产负债表编制上的显著差异之处。资产负债表为表示某一时点的静态报表，而利润表则为表示某一定时期的动态报表。利润表通常自年初为起始时间，然后按时间分为第一季利润表、上半年利润表、前三季利润表及全年度利润表，参考价值最大，并可作为计算全年度每股纯利或股利依据的参考表，是包含整个年度的利润表。

有的公司公布财务资料时以利润及利润分配表代替利润表，利润及利润分配表就是在利润表的基础上再加上利润分配的内容。对利润表进行分析，主要从两方面入手：

（1）收入项目分析。公司通过销售产品、提供劳务取得各项营业收入，也可以将资源提供给他人使用，获取租金与利息等营业收入。收入的增加，则意味着公司资产的增加或负债的减少。记入收入项目的包括当期收讫的现金收入，应收票据或应收账款，以实际收到的金额或账面价值入账。

(2) 费用项目分析。费用是收入的扣除,费用的确认、扣除正确与否直接关系到公司的盈利。所以分析费用项目时,应首先注意费用包含的内容是否适当,确认费用应贯彻权责发生制原则、历史成本原则、划分收益性支出与资本性支出的原则等。其次,要对成本费用的结构与变动趋势进行分析,分析各项费用占营业收入的百分比,分析费用结构是否合理,对不合理的费用要查明原因。同时对费用的各个项目进行分析,看看各个项目的增减变动趋势,以此判定公司的管理水平和财务状况,预测公司的发展前景。看利润表时要与上市公司的财务情况说明书联系起来。后者主要说明公司的生产经营状况、利润实现和分配情况、应收账款和存货周转情况、各项财产物资变动情况、税金的缴纳情况、预计下一会计期间对公司财务状况变动有重大影响的事项。财务情况说明书为财务分析提供了解、评价公司财务状况的详细资料。

(三) 现金流量表(见表 4-5)

现金流量表的编制目的,是为会计报表使用者提供企业一定会计期间内现金和现金等价物流入和流出的信息,以便于报表使用者了解和评价企业获取现金和现金等价物的能力,并据以预测企业未来现金流量。

表 4-5 现金流量表

编制单位:C 企业　　　　2009 年 12 月 31 日　　　　　　　　　　　　单位:万元

项　目	行次	金　额
一、经营活动产生的现金流量		
销售商品、提供劳务收到的现金	1	82 701 326.20
收到的税费返还	3	500 000.00
收到的其他与经营活动有关的现金	8	361 680.96
现金流入小计	9	83 563 007.16
购买商品、接受劳务支付的现金	10	46 297 551.42
支付给职工以及为职工支付的现金	12	21 671 000.00
支付的各项税费	13	978 967.53
支付的其他与经营活动有关的现金	18	4 489 063.80
现金流出小计	20	73 436 582.75
经营活动产生的现金流量净额	21	10 126 424.41
二、投资活动产生的现金流量		
收回投资所收到的现金	22	
取得投资收益所收到的现金	23	
处置固定资产、无形资产和其他长期资产	25	12 915.26
收到的现金净额		
收到的其他与投资活动有关的现金	28	
现金流入小计	29	12 915.26
购建固定资产、无形资产和其他长期资产	30	10 018 600.00

续表

项　　目	行次	金　　额
所支付的现金		
投资所支付的现金	31	
支付的其他与投资活动有关的现金	35	
现金流出小计	36	10 018 600.00
投资活动产生的现金流量净额	37	-10 005 684.74
三、筹资活动产生的现金流量		
吸收投资所收到的现金	38	
借款所收到的现金	40	10 100 500.00
收到的其他与筹资活动有关的现金	43	
现金流入小计	44	10 100 500.00
偿还债务所支付的现金	45	10 500 250.00
分配股利、利润或偿付利息所支付的现金	46	900 035.83
支付的其他与筹资活动有关的现金	52	
现金流出小计	53	11 400 285.83
筹资活动产生的现金流量净额	54	-1 299 785.83
四、汇率变动对现金的影响额	55	
五、现金及现金等价物净增加额	56	
补充资料：		
1．将净利润调节为经营活动现金流量		
净利润	57	780 366.94
加：计提的资产减值准备	58	20 000.00
固定资产折旧	59	2 695 000.00
无形资产摊销	60	50 000.00
长期待摊费用摊销	61	308 600.00
待摊费用减少（减：增加）	64	-124 366.74
预提费用的增加（减：减少）	65	400.00

现金流量表主要分经营活动、投资活动和筹资活动的现金流量三部分。由于筹资活动和投资活动同时发生的交易事项，如发行股票或债券而获得某种非现金资产，是不影响现金流动的，因此，为了全面反映这些事项，现金流量表下设附注项目，对此单独列示。

现金流量表中的现金是指企业库存现金、可以随时用于支付的银行存款（包括其他货币资金）和现金等价物。现金等价物是指企业持有的期限短、流动性高、易于转换为已知金额的现金、价值变动风险很小的短期投资。

通常按照企业经营业务发生的性质将企业一定期间内产生的现金流量分为以下三类。

（1）经营活动产生的现金流量。经营活动是指企业投资活动和筹资活动以外的所有交易和事项,包括销售商品或提供劳务、经营性租赁、购买货物、接受劳务、制造产品、广告宣传、推销产品、缴纳税款等。

(2) 投资活动产生的现金流量。投资活动是指企业长期资产的购建和不包括在现金等价物范围内的投资及其处置活动。这里的长期资产是指固定资产、在建工程、无形资产、其他资产等持有期限在一年或一个营业周期以上的资产。主要包括取得或收回投资、购建和处置固定资产、无形资产和其他资产等。

(3) 筹资活动产生的现金流量。筹资活动是指导致企业资本及债务规模和构成发生变化的活动,包括吸收投资、发行股票、分配利润等。这里的债务是指企业对外举债所借入的款项,如发行债券、向金融企业借入款项及偿还债务等。

阅读现金流量表一看变现能力,二看已实现盈利,三看投资效率。一个公司是否有足够的现金流入是至关重要的,这不仅关系到其支付股利、偿还债务的能力,还关系到公司的生存和发展。

公司经营活动产生的现金流量,包括购销商品、提供和接受劳务、经营性租赁、缴纳税款、支付劳务报酬、支付经营费用等活动形成的现金流入和流出。在权责发生制下,这些流入或流出的现金,其对应收入和费用的归属期不一定是本会计年度,但一定是在本会计年度收到或付出。例如,收回以前年度销货款,预收以后年度销货款等。公司的盈利能力是其营销能力、收现能力、成本控制能力、回避风险能力等相结合的综合体。由于商业信用的大量存在,营业收入与现金流入可能存在较大差异,能否真正实现收益,还取决于公司的收现能力。了解经营活动产生的现金流量,有助于分析公司的收现能力,从而全面评价其经济活动成效。筹资活动产生的现金流量,包括吸收投资、发行股票、分配利润、发行债券、向银行贷款、偿还债务等收到和付出的现金。其中,"偿还利息所支付的现金"项目反映公司用现金支付的全部借款利息、债券利息,而不管借款的用途如何,利息的开支渠道如何,不仅包括计入损益的利息支出,而且还包括计入在建工程的利息支出。因此该项目比损益表中的财务费用更能全面地反映公司偿付利息的负担。

投资活动产生的现金流量,主要包括购建和处置固定资产、无形资产等长期资产,以及取得和收回不包括在现金等价物范围内的各种股权与债权投资等收到和付出的现金。其中,分得股利或利润、取得债券利息收入而流入的现金是以实际收到为准,而不是以权益归属或取得收款权为准的,这与利润表中确认投资收益的标准不同。例如,某上市公司投资的子公司本年度实现净利润500万元。该上市公司拥有其80%的股权,按权益法应确认本年度有投资收益400万元,但子公司利润不一定立即分配,而且不可能全部分完(要按规定提取盈余公积)。如果该子公司当年利润暂不分配付讫,就没有相应的现金流入该上市公司。该上市公司当然也就不能在当年的现金流量表中将此项投资收益作为投资活动现金流入反映。公司投资活动中发生的各项现金流出,往往反映了其为拓展经营所做的努力,可以从中大致了解公司的投资方向,一个公司从经营活动、筹资活动中获得现金是为了今后发展创造条件。现金不流出,是不能为公司带来经济效益的。投资活动一般较少发生一次性大量的现金流入,而发生大量现金流出,导致投资活动现金流量净额出现负数往往是正常的,这是为公司的长远利益、为以后能有较高的盈利水平和稳定的现金流入打基础的。当然错误的投资决策会事与愿违，所以特别要求投资的项目能如期产生经济效益和现金流入。

投资者将现金流量表、附注与年报中的其他项目结合分析，可以对上市公司的经营情况有更清晰、真实的了解。与财务状况变动表相比，现金流量表有以下优点。

1. 会计数据更为真实。权责发生制是现行会计报表所遵循的编制原则。权责发生制的核心是根据权责关系的实际发生情况及其未来影响来确认企业的收入和费用，因而，表示收入与费用的会计数据不可避免地含有主观估计成分。企业的经营者在向外部投资人报告时就可以通过虚增利润等手段来人为地调节收益，造成会计信息失真。账面利润的虚增并不能导致现金流量的增加，因存货积压、产品滞销和应收账款的剧增而造成的营运资金增加也不能导致现金流量的增加。编制现金流量表加大了企业扭曲经营业绩的难度，提高了会计数据的真实性。

2. 不同企业间会计数据的可比性增强。以营运资金为基础的财务状况变动表内容过于宽泛。营运资金中不仅包括现金和现金等价物，还包括存货和应收账款等，不同企业在编制财务状况变动表时侧重点不同就必然影响到报表的可比性。企业营运资金的增加可能是源自产品滞销而引起的存货积压，会严重影响企业资产的流动性并直接造成企业清偿能力的下降。相对而言，现金和现金等价物的概念比较统一，而且现金的增减与企业资产的流动性直接相关，现金净流入量的增大或减少能准确反映企业的清偿能力。以现金流量表来替代财务状况变动表使不同企业间会计数据的可比性增强。

3. 进一步完善了会计报表体系。上市公司向外部投资者提供的三大报表中，资产负债表反映了一定会计期末企业的资产、负债和所有者权益的总的变化结果，损益表反映了一定会计期间内企业的经营成果。两个报表都只提供了过去经营活动的静态账面成果而没有反映企业的经营活动如何造成这一结果的动态过程，在会计信息的披露上存在着重大疏漏。现金流量表反映了会计期间内现金流入流出所引起的资产、负债和权益变化的动态过程，反映了企业经营过程中获得现金的现实能力，并为外部投资者更为合理地预测企业未来的现金流量提供了数据基础。所以现金流量表可以作为联系资产负债表和损益表的纽带，使会计报表体系在信息披露方面更为完善。

二、财务报表分析的意义与方法

（一）财务报表分析的主要目的与功能

财务报表分析的目的是为有关各方提供可以用来作出决策的信息。具体说，使用财务报表的主体有三类：一是公司的经营管理人员。他们通过分析财务报表判断公司的现状、可能存在的问题，以便进一步改善经营管理。二是公司的现有投资者及潜在投资者。投资者十分关心公司的财务状况、盈利能力，他们通过对财务报表所传递的信息进行分析、加工得出反映公司发展趋势、竞争能力等方面的信息，计算投资收益率、评价风险，比较本公司和其他公司的风险和收益，决定自己的投资策略。三是公司的债权人。债权人关心自己的债权能否收回，通过密切观察公司有关财务情况、分析财务报表，得出对公司短期偿债能力和长期偿债能力的判断，以决定是否需要追加抵押和担保、是否提前收回债权等。

财务报表分析的功能有三点：

一是通过分析资产负债表,可以了解公司的财务状况,对公司的偿债能力、资本结构是否合理、流动资金充足性等作出判断。

二是通过分析损益表,可以了解分析公司的盈利能力、盈利状况、经营效率,对公司在行业中的竞争地位、持续发展能力作出判断。

三是通过分析财务状况变动表,判断公司的支付能力和偿债能力,以及公司对外部资金的需求情况,了解公司当前的财务状况,并据此预测企业未来的发展前景。

（二）财务报表分析的方法与原则

财务报表分析的方法主要有单个年度的财务比率分析、不同时期比较分析、与同行业其他公司之间的比较分析三种。

财务比率分析是指对本公司一个财务年度内的财务报表各项目之间进行比较,计算比率,判断年度内偿债能力、资本结构、经营效率、盈利能力等情况。

对本公司不同时期的财务报表进行比较分析,可以对公司持续经营能力、财务状况变动趋势、盈利能力作出分析,从一个较长的时期来动态地分析公司状况。

与同行业其他公司进行比较分析,可以了解公司各种指标的优劣,在群体中判断个体。使用本方法时常选用行业平均水平或行业标准水平,通过比较得出公司在行业中的地位,认识优势与不足,真正确定公司的价值。

财务报表分析的原则主要有以下内容：

（1）坚持全面原则。财务分析可以得出很多比率指标,每个比率指标都从某个角度、方面揭示了公司的状况,但任何一个比率都不足以为评价公司提供全面的信息,同时某一个指标的不足可以由其他方面得到补充,因此,分析财务报表要坚持全面原则,将所有指标、比率综合在一起得出对公司的全面客观的评价。

（2）坚持考虑个性原则。一个行业的财务平均状况是行业内各公司的共性,但一个行业的各公司在具体经营管理活动上会采取不同的方式,这会在财务报表数据中体现出来。比如某公司的销售方式以分期收款为主,就会使其应收账款周转率表现出差异。又比如某公司本年度后期进行增资扩股,就会使本公司的资产收益率、股东权益收益率指标下降,但这并不表示公司经营真正滑坡,而只是由于资本变动而非经营变动带来的。所以在对公司进行财务分析时,要考虑公司的特殊性,不能简单地与同行业直接比较。

（三）财务报表阅读技巧

阅读和分析财务报表虽然是了解上市公司业绩和前景最可靠的手段,但对于一般投资者来说,又是一件非常枯燥繁杂的工作。比较实用的分析法,是查阅和比较下列几项指标。

1. 查看主要财务数据

（1）主营业务同比指标。主营业务是公司的支柱,是一项重要指标。上升幅度超过20%的,表明成长性良好,下降幅度超过20%的,说明主营业务滑坡。

（2）净利润同比指标。这项指标也是重点查看对象。此项指标超过20%,一般是成长性好的公司,可作为重点观察对象。

（3）查看合并利润及利润分配表。凡是净利润与主营利润同步增长的,可视为好公司。如果净利润同比增长20%,而主营业务收入出现滑坡,说明利润增长主要依靠主营业务以外的收入,应查明收入来源,确认其是否形成了新的利润增长点,以判断公司未来的发展前景。

(4) 主营业务利润率主要反映了公司在该主营业务领域的获利能力,必要时可用这项指标作同行业中不同公司间获利能力的比较。

以上指标可以在同行业、同类型企业间进行对比,选择实力更强的作为投资对象。

2. 查看"重大事件说明"和"业务回顾"

这些栏目中经常有一些信息,预示公司在建项目及其利润估算的利润增长潜力,值得分析验证。

3. 查看股东分布情况

从公司公布的十大股东所持股份数,可以粗略判断股票有没有大户操作。如果股东中有不少个人大户,这只股票的炒作气氛将会较浓。

4. 查看董事会的持股数量

董事长和总经理持股较多的股票,股价直接牵扯他们的个人利益,公司的业绩一般都比较好;相反,如果董事长和总经理几乎没有持股,很可能是行政指派上任,就应慎重考虑是否投资这家公司,以免造成损失。

5. 查看投资收益和营业外收入

一般来说,投资利润来源单一的公司比较可信,多元化经营未必产生多元化的利润。

三、财务比率分析

财务比率分析是同一张财务报表的不同项目之间、不同类别之间,或在两张不同资产负债表、损益表的有关项目之间,用比率来反映它们的相互关系,以求从中发现企业经营中存在的问题并据以评价企业的财务状况。

分析财务报表所使用的比率以及同一比率的解释和评价,因使用者的着眼点、目标和用途不同而异。例如,一家银行在考虑是否给一个企业提供短期贷款时,它关心的是该企业的资产流动性比率。而长期债权人和企业投资者则不然,他们着眼于企业的获利能力和经营效率,对资产的流动性则很少注意。投资者的目的,在于考虑企业的获利能力和经营趋势,以便取得理想的报酬。至于企业的管理当局,则需要关心财务分析的一切方面,既要保证企业具有偿还长、短期债务的能力,又要替投资者赢得尽可能多的利润。

不同资料使用者对同一比率的解释和评价基本上应该一致,但有时候可能发生矛盾。例如,反映短期偿债能力的流动比率(流动资产/流动负债)对短期债权人来说越大越好,但对企业管理当局来说,可能被认为是没有充分利用资金的浪费现象。

比率分析可以从以下几种标准比较后得出结论:公司过去的最高水平、公司今年的计划预测水平、同行业的先进水平或平均水平。比率分析涉及企业管理的各个方面,比率指标也特别多,大致可分为以下五大类:偿债能力分析、资本结构分析、经营效率分析、盈利能力分析和投资收益分析。

(一) 偿债能力分析

偿债能力分析包括:

1. 流动比率

流动比率是流动资产除以流动负债的比值。其计算公式为:

$$流动比率 = \frac{流动资产}{流动负债}$$

流动比率可以反映短期偿债能力。企业能否偿还短期债务,要看有多少债务,以及有多少可变现偿债的资产。流动资产越多,短期债务越少,则偿债能力越强。如果用流动资产偿还全部流动负债,企业剩余的是营运资金(流动资产-流动负债),营运资金越多,说明不能偿还的风险越小。因此,营运资金的多少可以反映偿还短期债务的能力。但是,营运资金是流动资产与流动负债之差,是个绝对数,如果企业之间规模相差很大,绝对数相比的意义很有限。而流动比率是流动资产与流动负债的比值,是个相对数,排除了企业规模不同的影响,更适合企业间以及本企业不同历史时期的比较。

一般认为,生产企业合理的最低流动比率是2,这是因为处在流动资产中变现能力最差的存货金额,约占流动资产总额的一半,剩下的流动性较大的流动资产至少要等于流动负债,企业的短期偿债能力才会有保证。人们长期以来的这种认识,还不能成为一个统一标准,因其也未能从理论上得到证明。

计算出来的流动比率,只有和同行业平均流动比率、本企业历史的流动比率进行比较,才能知道这个比率是高还是低。这种比较通常并不能说明流动比率为什么这么高或低,要找出过高或过低的原因还必须分析流动资产与流动负债所包括的内容以及经营上的因素。一般情况下,营业周期、流动资产中的应收账款数额和存货的周转速度是影响流动比率的主要因素。

2. 速动比率

流动比率虽然可以用来评价流动资产总体的变现能力,但人们(特别是短期债权人)还希望获得比流动比率更进一步的有关变现能力的比率指标。这个指标称为速动比率,也称为酸性测试比率。

速动比率是从流动资产中扣除存货部分,再除以流动负债的比值。速动比率的计算公式为:

$$速动比率 = \frac{流动资产 - 负债}{流动负债}$$

在计算速动比率时要把存货从流动资产中剔除的主要原因是:在流动资产中存货的变现能力最差;由于某种原因,部分存货可能已损失报废还没作处理;部分存货已抵押给某债权人;存货估价还存在着成本与当前市价相差悬殊的问题。综合上述原因,在不希望企业用变卖存货的办法还债,以及排除使人产生种种误解因素的情况下,把存货从流动资产总额中减去计算出的速动比率,反映的短期偿债能力更加令人信服。

通常认为正常的速动比率为1,低于1的速动比率被认为是短期偿债能力偏低。这仅是一般的看法,因为行业不同,速动比率会有很大差别,没有统一标准的速动比率。例如,采用大量现金销售的商店,几乎没有应收账款,大大低于1的速动比率是很正常的。相反,一些应收账款较多的企业,速动比率可能要大于1。

影响速动比率可信度的重要因素是应收账款的变现能力。账面上的应收账款不一定都能变成现金,实际坏账可能比计提的准备金要多;季节性的变化,可能使报表的应收账款数额不能反映平均水平。这些情况,外部使用人不易了解,而财务人员却有可能作出估计。

由于行业之间的差别,在计算速动比率时,除扣除存货以外,还可以从流动资产中去掉其他一些可能与当期现金流量无关的项目(如待摊费用等),以计算更进一步的变现能力,如采用保守速动比率(或称超速动比率)。其计算公式如下:

$$保守速动比率 = \frac{现金 + 短期证券 + 应收账款净额}{流动负债}$$

从债权人的立场出发,他们向企业投资的风险,除了计算上述资产负债率,审查企业借入资本占全部资本的比例以外,还要计算营业利润是利息费用的倍数。利用这一比率,可以测试债权人投入资本的风险。

利息支付倍数指标是指企业经营业务收益与利息费用的比率,用以衡量偿付借款利息的能力,也叫利息保障倍数。其计算公式如下:

$$利息支付倍数 = \frac{息税前利润}{利息费用}$$

公式中的"息税前利润"是指损益表中未扣除利息费用和所得税之前的利润,它可以用"利润总额加利息费用"来预测。"利息费用"是指本期发生的全部应付利息,不仅包括财务费用中的利息费用,还包括计入固定资产成本的资本化利息。资本化利息虽然不在损益表中扣除,但仍然是要偿还的。利息保障倍数的重点是衡量企业支付利息的能力,没有足够大的息税前利润,资本化利息的支付就会发生困难。

利息支付倍数指标反映企业经营收益为所需支付的债务利息的多少倍。只要利息倍数足够大,企业就有充足的能力偿付利息,否则相反。如何合理评价企业的利息支付倍数,这不仅需要与其他企业,特别是本行业平均水平进行比较,而且还要分析比较本企业连续几年的该项指标水平,并选择最低指标年度的数据作为标准。这是因为,企业在经营好的年度要偿债,而在经营不好的年度也要偿还大约等量的债务。某一个年度利润很高,利息支付倍数就会很高,但不能年年如此。采用指标最低年度的数据,可保证最低的偿债能力。一般情况下应采纳这一原则,但遇有特殊情况,须结合实际来确定。

与此同时,结合这一指标,企业还可以测算长期负债与营运资金的比率,它是用企业的长期债务与营运资金相除计算的。其计算公式如下:

$$长期债务与营运资金比率 = \frac{长期负债}{流动资产 - 流动负债}$$

一般情况下,长期债务不应超过营运资金。长期债务会随时间延续不断转化为流动负债,并须运用流动资产来偿还。保持长期债务不超过营运资金,就不会因这种转化而造成流动资产小于流动负债,从而使长期债权人和短期债权人感到贷款有安全保障。

3. 应收账款周转率和周转天数

应收账款和存货一样,在流动资产中有着举足轻重的地位。及时收回应收账款,不仅增强了企业的短期偿债能力,也反映出企业管理应收账款方面的效率。

反映应收账款周转速度的指标是应收账款周转率,也就是年度内应收账款转为现金的平均次数,它说明应收账款流动的速度。用时间表示的周转速度是应收账款周转天数,也叫应收账款回收期或平均收现期,它表示企业从取得应收账款的权利到收回款项,转换为现金所需要的时间。其计算公式为:

$$应收账款周转率 = \frac{销售收入}{平均应收账款}$$

$$应收账款周转天数 = \frac{360}{应收账款周转率} = \frac{平均应收账款 \times 360}{销售收入}$$

公式中的"销售收入"数据来自损益表，是指扣除折扣和折让后的销售净额（后面的计算除非特别指明，"销售收入"一词均指销售净额）。平均应收账款是资产负债表中"期初应收账款余额"与"期末应收账款余额"的算术平均数。

一般来说，应收账款周转率越高，平均收账期越短，说明应收账款的收回越快。否则，企业的营运资金会过多地滞留在应收账款上，影响正常的资金周转。影响该指标正确计算的因素有：季节性经营，大量使用分期付款结算方式，大量的销售使用现金结算，年末销售大幅度增加或下降。这些因素都会对该指标计算结果产生较大的影响。财务报表的外部使用人可以将计算出的指标与该企业前期、与行业平均水平或其他类似企业相比较，判断该指标的高低，但仅根据指标的高低分析不出上述各种原因。

（二）资本结构分析

1. 股东权益比率

股东权益比率是股东权益总额与资产总额的比率。其计算公式如下：

$$股东权益比率 = \frac{股东权益总额}{资产总额} \times 100\%$$

也可以表示为：

$$股东权益比率 = \frac{股东权益总额}{负债总额 + 股东权益总额} \times 100\%$$

这里的股东权益总额即资产负债表中的所有者权益总额。

该项指标反映所有者提供的资本在总资产中的比重，反映企业基本财务结构是否稳定。一般来说，股东权益比率越大越好，因为所有者出资不像负债存在到期还本的压力，不至陷入债务危机，但也不能一概而论。从股东来看，在通货膨胀加剧时期，企业多借债可以把损失和风险转嫁给债权人；在经济繁荣时期，多借债可以获得额外的利润；在经济萎缩时期，较高的股东权益比率可以减少利息负担和财务风险。股东权益比率高，是低风险、低报酬的财务结构；股东权益比率低，是高风险、高报酬的财务结构。

2. 资产负债比率

资产负债比率是负债总额除以资产总额的百分比。它反映在总资产中有多大比例是通过借债来筹资的，也可以衡量企业在清算时保护债权人利益的程度。其计算公式如下：

$$资产负债比率 = \frac{负债总额}{资产总额} \times 100\%$$

公式中的负债总额不仅包括长期负债，还包括短期负债。这是因为，从总体上看，企业总是长期性占用着短期负债，可以视同长期性资本来源的一部分。例如，一个应付账款明细科目可能是短期性的，但企业总是长期性地保持一个相对稳定的应付账款余额。这部分应付账款可以看成企业长期性资本来源的一部分。因此，本着稳健原则，将短期债务包括在用于计算资产负债比率的负债总额中是合适的。

公式中的资产总额则是扣除累计折旧后的净额。这个指标反映债权人所提供的资本占全部资本的比例。这个指标也被称为举债经营比率，它有以下几个方面的含义。

首先，从债权人的立场看，他们最关心的是贷给企业的款项的安全程度，也就是能否按期收回本金和利息。如果股东提供的资本与企业资本总额相比，只占较小的比例，则企业的风险将主要由债权人负担，这对债权人来讲是不利的。因此，他们希望债务比例越低越好，企业偿债有保证，贷款不会有太大的风险。

其次，从股东的角度看，由于企业通过举债筹措的资金与股东提供的资金在经营中发挥同样的作用，所以，股东所关心的是全部资本利润率是否超过借入款项的利率，即借入资本的代价。在企业全部资本利润率超过因借款而支付的利息率时，股东所得到的利润就会加大。相反，如果运用全部资本所得的利润率低于借款利息率，则对股东不利，因为借入资本的一部分利息要用股东所得的利润份额来弥补。因此，从股东的立场看，在全部资本利润率高于借款利息率时，负债比例越大越好，否则相反。

最后，从经营者的立场看，如果举债很大，超出债权人心理承受程度，则被认为是不保险的，企业就借不到钱。如果企业不举债，或负债比例很小，说明企业畏缩不前，对前途信心不足，利用债权人资本进行经营活动的能力很差。借款比率越大（当然不是盲目地借款），越是显得企业活力充沛。从财务管理的角度来看，企业应当审时度势，全面考虑，在利用资产负债率制定借入资本决策时，必须充分估计可能增加的风险，在二者之间权衡利害得失，作出正确决策。

3. 长期负债比率

长期负债比率是从总体上判断企业债务状况的一个指标，它是长期负债与资产总额的比率。用公式表示如下：

$$长期负债比率 = \frac{长期负债}{资产总额} \times 100\%$$

一般来看，对长期负债比率的分析要把握以下两点：

首先，与流动负债相比，长期负债比较稳定，要在将来几个会计年度之后才偿还，所以公司不会面临很大的流动性不足风险，短期内偿债压力不大。公司可以把长期负债筹得的资金用于增加固定资产，扩大经营规模。

其次，与所有者权益相比，长期负债又是有固定偿还期、固定利息支出的资金来源，其稳定性不如所有者权益。如果长期负债比率过高，必然意味着股东权益比率较低，公司的资本结构风险较大，稳定性较差，在经济衰退时期会给公司带来额外风险。

4. 股东权益与固定资产比率

股东权益与固定资产比率也是衡量公司财务结构稳定性的一个指标，它是股东权益除以固定资产总额的比率。用公式表示为：

$$股东权益与固定资产比率 = \frac{股东权益总额}{固定资产总额} \times 100\%$$

股东权益与固定资产比率反映购买固定资产所需要的资金有多大比例是来自于所有者资本的。由于所有者权益没有偿还期限，它最适宜于为公司提供长期资金来源，满足长期资金需要。该比例越大，说明资本结构越稳定，即使长期负债到期也不必变卖固定资产等来偿还,保证了企业持续稳定的经营。当然长期负债也可以作为购置固定资产的资金来源,所以并不要求该比率一定大于100%。但如果该比率过低,则说明公司资本结构不尽合理,财务风险较大。

（三）经营效率分析

1. *存货周转率和存货周转天数*

在流动资产中,存货所占的比重较大。存货的流动性,将直接影响企业的流动比率,因此,必须特别重视对存货的分析。存货的流动性,一般用存货的周转速度指标来反映,即存货周转率或存货周转天数。

存货周转率是衡量和评价企业购入存货、投入生产、销售收回等各环节管理状况的综合性指标。它是销售成本被平均存货所除得到的比率,也称为存货的周转次数。用时间表示的存货周转率就是存货周转天数。其计算公式为:

$$存货周转率 = \frac{销货成本}{平均存货}$$

$$存货周转天数 = \frac{360}{存货周转率} = \frac{360}{销货成本 \div 平均存货} = \frac{平均存货 \times 360}{销货成本}$$

公式中的"销货成本"数据来自损益表,"平均存货"数据来自资产负债表中的"期初存货"与"期末存货"的平均数。

一般来讲,存货周转速度越快,存货的占用水平越低,流动性越强,存货转换为现金或应收账款的速度越快。提高存货周转率可以提高企业的变现能力,存货周转速度越慢则变现能力越差。

存货周转率(存货周转天数)指标的好坏反映存货管理水平,它不仅影响企业的短期偿债能力,也是整个企业管理的重要内容。企业管理者和有条件的外部报表使用者,除了分析批量因素、季节性生产的变化等情况外,还应对存货的结构以及影响存货周转速度的重要项目进行分析,如分别计算原材料周转率、在产品周转率或某种存货的周转率等。其计算公式如下:

$$原材料周转率 = \frac{耗用原材料成本}{平均原材料成本}$$

$$在产品周转率 = \frac{制造成本}{平均在产品成本}$$

存货周转率分析的目的是从不同的角度和环节上找出存货管理中的问题,使存货管理在保证生产经营连续性的同时,尽可能少占用经营资金,提高资金的使用效率,增强企业短期偿债能力,促进企业管理水平的提高。

2. *固定资产周转率*

固定资产周转率是销售收入与全部固定资产平均余额的比值。其计算公式为:

$$固定资产周转率 = \frac{销售收入}{平均固定资产}$$

式中:

$$平均固定资产 = \frac{年初固定资产 + 年末固定资产}{2}$$

该比率是衡量企业运用固定资产效率的指标。该比率越高,表明固定资产运用效率高,利用固定资产效果好。

3. 总资产周转率

总资产周转率是销售收入与平均资产总额的比值。其计算公式为:

$$总资产周转率 = \frac{销售收入}{平均资产总额}$$

式中:

$$平均资产总额 = \frac{年初资产总额 + 年末资产总额}{2}$$

该项指标反映资产总额的周转速度。周转率越大,说明总资产周转越快,反映销售能力越强。企业可以通过薄利多销的办法,加速资产的周转,带来利润绝对额的增加。

4. 股东权益周转率

股东权益周转率是销售收入与平均股东权益的比值。其计算公式为:

$$股东权益周转率 = \frac{销售收入}{平均股东权益}$$

式中:

$$平均股东权益 = \frac{期初股东权益 + 期末股东权益}{2}$$

该指标说明公司运用所有者资产的效率。该比率越高,表明所有者资产的运用效率越高,营运能力越强。

5. 主营业务收入增长率

主营业务收入增长率是本期主营业务收入与上期主营业务收入之差与上期主营业务收入的比值。用公式表示为:

$$主营业务收入增长率 = \frac{本期主营业务收入 - 上期主营业务收入}{上期主营业务收入} \times 100\%$$

主营业务收入增长率可以用来衡量公司的产品生命周期,判断公司发展所处的阶段。一般地说,如果主营业务收入增长率超过10%,说明公司产品处于成长期,将继续保持较好的增长势头,没有面临产品更新的风险,属于成长型公司;如果主营业务收入增长率在5%—10%之间,说明公司产品已进入稳定期,不久将进入衰退期,需要着手开发新产品;如果该比率低于5%,说明公司产品已进入衰退期,保持市场份额已经很困难,主营业务利润开始滑坡,如果没有已开发好的新产品,将步入衰落。

(四)盈利能力分析

1. 销售毛利率

销售毛利率是毛利占销售收入的百分比,简称为毛利率。其中毛利是销售收入与销售成本之差。其计算公式如下:

$$销售毛利率 = \frac{销售收入 - 销售成本}{销售收入} \times 100\%$$

销售毛利率表示每1元销售收入扣除销售产品或商品成本后,有多少钱可以用于各项期间费用和形成盈利。毛利率是企业销售净利率的最初基础,没有足够大的毛利率便不能盈利。

2. 销售净利率

销售净利率是指净利与销售收入的百分比。"净利"一词,在我国会计制度中是指税后利润。其计算公式为:

$$销售净利率 = \frac{净利}{销售收入} \times 100\%$$

销售净利率指标反映每1元销售收入带来的净利润的多少,表示销售收入的收益水平。从销售净利率的指标关系看,净利额与销售净利率成正比关系,而销售收入额与销售净利率成反比关系。企业在增加销售收入额的同时,必须相应地获得更多的净利润,才能使销售净利率保持不变或有所提高。通过分析销售净利率的升降变动,可以促使企业在扩大销售的同时,注意改进经营管理,提高盈利水平。

另外,销售利润率还能够分解为销售毛利率、销售税金率、销售成本率、销售期间费用率等,可作进一步分析。

3. 资产收益率

资产收益率是企业净利率与平均资产总额的百分比。资产收益率计算公式为:

$$资产收益率 = \frac{净利润}{平均资产总额} \times 100\%$$

式中:

$$平均资产总额 = \frac{期初资产总额 + 期末资产总额}{2}$$

把企业一定期间的净利润与企业的资产相比较,表明企业资产利用的综合效果。该指标值越高,表明资产的利用效率越高,说明企业在增加收入和节约资金使用等方面取得了良好的效果,否则相反。同时,企业的资产是由投资者投入或举债形成的。收益的多少与企业资产的多少、资产的结构、经营管理水平有着密切的关系。资产收益率是一个综合指标,为了正确评价企业经济效益的高低,挖掘提高利润水平的潜力,可以用该项指标与本企业前期、与计划、与本行业平均水平和本行业内先进企业进行对比,分析形成差异的原因。影响资产收益率高低的因素主要有:产品的价格、单位成本的高低、产品的产量和销售的数量、资金占用量的大小等。另外,还可以利用资产收益率来分析经营中存在的问题,提高销售利润率,加速资金周转。

4. 股东权益收益率

股东权益收益率又称净资产收益率,是净利与平均股东权益的百分比。其计算公式为:

$$股东权益收益率 = \frac{净利润}{平均股东权益} \times 100\%$$

该指标反映股东权益的收益水平,指标值越高,说明投资带来的收益越高。

5. 主营业务利润率

主营业务利润率是主营业务利润与主营业务收入的百分比。其计算公式为:

$$主营业务利润率 = \frac{主营业务利润}{主营业务收入} \times 100\%$$

该指标反映公司的主营业务获利水平,只有当公司主营业务突出,即主营业务利润率较高的情况下,才能在竞争中占据优势地位。

(五) 投资收益分析

1. 普通股每股净收益

普通股每股净收益是本年盈余与普通股流通股数的比值。其计算公式一般为:

$$普通股每股收益 = \frac{净利 - 优先股股息}{发行在外的加权平均普通股股数}$$

由于我国公司法没有关于发行优先股的规定,所以普通股每股净收益等于净利除以发行在外的股份总数。该指标反映普通股的获利水平,指标值越高,每一股份可得的利润越多,股东的投资效益越好,反之则越差。

2. 股息发放率

股息发放率是普通股每股股利与每股净收益的百分比。其计算公式为:

$$股息发放率 = \frac{每股股利}{每股净收益} \times 100\%$$

该指标反映普通股股东从每股的全部净收益中分得多少,就单独的普通股投资者来讲,这一指标比每股净收益更直接体现当前利益。股息发放率高低要依据各公司对资金需要量的具体状况而定。股息发放率高低取决于公司的股利支付策略,公司要综合考虑经营扩张资金需求、财务风险高低、最佳资本结构来决定支付股利的比例。

3. 普通股获利率

普通股获利率是每股股息与每股市价的百分比。其计算公式为:

$$普通股获利率 = \frac{每股股息}{每股市价} \times 100\%$$

获利率又称股息实得利率,这是衡量普通股股东当期股息收益率的指标。这一指标在用于分析股东投资收益时,分母应采用投资者当初购买股票时支付的价格;在用于对准备投资的股票进行分析时,则使用当时的市价。这样既可揭示投资该股票可能获得股息的收益率,也表明出售或放弃投资这种股票的机会成本。

投资者可利用股价和获利率的关系以及市场调节机制预测股价的涨跌。当预期股息不变时,股票的获利率与股票市价成反方向运动。当某股票的获利率偏低时,说明股票市价偏高;反之,若获利率偏高,说明股价偏低,投资者会竞相购买,又会导致股价上升。

4. 本利比

本利比是每股股价与每股股息的比值。其计算公式为:

$$本利比 = \frac{每股股价}{每股股息}(倍)$$

本利比是获利率的倒数,表明目前每股股票的市场价格是每股股息的几倍,以此来分析相对于股息而言,股票价格是否被高估以及股票有无投资价值。

5. 市盈率

市盈率是每股市价与每股税后净利的比率,亦称本益比。其计算公式为:

$$市盈率 = \frac{每股市价}{每股净利}(倍)$$

公式中的每股市价是指每股普通股在证券市场上的买卖价格。该指标是衡量股份制企业盈利能力的重要指标,用股价与每股税后净利进行比较,反映投资者对每元净利所愿支付的价格。这一比率越高,意味着公司未来成长的潜力越大。一般说来,市盈率越高,说明公众对该股票的评价越高。但在市场过热、投机气氛浓郁时,常有被扭曲的情况,投资者应特别小心。

6. 投资收益率

投资收益率等于公司投资收益除以平均投资额的比值。用公式表示为:

$$投资收益率 = \frac{投资收益}{(期初长、短期投资 + 期末长、短期投资) \div 2} \times 100\%$$

该指标反映公司利用资金进行长、短期投资的获利能力。

7. 每股净资产

每股净资产是净资产除以发行在外的普通股股数的比值。用公式表示为:

$$每股净资产 = \frac{净资产}{发行在外的普通股股数}$$

其中"净资产"是资产总额与负债总额之差,即所有者权益。该指标反映每股普通股所代表的股东权益额。对投资者来讲,这一指标使他们了解每股的权益。

8. 净资产倍率

净资产倍率是每股市价与每股净值的比值。其计算公式为:

$$净资产倍率 = \frac{每股市价}{每股净值(倍)}$$

净资产倍率是将每股股价与每股净值相比,表明股价以每股净值的若干倍在流通转让,评价股价相对于净值而言是否被高估。净资产倍率越小,说明股票的投资价值越高,股价的支撑越有保证;反之则投资价值越低。这一指标同样是投资者判断某股票投资价值的重要指标。

四、财务分析中应注意的问题

(一)财务报表数据的准确性、真实性与可靠性

财务报表是按会计准则编制的,它们合乎规范,但不一定反映该公司的客观实际。例如:

1. 报表数据未按通货膨胀或物价水平调整。
2. 非流动资产的余额,是按历史成本减折旧或摊销计算的,不代表现行成本或变现价值。
3. 有许多项目,如科研开发支出和广告支出,从理论上看是资本支出,但发生时已列作了当期费用。
4. 有些数据基本上是估计的,如无形资产摊销和开办费摊销,但这种估计未必正确。
5. 发生了非常的或偶然的事项,如财产盘盈或坏账损失,可能歪曲本期的净收益,使之不能反映盈利的正常水平。

（二）根据不断变化的经济环境和经营条件进行适当的调整

公司的经济环境和经营条件发生变化后，原有的财务数据与新情况下的财务数据就不再具有直接可比性，因为财务数据反映的基础发生了变化。比如某公司由批发销售为主转为以零售为主的经营方式，其应收账款数额会大幅下降，应收账款周转率加快，但这并不意味着公司应收账款的管理发生了突破性的改变。如果忽略经济环境和经营条件的变化，就会得出错误的判断。

（三）进行具体现实的分析

财务报表的数据只是粗略的数字，它并不反映这些数字具体的细分，要想真正细致分析，得出客观恰当的结论，还应对财务报表数据进行细化分析。比如两个公司的财务数据完全相同，其中一个的应收账款账龄均为1年以内，另一个的应收账款账龄有50%以上超过2年，显然后者的应收账款管理水平较差，发生坏账的可能性更大，其流动比率的可信度低于前者。因此，要准确地把握公司财务状况，还要透过现象看本质，对报表数据背后反映的情况进行具体现实的分析。

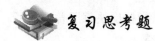
复习思考题

1. 如何分析公司的竞争地位？
2. 如何分析公司的经营管理能力？
3. 公司财务报表分析的主要目标是什么？
4. 公司财务报表分析的功能是什么？
5. 公司财务报表分析的方法有哪些？
6. 公司财务报表分析的原则是什么？
7. 如何分析公司的偿债能力？
8. 如何分析公司的资本结构？
9. 如何分析股东权益比率？
10. 资产负债比率的含义是什么？
11. 如何分析长期负债比率指标？
12. 如何分析公司的经营效率？
13. 如何分析主营业务收入增长率指标？
14. 如何分析公司的盈利能力？
15. 如何分析公司的投资收益？
16. 公司财务分析中应注意什么问题？

第二篇

金融投资技术分析与技巧

第五章　金融投资技术分析概述

【本章导读】

> 通过本章的学习,从总体上了解金融投资技术分析的基本问题,包括准确理解技术分析的含义与理论基础,掌握技术分析的要素与分类,正确认识技术分析与基本分析的关系,了解对技术分析影响较大的几个理论与技术分析的常用名词,为技术分析的学习奠定基础。

第一节　技术分析的理论基础

一、技术分析的概念

技术分析是对证券的市场行为所做的分析。技术分析的要点是通过观察分析证券在市场中过去和现在的具体表现,应用有关逻辑、统计等方法,归纳总结出在过去的历史中所出现的典型的市场行为特点,得到一些市场行为的固定"模式",并利用这些模式预测证券市场未来的变化趋势。

正是因为技术分析"重点"考虑市场行为,因此,技术分析"以成败论英雄"的味道很浓。只要某个方法带来了盈利,就可以认为是成功的方法而加以肯定。不管这个方法是否符合现有的"经济定律"或人们普遍认为应该遵循的某些规则,从这个意义上讲,技术分析只注重结果,不讲究分析方法的因果关系和严格的科学逻辑。

技术分析是目前已经形成体系的、应用人数最多的金融投资分析方法,这一点已经被世界所公认。其中技术图表是手段,市场行为是研究对象,未来趋势是研究的目的。

1. 技术分析的研究手段——图表

最初的图表是手工绘制的,今天的图表不仅由电脑绘制,而且增添了许多自动分析功能,大大方便了对市场的跟踪和研究。目前的图表分析技术依据它的作用主要分为两类:一类是"确认技术",主要的作用是确认趋势是已经发生转变还是在继续;另一类是"预测技术",主要作用是用来预测股价未来变动的时间和空间。

2. 技术分析的研究对象——市场行为

证券的市场行为就是证券在市场中的表现,是对某个证券在市场中具体表现的说明和描述。市场行为的具体内容包括：证券价格取值的高低、价格变化幅度的大小、价格发生这些变化所伴随的成交量的大小、价格完成这些变化所经过的时间的长短。价格、成交量、时间和空间是描述市场行为的四个要素。

3. 技术分析的研究目的——未来趋势

趋势研究是技术分析的核心问题，研究价格图表，就是要在一个趋势形成和发展的早期，及时准确地把它提示出来，从而达到顺应趋势进行操作的目的。

二、技术分析的理论基础

技术分析的理论基础是基于三项合理的假设：(1)市场行为涵盖一切信息；(2)价格沿趋势移动，并保持趋势；(3)历史会重演。

1. 第一假设是进行技术分析的基础。主要思想是认为影响证券价格的所有因素——包括内在的和外在的都反映在市场行为中，不必对影响价格的因素具体内容作过多的关心。技术分析根据市场行为进行预测，如果市场行为没有包括全部影响价格的因素，也就是说，对影响价格的因素考虑的只是局部而不是全部，这样得到的结论当然没有说服力。

这个假设有一定的合理性。任何一个因素对市场的影响最终都必然体现在价格的变动上。如果某一消息公布后，价格同以前一样没有大的变动，这就说明这个消息不是影响市场的因素，尽管其他人认为有一定的影响力。如果价格向上跳空，成交量急剧增加，一定是出了利多消息，具体是什么消息，完全没有必要过问，它已经体现在市场行为中了。上述现象就是这个消息在证券市场行为中的反映。再比如，某一天大多数股票持平或下跌，只有少数几只股票上涨，人们自然关注这几只股票出了什么好消息。这说明，我们已经意识到外部的消息在价格的变动和反常的趋势中得到了表现。外在的、内在的、基础的、政策的和心理的因素，以及其他影响因素，都已经在市场的行为中得到了反映。作为技术分析人员，只关心这些因素对市场行为的影响效果，而不关心具体导致这些变化的东西究竟是什么。

2. 第二个假设是进行技术分析最根本、最核心的因素。这个假设认为股价的变动是按一定规律进行的，价格有保持原来方向的惯性。正是由于此，技术分析者们才花费大量心血，以找出价格变动的规律。

一般说来，一段时间内如果价格一直是持续上涨(下跌)，那么，今后如果不出意外，价格也会按这一方向继续上涨(下跌)，没有理由改变既定的运动方向。"顺势而为"是证券市场中的一条名言，如果没有调头的内部和外部因素，没有必要逆大势而为。

一个股票投资人之所以要卖掉手中的股票，是因为他认为目前的价格已经到顶，马上将往下跌，或者即使上涨，涨的幅度也有限，不会再多了。他的这种悲观的观点是不会立刻改变的。一小时前认为要跌，一小时后，没有任何外在影响就改变自己的看法，这种现象是不合情理的。这种悲观的观点会一直影响这个人，直到悲观的观点得到改变。众多的悲观者就会影响价格的趋势，使其继续下跌。

否认了第二个假设，即认为即使没有外部因素影响，价格也可以改变原来的变动方向，技术分析就没有了立足之地。只有价格的变动遵循一定规律，才能运用技术分析工具找到这些规律，对今后的投资活动进行有效的指导。

3. 第三个假设是从统计和人的心理因素方面考虑的。市场上具体操作买卖的是人,是由人决定最终的操作行为。人不是机器,必然受到人类心理学中某些理论的制约。一个人在某一场合得到某种结果,那么,下一次碰到相同或相似的场合,这个人就认为会得到相同的结果。市场也一样,在某种情况下,按一种方法进行操作取得成功,那么以后遇到相同或相似的情况,就会按同一方法进行操作。如果前一次失败了,后面这一次就不会按前一次的方法操作。

市场的结果留在投资人头脑中的阴影和快乐将会永远影响投资人。进行分析时,一旦遇到与过去相同或相似的情况,就会与过去的结果比较。过去的结果是已知的,这个已知的结果应该是用现在对未来作预测的参考。任何有用的东西都是经验的结晶,是经过许多场合检验而总结出来的。我们对重复出现的某些现象的结果进行统计,得到成功和失败的概率,对具体的投资行为也是有好处的。这就叫让历史告诉未来。

金融投资市场是个双方方买卖的市场,价格的变动每时每刻都受供需关系的约束。价格上涨了,肯定是需求大于供给,买的一定比卖的多;反之,价格下跌了,肯定是供给大于需求,卖的一定比买的多。价格不断地变化以求达到买卖双方的平衡,价格的变动总是朝双方平衡的方向努力。达到暂时平衡后,遇到外部力量的影响就会打破这种平衡,价格继续变动,以达到新的平衡。外部的力量是无时不在的,区别只是大小的不同。

三大假设之下,技术分析有了自己的理论基础。第一条肯定了研究市场行为就全面考虑了市场,第二和第三条使得我们找到的规律能够应用于金融投资市场的实际操作之中。

对这三大假设本身的合理性一直存在争论,不同的学者有不同的看法。例如,第一个假设说市场行为包括了一切信息。市场行为反映的信息只体现在价格的变动之中,同原始的信息毕竟有差异,损失信息是必然的。正因为如此,在进行技术分析的同时,还应该适当进行一些基本分析和其他方面的分析,以弥补其不足。再如,第三个假设。金融投资市场的市场行为是千变万化的,不可能有完全相同的情况重复出现,差异总是或多或少存在。在使用"历史会重复"的时候,这些差异的大小一定会对做出的结果产生影响。

三、技术分析的要素:价、量、时、空

金融投资市场中,价格、成交量、时间和空间是进行分析的四要素。正确认识这几个因素的具体情况和相互间的关系是进行正确分析的基础。

1. **价格和成交量是市场行为最基本的表现**

市场行为最基本的表现就是成交价和成交量。过去和现在的成交价和成交量涵盖了过去和现在的市场行为。技术分析就是利用这些资料,以图表分析和指标分析工具来解释、预测未来的市场走势。如果把时间也考虑进去,技术分析其实就可简单地归结为:对时间、价格、成交量三者关系的分析。在某一时点上的价格和成交量反映的是买卖双方在这一时点上共同的市场行为,是双方的暂时均衡点,随着时间的变化,均衡会发生变化,这就是价格与成交量关系的变化。一般说来,买卖双方对价格的认同程度通过成交量的大小得到确认,认同程度大,成交量大,认同程度小,成交量小。双方的这种市场行为反映在价格、成交量上就往往呈现出这样一种趋势规律:价增量增,价跌量减。例如,当价格上升时,成交量不再增

加,意味着价格得不到买方确认,价格的继续上升就将遇到麻烦。成交价、成交量的这种规律关系是技术分析的合理性所在,技术分析方法是研究价格与成交量间的关系。

2. 时间和空间体现趋势的深度和广度

时间在进行行情判断时有着很重要的作用。循环周期理论着重关心的就是时间因素,是针对价格波动的时间跨度进行研究的理论,它强调了时间的重要性。一方面,一个已经形成的趋势在短时间内不会发生根本改变,中途出现的反方向波动,对原来趋势不会产生大的影响。另一方面,一个形成了的趋势又不可能永远不变,经过了一定时间又会有新的趋势出现。空间在某种意义上讲,可以认为是价格的一方面。它指的是价格波动能够达到的从空间上考虑的限度,表示价格的变动。在进行实际投资活动的时候,价格的波动空间与"聚集"的能量有关。

第二节 技术分析方法的分类与注意事项

一、技术分析方法的分类

对历史资料进行统计、数学计算、绘制图表是技术分析方法主要的手段。从这个意义上讲,每种对资料的处理方法都是一种技术分析方法。不管技术分析方法是如何产生的,人们最关心的是它的实用性,目的是用它来预测未来价格走势。本书会介绍一些比较常用的技术分析方法。

一般说来,可以按约定俗成,将技术分析主要分为如下6类:指标法、切线法、形态法、K线法、波浪法、周期法。

1. 指标法。指标法要考虑市场行为的各个方面,给出数学上的计算公式,建立一个数学模型,得到一个体现市场某个方面内在实质的数字,这个数字叫指标值。指标值的具体数值和相互间关系直接反映市场所处的状态,为我们的操作行为提供指导方向。指标反映的东西大多是从行情报表中直接看不到的。

世界上用在证券市场上的各种名称的技术指标数不胜数,而且,新的技术指标还在不断涌现。例如,相对强弱指标(RSI)、随机指标(KD)、趋向指标(DMI)、平滑异同移动平均线(MACD)、平衡量(OBV)、心理线、乖离率等。这些都是很著名的技术指标,在市场中长盛不衰。

2. 切线法。切线法是按一定方法和原则在根据价格数据所绘制的图表中画出一些直线,然后根据这些直线推测价格的未来趋势,这些直线就叫切线。切线起支撑和压力的作用,支撑线和压力线往后的延伸位置对价格的波动起一定的制约作用。

一般说来,价格在从下向上抬升的过程中,触及压力线,甚至远未触及压力线,就会调头向下;价格从上向下跌的过程中,在支撑线附近就会转头向上。如果触及切线后没有转向,而是继续向上或向下,叫做突破。突破之后,这条直线仍然有实际作用,只是名称变了。原来的支撑线变成压力线,原来的压力线将变成支撑线。切线法分析市场主要是依据切线的这个特性。切线的画法是最为重要的,画得好坏直接影响预测的结果。画切线的方法都是人们长期研究之后保留下来的精华,著名的有趋势线、通道线等。此外还有黄金分割线、甘氏线、角度线等。在实际应用中,人们从这些线上获益不少。

3. 形态法。形态法是根据价格图表走过的轨迹的形态来预测价格未来的趋势的方法。市场的行为包括一切信息。价格走过的形态是市场行为的重要部分,是证券市场对各种信息感受之后的具体表现,用价格的轨迹或者说是形态来推测价格的将来应该是很有道理的。从价格轨迹的形态中,可以推测出证券市场处在一个什么样的大环境之中,对今后的行为给予一定的指导。著名的形态有 M 头、W 底、头肩顶底等十几种。

4. K 线法。K 线法的研究方法是根据若干天 K 线的组合情况,推测证券市场多空双方力量的对比,进而判断证券市场多空双方谁占优势,是暂时的还是决定性的。K 线图是进行各种技术分析的最重要的图表,我们将在后面详细介绍。单独一天的 K 线的形态有十几种,若干天 K 线的组合种类就数不清了。人们经过不断地总结经验,发现了一些对股票买卖有指导意义的组合,而且,新的结果正不断地被发现和运用。K 线在东亚地区很流行,广大股票投资者进入金融投资市场后,进行技术分析时往往首先接触 K 线图。

5. 波浪法。波浪理论起源于 20 世纪 70 年代查尔斯·J·柯林斯(Charles. J. Collins)发表的专著《波浪理论》(Wave Theory)。波浪理论的实际发明者和奠基人是艾略特(Ralph Nelson Elliott),他在 20 世纪 30 年代前后有了波浪理论最初的想法。

波浪理论把价格的上下变动和不同时期的持续上涨/下降看成是波浪的上下起伏。波浪的起伏遵循自然界的规律,价格也就遵循波浪起伏所遵循的规律。

简单地说,上升是 5 浪,下跌是 3 浪。数清楚了各个浪就能准确地预见到,跌势已接近尾声,牛市即将来临,或是牛市已到了强弩之末,熊市将来到。波浪理论较之于别的技术分析方法,最大的区别就是能提前很长的时间预计到底和顶。别的方法往往要等到新的趋势已经确立之后才能看到。但是,波浪理论又是公认的最难掌握的技术分析方法。大浪套小浪,浪中有浪,在数浪的时候容易发生偏差。事情过了以后,回过头来数这些浪,发现均满足波浪理论所陈述的。一旦身处在现实,真正能够正确数浪的人是很少的。

6. 周期法。关心价格的起伏在时间上的规律,告诉我们应该在一个正确的时间进行投资。循环周期理论是周期法的重要代表。此外还有利用历法、节气等进行周期分析的方法。

以上 6 类技术分析方法是从不同的方面理解和考虑证券市场。它们都是经过证券市场的实际操作的考验,最终没有被淘汰而被保留下来的,是前人的经验、智慧的精华。

这 6 类技术分析方法尽管考虑的方式不同,目的是相同的,彼此并不排斥,在使用上相互借鉴。比如,在指标分析时,经常用到切线和形态法中的一些结论。

这 6 类技术分析方法考虑的方式不同,这样就导致它们在操作指导时,所使用的方式不同,有的注重长线,有的就要短些;有的注重价格的相对位置,有的注重绝对位置;有的注重时间,有的注重价格。不管注重什么,最终殊途同归。只要能有收益,用什么方法是不重要的。

二、技术分析方法应用时应注意的问题

1. 技术分析必须与基本分析结合,才能提高准确度,单纯的技术分析是不全面的。对于刚刚兴起的不成熟市场,市场突发消息频繁,人为操纵因素较大,所以仅靠过去和现在的

数据、图表去预测未来是不可能完全可靠的,这方面的例子举不胜举。但是,不能因为技术分析在突发事件到来时预测受干扰就否定其功效。任何一种工具的使用都有其适用范围,不能因某种场合工具无用而责怪工具本身,扔掉工具更是不可取的。事实上,在中国的证券市场上,技术分析依然有非常高的预测成功率。这里,成功的关键在于不能机械地使用技术分析。除了在实践中不断修正技术分析外,还必须结合基本分析来使用技术分析,这样做可以大大地提高成功率。

2. 注意多种技术分析方法的综合研判,切忌片面地使用单一的技术分析方法。每一个使用技术分析方法的投资者都应该记住,要全面考虑技术分析的各种方法对未来的预测,综合这些方法得到的结果,最终得出一个合理的多空双方力量对比的描述。实践证明,单独使用一种技术分析方法有相当的局限性和盲目性。如果每种方法得到同一结论,那么,这一结论出错的概率就很小,这是已经被实践证明了的真理。如果仅靠一种方法得到结论,出错的机会就大。为了减少自己的失误,需要尽量多地掌握技术分析方法,掌握得越多越有好处。

3. 已经存在的结论要通过自己的实践验证后才能放心使用。由于证券市场能给人们带来巨大的收益,几百年来研究它的人层出不穷,分析的方法各异,使用同一分析方法的风格也不同。前人得到的结论是在一定的特殊条件和特定环境中得到的,随着环境的改变,他人成功的方法由自己使用时有可能会产生不同的结果。

第三节 技术分析与基本分析的关系

技术分析和基本分析是金融投资分析的两个方面。它们的共同出发点都是为投资者的投资决策提供依据,不同之处主要是研究对象各异。基本分析侧重研究影响证券市场的宏观基本面情况(这里包括企业情况)和证券价格的长期走势,主要用于选股,属于对股票本身价值的研究;而技术分析的对象是证券市场内部微观环境,即技术面的变化和证券价格短期走势,主要用于选时,属于对"市场属性"的研究。

基本分析和技术分析都是针对金融投资产品的供求关系,只不过技术分析是通过供求关系的表现或变化,如证券价格、成交量等因素进行研究,是研究供求关系的结果。基本分析是通过供求关系的背景进行研究,是研究供求关系的原因。

金融投资产品市场上价格的变动是宏观和微观各种因素共同作用的结果,不可能把基本面的影响和技术面的影响截然分开,它们是可分割的整体,但是在不同的时期对于市场所起的作用又有主次之分,有时基本面的影响大于技术面,有时技术面的影响大于基本面。对证券市场来说,基本面是天时,技术面是地利,投资者心理即是人和,三者共同作用才构成金融投资市场的缤纷天地。

金融投资市场中有各种各样的观点,如何看待基本面和技术面就有两种不同看法。一种观点认为股市中股价的变动已经包含一切,不必再研究基本面,只要研究股价变动就足够了。我们认为这一观点不成立。虽然证券价格的变动已经包含金融市场的各种影响因素,但是不能因此就不去关心基本面的任何情况,因为这个"包含一切"的证券价格变动的时间是发生在基本面出现突然变化之后的,是基本面变化在前,技术面变化在后。另一种观点认为基本面决定证券价格的全部变动,技术面没有用处,甚至根本不存在技术面和技术分析一说。所以有人炒股热衷于打听消息,赌政策。这一观点同样是偏激的,基本面的确很重要,但是基本面并不是每日每时都发生着巨变,绝大多数时间里,基本面的情况还是平静的。比如1997年初的深沪市场,这时基本面的影响就降到技术面之下,证券价格的运动将以其自身的技术规律发生变化,技术面占主导地位,影响证券价格变化,有时这种变化是非常剧烈的,这时基本面并没有什么变化,说明不是基本面的影响。由此可见,证券价格变动可以远离基本面的影响(注意,远离不是脱离),不要试图把证券价格的每次变动都去从基本面寻找原因,所以不关心技术面,不学习技术分析也不会在金融投资中常胜不败。

综上所述,基本面和技术面在金融投资中同时作用,主次地位经常转换,必须同时研究基本分析和技术分析,不可偏废任何一方,基本分析里面有技术分析的方法,技术分析也有基本分析因素,只有综合两者,才能得出正确的结论,提高胜算。不要陷入永远不会有结果的"两者谁是老大"的无谓争论中去。

应该说明的是,目前在金融投资市场上还有一些结合了基本分析和技术分析的第三类分析方法。这些方法暂时可以称之为"模型分析法"。从构造上看,这些方法更接近于技术分析方法。它们将基本分析中的定性的"资料"定量化,输入到自己设计的数学模型中。模型将根据市场的价量时空等因素的变化,进行自动地跟踪。如果满足了自己所设定的条件,模型将自动发出进行交易的信号。像神经网络之类的比较新的科学分析技术,正越来越多地被应用于证券分析中来。当然,至少在目前,计算机还不能代替人脑的思维,这些方法还处于试用阶段。证券市场的影响因素众多,用模型要解决问题还需要相当长的时间。

第四节 对证券投资技术分析影响较大的几个理论

一、道氏理论

1. 道氏理论(Dow theory)的形成过程

道氏理论是技术分析的鼻祖,道氏理论之前的技术分析尚不成体系。该理论的创始人是美国人查尔斯·道(Charles Dow),为了反映市场总体趋势,他创立了著名的道琼斯工业平均指数(DJIA)。他在《华尔街日报》上发表了有关证券市场的文章,经后人整理后,成为我们今天看到的道氏理论。

2. 道氏理论的主要原理

道氏理论的内容很多,下面只是其中的一部分主要内容。

(1)市场价格指数可以解释和反映市场的大部分行为。这是道氏理论对证券市场的重大贡献。目前,世界上所有的证券交易所都采用一个本市场的价格指数,计算方法大同小异,都是源于道氏理论。

(2)市场波动的三种趋势。道氏认为价格的波动尽管表现形式不同,但最终可以将它们分为三种趋势,即主要趋势(primary trend)、次要趋势(secondary trend)、短暂趋势(near term trend)。三种趋势的划分为其后出现的波浪理论打下了基础。有关三种趋势的详细内容,参看有关趋势的章节。

（3）交易量在确定趋势中起重要的作用。趋势的反转点是确定投资的关键,交易量提供的信息有助于我们解决一些令人困惑的市场行为。

（4）收盘价是最重要的价格。道氏理论认为所有价格中,收盘价最重要,甚至认为只用收盘价分析不用别的价格。

3. 道氏理论的应用及应注意的问题

道氏理论最大的不足在于对大的形势的判断有较大的作用,对于每日每时都在发生的小的波动则显得有些无能为力。道氏理论甚至对次要趋势的判断也作用不大。

它的另一个不足是可操作性较差。一方面道氏理论的结论落后于价格,信号太迟;另一方面,理论本身存在不足,使得一个很优秀的道氏理论分析师在进行行情判断时,也会产生困惑,得到一些不明确的东西。

道氏理论的存在已经上百年了,对今天来说部分内容已经过时,不能照搬老方法。近30年来出现了很多新的技术,有相当部分是道氏理论的延伸,这在一定程度上弥补了道氏理论的不足。

二、随机漫步理论

随机漫步理论(random walk)认为,证券价格的波动是随机的,像一个在广场上行走的人一样,价格的下一步将走向哪里,是没有规律的。

证券市场中,价格的走向受到多方面因素的影响。一件不起眼的小事也可能对市场产生巨大的影响。从长时间的价格走势图上也可以看出,价格的上下起伏的机会差不多是均等的。从某种意义上说,价格的走向是随机的结论有它的合理性。

当然,证券价格的波动肯定不完全是随机的,肯定有规律可循。例如,连续6个涨停板后的股票比起只上涨了5%的股票来,出现下降回落的概率要大得多。此外,从股票市场的价格指数看,总体也是向上的。

三、循环周期理论

事物的发展有一个从小到大、从大到小的过程。这种循环发展的规律在证券市场也存在。循环周期理论(cycle)认为,无论什么样的价格波动,都不会向一个方向永远走下去。价格的波动过程必然产生局部的高点和低点,这些高低点的出现,在时间上有一定的规律。我们可以选择低点出现的时间入市,高点出现的时间出市。美国学者在这方面做了很多工作。他们总结了国外市场出现的很多周期,但是他们发现的这些周期,从时间上讲都是比较长的,对我国目前市场的指导意义不大,因为,我国市场目前存在的时间太短了。应该指出,循环周期理论的重点是时间因素,而且注重长线投资,对价格和成交量考虑得不够。

四、相反理论

相反理论认为,只有同大多数参与证券投资的人持相反的行动才可能获得大的收益。这似乎是人人都明白,但却没有得到足够重视的理论。它的出发点是基于这样一个原则:证券市场本身并不创造新的价值,尽管有一些分红,但总的说来是没有增值,甚至可以说是减值的。如果行动与大多数投资者的行动相同,那么一定不是获利最大的,因为不可多数获利。

要获得大的利益,一定要同大多数人的行动不一致。在市场人爆满的时候出场,在人稀落的时候入场,是相反理论在操作上的具体体现。

除了上述几种理论之外,技术分析还有一些不很成熟的理论,在进行行情判断时有一定的作用。它们大部分是关于某一方面的具体结论,不是对市场整体的结论,这里不一一介绍。

第五节 技术分析的缺陷

一、没有100%的准确率

股票市场之所以存在,是因为有游戏规则在支撑。但假如有100%正确的预测方法存在,这个游戏就没法玩下去了,也不会有这么多的分析流派了。再者,即使某一个时期内有这种方法存在,用不了多长时间也会被其他人掌握,因为市场是简单的,不会有永远的"天机"。另外一个重要的原因就是有的突发消息能够改变市场任何的走势,不管它走的多么完美。为什么没有100%,还有很重要的一点就是趋势有时能够把所有根据技术分析得出的买卖信号打破,也许这时你会说,我按照趋势不就行了?问题是趋势不可能一直持续下去,市场中的上升趋势和下降趋势是轮流的,你怎么会知道一轮趋势的终结点呢?既然没有100%,那么有没有70%、80%或90%呢?答案是肯定的,但每一种分析方法应用的时候,要有一些限制条件,才能达到这样高的盈利,而不是简单套用。了解了这一点,就意味着在投资活动中,是允许亏损现象存在的,追求完美是不行的。我们学习技术分析就是为了寻找和应用盈利能达到70%以上的分析方法,以做到总体投资是盈利的。

二、市场的操纵行为使技术分析暂时失灵

市场的主力和庄家无法改变价格运行的主要趋势,但能影响短期趋势,特别是日内交易。随着投资者普遍学习技术分析知识,主力和庄家有时利用这一点进行骗线,特别是在关键价位搞一些假突破动作,引诱投资者上当。有时故意拖延时间,包括突破前和突破后,动摇意志不坚定者的信心。凡此种种,要求投资者不要机械地应用技术分析,要在长期的投资实践中结合市场特性不断总结,以制定出可行的应对措施。

三、技术分析的滞后性

因为大部分技术分析方法是顺势交易,也就是在明确了买卖双方向一边倒的时候才做交易,而在技术分析发出买卖信号以前,价位已运行了一定的幅度,而这样的幅度往往要超出交易手续费或佣金很多,这就是短线投资往往不如长线投资盈利丰厚的原因。在学习了技术分析之后,投资者往往以为掌握了赚钱的工具,于是频繁交易,行情走势本没有固定模式,这样在每次做对的情况下也不一定比得上交易次数少的利润,何况按照概率来说,交易

次数越多，失误的次数也越多。逆势交易虽然有买卖在最高及最低价位的可能，但要冒相当大的"逆势"风险。

第六节　技术分析中的常用名词

1. 开盘价

开盘价又称开市价，是指某种证券在证券交易所每个交易日开市后的第一笔买卖成交价格。世界上大多数证券交易所都采用成交额最大原则来确定开盘价。如果开市后一段时间内（通常为半小时）某种证券没有买卖或没有成交，则取前一日的收盘价作为当日证券的开盘价。如果某证券连续数日未成交，则由证券交易所的场内中介经纪人根据客户对该证券买卖委托的价格走势提出指导价，促使成交后作为该证券的开盘价。在无形化交易市场中，如果某种证券连续数日未成交，以前一日的收盘价作为它的开盘价。

在股票交易中股票是根据时间优先和价格优先的原则成交的，每天早晨从9:15分到9:25分是集合竞价时间。所谓集合竞价就是在当天还没有成交价的时候，你可根据前一天的收盘价和对当日股市的预测来输入股票价格，而在这段时间里输入计算机主机的所有价格都是平等的，不需要按照时间优先和价格优先的原则交易，而是按最大成交量的原则来定出股票的价位，这个价位就被称为集合竞价的价位，而这个过程被称为集合竞价。直到9:25分以后，你就可以看到证券公司的大盘上各种股票集合竞价的成交价格和数量。有时某种股票因买入人给出的价格低于卖出人给出的价格而不能成交，那么，9:25分后大盘上该股票的成交价一栏就是空的。当然，有时有的公司因为要发布消息或召开股东大会而停止交易一段时间，那么集合竞价时该公司股票的成交价一栏也是空的。因为集合竞价是按最大成交量来成交的，所以对于普通股民来说，在集合竞价时间，只要打入的股票价格高于实际的成交价格就可以成交了。所以，通常可以把价格打得高一些，也并没有什么危险。因为普通股民买入股票的数量不会很大，不会影响到该股票集合竞价的价格，只不过此时你的资金卡上必须要有足够的资金。

从9:30分开始，就是连续竞价了。一切便又按照常规开始了。

集合竞价是指对一段时间内所接受的买卖申报一次性集中撮合的竞价方式。我们知道，每天开盘价在技术分析上具有重要的意义。目前世界各国股市市场均采用集合竞价的方式来确定开盘价，因为这样可以在一定程度上防止人为操纵现象。在创业板交易规则中，对集合竞价的规定有两点与主板不同：第一，集合竞价时间拉长。由原来的每交易日上午9:15—9:25为集合竞价时间，改为每交易日上午9:00—9:25，延长了15分钟，这使得参与集合竞价的申报更多，竞价更充分，加大了人为控制的难度，也使得开盘价更为合理，更能反映市场行为，体现了公平的原则。第二，文件规定，每交易日上午开盘集合竞价期间，自确定开盘价前十分钟起，每分钟揭示一次可能开盘价。可能的开盘价是指对截至揭示时所有申报撮合集合竞价规则形成的价格，这条规则在主板中是没有的，主板只公布最后集合竞价的结果。这条规则的意义就在于加强了对投资者的信息披露，使投资者能够更多、更细地掌握市场信息，特别是对于新股上市首日的集合竞价，意义更加重大，它使投资者能够提前在集合竞价期间就掌握较为充分的市场信息,从而作出决策。这体现了市场的公开原则。

期货市场开盘价是通过集合竞价产生,而集合竞价的产生原则又与正常交易中的价格成交原则有区别,所以在个别情况下就会产生申报买价高于开盘价或申报卖价低于开盘价而不能成交的现象。

开盘价即集合竞价,它的产生原则是:某一个股票在9:00—9:25之间由买卖双方向深沪股市发出的委托单中买卖双方委托价一致股价,但值得说明的是这个"一致股价"是指能够单笔撮合量最大的那个"一致股价",它不一定是买卖双方委托价一致的最高价,在9:00—9:25之间产生的"集合竞价"不执行在9:30以后"连续竞价"中当委托价一致时所执行的"时间优先"原则。

下面举例:在9:00—9:25之间,买方1的委托价5.04元,委托量为100手,委托时间为9:02;买方2的委托价4.99元,委托量为500手,委托时间为9:10;买方3的委托价4.99元,委托量为800手,委托时间为9:24;卖方1的委托价4.96元,委托量为500手,委托时间为9:05;卖方2的委托价4.99元,委托量为200手,委托时间为9:13;卖方3的委托价4.99元,委托量为900手,委托时间为9:22;在上述情况下,当9:25开盘价即集合竞价一定是4.99元,成交量为1 100手,在这1 100手成交量中,买方3委托的500手只成交了300手,而买方3委托的800手却都成交了,卖方2及卖方3分别委托的200手及900手都成交了。

2. 收盘价

证券交易所每个营业日闭市前的最后一笔交易价格为该证券收盘价。目前沪深股市的收盘价并不完全是最后一笔交易的成交价格,而是一个加权平均价,也叫已调整收盘价。上海证券交易所交易规则规定沪市收盘价为当日该证券最后一笔交易前一分钟所有交易的成交量加权平均价(含最后一笔交易)。当日无成交的,以前收盘价为当日收盘价。深圳证券交易所交易规则规定深市证券的收盘价通过集合竞价的方式产生。收盘集合竞价不能产生收盘价的,以当日该证券最后一笔交易前一分钟所有交易的成交量加权平均价(含最后一笔交易)为收盘价。当日无成交的,以前收盘价为当日收盘价。

初次上市的股票的竞价买卖,除另有规定外,按上市前公开销售的平均价格代替收盘价作为计算升降幅度的参考基准。

与主板市场不同,中小企业板块股票将采用集合竞价的方式确定收盘价格。收盘集合竞价的时间为3分钟,即从14:57至15:00收盘为止,期间可以撤单。这种规则不利庄家做收盘价,毕竟参与集合竞价的筹码总量以及需要付出的资金总量难以确定,打得太多、太少、太高、太低都可能出现一些啼笑皆非的局面。

3. 外盘和内盘

在技术分析系统中经常有"外盘"、"内盘"出现。委托以卖方成交的纳入"外盘",委托以买方成交的纳入"内盘","外盘"和"内盘"相加为成交量。分析时,由于卖方成交的委托纳入外盘,如外盘很大意味着多数卖的价位都有人来接,显示买势强劲;而以买方成交的纳入内盘,如内盘过大,则意味着大多数的买入价都有人愿卖,显示卖方力量较大。如内盘和外盘大体相近,则买卖力量相当。

例如:深康佳股票行情揭示如下:

委买价	委托数量	委卖价	委托数量
25.07	27	25.17	562

由于买入委托价和卖出委托价此时无法撮合成交，深康佳此刻在等待成交，买与卖处于僵持状态。

这时，如果场内买盘较积极，突然报出一个买入25.17元的单子，则股票会在25.17元的价位成交，这笔成交被划入"外盘"。或者，这时如果场内抛盘较重，股价下跌至25.10元突然报出一个卖出价25.07元的单子，则股票会在25.07元的价位成交，这笔以买成交的单被划入"内盘"。

4. 委比

委比是用以衡量一段时间内买卖盘相对强度的指标。其计算公式为：

委比=(委买手数－委卖手数)/(委买手数＋委卖手数)×100%

其中，委买手数指现在所有个股委托买入下三档的总数量，委卖手数指现在所有个股委托卖出上三档的总数量。委比值变化范围为+100%至－100%。当委比值为正值并且委比数大，说明市场买盘强劲；当委比值为负值并且负值大，说明市场抛盘较强。

委比从－100%至＋100%，说明买盘逐渐增强，卖盘逐渐减弱的一个过程。相反，从＋100%至－100%，说明买盘逐渐减弱、卖盘逐渐增强的一个过程。

例如，深长城的买盘和卖盘三档分别揭示如下：

委买(元)	委托数量(手)	委卖(元)	委托数量(手)
19.65	5	19.66	7
19.61	8	19.71	7
19.55	8	19.76	4

现在委托买下三档数量为21手，委托卖出上三档为18手，则此刻深长城的委比为：委比值8.9%，说明买盘比卖盘大，但不是很强劲。

5. 量比

量比是衡量相对成交量的指标。它是开市后每分钟的平均成交量与过去5个交易日每分钟平均成交量之比。其计算公式为：

量比=现在总手/[(5日平均总手/240)×开盘多少分钟]

当量比大于1时，说明当日每分钟的平均成交量大于过去5日的平均数值，交易比过去5日火爆；当量比小于1时，说明现在的成交比不上过去5日的平均水平。

6. 市净率

市净率的计算方法是：

市净率=股票市价/每股净资产

股票净值即资本公积金、资本公益金、法定公积金、任意公积金、未分配利润等项目的合计，它代表全体股东共同享有的权益，也称净资产。净资产的多少是由股份公司经营状况决定的，股份公司的经营业绩越好，其资产增值越快，股票净值就越高，因此股东所拥有的权益也越多。所以，股票净值是决定股票市场价格走向的主要根据。上市公司的每股内含净资产值高而每股市价不高的股票，即市净率越低的股票，其投资价值越高。相反，其投资价值就越小。

市净率能够较好地反映出"有所付出,即有回报",它能够帮助投资者寻求哪个上市公司能以较少的投入得到较高的产出,对于大的投资机构,它能帮助其辨别投资风险。

这里要指出的是,市净率不适用于短线操作。

7. 市盈率

目前深、沪两个交易所在证券报上均公布市盈率,市盈率的计算方法:

市盈率 = 股票市价/每股税后利润(摊薄)

根据深、沪交易所的规定,市盈率中的每股税后利润均以摊薄后的每股税后利润计。市盈率是投资者用以衡量、分析个股是否具有投资价值的工具之一。一般来说,市盈率偏高的股票风险较大,市盈率低的股票风险较小,投资价值相对较高。

由于市盈率仅仅是分析个股是否具有投资价值的工具之一,因此,对市盈率高低应以动态的眼光来看,应结合其他分析个股投资价值的工具来做具体的分析判断。利用市盈率来分析股票投资价值,作出投资决策,以下几点可参考。

(1)处于牛市和熊市的市盈率有所不同。牛市市盈率相对可偏高一些,熊市则刚好相反。这也是为什么在牛市里市盈率被炒高了仍有人买,而熊市里即使市盈率在10倍左右仍无人问津的理由。做投资决策首先应看清市场处于什么样的趋势。

(2)从中外股市来看,成熟市场市盈率要偏低一些,而在高速成长中的新兴市场市盈率水平较高。

(3)从较长时间看,不同行业的上市公司市盈率维持不同水平,朝阳行业(如高科技行业)以及具高成长性的绩优股市盈率偏高一些,夕阳行业的市盈率偏低一些。

总之,综合分析上市公司成长性、市盈率,都是发现个股投资价值的重要工具。

8. 加权和摊薄

财务报表里常说每股分红"加权"、"摊薄"的提法,两者的概念及计算方法各有什么不同,现举一例来说明:如某公司,当年原股本6 000万股,在6月份资金到位新增6 000万股,按加权平均计算:每股税后利润 = 税后利润/(6 000 + 6 000×6/12)(税后利润以万元计)。

按摊薄计算:每股税后利润 = 税后利润/12 000,即:加权平均是按资金到位使用月份计算,而摊薄则是不计资金到位并使用的时间,直接按全年12个月摊薄计算。

9. 溢价发行

溢价发行是指股票或债券发行时以高于其票面余额的价格发行的方式。

10. 利多

利多是指对于多头有利,能刺激股价上涨的各种因素和消息。如银行利率降低,公司经营状况好转等。

11. 利空

利空是指对空头有利,能促使股价下跌的因素和信息,如:银根抽紧,利率上升,经济衰退,公司经营状况恶化等。

12. 牛市

指股市前景乐观,股票价格持续上升的行情。

13. 熊市

指前途暗淡,股票普遍持续下跌的行情。

14. 多头

指投资人预期未来价格上涨，以目前价格买入一定数量的股票等价格上涨后，高价卖出，从而赚取差价利润的交易行为，特点为先买后卖的交易行为。

15. 空头

预期未来行情下跌，将手中股票按目前价格卖出，待行情下跌后买进，获得差价利润。其特点为先卖后买的交易行为。

16. 反弹

股票价格在下跌趋势中因下跌过快而回升的价格调整现象。回升幅度一般小于下跌幅度。

17. 盘整

通常指价格变动幅度较小，比较稳定，最高价与最低价之差不超过2%的行情。

18. 死空头

总是认为股市情况不好，不能买入股票，股票会大幅下跌的投资者。

19. 死多头

总是看好股市，总拿着股票，即使是被套得很深，也对股市充满信心的投资者。

20. 多翻空

多头确信股价已涨到顶峰，因而大批卖出手中股票成为空头。

21. 空翻多

空头确信股价已跌到尽头，于是大量买入股票而成为多头。

22. 短多

短线多头交易，长则两三天，短则一两天，操作依据是预期股价短期看好。

23. 斩仓（割肉）

在买入股票后，股价下跌，投资者为避免损失扩大而低价（赔本）卖出股票的行为。

24. 套牢

预期股价上涨而买入股票，结果股价却下跌，又不甘心将股票卖出，被动等待获利时机的出现。

25. 坐轿

预期股价将会大涨，或者知道有庄家在炒作而先期买进股票，让别人去抬股价，等股价大涨后卖出股票，自己可以不费多大力气就能赚大钱。

26. 抬轿

认为目前股价处于低位，上升空间很大，于是认为买进是坐轿，殊不知自己买进的并不是低价，不见得就能赚钱，其结果是在替别人抬轿子。

27. 多杀多

普遍认为股价要上涨，于是纷纷买进，然而股价未能如期上涨时，竞相卖出，而造成股价大幅下跌。

28. 热门股

交易量大、换手率高、流通性强的股票，特点是价格变动幅度较大，与冷门股相对。

29. 对敲

是股票投资者(庄家或大的机构投资者)的一种交易手法。具体操作方法为在多家营业部同时开户,以拉锯方式在各营业部之间报价交易,以达到操纵股价的目的。

30. 筹码

投资人手中持有的一定数量的股票。

31. 踏空

投资者因看淡后市,卖出股票后,该股价却一路上扬,或未能及时买入,因而未能赚得利润。

32. 跳水

指股价迅速下滑,幅度很大,超过前一交易日的最低价很多。

33. 诱多

股价盘旋已久,下跌可能性渐大,空头大多已卖出股票后,突然空方将股票拉高,误使多方以为股价会向上突破,纷纷加码,结果空头由高价惯压而下,使多头误入陷阱而套牢,称为诱多。

34. 诱空

即主力多头买进股票后,再故意将股价做软,使空头误信股价将大跌,故纷纷抛出股票错过获利机会,形成误入多头的陷阱,称为诱空。

35. 骗线

利用技术分析的划线原理,在想出货的时候,先造成有利的线路,使依靠技术分析的人误以为会涨而买进,谓之骗线。

36. 阴跌

指股价进一步退两步,缓慢下滑的情况,如阴雨连绵,长期不止。

37. 停板

因股票价格波动超过一定限度而停做交易。其中因股票价格上涨超过一定限度而停做交易叫涨停板,其中因股票价格下跌超过一定限度而停做交易叫跌停板。目前国内规定 A 股涨跌幅度为 +10%,ST 股为 ±5%。

38. 洗盘

洗盘是主力操纵股市,故意压低股价的一种手段,具体做法是,为了拉高股价获利出货,先有意制造卖压,迫使低价买进者卖出股票,以减轻拉升压力,通过这种方法可以使股价容易拉高。

39. 平仓

投资者在股票市场上卖出股票的行为。

40. 换手率

即某股票成交的股数与其上市流通股总数之比。它说明该股票交易活跃程度,尤其当新股上市时,更应注意这个指标。

41. 现手

当前某一股票的成交量。

42. 平开

某股票的当日开盘价与前一交易日收盘价持平的情况称为开平盘,或平开。

43. 低开

某股票的当日开盘价低于前一交易日收盘价的情况称为低开。

44. 高开

某股票的当日开盘价高于前一交易日收盘价的情况称为高开。

45. 均价

指现在时刻买卖股票的平均价格。若当前股价在均价之上,说明在此之前买的股票都处于盈利状态。

46. 多头陷阱

即为多头设置的陷阱,通常发生在指数或股价屡创新高,并迅速突破原来的指数区且达到新高点,随后迅速滑落跌破以前的支撑位,结果使在高位买进的投资者严重被套。

47. 空头陷阱

通常出现在指数或股价从高位区以高成交量跌至一个新的低点区,并造成向下突破的假象,使恐慌抛盘涌出后迅速回升至原先的密集成交区,并向上突破原压力线,使在低点卖出者踏空。

48. 跳空与补空

股市受强烈的利多或利空消息影响,开盘价高于或低于前一交易日的收盘价,股价走势出现缺口,称之为跳空;在股价之后的走势中,将跳空的缺口补回,称之为补空。

49. 散户

通常指投资额较少,资金数量达不到证券交易所要求的中户标准,常被称为散户。(目前进入中户,有些地方是50万元资金,有些地方是30万元资金)。

50. 卖压

在股市上大量抛出股票,使股价迅速下跌。

51. 买压

买股票的人很多,而卖股票的人却很少。

52. 股权登记日、除权除息日

上市公司的股份每日在交易市场上流通,上市公司在送股、派息或配股的时候,需要定出某一天,界定哪些股东可以参加分红或参与配股,定出的这一天就是股权登记日。也就是说,在股权登记日这一天仍持有或买进该公司的股票的投资者,可以享有此次分红或参与此次配股。这部分股东名册由证券登记公司统计在案,届时将所应送的红股、现金红利或者配股权划到这部分股东的账上。

所以,如果投资者想得到一家上市公司的分红、配股权,就必须弄清这家公司的股权登记日在哪一天,否则就会失去分红、配股的机会。

股权登记日后的第一天就是除权日或除息日,这一天或以后购入该公司股票的股东,不再享有该公司此次分红配股。

53. 含权、含息股、填权和贴权

上市公司在宣布董事会、股东大会的分红、配股方案后,尚未正式进行分红、配股工作,

股票未完成除权、除息前就称为"含权"、"含息"股票。

股票在除权后交易,交易市价高于除权价,取得分红或配股者得到市场差价而获利,为填权。交易市价低于除权价,取得分红、配股者没有得到市场差价,造成浮亏,则为贴权。

54. 除权、除息

上市公司进行分红、配股后,除去可享有分红、配股权利,在除权、除息日这一天会产生一个除权价或除息价,除权或除息价是在股权登记这一天收盘价基础上产生的,计算办法具体如下。

除息价的计算办法为:

$$除息价 = 股权登记日收盘价 - 每股所派现金$$

除权价计算分为送股除权和配股除权。

送股除权计算办法为:

$$送股除权价 = 股权登记日收盘价 \div (1 + 送股比例)$$

配股除权价计算方法为:

$$配股除权价 = (股权登记日收盘价 + 配股价 \times 配股比例) \div (1 + 配股比例)$$

有分红、派息、配股的除权价计算方法为:

$$除权价 = (收盘价 + 配股比例 \times 配股价 - 每股所派现金) \div (1 + 送股比例 + 配股比例)$$

复习思考题

1. 什么是技术分析?技术分析与其他证券分析方法有什么不同?
2. 什么是市场行为?
3. 技术分析的理论基础是什么?
4. 如何正确看待技术分析的三大假设?
5. 进行技术分析最根本、最核心的因素是什么?
6. 进行技术分析有哪些要素?
7. 技术分析主要分哪几类?各自的特点是什么?
8. 技术分析方法应用时应注意哪些问题?
9. 如何看待技术分析与基本分析的关系?根据自己的实践谈谈体会。
10. 道氏理论的四个主要内容是什么?
11. 技术分析方法有什么缺陷?
12. 开盘价如何确定?
13. 收盘价如何确定?
14. 什么是内盘?什么是外盘?其市场含义是什么?
15. 什么是委比?什么是量比?其市场含义是什么?
16. 什么是除权?什么是除息?分别举例说明。

第六章　K线理论分析技术及技巧

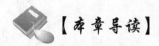【本章导读】

> K线理论是金融投资技术分析中应用最为广泛的分析工具,是研究价格趋势变化、确认行情是否发生转变的最基本方法。通过本章的学习,理解K线含义,熟悉它的基本形态,掌握单一K线、两条K线组合和三条以上K线组合的图形及其行情分析,在K线理论实战分析的基础上,学会灵活应用K线理论对价格趋势进行研判。

K线理论原名阴阳烛分析技巧,发源于日本,产生的时间可以追溯至公元1750年,比起西方的形态分析柱状图要提早了很多年出现。不过阴阳烛分析技巧最初不是用来分析股票或者期货的,当时日本人主要利用此分析技巧来制定入市买卖稻米期货的策略。它那直观的价位表述、丰富多彩的组合形式,在几乎所有的投机市场都大放异彩。被运用来进行期货和证券的走势分析之后,已成风靡全球的图表工具。虽然它的历史悠久,但基本技巧却历久常新,比起西方的柱状图,有过之而无不及。在当今世界的金融交易市场中,包括股市、期货、外汇、利率、黄金、债券等,应用最为广泛的图表就是K线图。K线分析理论也就成为研究价格趋势变化、确认行情是否发生转变的最基本方法。

第一节　K 线 概 述

一、K线的含义

K线将每天的开盘价、最高价、最低价和收盘价包含在一根状似蜡烛的线条之中,对全天的价位变化作了最简洁齐备的描述,令技术分析者观图如观战,可获得大量直观的交易信息,图案感极为鲜明。

K线是一条柱状的线条,由影线和实体组成。影线在实体的上方就叫上影线,在实体的下部分就叫下影线。实体分阴线和阳线两种,又称红(阳)线和黑(阴)线。可能是为了视觉上的效果,大部分证券营业部在报价屏幕上的阴线均为绿色,称为"绿"线比较合适,这只是画法上的不同表现方式,并不影响K线本身的意义。

二、K 线的时间尺度

一条 K 线记录的是某一天的价格变动情况。将每天的 K 线按时间顺序排列在一起,就组成这只股票自上市以来的每天价格变动情况,我们称之为日 K 线图。事实上,我们也可以用 K 线记录某只股票一个月、一周的变动情况,也可以把 K 线技巧用于记录 1 小时、30 分钟、15 分钟、5 分钟甚至更短时间内的价格变化。所以说,K 线适应于任何的时间尺度,于是便有了月 K 线、周 K 线、日 K 线、小时 K 线、30 分钟 K 线、15 分钟 K 线和 5 分钟 K 线等,它们被不同习惯的交易者用于分析大势及个股不同时间尺度内的表现,各有其重要意义和独特魅力。但相对来说,日 K 线是最重要的,其次便是周 K 线。

三、包含四大价格信息

K 线包含了 4 个重要的价格数据,即开盘价、最高价、最低价和收盘价。

对日 K 线来说,开盘价是指每个交易日的第一笔成交的价格,这是传统的开盘价定义。由于市场的主力要达到某种目的常常利用其资金优势,故意人为地造出一个不合乎市场实际价格水平的开盘价,为了让开盘价格体现更多交易者的价位认同感,目前我国股市采用的是集合竞价的方式产生开盘价,让开盘价体现市场的真实意志。

最高价和最低价显示当日的振荡幅度。最高价与最低价如果相差太大,说明当日市场买卖双方争持激烈,多空意见严重分歧。但最高价与最低价也容易受到庄家的操纵,人为地制造出高低价来,以便与其操纵股价。

收盘价是指每个交易日的最后一笔成交价,是市场买卖力量双方经过一天的争斗暂时达成平衡的价格,具有揭示目前价格的非常重要的功能。所有的价格信息中,收盘价最重要,很多技术分析方法只关心收盘价,而对其他 3 个价格不加理会。

四、两种常见形态

图 6-1 是两种常见的 K 线形态,其他一些 K 线基本上是这两种 K 线的变形。

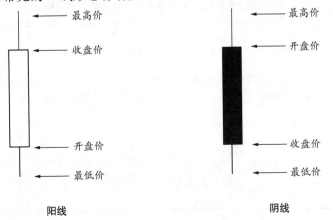

图 6-1 K 线两种常见形态

图 6-1 是最基本的 K 线形态,注意阳线的结构,其收盘价高于当天开盘价,表示当天低开高走,最高价与最低价代表了当天价格高位震荡的幅度,最高价到收盘价的线条,称为上影线,最低价到开盘价的线条,称为下影线,开盘价到收盘价的粗体部分称为实体。阴线与阳线的区别在于,阴线的收盘价低于当天开盘价,实体部分有别于阳线的红色,一般涂成黑色。因而可以从 K 线的颜色是红色还是黑色即可判断出当天交易的重要信息,K 线的确是一目了然的简易图表技术。

K 线的画法非常简单。横轴线代表时间,每一格可以是一小时、一日、一星期甚至一个月,也可以是 60 分钟、30 分钟、15 分钟、5 分钟,视分析者的意图和分析时间长短而定,纵轴线代表价位的高低幅度。

以日 K 线为例,中间的柱形部分叫"实体",向上伸出的细线叫"上影线",向下延伸的细线叫下影线。开盘价高于收盘价,则实体部分涂成黑色(或者绿色),称之为阴线;反之,收盘价高于开盘价,则实体用红色表示,称之为红线(或阳线)。把每天的 K 线连续不断地拼接下去,就构成了一定时间段的 K 线图了,该股一段时间的走势便会跃然纸上。

第二节 单一 K 线的图形及其行情分析

K 线的形状有很多种,其中每一种形状都有其特殊的意义,K 线形状不同,对未来行情的判断也不同。详情如表 6-1 所示。

表 6-1 单一 K 线的图形及其行情分析

K 线	名　称	图像描述	行情分析
	光头光脚阳线	当天开盘价即为当天最低价,而收盘价为当天最高价	低开高走,说明股价涨势很强。阳线的长短代表买盘强劲的程度,阳线越长,说明买盘越强,股市行情看涨
	光脚阳线	实体红线上有影线,开盘价等于最低价	上升力度强,但上档压力开始显现,预示后市可能下跌,上影线越长,则上涨压力越大
	光头阳线	实体红线有下影线,收盘价即为最高价	上升力度大,行情看好,预示着买盘势力较大,次日股价仍有继续上升的势头
	大阳线	实体红线上下均有影线	显示上升趋势,行情看好。实体相对于影线越长,上升势头就越大

第六章 K线理论分析技术及技巧 141

续表

K线	名称	图像描述	行情分析
	小阳线	实体红线上下都有影线,但相对于大阳线来说,其影线长度更长	价格波动幅度不大,走势扑朔迷离,行情难料
	下影阳线	相对于阳线实体来说,下影线较长	股价下挫后,急剧反弹并超过开盘价。在低位时,买方实力较强,显示下档支撑较强,触底反弹的可能性较大;而在高位时,显示见顶信号
	上影线阳线	相对于阳线实体,上影线较长	股价上涨之后下挫,但仍高于开盘价,一般出现在高位,显示抛盘压力较大,后市可能下跌
	光头光脚阴线	上下均无影线,开盘价即为最高价,而收盘价为最低价	高开低走,空方势力强大,行情走弱。阴线长短代表买盘的强劲程度。实体阴线长,说明买方势力弱,股市看跌
	光脚阴线	实体黑线有上影线,收盘价即为最低价	股价先上涨,后遇阻力,开始下跌,且跌破开盘价;说明卖盘势力很强,行情看坏
	光头阴线	实体黑线有下影线,开盘价即为最高价	股价先下跌,后来跌势获得支撑,涨回到收盘价,但未突破开盘价,说明后市可能反弹
	大阴线	实体黑线上下均有影线,是一种反转试探	如果股市持续大跌之后,出现这种形态,说明股价下档有人承接,后市可能反弹;如果这种形态出现在大涨之后,说明股价波动不明朗,有待于静观后市变化
	小阴线	实体黑线上下均有阴线,但总体波动幅度较小	属于先涨后小跌型,说明股价将呈小幅盘软

续表

K线	名称	图像描述	行情分析
	下阴影线	开盘价即为最高价,相对实体,下影线较长	股价下跌后反弹,但仍未突破开盘价,在高位是见顶信号,在低位表示下档有支撑,随时有触底反弹的可能性
	上阴影线	收盘价即为最高价,相对实体,上影线较长	股价上涨后,受阻下挫,并且跌破开盘价。一般出现在高位,显示见顶迹象
	四价合一线	开盘价、收盘价、最高价以及最低价四价合一,都相等	整日交易,股价一直未变,一般出现在多方强势或者空方强势行情当中,多表现为连续涨停或者连续跌停。如果在上升趋势中,显强势;在下降趋势中,显弱势
	T字线	开盘价即为最高价	说明当日开盘价后,股价下跌,但下档支撑力较强,股价回升。表示卖方力量虽强,但买方更强。在高位,是见顶信号;在低位,则是见底信号
	倒T字线	收盘价即为最低价	开盘后,股价一直上涨,但遇到上档卖方压力,股价下跌,以开盘价收市。在高位是见顶信号
	十字线	开盘价等于收盘价	当日多空较量,势均力敌,后市常有变化,是一个反转信号

从单一K线来看,一般来说,阳线实体越长,多方力量就越强,股票日后上升的可能性就越大;阴线实体越长,空方力量就越强,多方力量就越弱,股票日后下跌的概率就越大。从上下影线的长度来看,也可以观察到多空双方力量的变化情况,如果上影线长度越长,或者上影线长度超过阳线或阴线实体的长度,表明空方力量较强,股票日后上扬的概率较小;如果下影线长度超过阳线或阴线实体长度,说明多方力量增强,股票止跌回稳伺机上升的可能性较大。

第六章　K线理论分析技术及技巧　　143

第三节　K线理论的实战与分析

一、星光引路

1. 早晨之星

顾名思义,早晨之星,在太阳尚未升起的时候。黎明前最黑暗的时刻,一颗明亮的星星在天边指引着那些走向光明的夜行人,前途当然看好。

在股市中,K线图上的早晨之星即预示着跌势将尽,大盘处于拉升的前夜,行情摆脱下跌的阴影,逐步走向光明。

早晨之星一般由3个交易日的3净K线构成,如图6-2和图6-3。

第一天,股价继续下跌,并且由于恐慌性的抛盘而出现一根巨大的阴线。

第二天,跳空下行,但跌幅不大,实体部分较短,形成星的主体部分。构成星的部分,既可以是阴线,也可以是阳线。

第三天,一根长阳线拔地而起,价格收复第一天的大部分失地,市场发出明显看涨信号。

图 6-2　早晨之星

图6-2为K线组合中出现"早晨之星"的见底模式。注意1998年3月31日前后的3根K线:第一根为阴线,显示黄山旅游(600054)在承接上一交易日跌势之后的惯性下滑;第二天股价顺势低开探底之后拉回到第一日收盘价内,但尾市仍跌回开盘价附近;第三天的高开高走伴随着成变量的相应放大。"早晨之星"所揭示的股价反转向上信号,在随后几天的交易中再次证明了该反转信号的有效性。

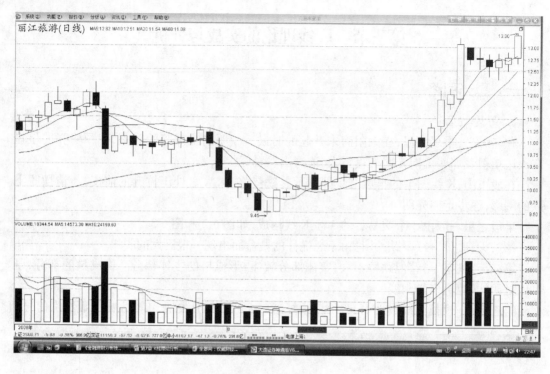

图6-3 早晨之星

图6-3为丽江旅游2006年8月4日一根中阴线,8月7日一颗跳空低开的十字星和8月8日跳高长阳共同构成一组"早晨之星"形态。首先我们看到形态之初,即下跌末期的阴线缩量,其次形态最后的这根长阳线不仅超过中阴线实体的一半,而且将中阴线完全吞吃。

2. 黄昏之星

黄昏之星也称"墓星",其形态形成过程含义正好与早晨之星相反。"夕阳无限好,只是近黄昏"。夕阳西下,黄昏之星出现,夜幕随之降临。因此黄昏之星形态,代表市势可能见顶回落,按图索骥,卖出的时机悄然来临。

黄昏之星也是由3根K线组成,如图6-4、图6-5所示。

第一天,市场在一片狂欢之中继续涨势,并且拉出一根长阳线。

第二天,继续冲高,但尾盘回落,形成上影线,实体部分窄小,构成星的主体。

第三天,突然下跌,间或出现恐慌性抛压,价格拉出长阴,抹去了前两天大部分走势。

黄昏之星充当顶部的几率非常之高,在牛市的后期,要特别警惕这种反转信号。

图6-4为华光科技(600076)在经过三个月的攀升之后,股价从12.34元上升至19.41元的新高位。创新高当天的K线以带上下影线的短实体收阴,成交量与上一交易日比已经大幅度萎缩,从成变量的角度也印证了市场创新高时的量价背离情况,随后6月30日的低开低走将上升趋势彻底破坏。"黄昏之星"出现在市场的顶部时,反转意味十分浓烈。

图6-5为"黄昏十字星",是"黄昏之星"的特例,两者的区别在于星体部分。"黄昏十字星"以见顶特征明显的十字构成星体,所以从反转信号的强烈程度看,"黄昏十字星"更能预见市场的顶部。留意十字星部分所对应的成交量有减少的趋势。

图 6-4　黄昏之星

图 6-5　黄昏十字星

3. 十字星

股票市场常常会在狂热之后突然平静下来,但这往往不能看成是暴风雨的结束,恰好是一场更大的风雨的来临。在涨势或者跌势的后期,你会感到市场好像突然之间停在那里不怎么动了,就像一台开到山顶上的推土机一样,一下子找不到方向了。

十字星的形态就像基督教堂尖顶上的十字架,上帝曾经领教过它的滋味。它一般出现在市场的顶部或底部,宣告该只股票即将进入天堂或者下到地狱(图6-6)。

当天开盘价与收盘价为同一价格,价格窄幅波动,形成短短的上下影线。

图6-6　十字星

图6-6为林海股份(600099)在不到两个月的时间内出现了3个十字星,结合走势来看,1999年8月底出现的小十字星和7月底出现的长十字星都很好地充当了股票阶段性的顶部,而8月初出现的小十字星亦构成了一个暂时性的底部。十字星的反转意义看来应受到足够的重视。

我们只需单独一颗十字星,就可以预见市场已经转向的意味了,至少距趋势的反转为期不久了。涨势之中出现十字星,再加上向下突破的阴线,便构成足以信赖的下跌信号,我们称之为黄昏十字星。

市场底部的十字星属看涨信号,为早晨十字星。

4. 射击之星

雕弓天狼,一支离弦之箭直刺青云,可惜终成强弩之末,高潮之后必定空虚。射击之星因为光芒短暂又被称为"流星"(图6-7)。

单独一颗射击之星,只能发出市场走势可能见顶的信号,其具有以下几个特点:

(1) 上影线特别长,而实体部分又特别短,构成一支十分形似的箭。

(2) 实体部分既可以是阴线,也可以是阳线,阴线或阳线不影响其分析意义。

(3) 常见于市场的顶部,因而在顶部时比在底部时构成的反转信号要强烈。

图6-7为深发展(000001)在1998年11月16日以巨大的成变量拉出一根大阳线,第二天股价高开并创出阶段性新高位17.77元,随后以巨量形成"射击之星"的反转形态,股价从

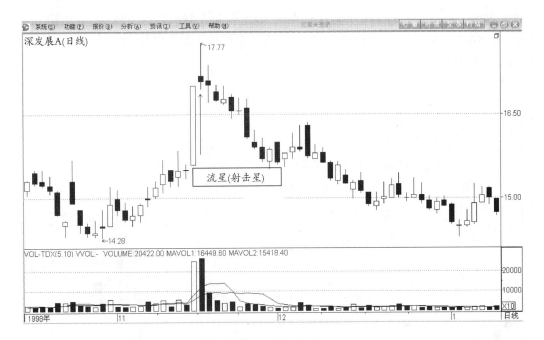

图 6-7 射击之星

此便滚滚而下,连绵半年跌势不止。可见此射击之星充当了一个重要的市场顶部,其反转信号之强烈,由成交量的"天量"水平可见一斑。射击之星的反转意义在诸多 K 线形态中可能都是最大的,它也说明了市场在顶部时形成的"胀爆"情形。此星的分析重点仍然是价与量的配合状况。

5."摘"星要诀

前面介绍的几种星形 K 线属 K 线体系中的变形形态,它们在走势图中出现的概率并不十分高,但它一旦出现,须引起足够的重视,往往预示市场现有趋势即将完结,新的市场价格运动即将展开。

在识别星形 K 线的转势意义时,若出现以下几种情况,则信号的准确性会大大提高。

(1)构成星形 K 线的当日,价格出现了跳空缺口,直到收盘时,该缺口仍未被填补。

(2)星形 K 线的实体部分较为短小,开盘价与收盘价相当接近。

(3)构成星体 K 线的当日,平均成交量出现异乎寻常的放量或萎缩,常说的"天量天价"、"地量地价"。说的很可能就发生在这些形态之上。

四种星形 K 线图中,以早晨之星和黄昏之星的可靠程度最高。在利用星形 K 线分析市场时,要结合前后 K 线来分析,另外切勿忽视了成交量在分析中的重要意义。

二、锤头与吊颈

两者的图形完全一样,只是锤头出现于市场的底部,代表市势可能见底回升。吊颈一般出现在市场的顶部,代表涨势将尽,跌势即将展开。

1. 锤头

在市场的阶段性底部,常常会出现价位急剧下跌,创出一段时间以来的新低,但这时空方能量彻底释放了,主动性买盘开始逢低介入,在低位斩仓割肉者越来越少,以致多空力量的平衡点不断上移,最终以高于当天开盘价或略低于当日开盘价收盘,显示价格已基本上跌无可跌了(图6-8)。

分析锤头的转势意义时,应注意以下几点:

(1)下影线长而实体部分短,下影线长度最少是实体部分长度的两倍以上才具分析意义。影线越长,信号越强烈。

(2)上影线必须十分短,若没有上影线,则图形更加正统。

(3)锤头实体部分与前一根K线有跳空缺口者,反转信号会更强烈。

(4)一般会伴随有底部放量,放量越明显,信号越强烈。

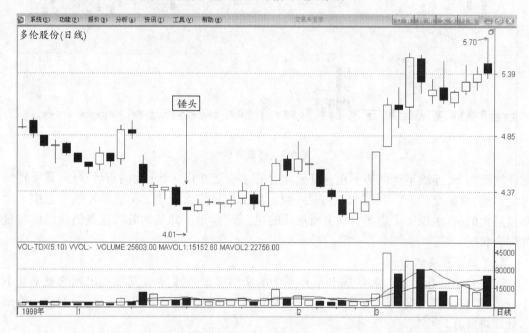

图6-8　锤头

图6-8为多伦股份,注意图表上在1999年1月中旬所形成的"锤头"形态。股价在连续下挫之后,当天更是创出4.01元的近期新低位,但很显然在4元附近有较强支撑,加上抄底买盘的介入,股价在尾盘被大幅拉离低位,形成较长下影线的短实体K线,反映了市场即使没有真正见底,离底部也不会太远了。随后的上升趋势由于成变量配合得不够,所以导致2月初市场第二次试探4.01元的历史低位,锤头的反转作用在该股票2月份的放量拉升之时得到了验证。

2. 吊颈

垂头形态出现在连续上升的高位则不是一个好兆头,此时下影线长代表的不只是有人承接,而是说明此位已经开始有买盘出现,因为股价在前期涨升途中从未出现过明显下影线,大多为开盘走高买气十足的姿态。

高位出现这样的形态,预示着多空之间力量的强弱已经发生微妙的变化,获利回吐盘开始增多,此位买入风险较高。日本人也很形象地给它取了个名字叫做"吊颈",即上吊形态,是股价头部信号之一,应择机卖出股票(图6-9)。

图6-9　上吊线

图6-9为长航凤凰(000520),在1999年6月份的表现可谓一飞冲天了,曾出现连续3天到达涨停位置,并留下触目惊心的跳空缺口,该股从4.7元起步,不到一个月即已翻倍,属于强庄股的代表人物。但6月30日该股以天量创出天价9.14元之后(当天以涨停板报开,下探之后形成吊颈形态),顶部特征已经显露,庄家在形成吊颈的当天以巨大成交量掩护出货,手段十分凶狠。该股在7月份的逐浪走低,令吊颈形态成为短期内难以跨越的巅峰。

吊颈形态包括两个条件:

(1)下影线较长、实体部分较短,下影线的长度是实体的两倍以上,下影线越长,信号越强烈。

(2)实体部分为阴线,代表价位高开低走。

应用吊颈形态测市时,应注意以下问题:

(1)吊颈实体部分与前一根K线形成跳空缺口,代表追高一族成本高于前一天,多为散户行为。

(2)吊颈形态出现之后的第二根K线一般为阴线,阴线的长度越长,新一轮跌势开始的概率越大。

(3)吊颈形态出现,当日的成交量较为萎缩,说明当日为无量空涨形态,进一步印证涨势的不可持续。

3. 倒转锤头

在下跌趋势持续一段时间之后,某个交易日开盘顺势跳空低开,但此时并未出现恐慌性的抛盘,市场可感觉到底部的承接力度越来越大,价格被逐步拉起,并向昨日收市价靠拢。但终因大病初愈,体力不支,收盘价又从当日高位回落到价格的低档区。

倒转锤头在 K 线形态上,也是长上影线,短实体部分的阴线或者阳线,不过阳线的底部意味更强烈(见图6-10)。

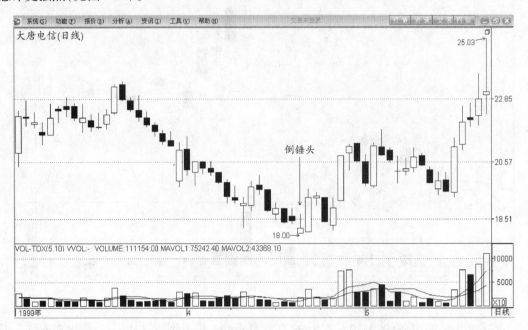

图 6-10　倒转锤头

图 6-10 为 ST 大唐(600198),在 1999 年 4 月下旬所形成的倒转锤头形态。该股在连续数月的下跌过程中,真可谓"绿肥红瘦",在 1999 年初跌破 20 元整数位,4 月下旬竟然直抵 18 元位置。倒转锤头当天以近期新低位开盘,之后又拉到上一交易日收盘价,尾市下挫,形成有上影线的短实体阳线。该形态的当日价格波动幅度不大,但是成变量比上一交易日明显放大。随后的放量上攻令倒转锤头充当重要底部的转势信号得到印证。

在分析时应注意以下几点:

(1)倒转锤头出现的前一根 K 线为大阴线,且与倒转锤头的实体部分形成跳空缺口者,分析意义甚大。

(2)倒转锤头上影线较长,而下影线甚短,最好没有下影线,则为标准的形态。

(3)倒转锤头之后的 K 线形态与锤头实体部分形成跳空缺口者,形态的底部反转信号更为强烈。

(4)注意成交量的萎缩,暗示了底部杀跌能量的衰竭,抄底买盘即将进驻。

三、光明与黑暗

1. 穿头破脚

我们一般认为无论阴线还是阳线,实体上端叫做这根 K 线的"头",实体下端叫做这根 K

线的"脚",次日的高开是对"头的穿越",而低走向下没底视为"破脚",这便是"穿头破脚"的由来。

在一个明显的上升或下跌趋势中,市场对既有趋势的运行仍具认同感,涨势的狂热或者跌势的无奈仍弥漫在股民的心中,牛市或者熊市的宿命感浓得化不开。但就偏在这种时候,一场倒春寒骤然闯入狂热的股市,一根巨大的阴线将多日的涨幅一笔抹去。人们开始像丢掉烫手山芋一样纷纷抛掉昨天还像宝贝疙瘩似的股票。走在证券营业部附近的大街上,你几乎见不到一个脸上有笑容的人,好像大家在同一时间被歹徒集体抢劫过了。

市场底部的穿头破脚就大不一样,昨天还在一泻千里的股票今天却强劲上涨得让人不敢相信这是真的。一根长阳不仅扫掉了市场的颓废之气,多日丢失的阵地也一日收复。那些因不堪忍受暴跌折磨的股民捶胸顿足或像鲁迅先生笔下的祥林嫂痛失阿毛一般,逢人便说"我真傻,真的"。向上攻击的战车已经开动,它当然不会去理会那些没能等到"革命成功"那一天的人。

穿头破脚是常见市场运动最为剧烈的一种K线形态,应引起足够的重视。我们认为这是市场反转信号最强烈的K线,它出现在一个涨势的后期往往会带来"崩盘";它出现在熊市的尾部则可能造成"井喷"(见图6-11、图6-12)。

分析穿头破脚形态的关键点:

(1)穿头破脚用于分析股市大盘的可靠程度要高于个股。因为个股中出现这种形态不排除市场主力的刻意而为,并非市场逻辑的必然。

(2)形成穿头破脚形态必须在事先有明显的上升或下跌趋势。

(3)穿头破脚的实体部分必须完全包含前一根K线的实体部分,而上下影线可以不考虑。

(4)伴随成交量的急剧放大,量比应在3倍以上,若能达到8—10倍,反转发生的可能几乎可以肯定。

(5)穿头破脚K线包含的K线数目越多,说明反转越强烈。

图6-11为上证综合指数在经历一段跌势之后,1999年5月14日收出一根小阴线后第二周(5月21日)低开高走将此小阴线全部吞吃,形成"向好穿头破脚"(位置A),多空力量悬殊,显然买方已经占据主动,一轮"井喷"行情就此展开,投资者应积极参与。行情经历暴涨之后于7月2日收出一根小阳线,显示多方力量开始减弱,其后一根高开低走阴线将小阳线全部贯穿而下,空方夺取了阶段性胜利,市势向淡,两根K线组合成"向淡的穿头破脚"(位置B),投资者应顺势卖出手中股票。

图6-12为上证指数在1999年6月30日出现的向淡穿头破脚。自5月19日沪市在1 000点附近获得支撑之后,1个半月时间不到,便创出1756.18点的历史新高位。相信大多数股民朋友都会记得,大市反转前的"井喷"行情带来的激动人心的赚钱效应。留意6月底的最后两个交易日是如何让一轮"跨世纪牛市"遭遇了滑铁卢。在创出历史新高当日,一根长阴线完全吞吃了前一天的光头阳线,对万千股民来说,刻骨铭心的战役、大喜大悲的分水岭就是从这个穿头破脚的转势形态开始的。

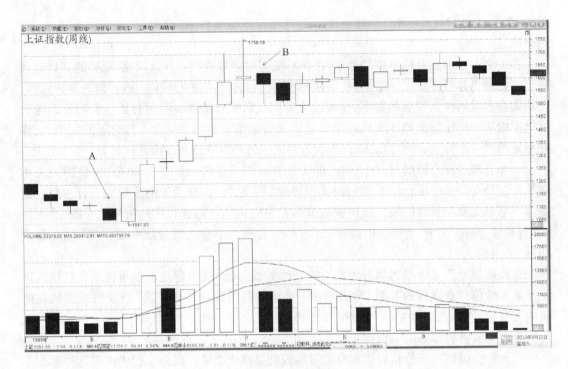

图 6-11 穿头破脚

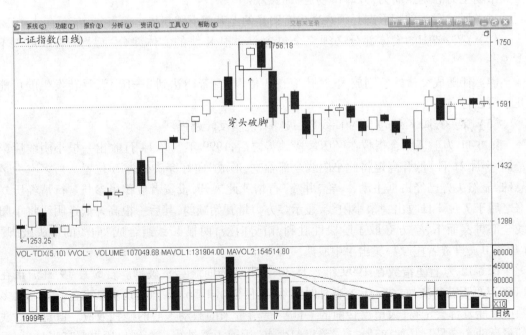

图 6-12 向淡穿头破脚

2. 乌云盖顶

暴风雨即将来临的前夜,乌云压城城欲摧,顾名思义,属于一种见顶回落的转向形态。

乌云盖顶形态一般由两根K线构成,第一根为阳线,第二根为阴线,发生在涨势之中,常被人误以为是市场的调整形态,所以其隐蔽性较好,"翻脸"之时出其不意(图6-13)。在分析乌云盖顶形态时,应注意以下几个方面:

(1) 第二根K线(即阴线)应高开于第一根K线的最高价之上,但收盘价大幅回落,深入到第一根K线实体部分一半以下,否则分析意义不大。而且深入的幅度越大,信号越强烈。

(2) 第二根K线在开市阶段曾经向上突破明显的阻力位然后掉头向下,说明多头上攻乏力,大势见顶的迹象已经显露。

(3) 第二根K线的成交量须明显放大,说明市场主力高位派发的意愿已很强烈。

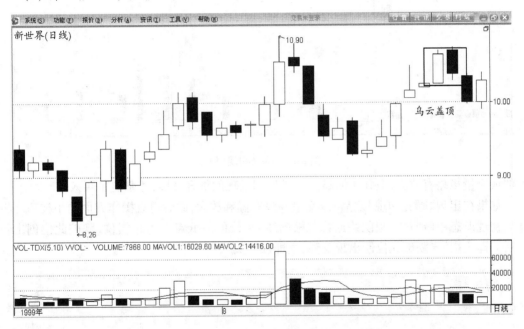

图6-13 乌云盖顶

图6-13为新世界(600628),在1999年8月下旬的一个典型乌云盖顶反转形态,令股价在离近期最高价10.90元一步之遥时,反转向下,乌云盖顶中的阴线高开之后急速低走,并深入到了阳线的大部分实体,连续收了6根阳线后,股价收出了一根致命的阴线,让发力上攻的努力功亏一篑。

3. 曙光初现

熊途漫漫,总予人以在黑暗中艰难跋涉的凄苦之感。面对一个"一病不起"且长达数年的熊市,被套住的人心里日夜盼望的就是何日迎来"大救星",带领被套牢的股民闹翻身。假如某一天你发现长阴之后,股市低开高走,拉出一根长阳吞没昨日大部分阴线实体部分,你可能算是熬到头了(图6-14)。

图6-14为鹏博士2005年7月18日经历连续下跌之后仍以长阴收盘;次日(7月19日)出现低开高走,收盘价超过昨日阴线实体的一半,形成标准的"曙光初现"形态,注意阳线下

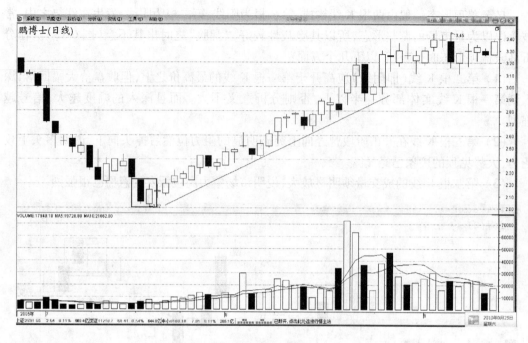

图 6-14 曙光初现(1)

方的成交量虽略有放大,但并不明显。只是后期呈现的价升量增,才坚定了买入信心。

如果在出现"曙光初现"之后,成交量并没有温和放大,此时也有操作方面的小技巧。将曙光初现形态中(或第一根阴线或第二根阳线)K线的最低点设为止损位,跌破此位创出新低后立即止损,未跌破此位便出现反弹,立即加码买入。

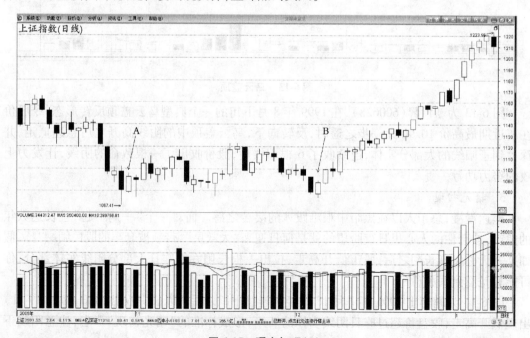

图 6-15 曙光初现(2)

图6-15为上证综合指数2005年10月31日与前一交易日形成的"曙光初现"形态（A处），后期成交量未出现持续的温和放大状，但此形态形成的最低点（10月28日）1067点后期二次下探均未被跌破，信号有效性得以确立。有意思的是最后一次探底过程中也走出了一组曙光初现形态（B处），之后迎来了中国股市新一轮的上升行情。

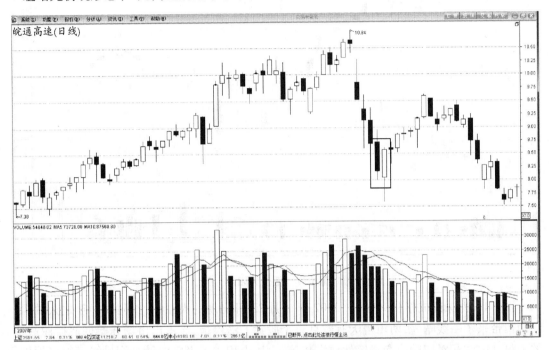

图6-16 曙光初现（3）

图6-16为皖通高速在2007年6月4日和5日连续两天构成一组"曙光初现"形态，前期是连续下跌，出现后确也造成价格的上涨，但是反弹过程中成交量却持续萎缩是造成反弹力度减弱的主要原因，于6月中旬反弹夭折继续向下。

这样看来，辨别"曙光初现"形态可靠性的一个重要依据就是成交量。若成交量不能伴随第二支阳线而放大，或者后期也未能持续递增，其形态可信度将大大降低，形成骗线的概率较大，尤其再将前低跌破，即确认形态失败。

关于曙光初现形态应关注以下几点：

（1）其基本原理与"乌云盖顶"的形态相同，但以相反方向分析和操作。

（2）第二根阳线的实体部分越长表示力度越大。

（3）阳线的实体部分应超越阴烛实体部分一半以上才有意义。

4．大阳烛

市场在下跌或者盘整之中常常孕育了难以估量的能量，就像沉寂多年的火山，突然迸发的能量是十分惊人的。大阳烛属于低开高走的格局，其本身已经具有强烈向好的意味。

其构造为：在接近全天的最低价开盘，然后一路狂奔，最终以全天的最高价或接近最高价收盘，其上下影线都相当短，或者干脆没有上下影线（图6-17）。

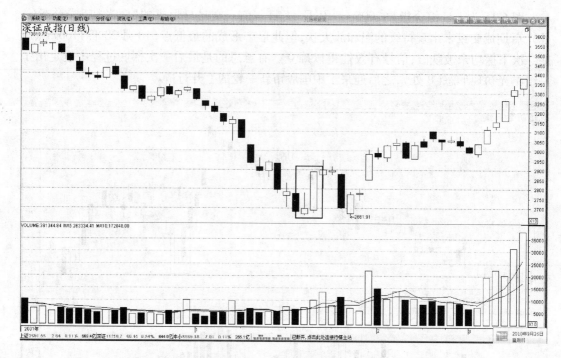

图 6-17　低位大阳烛

图 6-17 为深证成指(399001),2002 年 1 月 23 日出现的大红棒,给阴跌半年之久的深、沪两市带来了一线曙光,两市当天有数百只个股封上涨停板,显示出市场开始彻底摆脱底部的力量。关注相对应的成交量突然放大数倍,市场中积累了半年的做多能量终于得以爆发。第一根大阳烛之后,进一步确认了市场的底部,反转信号强烈。

分析意义:

(1) 大阳烛出现在市场的底部,通常是出现在市场开始盘稳之后,往往会以强烈的冲击力突破某个长期压制价位上涨的阻力线。

(2) 大阳烛吞没的日 K 线数量越多,说明反转的意义越大。

(3) 大阳烛一般会带来成交量成倍放大,市场能量的爆发让人感到涨势的势不可挡。

5. 大阴烛

市场上升受阻之后,往往会有一个停止下来寻找方向的短暂过程,当多方的力量不能推动股票价格进一步上扬时,走势便变得微妙起来。市场从来都是下跌比上涨快,而且下跌可以不需要成交量放大的配合,特别是价格处于历史高位,涨不上去就会跌下来似乎是条规律。而且不跌则已,一跌惊人,大阴烛常常对牛势构成极大的杀伤力,有当头棒喝的意味(图 6-18,图 6-19)。

图 6-18 为 1999 年 7 月 1 日《证券法》正式实施的第一天,市场主力抓住这一有"利"的时机,放量打压,盘面上令人惊讶地出现了几百只个股的跌停板,两市双双收出一根大黑棒,开始了长达半年之久的中期调整。

图 6-19 为同仁堂(600085)自 1999 年 9 月上旬创出 22.58 元的新高价之后,连绵不断

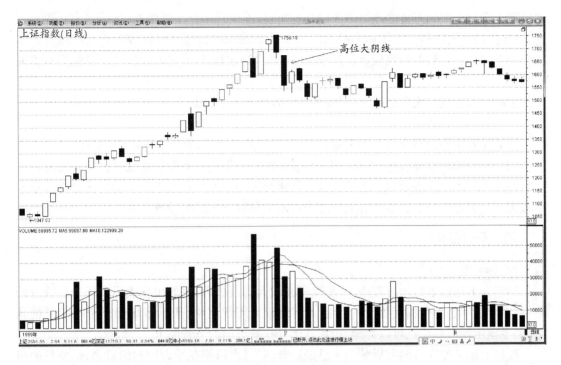

图 6-18 高位大阴烛

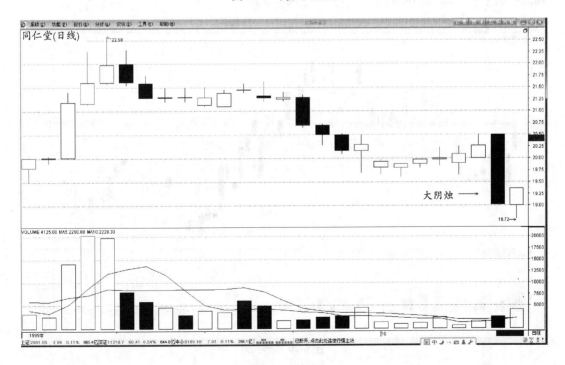

图 6-19 大阴烛

的下跌让前期涨幅又打回原形,10月上旬连收8根短体阳线,但终于被10月中旬出现的一根巨阴再次打入万劫不复之地。该大阴烛的出现,不仅将多日反弹的高度一笔勾销,更是直逼 19 元的前期支撑位。市场做多的信心可能被彻底动摇,巨阴线的出现,将为该股打开了下跌的空间。大阴线对市场做多的热情真是一种"当头棒喝",其本身就是一种强烈看淡的信号。

大阴烛的构成与大阳烛相似,只是它常出现在市场的顶部。

大阴烛的分析意义:

(1) 大阴烛的出现显示一轮跌势已经开始,原有的上涨趋势已经发生了逆转。

(2) 大阴烛出现光头光脚的标准形态时分析意义更大。下跌的力量与长度成正比。

(3) 大阴烛的出现常常会伴随放量。但成交量的放大与否与大阴烛的向淡意义关系并不太大。跌势之中的成交量没有涨势之中的成交量对分析的指导意义大。

四、天父保佑

1. 十字胎

市场在上涨或下跌的过程中,一根大阳线或大阴线之后,突然出现表示市场交易淡静的十字,由于十字的高低幅度处于前一根大阳线或大阴线之中,表示市场处于暂时的平衡状态,似乎预示既有趋势已难以为继,市场处于寻找新方向的节骨眼上。

既然市场朝原有方向发展的动力已经逐渐消失,大市便在孕育传向的机会,以便打破市场既有的平衡状态(图 6-20)。

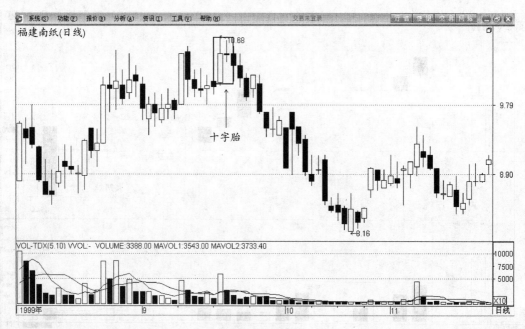

图 6-20 十字胎

图 6-20 为福建南纸在 1999 年中基本处于盘升走势,9 月中旬更是创出了 10.68 元的新高位。在那根富有成效的大阳线之后,该股走势中出现了一根短实体部分的小阴线,而且这

根小阴线完全被包含在那根长阳线之中,跌势就这样颇有戏剧性地展开了。十字胎孕育的是一种与市场原有趋势相反的新趋势,常见于市场的顶部和底部,所以这也是一种常见的转势信号。留意图中构成十字胎的两根K线,阳线部分的成交量是急剧放大的,而阴线部分则又突然萎缩了差不多一半,阳线是如何完全包容那根细小的十字线的。

十字胎的分析意义:

(1) 十字胎只代表市场原来的趋势难以维持,市场因此处于暂时停顿,并不意味着市场即刻会发生反转。

(2) 十字胎也可能是市场多空力量的暂时平衡点,若市场原有力量占主导,市场演变成盘整状态的可能性也很大。

(3) 成交量极度萎缩,表明市场观望气氛较浓,因而等方向明朗之后再介入为妙。

2. 长十字

同十字星与十字胎不同,长十字是市场力量争持不下的典型形态。在连续的上涨之后,多空力量对后市的演变产生了重大的分歧,在走势上表现为,多头猛烈推上去,但遭遇空方的强大抛压,股票价格便又回到开盘价附近,空头力量增强之后,价格被压下去远离开盘价,最后多空谁也说服不了谁,以开盘价为市场的平衡点,于是收盘价便与开盘价相同或者接近。但这种平衡往往是短暂的,由于空方力量的渐渐增强,多头心受损,稍有风吹草动,价格便有可能暴泻。长十字出现在底部时情形正好相反。

分析意义:

(1) 长十字的出现是市场即将转势的强烈信号,说明在十字的影线部分,长线卖家或买家已在开始建仓或出货,对此应有足够的警觉。

(2) 长十字可能是多空力量恶斗的暂停,上下影线越长,意味着当日振荡的幅度越大,市场力量面临新的多空排序。

3. 垂死十字

在市场的顶部,常出现一种长上影线、短下影线的十字K线,有的甚至完全没有下影线(倒T形K线)。从形态上可以看出,市场仍有向上挑战新高的冲动,但无奈力不从心,每次冲高都被打压到当天的价格底部,与开盘价甚为接近,并常常出现下突的现象,说明涨势即尽,多头正在想办法脱身,现有趋势危如累卵(图6-21、图6-22)。

图6-21为丰华圆珠(600615)在1999年7月底所形成的一个垂死十字星。它出现在该股稳步爬升之后的几天之中,其较长的上影线和短促的下影线,暗示交易者上升趋势可能出了问题,虽然随后几天股价仍有上冲的现象,但那也不过是回光返照的一刹那,随后连收7条阴线,令该股上破15元阻力位的梦想终遭重挫。关注垂死十字星的构成,它基本上是以"上升趋势终结者"的身份出现在股票市场中的。

图6-22为出现在顶部的长十字里。在沪股维科精华(600152)的K线图上,可以发现一个显著的长十字星。其出现后的市场基本上无力再试19.00元的近期新高。图中还有若干个十字星,注意它们各自的分析意义。

分析意义:

(1) 垂死十字说明虽然涨势将尽,但多头困兽犹斗,因而对高位振荡与市势的反复应有

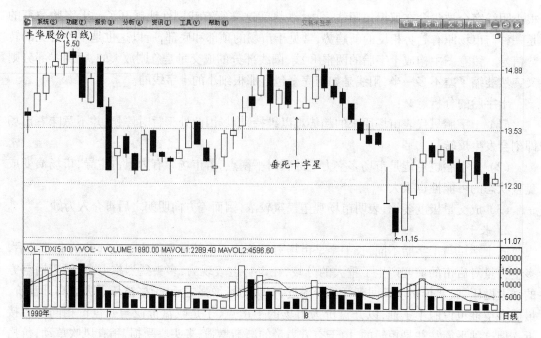

图 6-21 垂死十字

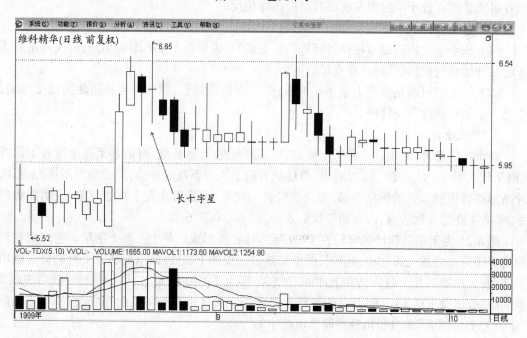

图 6-22 长十字星

思想准备,慎防垂而不死的走势出现。

（2）成交量观察,常伴随着急剧放量,上影线部分庄家出逃的意愿相当强烈,此时只可平仓离场,防止踏入多头陷阱。

4. 身怀六甲

身怀六甲由两支K线组合成,是由十字胎演变而来,多作为趋势的转向信号出现。

它的形态特征是第一日走势:在上升行情中出现一支较长的阳烛,或在下跌行情中出现一支较长的阴烛。第二日走势:形成一根小阳线或小阴线。其特征是实体部分很短,且实体完全包容在第一日蜡烛线的实体之内。

身怀六甲形态是十字胎的进一步变化。在长阳线或长阴线之后,出现的是一根实体非常短小的K线,而不是一根十字星。至于腹中是阴线还是阳线并不是很重要,但通常在见顶的身怀六甲形态中,多数会出现一支小阴线,我们称之为向淡形态;而见底形态一般是在长阴之后会出现一支小阳线,我们称之为向好形态。

分析要诀:

(1) 在涨势与跌势的最后阶段留意长阳线或长阴线之后的变化,身怀六甲会让人感到市场的暂时休整而不以为然,但转势也许就在眼前。

(2) 身怀六甲出现时的成交量变化,一般会在放量之后,成交量突然大幅度萎缩,这种量价关系促使市场趋势改变的可能性甚大。

(3) 与其他一些主要反转信号如穿头破脚、乌云盖顶、覆盖线等相比,身怀六甲形态所构成的反转信号要次要得多,但比十字胎形成转势信号的成功率要高出许多。

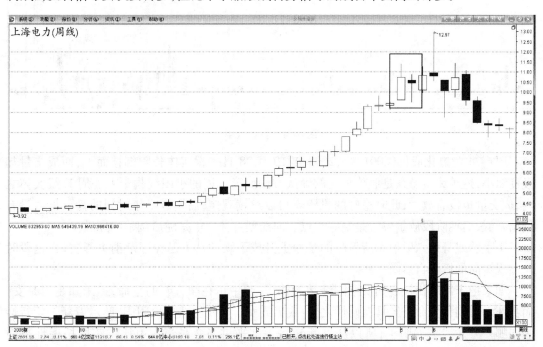

图6-23 偏淡型身怀六甲

图6-23为上海电力(600021),2007年5月18日这一周的小阴线,开盘价和收盘价都包含在上一周大阳线的实体之内,构成一组偏淡型身怀六甲形态。显示出市场空方的力量有所增强,两周后价格又收出一根长上影的十字星形态,加之巨量的放出,风险来临。

一般认为,向淡的身怀六甲形态中,肚中的婴儿有无成交量配合并不十分重要。小阴线放量则说明价格认可度不高,分歧较大会造成股价的回落,而成交量缩小说明市场观望气氛有所增加,也是短期看淡的理由;而向好型身怀六甲形态中,成交量在一般情况下都不会放大,至少构成形态的第一根长阴成交量如若放大则应当当心,阴线放的量越小,形态的有效性越强。

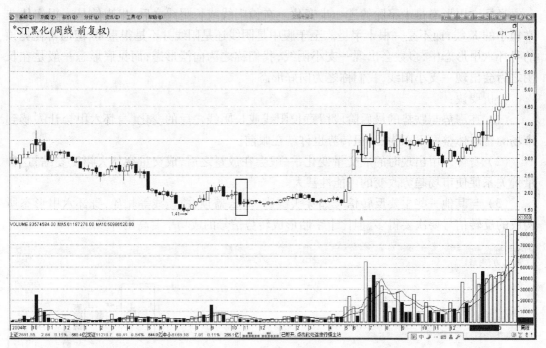

图 6-24　身怀六甲

图 6-24 为黑化股价(600179),2005 年 10 月 28 日一根实体长阴倒挂而下,而成交量却极度缩小,这种无量急跌是股价见底的确认方法。第二周的小阳线收于上一周 K 线实体之内,成交量也没有放大,此时稳健的投资者可以继续观望,后期近半年时间的盘整再也没有创出新低,后期阶段放量位置是绝好买点。向淡型身怀六甲是随后调整的原因。

十字胎或身怀六甲形态所反映的是原上升或下跌的动力已经逐渐消失,趋势在这段时间出现转向的机会自然高一些。

如果把十字胎比拟成妇女刚刚怀孕的样子,腹中正在孕育新的生命,但未知是男是女。而身怀六甲则是生命已经具有两性之分,或男或女。K 线已然分出阴阳,昭示着新一轮行情趋向哪一方发展更加明了,所以从判断转势力度来讲当然身怀六甲比十字胎把握性更强一些。

五、"三"生万物

中国古代圣哲老子在《道德经》中说,"道生一,一生二,二生三,三生万物"。西方在论及奇异数字时,"三"是有判断价值的第一个奇异数字(虽然它的前面还有 1 和 2)。道氏理论在论及市场趋势时,将趋势的规模划分为三种,大趋势可分为三个阶段,可见"三"是一个重要的数字。

在K线理论中,也能见到几种与"三"有关的典型图例。

1. 三只乌鸦

不祥的征兆,让人诅咒的鸟。《杀人华尔街》一书写道,"这里是成功者的天堂,失败者的地狱。每当有乌鸦在华尔街上空凄鸣时,一个破产者便沮丧地从大门走出来……"看来古今中外,人们视乌鸦为不祥之鸟是有一定的道理的(当然也有的国家说它是吉祥之鸟。这就像在股市,大多数人看空时也有人看多。)。

当市场还沉浸在一种盲目的乐观中时,一群乌鸦(一数正好三只)突然从头顶上飞过,还发出一阵令人恶心的叫声,这时你是否会有一种心头一紧的感觉,三只乌鸦的飞临,令人不寒而栗。三只乌鸦由三根阴线构成,是一种强烈向淡的转势形态,市场的阴影挥之不去(图6-25)。

三只乌鸦的分析要诀:

(1) 三根阴线相连,且每天的收盘价均低于上一日的收盘,表明多方已经体力不支,有大厦将倾的忧虑。

(2) 每天的开盘价都在上一日K线的实体部分,但收市价接近每日的最低价。下跌的节奏较为平和。

(3) 成交量温和放大,市场的杀跌能量开始有节制地释放,表明市场随后可能有加速下滑之虞。

(4) 三只乌鸦K线组合中,一般都有机会在第一时间平仓离场,因而暂时离场观望是上策。

图6-25 三只乌鸦

图 6-25 为上证指数在 1998 年底时出现的三只乌鸦,乌鸦飞到的最高处正好是 1300 点水平。在这三只乌鸦出现之前,市场尚能维持盘整上升之势,但也许是"命中注定"的乌鸦成群飞来,之后的大盘便一片狼藉,上证指数在一个月中下挫了近 200 点。留意这 3 根实体短小的阴线,对市场人气的打击应是相当之大。

2. 三个白武士

走势一蹶不振,行情千呼万唤不出来。在此情况下,三个白武士行侠仗义,欲救市势于水火,挽江山于既倒。虽然冰冻三尺,非一日之寒,但三个白武士将市场的底部逐步抬高,市场见底回升的希望渐渐抬头。

三个白武士由 3 根阳线组成,每日收市价都高过前一天,武士勇往直前的精神跃然纸上,市场趋升的形势开始明朗化(图 6-26)。

分析要诀:

(1)三个白武士 K 线形态一般出现在市场见底回升的初期,因而升幅不大,动作缓慢,但升势相当稳定。此阶段逢低建仓可以来得相当从容,且风险不大。

(2)成交量方面也相当平稳,与前期缓慢下跌时的量差不多持平。但在随后的突破飙升阶段,成交量会成倍放大。三个白色武士一般预示市场见底,并在稍后阶段产生"井喷"式上升的机会甚大。

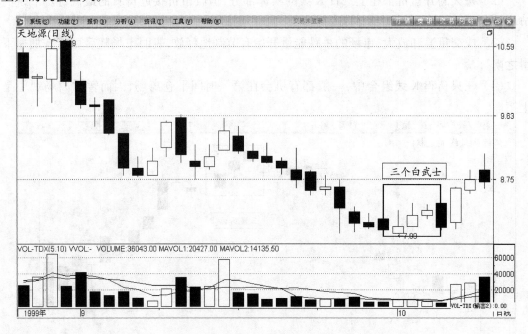

图 6-26 三个白武士

图 6-26 为天地源(600665),在 1999 年 10 月上旬的走势中出现三个白武士。这三个白武士是在该股票持续下跌之后,扭转趋势时出现的,注意在它们出现之前市场所持续的连续下跌,及它们出现之后市场的缓步走高,说明三个白武士的确有力挽狂澜的使命感,在关键时刻"该出手时就出手",武士之名可能寄托着交易者对市场护盘力量的期待。

3. 上升三部曲

在市场踏上升途之后；连续的上攀，令市场疲态初现，但随后还有更长的山路要走，于是休息便来得十分必要。休息之后，体力得到恢复，市场再度活跃，一轮涨势可能来得更加有力。

上升三部曲由三部分构成：市场存在既有的涨势，于是一根长阳之后，市场出现数根细小的阴线，表明市场进入"小憩"阶段，随后又是一根长阳拔起，市场重归升途（图 6-27）。

分析要诀：

（1）上升三部曲并不是一个转势信号，而是表明升势将继续的持续巩固信号，因而这是一个可以考虑建仓或者加码买进的阶段。

（2）在第一部分，成交量应较大，而第二部分休整时，成交量应萎缩。第三部分的成交量也要明显放大，否则应再加观察。

（3）第三部分应是对前两部分高点的突破，市场创出上升以来的新高。对于喜欢在市场突破时买入的交易者来说，机会不可错过。

图 6-27　上升三部曲

图 6-27 是现身于 *ST 金化（600722）走势中的上升三部曲。注意上升三部曲有别于其他转势信号。它是市场中已存在一个明显的上升趋势，然后三根连接的短小实体阴线显示了涨势处于休整状态，接着再拉出阳线，让暂停的涨势再次得到了恢复。上升三部曲中，明显可以观察到，第一根阳线是带着明显的放量，三根阴线的成交量处于萎缩状态，随后出现的阳线成交量又再次放大。

4. 下跌三部曲

道氏理论认为大趋势有三个阶段，其精确地指出了市场的上升或下跌不可能一条直线，而是经过相当多的反复才走到预定的目标。下跌三部曲只是下跌趋势中的一个休止符。与上升三部曲相似,它不是转势信号而只是持续巩固信号(图6-28)。

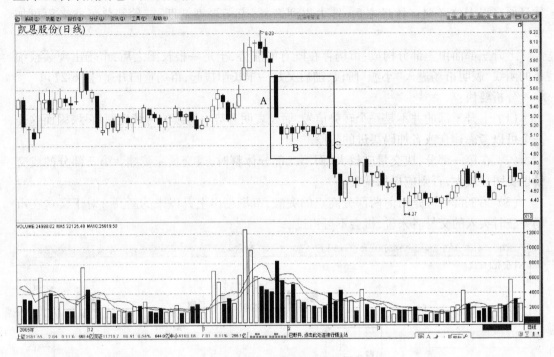

图 6-28　下跌三部曲

图 6-28 为凯恩股份(002012),2006 年 1 月下旬见顶后,在 24 日以跌停板收盘,成为下跌第一部曲(A);之后的 9 个交易日内股价均以小阴小阳水平移动,较标准形态反弹更加微弱(B);2 月 16 日股价继续低开低走打破盘局向下行进(C),走出一组变异的下跌三部曲形态。

下跌三部曲的三个步骤:
(1) 下跌中出现一根急跌长阴线;
(2) 随后出现三根细小的反弹阳线,且都被包含在第一根阴线之内。
(3) 又一根阴线破位而下,击穿市场多日形成的盘整巩固区间,市场重新纳入下跌的轨道。

分析要诀与上升三部曲相反。不过,下跌过程中对成交量的强调并不如上升三部曲那样突出,阳线的成交量可以比第二部分反弹出现的阳线的成交量小,即使是无量空跌的市场,其杀伤力也相当大。

六、天与地

1. 平顶与平底

平顶与平底,也就是由两根 K 线构成的一种转向形态,只不过成为转向信号的强度更低一些。所谓的平顶是指连续开两天的价格最高点相同,平底形态则是连续两根 K 线的最低价相同。

在涨势中,市场创出新高予人以无限遐想,但接下来市场刚刚抵达昨日高位即被空头狙击而退,多头再创新高的热情遭遇挫折,随后市场对高位形成阻力达成共识,逆水行舟不进则退,多头视阻力为畏途,顶部特征更加明显,终致跌势就此展开。这就是多头市场的平顶形态。但在跌势中,一根阴线创下市场新低,第二天本预料有再创新低点的可能,然而跌势就此打住,第一天的低点即成为第二天的下跌支撑,市场开始回升,最终确认了平底的价格形态(图6-29、图6-30)。

图6-29 平顶

图6-29是湖南海利(600731)中出现的一个阶段性的顶部。注意这个顶部是由两根最高价完全一样的K线组成,是什么原因令该股票会在两个交易日中受阻于同一价位,或许只是技术面上表现出来的一个较为重要的阻力。市场在两天冲击同一高位失败后,顶部形态就基本上确立。另留意该股走势中出现的一根巨大的长十字星和另一个死亡十字星,它们出现在市场的短期底部和顶部时一样具有分析价值。

图6-30为联华合纤(600617)在1999年9月中出现过的一个阶段性底部,这个底部同样是由两根最低价完全一致的长线构成,它们构成的底部过渡阶段比较平缓,但其反转信号虽不如其他信号强烈,但仍然可以当作入市时的重要参考。该股在12元整数位附近出现平底信号,考虑到12元支撑位,应该是短线方面较佳的入货时机。其后股价冲高15.29元,说明短线获利不菲。

分析要诀:

(1)平底与平顶属于比较温和的反转形态,不像其他单日反转形态来得那样疾风骤雨,但它们的分析意义也许更值得注意,因为温和的顶部与底部往往又是厚实的顶部或底部,在

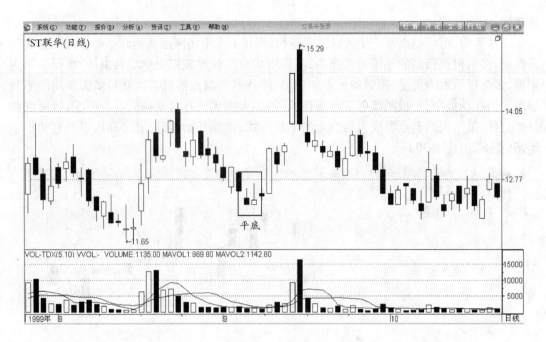

图 6-30 平底

行情发展的相当长时间内,都可以看见它在起作用。

(2) 在成交量方面,平顶或平底往往有缩量的倾向,喜欢以是否放量来确认市势反转的交易者往往对这类顶部或底部的反应相当迟钝,然而随后的行情发展令他们大觉意外。因而至少可以把平顶或平底所形成的高位或低位看做是近期的阻力或支撑,才不至于过分掉以轻心。

(3) 有时平顶与平底形态会与其他 K 线的反转形态相组合,也可以构成相当强烈的反转信号。例如与十字胎、大阳烛、大阴烛的组合,其反转意味相当浓烈,并可伴随急剧放量,一旦遇此类形态,应迅速采取行动才不至于痛失好局。

2. 塔形顶和塔形底

塔形顶和塔形底也是一组主要的转势形态,因其整体形态完成之后犹如一座古塔,由左右支柱和拱形塔盖组成,故而得名。

塔形顶一般是由于市场向上动能逐渐衰弱,但并未有新的因素促其马上下跌,价格在高位处于冲高回落的态势,但终因盘久必跌,致使高位部分形成了空中楼阁,其一旦破位下跌,将会势如破竹,难以阻挡(图 6-31)。

图 6-31 为塔形顶在中金岭南(000060)走势中的表现。该顶部形态是由多条 K 线共同构成的。注意 1999 年 9 月 9 日出现的那根长阳线,其成交量也验证涨势的可靠性,但在 10 日出现的大阳线中,价格上冲 13.23 元,形成了塔尖,随后的下跌步伐相对涨势要缓慢得多,整个顶部形态的塔形特征明显。从该股票在塔形顶之后的连日阴跌情况看,塔形顶的看空意义相当大。

分析要诀:

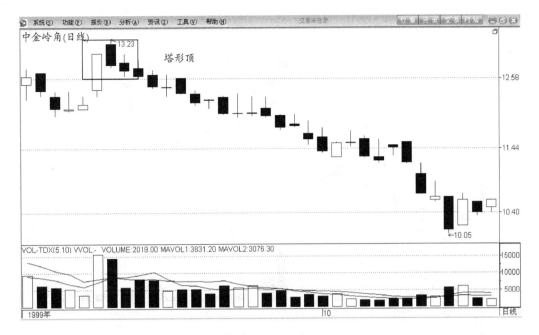

图 6-31 塔形顶

(1) 塔形顶基本上也是一种比较平稳过渡的转势形态。它表现在一轮涨势之后市场上升能量消耗过大,上升速度逐渐减弱;一直都处于攻无不克状态的多头主力萌生了退意,冲高回落常常是庄家出货的表现。因而塔形顶是一种杀伤力较大的顶部形态。

(2) 塔形顶在成交量上差强人意,基本上以缩量为主,但在向下突破阶段,成交量会突然放大。一旦发生放量,即可认为反转走势已经扩大化。

3. 双飞乌鸦

顾名思义,在升势之中出现双飞乌鸦的图形,自然令看多的投资者对后市产生疑虑,开始回吐,从而造成市势向下调整的压力,所以双飞乌鸦就具有了股价见顶回落、市势向淡的意义,此时投资者就应当获利了结或止损出局。

在市场的高位,突然出现两根相连的阴线,它们就像两只乌鸦歇在摇摇欲坠的古树的枯枝上,让人感到市场的走势已近崩溃的边缘。乌鸦总是带来坏消息,两只乌鸦更是预示"祸不单行",高位套牢者可能错过了第一次认赔出场的机会,第二天的下跌又令你难以下手,双飞乌鸦常常出乎意料地出现,令人猝不及防。

其构成为两根阴烛相连,分析要诀与"三只乌鸦"相似(图6-32)。

图 6-32 为昆明机床(600806)在 1999 年 8 月初出现的双飞乌鸦。在出现双飞乌鸦之前,该股的上冲动能不见衰竭迹象,第二天高开然后冲高,在创出 11.24 元的近期新高后,庄家逢高出货的痕迹已经明朗化,巨大的成交量为庄家的顺利出货创造了有利的条件。高潮之后,跌势乍起,乌鸦虽然只有两只,但其看空的意味却十足。关注成交量的印证,连续放量下跌,说明庄家出货的决心比较坚定。

图 6-32 双飞乌鸦

4. 多头炮

市场底部,多头缓缓推盘,上升方式以"进二退一"式。常见于市场走势低迷多日的情形,其后的突破箱顶动作往往伴随成交量的放大。属于平缓的市场底部形态,常常予人以市场仍处于箱形盘整的错觉,但一旦出现多头炮的 K 线组合,说明沉睡中的雄狮已睁开眼睛,接下来就是一个极为出人意料的凶猛的反扑,市场为之震颤(图6-33)。

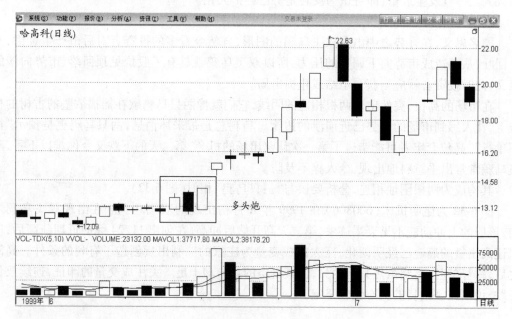

图 6-33 多头炮

图 6-33 为哈高科(600095)在 1999 年 6 月初形成的上攻态势。注意在价格低档区间内这种出其不意的多头攻势。在交易相当清淡的阶段,多头炮的攻势显得不急不缓,先是以小阳线试探性上攻,成变量略为放大;然后又以阴线作为调整。通过回调之后的涨势便如缩回来再打出去的拳头,加上成交量的相应扩张,一轮涨势便拔地而起。

第四节　K 线缺口实战技法

所谓缺口,是指相邻的两根 K 线间没有发生任何交易,由于突发消息的影响,或者投资者比较看好或看空时,股价在走势图上出现空白区域,这就是跳空缺口。

一、上升缺口与下降缺口

缺口按照跳空的方向可以分为上升缺口和下降缺口。上升缺口表示趋势较强;下降缺口表示趋势较弱(图 6-34)。

图 6-34　上升缺口与下降缺口

二、正向缺口与反向缺口

缺口按照跳空方向和整体运行趋势是否相同,分为正向缺口和反向缺口。跳空的方向与股价整体趋势相同的就是正向缺口;反之,则为反向缺口。例如,如果趋势是上涨的,股价出现上升缺口,就属于是正向缺口;而当趋势上涨的时候突然出现向下的跳空缺口,则为反向缺口。正向缺口将加强原来的运行趋势,而趋势下跌时的反向缺口意味着反弹或反转,趋势上行时的反向缺口意味着回调或见顶(见图6-35)。

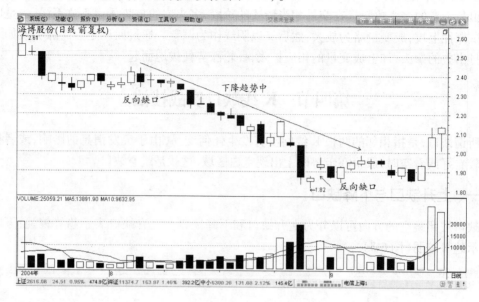

图6-35　正向缺口与反向缺口

三、不同周期K线的缺口

缺口按照K线种类的不同可以分为日线缺口、周线缺口、月线缺口和分时缺口。其中，月线缺口出现次数极少，但对趋势指导意义非常强，出现月线缺口后，大盘会延续原来的走势。分时缺口的分析周期过短，实际分析意义并不大。最有参考价值的是日线缺口与周线缺口。

四、普通缺口、突破缺口、持续缺口与竭尽缺口

缺口按照所处位置的不同，可以分为普通缺口、突破缺口、持续缺口和竭尽缺口。

1. 普通缺口的分析价值比较低，一般是指在横盘整理中偶然性出现的跳空，并且很快就被回补，对趋势研判的作用不大。

2. 突破缺口的研判价值比较高，通常股价经过长时间筑底或筑顶整理走势后，积聚的做多和做空能量突然爆发，股价开始启动上涨或出现下跌。突破缺口预示行情才刚刚起步，后市还将有一段较长的发展过程。

3. 持续缺口的延续性很强且具有中继形态特征，具有助涨助跌的作用。

4. 竭尽缺口表示做多和做空动能都已经过度消耗，行情的发展已经是强弩之末，预示见顶或见底行情即将来临(图6-36)。

对于缺口种类的区分，首先要按缺口出现的顺序依次划分。一般在行情的发展过程中，最先出现突破缺口，其次是持续缺口，最后才是竭尽缺口，而普通缺口则会出现在任何行情的任何阶段。但是，在实际投资中不能仅仅按照顺序来识别缺口，因为市场行情千变万化，不能一概而论。有的时候某种类型的缺口可能不会出现，有的则会出现多次，如持续缺口。

所以,在分析中还要重视分析股市的运行趋势。

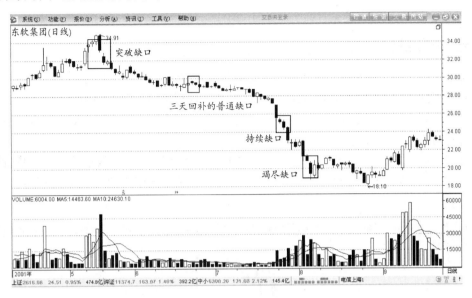

图 6-36　各类 K 线缺口

其次是要分析股市的运行趋势。根据当时的市场环境来研判。例如,有的下跌行情持续时间已经很长,继续大幅下跌的可能性不大,股价的跌势已经成为一种过度的非理性表现。这时,投资者不必等着突破性缺口的出现而是要认清当时的形势。在这种情况下出现的缺口,可以直接视为一种竭尽缺口。例如,鹏博士(600804),直到股价下跌进入非理性阶段后才出现缺口。这时投资者就不能生搬硬套,教条地认为第一个缺口就是突破缺口,事实上,根据股价运行趋势分析,这是一个竭尽缺口(图 6-37)。

图 6-37　竭尽缺口

此外,在行情发展过程中还包括其他一些缺口,主要有除权缺口、连续缺口和岛形反转缺口。

五、除权缺口

这是上市公司每年分红派息或配股、送股等除权造成的缺口。除权缺口常常是庄股最活跃的投资区域,处于牛市中时,强庄股往往发动填权行情;处于熊市中时,高比例的送股往往会将本已炒高的庄股股价拉低,使投资者感觉股价便宜,后市还有继续上涨的可能,而庄家则乘机借助除权缺口出逃。

投资实例:仁和药业上涨200%后,通过10送8股的方式,在除权前后放量出货,此后按照复权价计算,股价迅速下跌了70%以上,这就是一种典型的借助于大比例送股乘机出逃的情况(图6-38)。

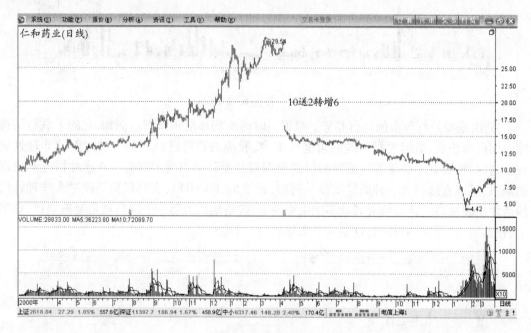

图6-38　除权缺口

六、连续性缺口

连续性缺口是指股价连续两天或两天以上留下跳空缺口。如果是上升的连续缺口,则表明大盘或个股正处于加速上涨阶段,是一轮行情中的主升浪,投资者要把握这种难得的机会,在上涨途中不要匆忙卖出。但是,这种加速上升对做多动能是极大的消耗,当上涨乏力时容易形成阶段性顶部。所以,当出现连续缺口后,上涨行情一旦趋缓,投资者需要果断卖出(图6-39)。

个股方面也同样需要注意出现连续上升缺口后的阶段性顶部风险。例如,冠农股份(600251)的上涨行情(图6-40)。

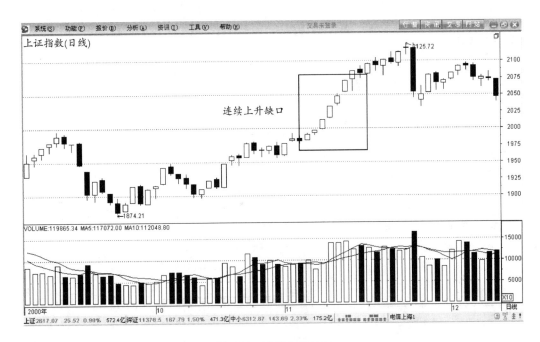

图 6-39　连续上升缺口

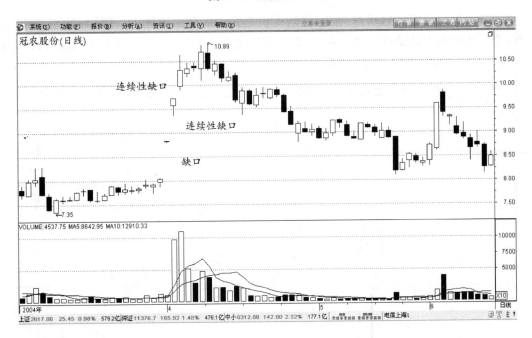

图 6-40　连续性缺口

而下跌的连续缺口则需要区别对待。这种情况比较容易出现因为资金链断裂而跳水的庄股，以及遭遇重大利空或即将退市的 T 类股中。例如，昌九生化（600228）出现的一轮跳水行情（图 6-41）。

如果遇到这类在重大实质性利空作用推动下出现的连续下跌跳空缺口，投资者千万不

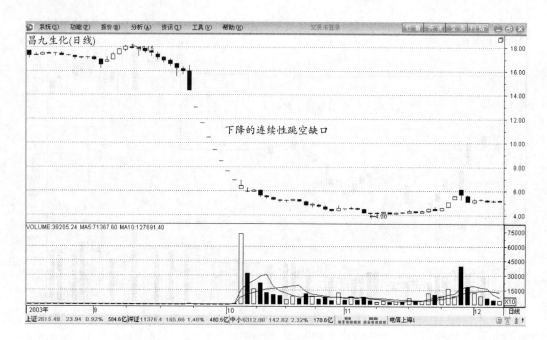

图 6-41　连续下降缺口(1)

能贪图股价的便宜而贸然买进,否则将陷入长期无法解套的境地中。例如,在 ST 银广夏(000557)的连续下跌缺口中曾经有 16.5 亿元资金介入抢反弹,这些资金不仅至今无法解套,而且最少也亏损 80% 以上(图 6-42)。

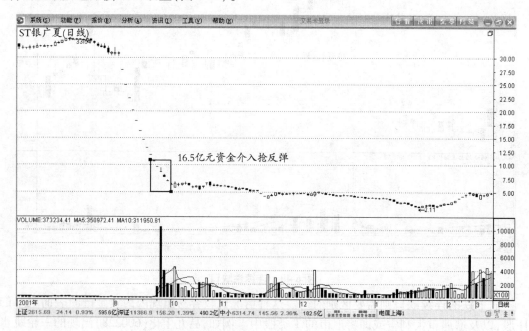

图 6-42　连续下降缺口(2)

如果连续性下跌缺口是出现在整体指数方面的时候,情况另当别论,因为股市整体的跳水式下跌是一种不正常的现象,是一种非理性的严重暴跌,这种跌势的持续时间是不可能延长的,而且非理性暴跌极易引发强劲的反弹或反转行情(图6-43)。

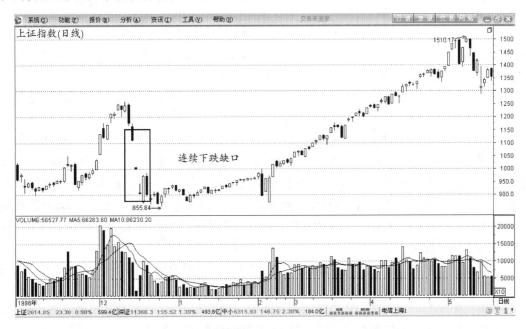

图6-43　连续下降缺口(3)

第五节　K线应用时应注意的问题

K线表现市场有很强的视觉效果,是最能表现市场行为的图表之一。尽管如此,上面所列举的组合形态只是根据经验总结了一些典型的形状,是市场趋势和用组合形态表现的人类心理的混合物,没有严格的科学逻辑。在应用K线的时候要注意以下几点。

一、K线分析的错误率是比较高的

证券市场的变动是复杂的,而实际的市场情况可能与我们的判断有距离。从经验的统计结果中可以知道K线的成功率是不能令人满意的。从K线的使用原理看,K线理论只涉及短时间内的价格波动,容易为某些人的"非市场"行为提供条件。如果增加限制条件,有可能提高成功率,但使用的方便性就会出现问题。

二、K线分析方法只能作为战术手段,不能作为战略手段

战略手段是指决定投资方向的手段。比如,价格已经经历了比较长时间的下降,并且价格已下降到可以认为是"足够低"的区域,我们战略决策的投资方向应该是买入。决定在这个价格区域买入,需要使用的就是战略手段。如果战略决策是正确的,即使买入的点不是很

好,也不至于有太大的差,这样的决策,依靠 K 线理论办不到。

战术手段是指在从其他的途径已经做出了战略决策的决定之后,选择具体的行动时间和地点(价格位置)的手段。战术决策所决定的内容是相对小的范围。使用战术决策可以使正确的战略决策得到更好的效果。

价格在该区域停留的时间是不确定的,而且我们所认为的"足够低"的区域并不是某个确定的价格,而是一个比较"宽"的价格"箱"。战术决策所做的事情就是尽量选择在"箱子"的较低的位置买入,而且买入后等待上升的时间比较短。

K 线理论所扮演的应该是战术手段的角色。在从其他的途径已经做出了该买还是该卖的决定之后,才用 K 线组合选择具体的采取行动的时间和价格。

最后用一个例子说明证券市场中的战略决策和战术决策的关系。假设某只股票的价格从 30 元附近开始一路下降,最后在 8 元至 12 元之间进行横向整理。现在,从支撑压力、波浪理论等其他技术分析方法得知,这个横向整理区域是强支撑所在。如果从形态理论或者其他的分析方法看出价格有启动的迹象,就可以从战略决策方面认为 8 元至 12 元的区域是应该买入的。具体的买入点在什么地方呢?这就需要使用一些战术决策的分析手段。K 线理论是其中的一种。

如果在 9 元附近出现了上面介绍的某个形态组合,就可以开始买入了。假设今后这只股票上升到了 40 元或更高,回头再看看我们当初所做的决策。其实只要在价格横向整理的过程中做出了"买入"的决策,在 12 元以下随便一个价格位置买入,都是正确的决策。但是,战术决策将使得买入的位置偏低一点,等待上升的时间偏短一点。

三、K 线分析的结论在空间和时间方面的影响力是不大的

由 K 线分析方法所做出的预测结果,影响的时间短,在我国股票市场中一般不超过三天,预测的价格波动的幅度相对浅,一般不超过 5%。在具体使用时要加以注意,以免超出 K 线理论的范围。

四、反转点会出现 K 线的反转形态,但出现了反转形态不一定是反转点

回顾实际的价格的波动图形,可以发现,在每个事后可以被称为"低点"或"高点"的地方,都或多或少出现了本章所列举的 K 线组合形态。但是,出现了这些形态并不意味着就是局部的低点或高点。

五、K 线组合形态的变形

在具体应用中,一般不大可能出现与教科书上所画的 K 线完全相同的情况,或多或少都有差异。在具体识别的时候,要根据实际情况调整已有的 K 线组合形态,不能限制在教科书的范围之内。这就是 K 线组合形态的变形问题。

组合形态只是总结经验的产物。实际市场中,完全满足我们所介绍的 K 线组合形态的情况是不多见的。如果机械地照搬组合形态,有可能长时间碰不到合适的机会。要根据情况适当地改变组合形态。

另外,为了更深刻地了解K线组合形态,应该了解每种组合形态的内在和外在的原理。因为它不是一种完美的技术,这一点同其他技术分析方法是一样的。K线分析是靠人类的主观印象而建立,并且基于对历史形态组合进行表达的分析方法之一。

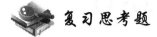

1. 什么是K线？它包含哪些信息？
2. 单根K线有哪些形态？分别表示什么含义？
3. K线的阴阳如何区分？上下影线的长度如何影响多空双方力量的对比？
4. K线组合的准确性与组合中所包含的K线数目是否有关？
5. K线理论的结论在时间、空间方面的具体表现如何？
6. K线组合形态出现的位置的高低,是否影响该组合形态的判断效果？
7. 什么是普通缺口、突破缺口、持续缺口与竭尽缺口？
8. 缺口分析在实战中有什么指导作用？
9. 根据实际结果,谈谈如何增加使用K线组合形态的成功率。
10. 应用K线理论时应注意哪些问题？

第七章　量价关系分析技术与技巧

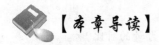【本章导读】

> 成交量的大小直接关系到趋势的强弱，价量变化是研究股价波动的核心，通过本章的学习，理解价量逆时针曲线，熟悉传统的价量关系，掌握经典价量关系实战要领，学会分析大盘底部价量特征、上升阶段价量特征、头部阶段价量特征、下跌阶段价量特征，以帮助我们进行有效的股价波动分析。

在证券市场中，所有投资者的市场行为最基本的表现就是成交价和成交量，过去和现在的成交量、成交价，涵盖了过去和现在的市场行为，市场行为包容和消化一切，这是所有技术分析理论存在和成立的理论性前提。价格、成交量、时间和空间是进行技术分析的主要市场要素，弄清这几个要素的具体情况和相互关系是进行正确分析的基础。在股市技术分析中，对于价与量关系的研究占据了极其重要的地位，希望投资者注重基础性的学习和研究。

在实战操作中，仅仅根据成交量，并不能有效判断价格趋势的变化，至少还需要有价格与成交量配合关系确认。成交量仅仅是价格变化的一个重要因素之一，也是一个可能引起本质变动的因素，但是在大多数时候，它只起到催化剂的作用。

引起股价趋势变化的根本原因是价与量的变化，价量变化是研究股价波动的核心。它们是互为影响、互为因果的矛盾体。价的变化会引起量的变化，量的变化又会引起价的波动。没有价的变化也没有量的变化，没有量的变化也没有价的波动，量是价变化的原因，价是量变化的结果。

价不可能离开量上下波动，量不可能脱离价自主变化，但是价与量变化过程中，具体在什么时间产生突变，什么时间出现平衡，它们的变化规律模式是什么，在传统价量理论中没有明确指出，导致人们很难有效运用价量理论进行实际操作，本章试图通过将价量关系理论模型细化，以此来找到量价变化的突变点和平衡点，方便用于实战操作。

成交量是价格的灵魂和动力，成交量的大小直接关系到趋势的强弱。如果说价格趋势是提供买卖的时机的话，那么成交量的大小可以帮你确定买卖哪一只股票。

第一节　不同价量形态组合模式

在股市中,我们天天都能从各种媒体的分析文章里看到:"某某股票的量价配合理想,后市看涨,或某某股票的量价背离,后市可能逆转"等等这样一些操作建议。其实,这就告诉我们对于成交量和股价的关系绝对不能孤立看待,必须两者结合起来分析判断才能得出比较准确的结论。资金是股市的原动力,而成交量变化的实质体现为资金的流动,资金流动与价格之间的关系主要体现为:

股市价格上涨是因为大量资金持续流进;

股市价格下跌是因为大量资金持续流出;

股市价格见顶是因为成交量的剧烈放大,走势由盛转衰;

股市价格见底是因为成交量的极度萎缩,走势由弱变强。

有了以上这四句话作为量价关系的基础,所有的股票走势都应包含在其中了。

实际上,就单一价格即 K 线形态,最基本的就达 12 种之多,即常见的有:标准阳线、光脚阳线、光头阳线、光头光脚阳线、倒 T 形 K 线、十字星、标准阴线、光脚阴线、光头阴线、光头光脚阴线、T 形 K 线、一字线等,而单一不同的成交量柱形态最基本的也有 8 种,常见的有缩量、温和缩量、地量、平量、放量、温和放量、巨量、天量等。如果按照组合数学的方法,将以上不同的价量变化分别搭配组合,那么,最简单的 K 线形态与量形态的组合也达 96 种之多(表 7-1)。更不要说,由不同的两至五根 K 线组成的 K 线组合与对应不同的成交量形态组合起来将会有多少种价量组合?相信那将是一个庞大的数字组合,非常复杂。

表 7-1　最简单的价与量形态组合

K 线＼量	缩量	温和放量	地量	平量	放量	温和放量	巨量	天量
标准阳线	1	2	3	4	5	6	7	8
光脚阳线								
光头阳线								
光头光脚阳线								
倒 T 形线								
十字星								
标准阴线								
光脚阴线								
光头阴线								
光头光脚阴线								
T 形线								
一字线	89	90	91	92	93	94	95	96

如果单就上面表格中的不同量的形态与不同的价 K 线形态细分组合起来,就有如下多种组合:

缩量——标准阳线、光脚阳线、光头阳线、光头光脚阳线、倒 T 形 K 线、十字星、标准阴线、光脚阴线、光头阴线、光头光脚阴线、T形K线、一字线。

温和缩量——标准阳线、光脚阳线、光头阳线、光头光脚阳线、倒T形K线、十字星、标准阴线、光脚阴线、光头阴线、光头光脚阴线、T形K线、一字线。

地量——标准阳线、光脚阳线、光头阳线、光头光脚阳线、倒T形K线、十字星、标准阴线、光脚阴线、光头阴线、光头光脚阴线、T形K线、一字线。

平量——标准阳线、光脚阳线、光头阳线、光头光脚阳线、倒T形K线、十字星、标准阴线、光脚阴线、光头阴线、光头光脚阴线、T形K线、一字线。

放量——标准阳线、光脚阳线、光头阳线、光头光脚阳线、倒T形K线、十字星、标准阴线、光脚阴线、光头阴线、光头光脚阴线、T形K线、一字线。

温和放量——标准阳线、光脚阳线、光头阳线、光头光脚阳线、倒T形K线、十字星、标准阴线、光脚阴线、光头阴线、光头光脚阴线、T形K线、一字线。

巨量——标准阳线、光脚阳线、光头阳线、光头光脚阳线、倒T形K线、十字星、标准阴线、光脚阴线、光头阴线、光头光脚阴线、T形K线、一字线。

天量——标准阳线、光脚阳线、光头阳线、光头光脚阳线、倒T形K线、十字星、标准阴线、光脚阴线、光头阴线、光头光脚阴线、T形K线、一字线。

上面最简单、最基本的96种价与量形态组合,代表着多种不同的市场含义,预示后市的走势则可能大不相同。如果将两至三根K线与成交量形态组合,那可以产生数百种价与量组合模式。如果投资者一定要追根问底地去研究这些庞大数学组合中的每种模式,则容易钻入牛角尖而走不出来,反而对实战操作益处不大。实战操作中,只需要寻求一些经验性强、具有较高规律性的价与量配合关系,以此来指导我们的分析与操作。

第二节 价量逆时针曲线

逆时针曲线,由国外金融市场投资专家所发明,它是利用股价与成交量变动的各种关系,观测市场供需力量的强弱,从而研判未来的走势方向。根据多头、空头市场的价量变化绘制成量价关系图,其循环会呈现一个逆时针方向的曲线图,故称为逆时针方向曲线(图7-1)。

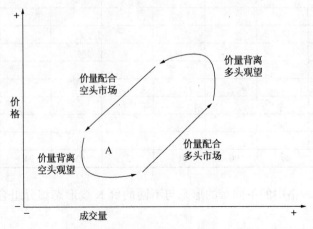

图7-1 价量逆时针曲线

一、绘制方法

（1）以数学坐标形式绘制逆时针方向曲线：垂直纵轴代表股价，水平横轴代表成交量。

（2）由于价格与成交量的波动性均相当高，因此一般在绘制逆时针曲线时，通常会先将价格与成交量取其移动平均，将小趋势的波动性给消除掉，得到较纯的趋势信息，一般视研究的循环周期而定，取适当的移动平均。例如，欲观察一个完整的循环趋势，则可取 24 日（或周、月线）移动平均价格及 24 日（或周、月线）移动平均成交量作为观察数值。

（3）将均价与均量视为一组数对（或一个平面坐标点，两者的交叉点即为坐标点），点入价、量图中，并依照每个点实际的发生顺序用直线连接起来，便会出现一个大致以逆时针方向旋转的价量图形。

二、逆时针曲线意义

一般而言，在多头市场时，可以观察到成交量具有与价格同向增加的趋势，而在空头市场时，亦可观察到成交量经常随着价格呈现同步减少的现象。也就是说，多头市场与空头市场，两者都会发生价与量相互配合的同向情况。

在另一方面，当一个空头到达底部，发生趋势反转前，通常都会先发生成交量放大，也就是量会先价而行，造成短期内的价量背离。但随着量大而来的便是价格突破底部区，展开多头格局。相反地，当一个多头持续许久时，经常会发生多头在价格高点持续延伸，但成交量反而开始出现缩减的现象，这是因为开始有部分投资者对价格是否过高发生疑虑，这种观望的气氛使得价格虽然能够创新高，但成交量不但没有跟着增加，反而减少。成交量的减少开始使得高价位无法获得持续的支持动力，因此，随之而来的便是趋势的反转，价格的下跌。也就是说，当趋势即将反转前，通常可以观察到价跌但量增，或者价涨但量减的价量背离现象。

想象市场的一个循环：在空头底部时，成交量率先发生增加，呈现价量背离的现象，打破市场观望的气氛，随之而来的是更大的成交量伴随着价格的上涨，即价量配合正常。经过一段多头上升之后，市场在某一个持续的利多发生时价格虽然持续上涨，但成交量并没有跟上来，呈现价量背离现象，显示许多投资人认为可能发生利多出尽，因此接着而来的是悲观气氛渐渐出现，且成交量随着价格下跌而缩小，即价量配合正常，而进入空头市场。经过一段整理修正期，空头又重回底部，于是完成了一次市场循环。在这个循环里，如果观察价格与成交量，可发现二者的走势关系会如图 7-1 中的 A 点开始，发生空头结束前的量增价跌的价量背离走势，之后便进入量增价涨的价量配合关系，接着便走到多头顶部而发生量缩价涨的价量背离，最后进入量缩价跌的价量配合关系。这样的关系绘制成量价关系图时，其循环会呈现一个逆时针的曲线，因此，这逆时针曲线便是循环周期的量价关系图。而由这个图来观察目前的价格位置所在，将可以清楚地判别出目前所处的景气循环位置，这对投资决策的形成具有极大的帮助。

三、运用原则

逆时针曲线走势变动的三种局面。

1. 上升局面：股价随着成交量的增加而增加，逆时针方向曲线的走势由下向右或向上转动。

2. 下降局面：量价同步下降，逆时针方向曲线走势由平转下或右上方朝左转动。

3. 循环局面：量价是同步上升，后同步下降，逆时针方向曲线走势由下向右上，左上，左下循环。

四、逆时针八角图简介

逆时针曲线可构成完整的八角形，有八个阶段的运用原则：

1. 阳转信号：股价经一段跌势后，下跌幅度缩小，甚至止跌转稳，在低档盘旋，成交量明显地由萎缩而递增，表示低档接手转强，此为阳转讯号。

2. 买进讯号：成交量持续扩增，股价回升，量价同步走高，逆时针方向曲线由平转上或由左下方向右转动时，进入多头位置，为最佳买进时机。

3. 加码买进：成交量扩增至高水准后，维持于高档后，不再急剧增加，但股价仍继续涨升，此时逢股价回档时，宜加码买进。

4. 观望：股价继续上涨，涨势趋缓，但成交量不再扩增，走势开始有减退的迹象，此时价位已高，宜观望，不宜追高抢涨。

5. 警戒讯号：股价在高价区盘旋，已难再创新高价，成交量无力扩增，甚至明显减少，此为警戒讯号，心理宜有卖出的准备，应卖出部分持股。

6. 卖出讯号：股价从高档滑落，成交量持续减少，量价同步下降，逆时针方向曲线的走势由平转下或右上方朝左转动时，进入空头倾向，此时应卖出手中持股。

（7）观望：成交量开始递增，股价虽下跌，但跌幅缩小，表示谷底已近，此时多头不宜再往下追杀空头也不宜放空打压，应伺机回补。

五、研判

逆时针方向曲线的变动在说明多头市场至空头市场的量价关系，由供需的变化中，显示多空力道的强弱，提供买卖时机，此方法对于底部的确认特别有效。逆时针方向曲线是采用移动平均价和移动平均量制作出的线路，移动平均虽具有圆滑讯号的功能，但在本质上移动平均属于时间落后的方式（图7-2）。

移动平均的走势，通常有落后股价波动的倾向，因此逆时针方向曲线的走势，一旦发生变动转向，有落后股价的趋势。所以，使用逆时针方向曲线分析行情，研判买卖时机，须配合其他技术指标，只将其作为辅助性的指标，用以研判大趋势。这样才更能发挥逆时针方向曲线的功能。

国内的散户投资者往往运用逆时针方向曲线的时候很少，甚至许多读者可能从未接触过，但这没有什么关系，只要掌握下面章节的各种价量关系运用原则，同样对于股价走势分析、实战操作大有帮助。

图 7-2 逆时针曲线

第三节 传统价量关系原则

价量关系涵盖了市场的一切信息。价量关系的状态不仅是市场波动的现实反映,而且还预示着市场未来的发展趋势。投资者研判市场趋势时必须要抓住价量关系这一本质。目前很多散户投资者热衷于用各种技术指标去研判后市,指导自己的操作,但很少有人能真正预测准确。这是因为,股市中绝大多数所谓的技术分析指标仅仅是表达价量关系的一种数学题型而已,很难全面客观地反映价量关系的本质特征,其本身就带有很大的片面性,如果单靠它们就用于实战操作,其效果不佳是可想而知的。因此,我们只有全面正确地理解和把握量价关系的本质特征,才能比较准确地把握市场的波动趋势。对此,传统的量价关系理论显得相对比较简单,其主要是从价量配合正常与背离两方面去总结价量关系的规律,如果用一句话来概括,那就是"价升量增,价跌量缩"。

1. 价升量增:理论上量价关系配合正常、理想,表示股价后市将继续上升。但同时也要防止一旦成交量放得过大,说明有大户在悄悄出货,或者主力机构在高位放量对倒拉高,制造多头陷阱。

2. 价跌量缩:理论上量价关系配合正常、理想,预示空头力量减弱,后市价格有望见底回升。但是在股价高位,此态势不能说明股价一定会止跌回升,防止主力机构一路向下减仓,致使股价阴跌不止。

3. 价涨量缩：理论上量价关系有背离现象，预示多头力量逐步减弱，股价有见顶回落的可能。但是，对于高度控盘的股票，这却是一种非常安全的强势态势。

4. 价跌量增：理论上量价关系有背离现象，预示空头力量强大，后市股价将继续下跌。但对于在股价底部区域，此态势说明有大户在大量承接散户恐慌杀跌出来的筹码，股价可能很快止跌回升。

在实践中，如果简单使用传统价量关系理论去判断价格走势，往往容易出现失误。因为，根据价量关系理论得出的结论事实上不是唯一的答案，这主要是由于成交换手中多空双方角色的不确定性造成的，也就是说，单凭成交量无法客观真实反映买卖双方的真实意图和力量对比。由此，如果要想正确判断价量关系的真实含义，还需要对价与量的变化配合关系作进一步的细分研究，同时，需要正确对应股价的不同循环阶段，对应股价具体位置的高低。不能机械地运用传统的"价升量增，价跌量缩"价量关系理论，否则，容易被市场中的主力机构骗线，掉入他们设置的陷阱(图7-3)。

图7-3 不可机械运用价量关系理论

第四节 最基本的价量配合关系

从上面的小节里我们看出，要想正确判断价量关系的真实含义，需要对价格与成交量这两大要素的配合关系进行最基本的细化研究工作。

其实，价格变化不外乎有三种最基本的趋势：价升、价平、价跌；而量最基本的变化趋势也有三种：量增、量平、量减(缩)。由此，价与量的变化趋势的配合关系组合起来，就有9种最基本的关系,如表 7-2 所示:即价升量增、价升量平、价升量减、价平量增、价平量平、价平量减、价跌量增跌量平、价跌量减(图7-4)。

表 7-2　最基本的价量配合

	价升	价平	价跌
量增	价升量增	价平量增	价跌量增
量平	价升量平	价平量平	价跌量平
量减	价升量减	价平量减	价跌量减

实践中,以上 9 种最基本价量关系的常用法则见表 7-3:

表 7-3　价量关系的常用法则

	量增	量平	量减
价升	低档或上涨初期股价继续上升,可买进;高档或上涨已久主力出货,将回档;下跌中筑底完成,可承接	主力或大户未进场涨势不会持久,宜观望	初升段中为短暂反弹现象;在末升段中股价将反转而下;在主升段中筹码被锁住,可能为股价无量飙升的现象
价平	初升段及主升段主力介入,可逢低承接。末升段中将盘跌,调节出货。初跌段及主跌段有人逢低买入,将酝酿反弹,宜观望末跌段可能在筑底,宜观望后势	行情处于盘局,短期内宜观望	在初升段中表涨势尚未确立。在末升段中表股价将回档。在末跌段中表现见底反转
价跌	初升段中主力出货,可逢低承接。末升段中高档卖压重将盘跌。初升段级主跌段股价下跌有量,将继续下跌末跌段低档买盘介入将止跌走稳,可逢低承接	上涨中表散户卖出。下跌中表散户追杀,股价将续跌	在初跌段及主跌段表股价将继续探底。在末跌段表底部已接近

一般市场分析人士在分析股价走势时均喜欢对价格与成交量配合的状态进行感性描述,通常从价与量的具体配合好坏程度来描述价量关系。描述价量配合最常见的有:正常、良好、理想、异常、背离、严重背离等等。

在上面细分的 9 种最基本的价量配合关系中,一般情况下,"价升量增、价平量平、价跌量减"属于价量配合正常、良好、理想的范畴;如果价升或价跌时量增幅过大或缩减过快,以及价平量增、价平量减就属于价量关系配合异常的范畴;价升量减、价跌量增是价量关系配合背离的迹象,甚至是严重背离。

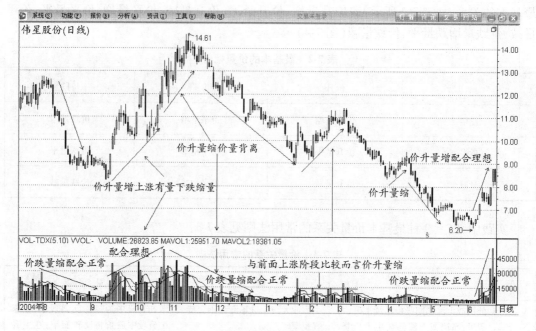

图 7-4　价升量增

第五节　经典价量关系实战要领

价量分析是所有技术分析的基础,由于市场所有参与者的实际买进或卖出的行为,均直接表现在股价及成交量的变化上,因此,建立正确的价量观念,学习利用价量变化关系来判断股价未来的发展方向,是运用技术分析来指导实战操作的一大要领。

通过前面对价格变化趋势与成交量变化趋势进行最基本的细化分析,股价与成交量的配合关系可归纳总结为如下最基本 9 种模式,这些带有高度经验性概括总结的价量分析规律,是每个技术分析者都要重点研究和掌握的。

(1) 价升量增,买入信号:价格随成交量的递增而上涨,为市场行情的正常特性,此种持续价升量增的关系,表示股价趋势将转为上升,或股价上升趋势将延续,是短中线最佳的买入信号。"量增价升"是最常见的多头主动进攻模式,应积极进场买入与主力共舞(图 7-5)。

(2) 价平量增,转市信号:股价经过持续下跌后的阶段性低位区,出现成交量增加而股价不明显上升的企稳现象,此时一般成交量的阳柱线明显多于阴性,凸凹量差比较明显,说明底部在积聚上涨动力,有主力在进货,为中线转阳信号,可以适量买进持股待涨(图 7-6)。有时也会在上升趋势中途出现"量增价平",则说明股价上行虽然暂时受挫,但只要上升趋势未破,一般整理后仍会有行情。如果股价经过持续上涨后的高价区,持续出现价平量增的放量滞涨现象,说明有主力在出货为中线转阴信号,应寻机卖出。

(3) 价升量平,持股观望:成交量保持等量水平,而股价持续上升,说明股票筹码锁定比较良好,只要上升趋势未破,一般应该持股观望,或持股待涨;如果累计涨幅不大,也可以在

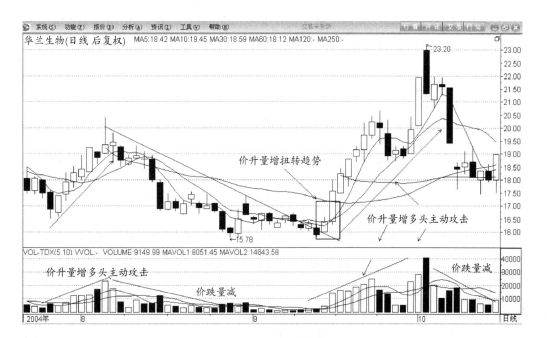

图 7-5　价升量增

图 7-6　价平量增

此期间适时适量地参与（图7-7）。有时"价升量平"的价量配合现象在日K线看起来不很明显，但从周K线、月K线上可以看得更清楚。

（4）价跌量增，卖出信号：当行情经过一段持续上涨以后，如果出现成交量持续放大，而价格却在不断下跌，说明了有主力机构在减仓、出货，通常应及时退出观望（图7-8）。但是，如果股价经过长期大幅下跌之后，出现成交量增加，即使股价仍在下跌，也要慎重对待极度恐慌的"杀跌"，须注意低价区的增量说明有资金在大量承接，后市有望形成底部或产生反弹，应适当关注。

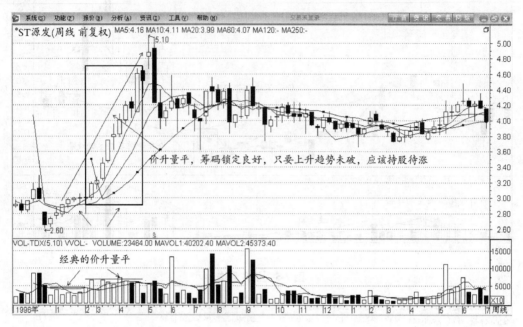

图 7-7　价升量平

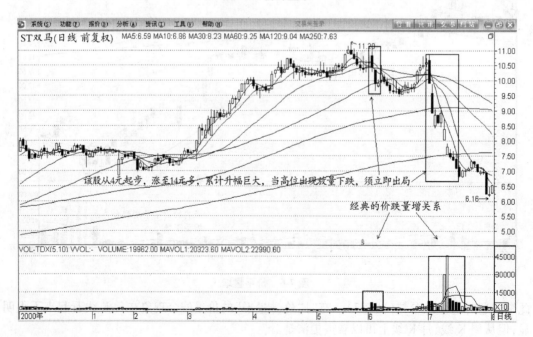

图 7-8　高位价跌量增

(5) 价平量平,观望为主:成交量没有明显的增加或减少,同时,价格保持一种横向整理态势,股价趋势不明朗,说明目前场内、场外投资者均在观望,此时,不适宜过早介入或卖出,等待趋势明朗后再做决定。

(6) 价跌量平,继续卖出:成交量没有急剧减少,也没有急剧增加,而股价却持续下跌,说明了下跌趋势仍将延续不变,此阶段应继续坚持及早卖出的方针,不可买入,当心"飞刀断手"(图7-9)。

图7-9 价跌量平

(7) 价升量减,谨慎持有:成交量减少,而股价仍在继续上升,表明市场做多动能在逐渐衰竭(但对于某些高控盘的庄股,这说明了主力机构锁定筹码良好),意味着行情可能反转或短线将回档或进入盘整,此时应谨慎持股,并做好随时寻机减仓或出局的准备(图7-10)。如果在上涨初期出现"量减价升",则可能是昙花一现,需经过补量后才会有上行空间。另一种常见的现象是,随着股价上涨,突破前一波的高峰创新高,然而此波段股价上涨的整个成交量水准却低于前一波段上涨的成交量水准,股价突破创新高,量却没突破创出新高水准,则说明此波段股价的涨势令人怀疑,同时,也是股价趋势潜在反转的警示信号(图7-11)。

(8) 价平量减,警戒信号:股价没有什么明显变化,而成交量却显著减少,说明了有向上或向下攻击停顿的迹象,后市走向还不明朗,应警觉可能变盘。如股价经过长期大幅上涨之后,进行横向整理不再上升,此为警戒出货的信号;反之,如股价经过长期大幅下跌之后,进行横向整理不再下跌,此为警觉的信号,准备伺机进场。

(9) 价跌量减,卖出观望:也就是常说的价跌量缩,理论上这种量价关系配合正常,预示空头力量减弱,同时从另一个角度来讲,股价下跌很多时候不需要成交量的配合,可表现为自由落体。如果从高位股价下跌,成交量持续减少,股价趋势由上升开始转为下降,通常为

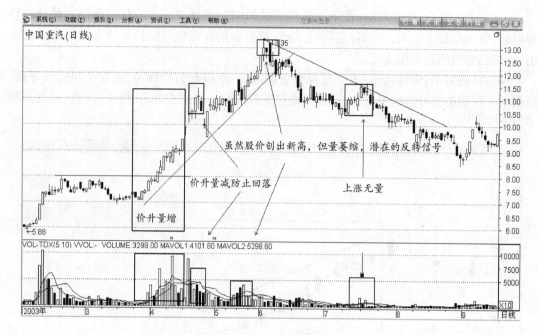

图 7-10 价升量减

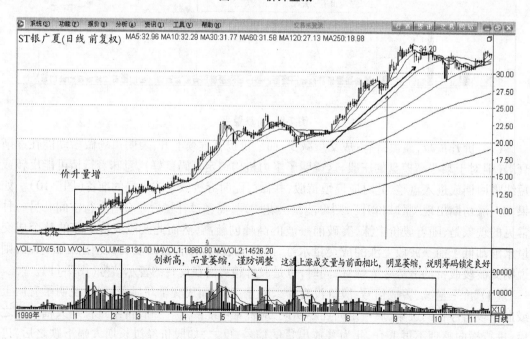

图 7-11 价升量减

卖出信号(图 7-12)。此为无量阴跌,底部遥遥无期,正所谓多头不死跌势不止,一直跌到多头彻底丧失信心斩仓认赔,爆出大的成交量,跌势才会停止,所以,在操作上,只要趋势逆转,应及时止损出局,但是如果在中长期下降趋势逆转后的上升初中期,主力机构振仓洗盘时也常常出现"价跌量减",一旦价跌量减结束,再次出现价升量增的放量上涨,又不失为较好的买入机会(图7-13)。

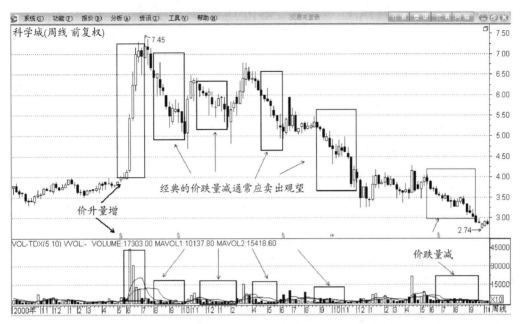

图7-12 价跌量减

图7-13 中低价位价跌量减

第六节 灵活、辩证运用价量关系

一、辩证的价量关系

台湾投资专家杨基鸿先生所著的《价量经典》台湾版本，率先详细阐述各种经典的价量关系，而且还把每一种价量关系与经典 K 线组合起来分析，图文并茂地列举了 105 种价量关系组合模式的运用法则，不能不说是全面翔实。其中，仅仅"价涨量增"这一种标准的价量关系里又细分了如下 13 种组合模式：

模式一　跌到最低点当天；
模式二　跌到最低点当天——巨量；
模式三　跌到最低点当天——上影线；
模式四　跌到最低点当天——下影线；
模式五　跌到最低点当天——巨量、上下影线；
模式六　涨到最高点当天；
模式七　涨到最高点当天——巨量；
模式八　涨到最高点当天——上影线；
模式九　涨到最高点当天——下影线；
模式十　涨到最高点当天——巨量、上下影线；
模式十一　跌到不是最低点当天；
模式十二　涨到不是最高点当天；
模式十三　往上突破趋势或形态的颈线。

但是，我们将书中的这么多运用法则用于实战操作中，虽然有不少成功的案例，但失败的时候也多，为此付出过惨痛的教训。逐渐发现上百种研判的标准，即便是研究如何地仔细，如此之多的组合模式也难以在实际走势中精确地找到一模一样，无法一一对应使用，而且上百种组合模式也不可能随时都烂熟于心。再说，股市投资本身就不是纯粹科学性的研究活动，而是科学性与艺术性的高度融合，股市里所有的分析预测均没有绝对的、必然的结论。另外，该书中的大部分模式所涉及的最低点、最高点，在实战中总是不容易准确界定，主观认为当时的最低点、最高点时常判断失误。于是，我们发现研究方向很可能存在问题，于是，逐渐放弃将价格 K 线（组合）变化与成交量变化组合成庞大的价量配合模式研究方向，转为研究将最基本的价量关系在股价位置中的使用。

我们知道，股价的位置通常大致可以分为高位、中位和低位三种，如果将价量关系与股价的具体位置高低结合起来分析，则可以归纳出 27 种之多的价量关系模式（表 7-3）。也就是说，在股价的高位、中位及低位，以上最基本的九种经典价量关系都可能出现，同时，即便是同一种价量关系，如果处在不同的位置，其蕴含的市场意义和最终得出的走势结论也不相同，因此，实战操作中，必须结合股价具体位置的高、中、低位不同，辩证分析，灵活把握，谨慎地下结论。

但是，新的问题又出来了，上面所涉及的股价位置的高位、中位和低位，本身就是一个比较模糊的概念，虽然可以通过股价所处的空间位置或相对位置（即技术指标）来界定，但是，在股价的实际走势变化中，这种准确界定往往带有很强的主观性，时常分不清当前位置到底是哪一个大小波动趋势的高、中、低位，也就是说，容易产生"身在庐山中，不识庐山真面目"的尴尬。任何投资理论在实战操作时讲究的是简单、明确、实用，随着长时间实际操作中诸多困惑及问题的积累，学习思考的深入，理论上的升华，我们又转向深入研究价量关系如何在股价波动的循环规律中正确使用（表7-4）。

表7-4 量价关系组合

	价升	价平	价跌	股价位置高、中、低
量增	1	2	3	9种组合
量平	4	5	6	9种组合
量减	7	8	9	9种组合

我们知道，股价波动的循环规律（即寻宝图）一般有四个主要阶段：筑底、上涨、盘头、下跌。如果将循环规律的四个阶段与最基本的价量关系结合，细分价量配合关系组合模式，则可以归纳出36种模式（表7-5）。

表7-5 价量关系与循环阶段组合

	筑底	上涨	盘头	下跌
价升量增				
价升量平				
价升量减				
价平量增				
价平量平				
价平量减				
价跌量增				
价跌量平				
价跌量减				

36种细化价量关系模式：

筑底阶段——价升量增、价升量平、价升量减、价平量增、价平量平、价平量减、价跌量增、价跌量平、价跌量减。

上涨阶段——价升量增、价升量平、价升量减、价平量增、价平量平、价平量减、价跌量增、价跌量平、价跌量减。

盘头阶段——价升量增、价升量平、价升量减、价平量增、价平量平、价平量减、价跌量增、价跌量平、价跌量减。

下跌阶段——价升量增、价升量平、价升量减、价平量增、价平量平、价平量减、价跌量增、价跌量平、价跌量减。

也就是说,在股价循环的四个阶段,单一或两三根K线的短期价量关系,上面总结的最基本9种价量关系均可能出现,如何正确、辩证运用价量关系是每个投资者在实战操作中均需要面对的问题。这就要求我们必须将9种最基本的价量配合关系与股价循环的各个阶段有机结合起来,把握价量关系的普遍性与特殊性,不死搬硬套、不机械使用各种价量关系的模式。

二、价量关系不同位置的市场意义

下面仅仅就股价循环规律中趋势明显的上涨和下跌阶段,将最基本的9种价量关系的市场意义进行展开分析,投资者可以领会相同的价量关系而不同的位置,其市场意义和走势结果可能大不相同。

1. 价升量增,市场意义

(1) 在涨势初期出现,为上涨信号,可以做多;

(2) 在上涨途中出现,后市看涨;

(3) 在涨势后期出现,为转势信号,不可盲目做多;

(4) 在跌势初、中期出现,是价格反弹现象,如果成交量不能持续放大,反弹行情将告结束;

(5) 在跌势末期出现,多头出击,上涨后仍要回调,应观望;

(6) 在整理态势中出现,有量配合,整理形态可能向上突破,应做多。

2. 价升量平,市场意义

(1) 在涨势初期出现,为后市看好可介入做多;

(2) 在上涨途中出现,继续看涨;

(3) 在涨势后期出现,为滞涨信号,投机者应做好沽空的准备;

(4) 在下跌初、中期出现,属于正常反弹,当反弹到位后受到均线压制时,行情仍将继续下跌;

(5) 在下跌末期出现,底部未明,反弹后仍需要探底,应观望。

3. 价升量减,市场意义

(1) 价格上升初期出现,上升无量配合,可能仍要回档,应观望;

(2) 价格持续上涨成交量萎缩,应谨慎做多;

(3) 在涨势后期出现,价量背离,是反转信号,应逢高沽空;

(4) 在跌势中出现,反弹行情即将结束;

(5) 在整理态势中出现,价格将上冲回落继续整理,应观望。

4. 价平量增,市场意义

(1) 在涨势初、中期出现,是主力在压价吸仓;

(2) 在涨势末期出现,是主力多头在托价出货;

(3) 在跌势初、中期出现,下跌整理后,后市仍有下跌的压力;

(4) 在跌势末期出现,有主力多头介入的迹象,后市可望止跌企稳或止跌回升,应做好买入准备；

(5) 在整理态势中出现，买盘增加，后市可能上涨，可逐步进场做多。

5. 价平量平，市场意义

(1) 在上涨初期出现，后市方向和空间不明，应观望为主；

(2) 在上升途中出现，后市谨慎看多，谨防回档；

(3) 在涨势末期出现，如果此前成交量曾经很大，此时意味着滞涨，是即将转市信号；

(4) 在跌势的初、中期出现，表明并未止跌，后市仍要下跌；

(5) 在跌势末期出现，如果成交量已缩至很小，说明市场的底部已近，投资者应做好买入的准备；

(6) 在整理态势中出现，应继续观望。

6. 价平量减，市场意义

(1) 在涨势初期出现，市场不振，后市方向和空间不明，应观望；

(2) 在上升途中出现，后市仍可看涨；

(3) 在涨势末期出现，如果此前成交量曾经很大，此时的缩量将代表着价格将要下跌的信号；

(4) 在跌势初、中期出现，后市仍要下跌；

(5) 在跌势末期出现，如果成交量已缩至很小，说明市场的底部已近，投资者应做好买入的准备；

(6) 在整理态势中出现，应继续观望。

7. 价跌量增，市场意义

(1) 在涨势初、中期出现，是主力打压震仓行为，只要价格回档不破 30 日均线，则中长线仍可以继续持码做多；

(2) 在涨势末期出现，表明市场要发生反转；

(3) 在跌势初期出现，为助跌信号；

(4) 在跌势中期出现，表明空头能量仍然很强，价格仍需要下跌一段时间；

(5) 在跌势后期出现，为见底信号；

(6) 在整理态势中出现，一般多是行情突然出现某种较大利空消息或不利因素的影响，市场出现了多杀多的悲剧。

8. 价跌量平，市场意义

(1) 在上升初、中期出现，属于正常的回档，应观望或者少量买入；

(2) 在涨势末期出现，应卖出；

(3) 在跌势初期出现，后市看空；

(4) 在跌势途中出现，继续看跌；

(5) 在跌势末期出现，说明底部渐近，应密切关注。

9. 价跌量减，市场意义

(1) 在涨势初、中期出现，属于正常回档，可逢低买进；

(2) 在涨势末期出现，如果成交量仅为小幅减少，这是主力出场的迹象，假如价格能迅

速往上涨、创新高的话,则后市仍可看好;但若近日内价格仍继续盘弱的话,多头应谨慎为好;

(3) 在跌势初期出现,如果成交量急剧萎缩,而在数日内的成交量也未见增加时,表明市场资金已经不足或主力已经撤退,后市看跌;

(4) 在下跌途中出现,为弱市信号,应继续做空;

(5) 在跌势后期出现,行情走势可望于近期获得反弹甚至见底回升;

(6) 在盘整态势中出现,行情向下突破的可能性不大,应继续观望。

三、各循环阶段的价量关系特征

既然不同循环位置的价量关系其市场含义和走势结果会有所不同,为了方便读者进一步理解价量关系的运用精要,下面,笔者将股价波动循环各个阶段的主要价量表现、基本特征、技术特征以及操作策略用表格形成简单整理说明(表7-6)。

表7-6 各循环阶段的价量关系

	价量表现	基本特征	技术特征	操作策略
底部形成区	价跌量缩	价量配合	均线粘连	低吸
上升初中期	价升量增	价量配合	10日与30日均线	追涨
上升整理区	价平量平	价量背离	向30日均线	低吸缓高抛
头部形成初期	天价天量	价量配合	均线发散向上	高抛
头部形成末期	价平量增	价量背离	均线粘连	高抛或持币观望
下跌初中区	价跌量增	价量背离	10日与30日均线	杀跌空仓
下跌整理区	价升量缩	价量背离	向30日均线	高抛缓低吸
下跌末期(再度底部形成)	地量低价	价量配合	均线向下发散,KD低位钝化	持筹、观望、低吸

第七节 价量分析须结合股价波动规律

随着价量关系研究的不断深入,我们会发现,如何准确界定实际走势中的股价位置到底处于筑底、上涨(上升)、盘头、下跌之中的哪一个阶段非常重要。投资者如要实战操作中正确运用经典的价量关系,必须深入研究股价循环的波动规律,并将最基本的9种价量经典关系与股价循环规律结合起来使用,才能准确判断股价后市的走势。

一、筑底阶段的价量分析

1. 底部的概念

所谓底部,通常是指某一区域而不是具体的点位,因此,底部自身的构造便主要由价格、范围(高度)和时间跨度(宽度)三方面的因素构成。一般是指股价由下跌转为上升的转折点(区域),它可以是上升途中的回档,也可以是下跌途中的反弹折返。这种转折可以是一个

第七章　量价关系分析技术与技巧　　199

缓慢的过程,也可以是一个急速的过程。在底部股价可能是急剧振荡的,也可能是平缓波动的,由此形成了V型底、圆弧底、双重底等各种不同的底部形态。

根据行情的规模大小我们可以将底部划分短期底部、中期底部和长期底部。短期底部是指股价经过一段不长时间的连续下跌之后因导致短期技术指标超卖,从而出现股价反弹的转折点(区域)中期底部是由于股价经过较长时间下跌之后,技术上严重超跌,或者借助于某些利好、或题材所产生的历时较长、升幅可观的弹升行情的转折点(区域);而长期底部则是指股价经过长期下跌之后,空头行情完全结束,多头行情重新到来的转折点(区域)。

2. 短期底部

短期底部以V型居多(从日K线图或60分钟K线图可以明显看出),发生行情转折的当天经常在日K线图上走出较为明显的下影线,在探明底部前,常常会出现2—3根比较大的阴线,也就是说,每一次加速下跌都可能形成一个短期底部,此时价量关系特征主要为经典的价跌量增或价跌量减模式,少数为价跌量平模式。短期底部之后,将是一个历时很短的反弹,这一反弹的时间跨度多则三五天,少则只有一天,反弹的高度在多数情况下很难超过加速下跌开始时的起点(图7-14)。

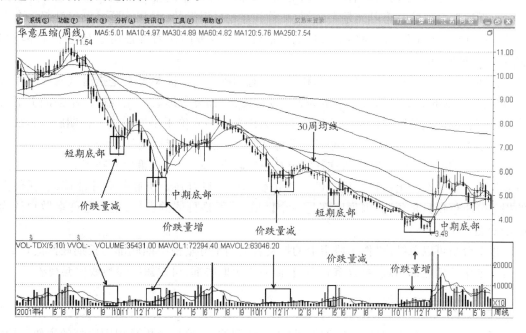

图7-14　短中期底部

3. 中期底部

中期底部各种经典形态出现的可能性都有,其中W型底和头肩底出现的几率多些。中期底部一般是在跌势持续时间较长(至少在10周以上)、跌幅较深(大盘下跌15%、个股下跌30%以上)之后才会出现,价量关系特征主要为经典的价跌量减价、价跌量增模式,而价跌量平模式相对较少。在到达中期底部之前往往有一段恐慌性加速下跌,此时段的价量关系特征为价跌量增模式。中期底部的出现,一般不需要宏观上基本因素的改变,但却往往需要消息面的配合,最典型的情况是先由重大利空消息促成见底之前的加速下跌。然后再由于利好消息的出现,配合市场形成反转。

中期底部之后,会走出一个历时较长(一至数周)、升幅较高的上升行情。这段上升行情中间会出现回调整理。大体来讲,升势可分为三段:第一段由低位斩仓者的补货盘为主要推动力,个股方面优质股表现最好,此阶段的价量关系特征一般为价升量温和增加模式;第二段由炒题材的建仓盘推动,二线股轮番表现的机会比较多,此阶段的价量关系特征一般为价升量增的经典模式;升势的第三段是靠投机性炒作推动的,小盘低价股表现得会更活跃一些,此阶段的价量关系特征一般为价升量减模式。在中期底部之后的升势发展过程中,会有想当多的市场人士把这一轮行情当作新一轮多头市场的开始,而这种想法的存在正是能够走出中级、行情而不仅仅是反弹的重要原因。

4. 长期底部

长期底部是熊市与牛市的交界点,长期底部的形成有两个重要前提,其一是导致长期弱势形成的宏观政策、基本面利空因素正在改变过程当中、无论宏观基本面利空的消除速度快慢,最终的结果必须是彻底地消除;其二是在一个低价股水平的基础上投资者的信心开始恢复。长期底部之后的升势可能是由政策、某种利好题材引发的,但利好题材仅仅是起一个引发的作用而已,绝对不是出现多头行情的可能性。而这种内在因素必须是宏观经济环境和宏观金融环境的根本改善。

长期底部的形成一般有简单形态和复杂形态两种。所谓简单形态是指潜伏底或圆弧形底,这两种底部的成交量都很小。市场表现淡静冷清,而复杂形态是指规律性不强的上下振荡。长期底部构筑阶段的价量关系特征主要为价平量平或价平量增模式。长期底部走成 V 型底或小 W 型底的可能性不大,见底之后将是新一轮的多头市场循环。

需要提醒的是,底部的确认,往往需要从供求状态、基本面、政策面和技术分析结合才能对股价的运行形态作出一种准确判断。真正底部往往只有在走出底部后才能确认,任何人的提前分析仅仅只是预测,因为底部是一个区域,而不是具体的点位,更不是许多散户认为的最低点。

以上分析可以总结出,作为股市上的投资者应当十分重视中期底部与长期底部的形成。一旦看准中长期底部出现,可以重仓参与,而对于短期底部,可以短线参与或放弃观望。

二、大盘底部特征分析

底部是通过股价走势所构成的技术图形来体现的,而价量分析是识别底部的主要手段。从价量关系来讲,大盘底部区域的价跌量缩的价量正常配合与价跌量增的价量配合背离关系最为常见,而且往往在下跌过程中,这两种价量配合模式交替出现。具体来说,股市中期底部的特征表现如下:

(1) 中期底部调整时间较长:调整时间较长意味着多空转换充分,这是大盘形成中期底部的首要条件。根据数据统计分析,大部分的中期底部在达到以前,周线级别上的平均单边下跌时间要达到 7 周以上,调整的两个极限时间段一般是 5—55 周。在大盘强势市场中,5—8 周的调整情况比较普遍,但在大盘弱势市场中,指数长期调整的下降通道,期望 5 周之内见到扎实中期底部的难度极大,也是不现实的,一般需要调整 21—34 周,甚至更长时间(图 7-15)。

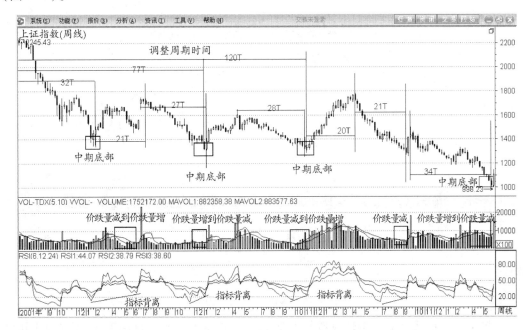

图 7-15　大盘中期调整时间

（2）中期下跌的盘面特征:大部分个股在经历价跌量减的缩量下跌后横盘或稍有小反弹,然后又继续破位下行,进入价跌量增的恐慌性杀跌,如此交替运行。而大盘指数往往大跌后又继续大跌,关键支撑位及重要心理位置如所谓的"政策底"、大众心理底线位置轻易地被跌破,绵绵不断阴跌,似乎没有尽头。

在下跌过程中,盘面虽然时有热点板块活跃,显示有资金运作,但热点往往没有持续性,板块个股联动效应差,板块轮动显得比较凌乱,更没有阶段性领涨品种出现,无法带动大盘上扬,短线操作者也难以把握获利的机会。

（3）出现中期底部前的板块轮动特征:几乎是所有板块与个股都要轮跌一遍,大部分个股要经历两到三波的大跌,各个板块的轮跌循环基本完成,才说明市场中的做空动力充分释放。在下跌的尾段,往往是前期抗跌或逆市做多的强势板块和个股、包括许多绩优股出现补跌,进一步打击市场的持股信心。

此时,前期逆市做多的机构开始悲观,并大肆做空,一直看多的分析师或在媒体上主流投资咨询机构也悲观看空,对前景开始谨慎对待。新股开始跌破发行价格,新股上市首日收盘涨幅极低,有的在不久后就跌破发行价格,或者不断有股价跌破净资产值的个股出现。

（4）大盘中期底部必须经过大幅下跌或长时间下跌,指数必须有从高位跌幅超过 15%以上,周 K 线、月 K 线处于低位区域或者中期下降通道的下轨(图 7-16)。从上证综指来看,指数偏离 5 周均线,乖离率达到 -5 以上,这是大盘接近中级底部较为可靠的标志性参考值,也是价格特征的明显体现。

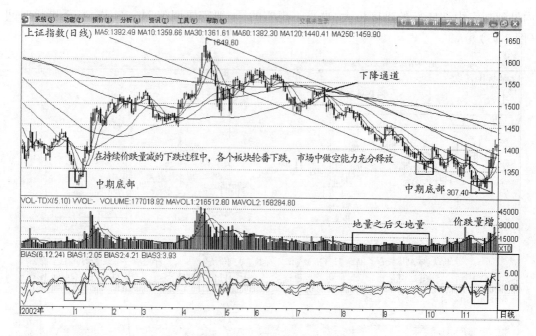

图 7-16 大盘中期下降通道

（5）大盘中期底部的市场环境特征主要表现在：市场上利空消息满天飞，不管是上市公司的各种利空，还是政策、消息面的利空传闻广为流传，大盘经常由阴跌变为急跌，或者有成批的个股或板块集体大幅下挫、集体跌停；管理层的态度开始逐步转暖，不断有领导人讲话打气，利好政策讨论增多，但是，即便是出现某些利好消息或政策，大多数投资人对于宏观面和政策利好变得麻木不仁，熊市思维极其严重，难以刺激交投活跃；同时，各类基金折价现象普遍，新基金发行受挫，发售开始出现困难、不顺畅，尤其是市场主流基金的投资理念受到普遍质疑，主流基金似乎也失去方向感；因股市长期持续低迷，此时券商也往往经营十分困难，有关券商困难危局的报道时常见报，媒体刊登的关于拯救股市的话题日渐增多，或者网上指责管理层的言论常有出现。总之，市场相关各方面临极大的压力。

（6）中期底部的成交量特征：常常表现为极度萎缩，大盘屡创地量，具体表现为上海的单日成交金额连续多日低于四五十亿，股价跌无可跌，做空力量近于衰竭；因为投资人极度恐慌而呈现出放量杀跌，短期跌幅巨大，场外投资人观望气氛甚浓，非常谨慎，绝大部分人不敢参与。因此，大盘中期底部构筑过程中，连续地量经常出现，K 线呈现小阴小阳盘整，股指波幅很小，K 线图上振幅越来越小，短线投机者已无差价可做，大多数人已选择退出观望。此时卖出的往往是高位被套而失去耐心的最后一批多头，等到这批人都卖光了，底部也就悄悄地来临了。

（7）中期底部的技术背离特征：当大盘经过长时间下跌后的底部区域，日 K 线图形上 K 线与短期均线系统交织在一起。常用技术指标如周 KDJ、RSI、MACD 等经常在低位呈现底背离状态（图 7-17），也就是说，指数创出新低，而指标中 KDJ、RSI、MACD 指标拒绝创出新低，表明杀跌做空动能衰竭，反弹要求强烈。

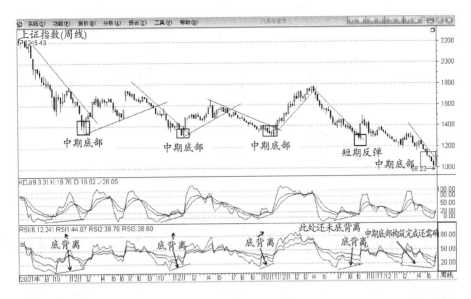

图 7-17 中期底部指标背离

一旦政府出台实质性利好政策,成交量持续放大,领涨热点板块出现,市场人气被激发,K线图形将脱离盘整区,转为上升趋势,大盘进入中级反弹(或上升)阶段。此时,选择一些诸如提前见底主力正准备拉升的强势股,选择远离成交密集区和近期的套牢盘的超跌股,选择业绩优良、成长性佳的大增长潜力股,选择题材丰富的活跃股,以及选择底部温和放量的热点股等等。及时抓住大机会,重仓跟进,获取投资收益。

(8)需要说明的是,大盘中期调整的时间与空间可以相互转换。根据股价时间与空间转化原理,如果股价采取价跌量增的快速杀跌方式展开调整,那么,就可以缩短调整的时间,反之,如果股价采取价跌量减的缓慢阴跌方式展开调整,那么,调整时间将大大延长。实际上,中期调整更多时候是以上两种方式交替运行,投资者在看盘过程中需要注意这种交替特征。

三、上升阶段价量特征分析

根据股价大波段的波动周期循环理论,当股价筑底完成以后,将进入股价上升(上涨)阶段(图7-18),如果细分上升过程,可划分为:上升初期、上升回档、上升中期(主升段)、上升末期。

上升初期:此时的市场景气尚未转好,但因为前面的长时间下跌,或底部盘整已久。股价大多已经跌至不合理的低价,严重超跌,市场浮动筹码亦已大为减少,在此时买进的人因成本极低,即便是再跌也有限,大多不轻易卖出,而高价套牢未卖的人,因亏损已大,也不再杀跌出局,因此,市场卖压已经大为减轻。此时的成交量大多呈现着不规则的递增状态,平均成交量比前面低迷时期多出一半以上,少数领涨股的价格大幅上涨,多数股价呈现出小幅盘升的态势。此阶段,虽然不同股票单一K线的价量关系可能出现多种表现形式,但总体而言,主要以阶段性温和价升量增为主。部分有经验的投资人开始较积极地买进股票进行短

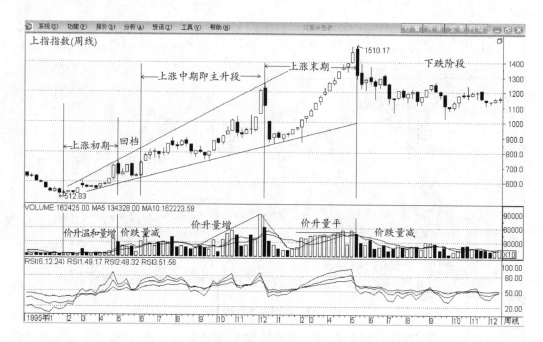

图 7-18 上升各阶段

线操作或作中长期投资的打算,此阶段上扬即为一般所称的"初升段"。

上升回档:即为一般所称上升行情的回档期。在初升段的末期,由于不少股票亦已持续涨升,经过长期下跌亏损的投资者,在好不容易略有获利之余,多数存有"落袋为安"的思想,获利了结;而未及时搭上车的有心人,以及持股甚多的主力大户,为求避免再度坐电梯,大多趁着投资大众的信心尚未稳定之际,乃以转账冲销或摜压甚多,而多数股价在盘软之余,市场上大户出货的传言特别多,此时空头又再呈活跃,但股价下跌至某一程度时,即让人有着跌不下去的感觉。此阶段,虽然不同股票单一K线的价量关系可能出现多种表现形式,但总体而言,主要以阶段性价跌量减为主。回档期间是大户真正进货的时期,也是真正买卖股票的精明投资人所乐于大量介入投资的时期,但该期真正到来时,中小散户的两手大多空空,甚至有少数在初期尝到做空小甜头的散户们。

上升中期:即为一般所称的"主升段",由于景气亦已步入繁荣阶段,发行公司盈余大增。此时大户手上的股票特别多,市场的浮动筹码已大量的减少,主力机构利用各种利多消息将股价持续拉高,甚至于重复的利多消息一再公布,炒冷饭也在所不惜,该期反应在股票市场的是人头攒动到处客满。由于股价节节上涨,不管内行外行,只要买进股票便能获利,做空头的信心已经动摇,并逐渐由空翻多,形成抢购的风潮,而股价会在成全面暴涨的局面。市场充满着一片欢笑声,从来不知道股票为何物的外行人,在时常听到"股票赚了多少"的鼓动下,也开始产生兴趣,买进几张试试。该阶段的特性,大多为成交量持续大量的增加,发行公司趁着此时大量增资扩股及推出新股,上涨的股票也逐渐从强势股票延伸到冷门股票,冷门股票并又逐渐转势而列居于热门榜中,轮炒的风气日盛。此阶段,虽然不同股票单一K线的价量关系可能出现多种表现形式,但总体而言,阶段性价量特征主要表现为典型价升量增的配合关系是主旋律。此期为主力机构操作甚久之后,逐渐获利了结的时期,他们所卖的虽非最高价,但结算获利已不少,精明的投资人也趁此机会了结观望,只有中散户被乐观气氛冲昏了头而越买越多。

上升末期:即一般所称的上升尾段。此时七分繁荣,发行公司的盈余均为大增,反映在证券市场上,除了人气一片沸腾之外,新股亦大量发行,而上涨的股票多为以前少有成交的冷门股,原为热门的股票反而开始有着步履沉重的感觉。该期的成交量常破纪录地暴增,股价暴涨暴跌的现象屡有可见,投资大众手中大多拥有股票,以期待着股价进一步上升,但是股价的涨升却显得步履蹒跚,而反映在成交量上面的,便常有:股价上升但成交量有所减少,股价下跌但成交量反而增加。该阶段行情的操作犹如刀口舐血,如果短线操作成功的话同样也会大有斩获,但是一般投资人大多在此阶段开始惨遭亏损,甚至落得倾家荡产的局面。此阶段,虽然不同股票单一K线的价量关系可能出现多种表现形式,但总体而言,阶段性价量特征主要表现为价升量平或价升量减为主。

四、头部阶段价量特征分析

首先,理解了底部的概念,就容易理解头部的概念了,因为顶部的形成与底部原理几乎相同,只不过要反过来用而已。头部也是通过股价走势所构成的技术图形来体现的,那么价量分析也是识别头部的主要手段。从价量关系来说,单一K线的价量关系可能有多种不同的表现形式,但总体而言,阶段性价升量增的这种价量正常配合关系与价升量减或价升量平的价量配合背离的关系均常见,这里不进行详细展开,重点分析中期头(顶)部来临前的特征。

大盘头部在没有确认以前比较难以判断,特别是在股价创新高时,市场气氛一片乐观,投资者普遍以为新高之后上升空间已经打开,还会有新高出现,如果在高位运行时间稍久,投资者思想也容易被麻痹,当众人无暇顾及大盘指数而热衷于个股炒作时,大盘的危险就会悄悄降临。由于头部往往是风险最大的阶段,所以,我们认为研究头部比研究底部更为重要,投资者必须要熟悉和掌握中期头部的一些主要技术特征,具体有如下几方面。

(1) 一般中期头部构筑完成需要的时间并不很长,较长的5—13周便可完成,短的时间一至两周即可结束,头部越是持续放出天量,意味着多方能量消耗过大,或者说多空充分转换,构筑时间将缩短。

(2) 在出现中期头部前,市场各个板块几乎是全部轮番上涨了一遍,各个板块的轮涨循环基本完成,而且大部分个股都经历了两至三次大幅拉升。但是,一旦进入头部构筑阶段,前期领涨的热点板块却出现滞涨或率先开始下跌,这是行情即将完结的一个重要信号。

(3) 行情大幅上扬后出现极其乐观的市况,各个媒体、市场人士评论几乎一片看涨,纷纷预测后市还将大涨到多少点位等等,个股往往出现疯狂涨停,黑马奔腾,连冷门的板块和个股也出现大幅飙升。此时,连新股发行价格也调高,新股上市首日收盘涨幅极高,极容易受到资金追捧。

(4) 行情连续大幅上扬后,有时候成交量容易放出天量。天量几乎90%形成天价,但往往意味着多方能量消耗过大,后续增量介入资金有限,行情缺乏上升动力,自然容易掉头下行,因此,成交量创下巨量或天量,投资者要保持警惕,此时,一般是卖出的好时机。另外一种头部的常见现象,即在连续大幅上扬后的高位出现连续宽幅振荡,盘中上攻无量,而跌时却放量的价平量增的价量特征。

(5) 行情大幅上扬后,进入缓慢推升阶段,而成交量却出现背离现象,呈价升量平或价升量减的价量特征,反映出行情上涨并没有受到场外资金的热烈追捧,只不过场内持股者惜售心理较强,导致上档抛压小,资金不大也能推高行情,但这样的行情不会持续很久,形成头部的几率很大(图7-19)。

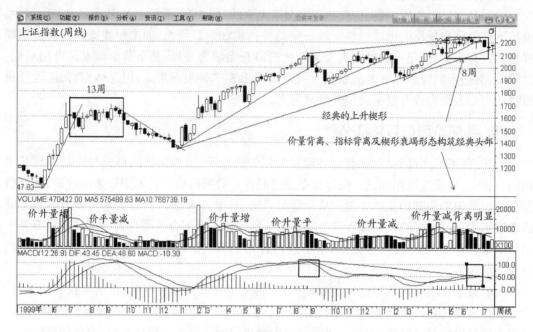

图7-19　2001年大头部

(6) 在中(短)期头部来临之时,大盘指数日K线图上出现三个以上强势跳空缺口,几乎90%以上易形成短中期头部区。一旦出现三个以上跳空缺口应坚决卖出,这样几乎每次可以顺利逃离头部区(图7-20)。

(7) 大盘指数周K线图上,如果相对强弱指标周RSI进入80以上超买区,或出现周RSI顶背离,则要高度警惕,可逢高卖出,增持现金、减持股票是一项明智、谨慎、规避风险的做法。同样,大盘指数日K线图上出现相对强弱指标日RSI出现顶背离现象,表明市场做多动力正在衰竭,此时,往往容易看到权重大的大盘指标股拉升指数的明显迹象。这种技术指标的顶背离现象,往往意味着行情易出现急跌形成头部(图7-20)。

(8) 行情大幅上扬后,进入头部区域,市场上利多消息不断,反而对一些利空消息人们却视而不见,短时间内很快消化,继续上涨。但是,一旦政策消息面上出连续利空或足以改变主力操作动向的因素涌现,要高度警觉,很可能意味行情即将结束。最典型的要数1996年底的行情,管理层连出12道利空"金牌"才遏制住股市的疯涨(图7-21)。

以上八项特征并非每个中期头部都具备,但是,一旦具备以上特征越多,中期大头部出

第七章 量价关系分析技术与技巧 *207*

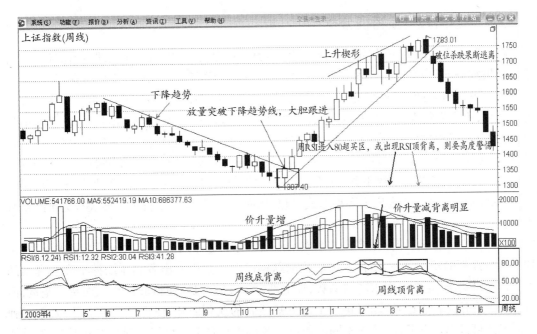

图 7-20 2004 年反弹行情头部

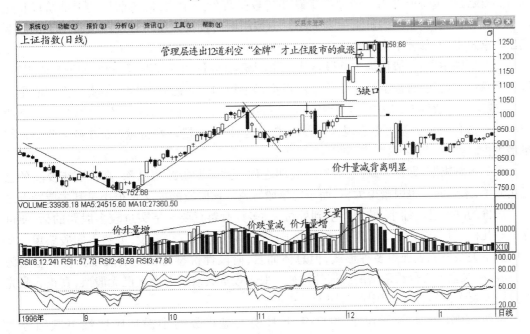

图 7-21 1996 年底上证指数走势

现的可靠性越大,临盘中需要投资者要高度警觉,及时做好果断卖出的准备。

五、下跌阶段价量特征分析

根据股价大波段的波动周期循环理论,当股价头部完成以后,将进入股价循环下跌阶段。如果细分下跌的过程,可划分为:下跌初期、下跌反弹期、下跌中期、下跌末期。

(1) 下跌初期:即为K线理论上的渐落期,也称初跌期,由于多数股价都已偏高,欲涨乏力的结果,不少投资人于较难获利之余已开始反省。此时多头主力均已出货不少,精明的投资人见盈利日渐减少,也跟着出局。而套在高位的中散户们心里虽然也会有警觉、产生犹豫,但还是期待着行情仅是回档,期待着另一段涨升的到来,甚至买进摊平的实例也到处可见。只有冷门股已开始大幅下跌,此为该段行情的重要指标之一。此阶段,虽然不同股票单一K线的价量关系可能表现为多种形式,但总体而言,阶段性价量特征主要表现为价跌量减为主。

(2) 下跌反弹期:即称新多头进场或术语上所称的逃命期。该期由于成交量的暴减,再加上部分浮额的赔本抛售,使得多数股价的跌幅已深。高价卖出者和企图摊平高档套牢的多头们相继进场,企图挽回市场的颓势,加上部分短空的补货,使得股价止跌而转向坚挺,但由于反弹后抢高价者已具戒心,再加上部分短线者的获利回吐,使得股价欲涨乏力,于反弹之后又再度滑落。此阶段,虽然不同股票单一K线的价量关系可能表现为多种形式,但总体而言,阶段性价量特征可能与前面的下跌相比较呈现价升量增,但与前期的上涨阶段相比较,主要表现为价升量减的价量配合关系。少数精明的投资人纷纷趁此机会将手上的股票卖出以求逃命,而部分空头趁此机会卖出。

(3) 下跌中期:一般称为主跌段行情,此时大部分股价的跌幅渐深,利空的消息满天飞,股价下跌的速度甚快,甚至有连续几个停板都卖不掉的。以前套牢持股不卖的人信心也已动摇,成交量逐渐放大,不少多头于失望之余纷纷卖光股票退出市场。此阶段,虽然不同股票单一K线的价量关系可能表现为多种形式,但总体而言,阶段性价量特征主要表现为价跌量增为主。

(4) 下跌末期:即称末跌段,有以沉衰期之称。此时股价跌幅已深,高价套牢要卖的已经卖光了,未卖的人也因赔得太多,而宁愿捂股等待。该阶段的成交量很小是其主要特点之一。股价的跌幅已经缩小,散户浮空到处可见,多数股票只要一笔买进较多股票的话,便可涨上好几档,但不再有支撑续进的话,不久则又将回跌还原。此阶段,虽然不同股票单一K线的价量关系可能表现为多种形式,但总体而言,阶段性价量特征主要表现为价跌量增为主,局部有时也呈现价跌量增的恐慌性特征。股市投资大众手上大多已无股票,真正有眼光的投资人及大户们,往往利用此时期大量买进。

例如,2001年6月下旬至2002年1月的大盘指数的小循环阶段性下跌细分图(图7-22)。

又如上证指数在2004年4月完成大B浪反弹后,进入大C浪下跌,而C浪下跌阶段同样细分也应该呈现明显的下跌初期、下跌反弹期、下跌中期、下跌末期几个阶段(图7-23)。虽然2005年6月,管理层为了顺利推行股权分置试点,连续密集出台多项政策利好,但从图表中可以判断出整个股市的调整仍未结束,所谓的:牛市行情还不具备技术上的条件。

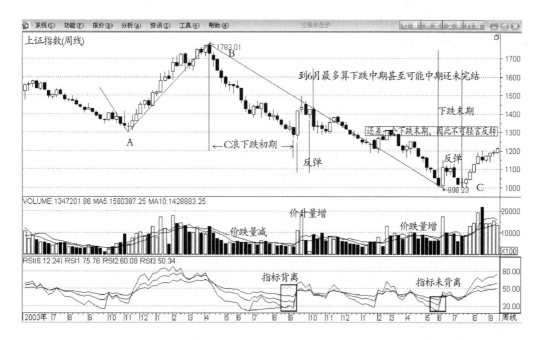

图 7-22　阶段性下跌细分

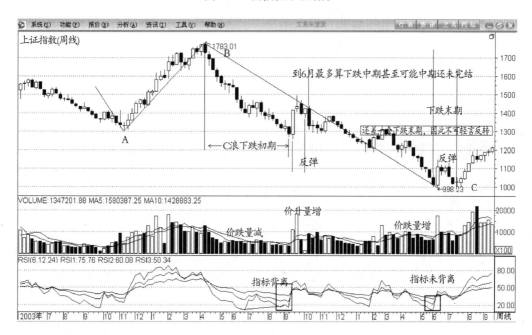

图 7-23　上证指数 C 浪下跌细分

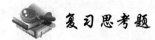 复习思考题

1. 什么是价量逆时针曲线？运用它有什么意义？
2. 如何运用价量逆时针曲线研判行情？
3. 传统的价量关系有哪些？
4. 经典价量关系实战要领有哪些？收集资料加以比较说明。
5. 简述最基本的9种价量关系的市场意义。
6. 各循环阶段的价量关系有哪些特征？
7. 什么是大盘底部？它有哪些价量特征？收集资料加以比较说明。
8. 上升阶段有哪些价量特征？如何指导操作？收集资料加以比较说明。
9. 头部阶段有哪些价量特征？如何指导操作？收集资料加以比较说明。
10. 下跌阶段有哪些价量特征？如何指导操作？收集资料加以比较说明。
11. 如何看待价量关系对金融投资的指导作用？

第八章　切线理论分析技术与技巧

【本章导读】

> 技术分析的核心就是研究趋势,通过本章的学习,了解趋势线、黄金分割线、百分比线、速度线、甘氏线、支撑线和阻力线、交叉线、通道线、扇形线、周期类切线、安德鲁音叉线、波浪线、对称角度线以及量度切线等一系列切线基本概念,学会各类切线的画法,正确使用它们的运用原则,掌握一系列切线的分析技巧,从而对走势做出判断。

历史的发展过程告诉我们,只有顺应时代的潮流,改变原来不正确的观念,才能兴旺发达。金融投资市场也有顺应潮流的问题。要"顺势而为",不"逆势而动",已成为被广泛接受的金融投资准则。一个金融投资者如果不懂得这一点,其后果将是可怕的。即使一时取得成功,但维持的时间不可能长久,最终必将招致重大损失。

要准确地把握形势,了解大势的发展方向,判断是上升还是下降,是暂时上升马上就会下降,还是非暂时上升不会马上下降,做到这一点是很困难的,大势的发展变动并不是简单的上升下降,由于各种原因,在上升和下降的过程中要经过许多曲折。也就是说,上升的趋势中会有下降,下降的趋势中含有上升。这就给金融投资者的判断造成很大麻烦,容易在究竟是暂时反弹或回档,还是彻底转势这个问题上出现误差。

本章从对趋势线的认识着手,应用有关支撑压力的分析方法,帮助金融投资者提高识别大势是继续维持原方向还是掉头反向的能力。当然,支撑压力的切线法主要是给出一些方法,这些方法一般只能提供参考意见。获得"正"收益的前提是对投资分析方法的合理、正确使用。

第一节　趋　势　线

趋势线是一种简单明确的切线技术分析方法,其理论基础就是"顺势而为"。趋势线是衡量价格的趋势,由趋势线的方向可以明确地看出价格的趋势。上升趋势线起支撑作用,下降趋势线起压力作用。也就是说,上升趋势线是支撑线的一种,下降趋势线是压力线的一种。

一、趋势线的画法

在上升趋势中,将价格上升过程中的低点连成一条直线,就得到上升趋势线。在下跌趋势中,将价格下跌过程中的高点连成一条直线,就得到下跌趋势线。

二、趋势线的种类

1. 按照趋势线的运行方向,可以分为上升趋势线、下降趋势线和水平趋势线。

2. 按照趋势持续时间的长短,还可以划分为长期趋势线、中期趋势线和短期趋势线。长期趋势线的时间跨度较长,通常在数月或1年以上;中期趋势线的时间跨度要短于长期趋势线,而大于短期趋势线,通常为4—13周;短期趋势线时间较短,一般在4周以内。一个长期趋势线要由若干个中期趋势线组成,而一个中期趋势线要由若干个短期趋势线组成。

相对而言,长期趋势线稳定、可靠,但有一定滞后性;中期趋势线容易把握,实战性强;而短期趋势线灵活,但变化较快。在实际分析中,需要将三者结合起来分析,不能厚此薄彼。投资者在分析趋势线的过程中,应按照从长到短的原则,先分析长期趋势线,再分析中期趋势线,后分析短期趋势线的顺序(见图8-1)。

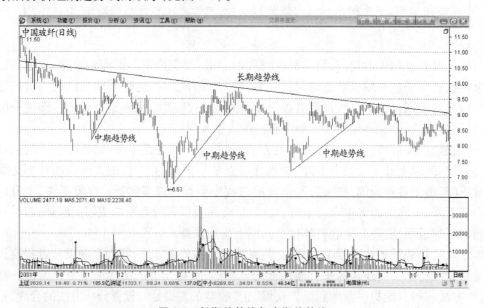

图8-1　长期趋势线与中期趋势线

三、趋势线的支撑和阻力作用的应用技巧

一般来说,趋势线对价格今后的变动起约束作用。它使价格总保持在这条趋势线的上方(上升趋势线)或下方(下降趋势线),实际上就是起支撑和阻力作用。

1. 股价运行于上升趋势线之上时,每一次股价与趋势线的接触位都是支撑位。当股价触及趋势线而不破位的时候,可以实施买入操作。

2. 股价运行于下降趋势线之下时,每一次股价与趋势线的接触位都是阻力位。当股价触及趋势线而不突破的时候,可以实施卖出操作(见图 8-2)。

图 8-2　趋势线的买入与卖出位

四、趋势线被突破反转的应用技巧

趋势线被突破后,就说明价格下一步的走势将要向相反的方向运行。越重要越有效的趋势线被突破,其转势的信号越强烈。被突破的趋势线原来所起的支撑和压力作用,现在将相互交换角度。即原来是支撑线的,现在将起压力作用;原来是压力线的,现在将起支撑作用。

1. 当股价快速突破下降趋势线的时候,表明行情将由弱转强,股价将形成底部反转(见图 8-3)。

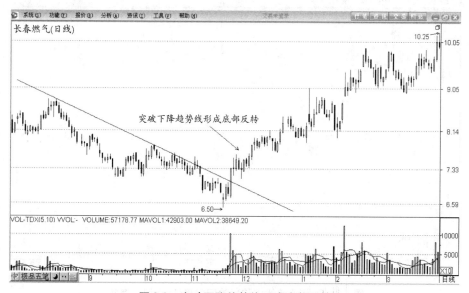

图 8-3　突破下降趋势线形成底部反转

2. 当股价快速下穿上升趋势线的时候,表明行情将由强转弱,股价将形成顶部反转(见图 8-4)。

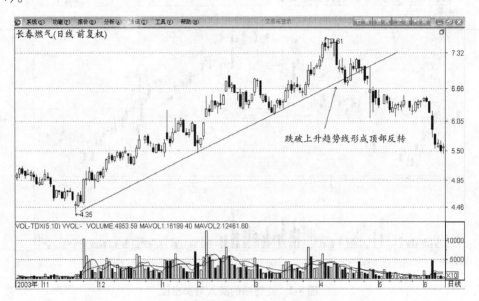

图 8-4　突破上升趋势线形成顶部反转

五、趋势线被突破以后的重新回复确认

股价对趋势线被突破以后往往会出现重新回复确认走势。如果是向上突破,那么原来的下降趋势线就会从阻力作用演变成支撑作用,当股价确认支撑以后,往往会展开新一轮上升行情。因此,这种对下降趋势线突破后的回复确认行情,往往是最佳买入时机(见图 8-5)。

图 8-5　下降趋势线突破后的回复确认,是买入时机

如果是向下破位,那么原来的上升趋势线就会从支撑作用演变成阻力作用,当股价确认阻力以后,往往会展开下跌行情。因此,这种对上升趋势线破位后的回复确认行情,往往是最佳卖出时机(见图8-6)。

图8-6　上升趋势线破位后的回复确认,是卖出时机

六、趋势线的应用要点

1. 趋势线连接的点数越多,也就是股价与趋势线接触的次数越多,其可靠性就越强。
2. 趋势线的长短与其重要性成正比。
3. 长期趋势线和中期趋势线的第一点和第二点距离不宜太近,如距离过近,所形成的趋势线的重要性将降低。
4. 趋势线的角度至关重要。过于平缓的角度显示出力度不够,不容易马上产生大行情;过于陡峭的趋势线,虽然表明股价有较强的上升或下降动力,但往往不能持久,容易很快转变趋势。著名角度线大师江恩认为,45度角的趋势线非常可靠,也就是江恩所说的1×1角度线。但是,这个角度的说法在我们现有的软件中缺乏统一的标准。因为当图形放大或缩小的时候,角度会出现变化。所以,投资者在实际应用中不必限制在45度的固定标准中,只要寻找角度适中的趋势线就可以了。
5. 在上升趋势中,需要成交量温和放大的支持;而在下跌趋势中,却不必一定有成交量的支持。
6. 实战中作为一个强势股,必然是加速上涨,所以它的支撑线必然是一个比一个陡,这样才可能出现大涨。如果一只股票在上升途中,并没有较深幅度的调整,但是一个平台比一个长,趋势线一个比一个平缓,那就离下跌不远了。

第二节 黄金分割线

黄金分割线是股市中最常见、最受欢迎的切线分析工具之一,主要是运用黄金分割来揭示上涨行情的调整支撑位或下跌行情中的反弹压力位。不过,黄金分割线没有考虑到时间变化对股价的影响,所揭示出来的支撑位与压力位较为固定,投资者不知道什么时候会到达支撑位与压力位。因此,如果指数或股价在顶部或底部横盘运行的时间过长,其参考作用则要打一定的折扣。但这丝毫不影响黄金分割线为实用切线工具的地位。

黄金分割线是利用黄金分割比率进行的切线画法,在行情发生转势后,无论是止跌转升或止升转跌,以近期走势中重要的高点和低点之间的涨跌额作为计量的基数,将原涨跌幅按0.191、0.382、0.5、0.618、0.809分割为5个黄金点,股价在反转后的走势将可能在这些黄金分割点上遇到暂时的阻力或支撑。黄金分割的原理源自弗波纳奇神奇数字即大自然数字,0.6180339……是众所周知的黄金分割比率,是相邻的弗波纳奇级数的比率,反映了弗波纳奇级数的增长,反映了大自然的静态美与动态美。据此又推算出0.191、0.382、0.809等,其中,黄金分割线中运用最经典的数字为0.382、0.618,极易产生支撑与压力(见图8-7)。

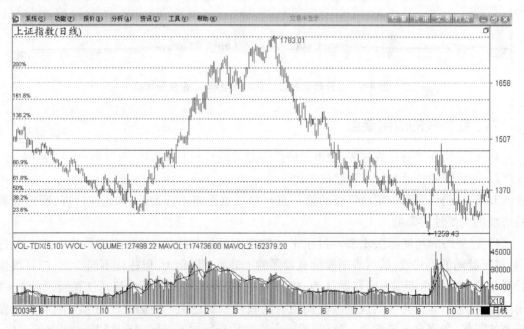

图8-7 受到整个下跌幅度的黄金分割位压制

一、对上涨途中的调整行情分析

假设一只上涨的股票,由10元涨至15元,呈现一种强势,然后出现回调,它将回调到什么价位呢?黄金分割的0.382位为13.09元,0.5位为12.50元,0.618位为11.91元,这就是该股的三个支撑位。

如果股价在13.09元附近获得支撑,该股强势不变,后市突破15元创新高的概率较大。若创了新高,该股就运行在第三主升浪中。能上冲到什么价位呢?用一个0.382价位即(15－13.09)＋15＝16.91元,这是第一压力位;用两个0.382价位(15－13.09)×2＋15＝18.82元,这是第二压力位;第三压力位为10元的倍数即20元。

如果该股从15元下调至12.50元附近才获得支撑,则该股的强势特征已经趋淡,后市突破15元的概率一般,若突破,高点一般只能达到一个0.382价位即16.91元左右;若不能突破,往往形成M头,后市行情将逐渐走弱。

如果该股从15元下调至0.618位即11.91元,甚至更低才获得支撑,则该股已经由强转弱,破15元新高的概率较小,大多仅上摸下调空间的0.5位附近(假设回调至11.91元,反弹目标位大约在(15－11.91)×0.5＋11.91＝13.46元,然后再行下跌,运行该股的下跌C浪。大约下跌的价位是,11.91－(15－13.09)＝10元,是第一支撑位,也是前期低点;11.91－(15－13.09)×2＝8.09元,是第二支撑位)。

二、对下跌途中的反弹行情分析

假设一只下跌的股票由40元跌至20元,然后出现反弹,黄金分割的0.382位为27.64元;0.5位为30元;0.618位为32.36元。

如果该股仅反弹至0.382位27.64元附近即遇阻回落,则该股的弱势特性不改,后市下破20元创新低的概率较大。

如果该股反弹至0.5位30元遇阻回落,则该股的弱势股性已经有转强的迹象,后市下破20元的概率一般。大多在20元之上再次获得支撑,形成W底,此后逐渐恢复强势行情。

如果反弹至0.618位32.36元附近才遇阻回落,则该股的股性已经由弱转强,后市下破20元的概率较低,更大的可能是回探反弹空间的0.5位,假设反弹至32.36元,回档目标为(32.36－20)×0.5＋20＝26.18元,然后再逐渐走强。

黄金分割法对具有明显上升或下跌趋势的个股有效,对平台运行的个股无效,使用时需要加以区别。

第三节 百分比线

百分比线考虑问题的出发点是人们的心理因素和一些整数的分界点。

当价格持续向上,涨到一定程度,肯定会遇到压力,遇到压力后,就要向下回撤,回撤的位置很重要。黄金分割提供了几个参考价位,百分比线也提供了几个参考价位(见图8-8)。

以一轮上涨行情开始的最低点和最高点两者之间的差,分别乘上几个特别的百分比数,就可以得到未来支撑位可能出现的位置。这些百分比数一共有9个,它们是:1/8、1/4、3/8、1/2、5/8、3/4、7/8、1/3、2/3。

按上面所述方法,我们将得到9个价位。

这里的百分比线中,1/2、1/3、2/3这三条线最为重要。在很大程度上,回落到1/2、1/3、2/3是投资大众的一种心理倾向。如果没有回落到1/2、1/3、2/3以下,投资者就感觉没有回

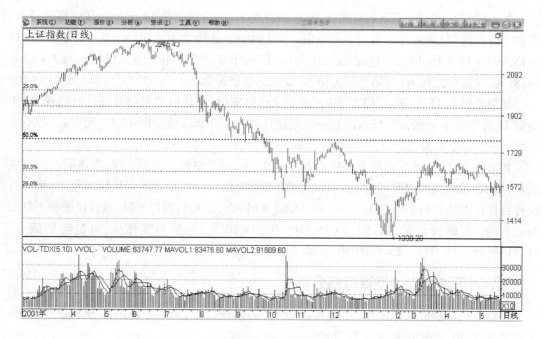

图 8-8　百分比线

落到位似的；如果已经回落了 1/2、1/3、2/3，多数投资者自然会认为回落的深度已经到位了。

之所以用分数表示，是为了突出整数的习惯。这 9 个数字中有些很接近，如 1/3 和 3/8，2/3 和 5/8。在应用时以 1/3 和 2/3 为主。

对于下降行情中的向上反弹，百分比线同样也适用。其方法与上升情况完全相同。

值得注意的是：百分比线中有几条线非常接近和等于黄金分割线。如：百分比线 3/8 = 37.5% 与黄金分割线中的 38.2% 非常接近；百分比线 5/8 = 62.5% 与黄金分割线中的 61.8% 非常接近；百分比线中的 1/2 等于黄金分割线中的 50%。实际应用中，这几条线可以互相替代，并且有很高的使用价值，每当行情运行到这一带时常常会遭遇阻力或遇到支撑。这是百分比线应用中的一种特殊情况。

第四节　速　度　线

速度线可以用来判断趋势改变的速度，并且用以判断趋势的反转。其中最为重要的功能是判断一个趋势是被暂时突破还是长久反转。其基本的判断原理如下：

1. 在上升趋势的调整之中，如果向下折返的程度跌破了位于上方的 1/3 速度线，则表明股价冲力已尽，需要重新积聚力量才能再向新的高点冲击，此时位于下方的 1/3 速度线将成为新的支撑线。图 8-9 中的黑点就是跌破 2/3 速度线的位置。

2. 在上升趋势的调整之中，如果向下折返的程度跌破了位于下方的 1/3 速度线，则说明上涨趋势已结束，将反转为下跌趋势。图 8-10 中的黑点就是跌破 1/3 速度线的位置。

3. 在下降趋势的调整中，如果向上反弹的程度突破了位于下方的 2/3 速度线，则说明下

图 8-9 速度线

图 8-10 上升趋势的调整之中,跌破 1/3 速度线

跌趋势已经缓和,接着将出现技术性反弹,此时位于上方的 1/3 速度线将成为新的压力线(见图 8-11)。

4. 在下降趋势的调整中,如果上涨的程度突破了位于上方的 1/3 速度线,则说明下跌趋势已告结束,将开始新一轮上涨趋势。图 8-12 中的黑点就是突破上方 1/3 速度线的位置。

图 8-11 在下降趋势的调整中,向上反弹突破了 2/3 速度线

图 8-12 在下降趋势的调整中,上涨突破了 1/3 速度线

5. 速度线一经被突破,其原来的支撑线和压力线的作用将相互变换,原来的支撑线被跌穿后就会成为阻力线,而原来的压力线被突破后就会变成支撑线,这也是符合支撑线和压力线的一般规律的(见图 8-13)。

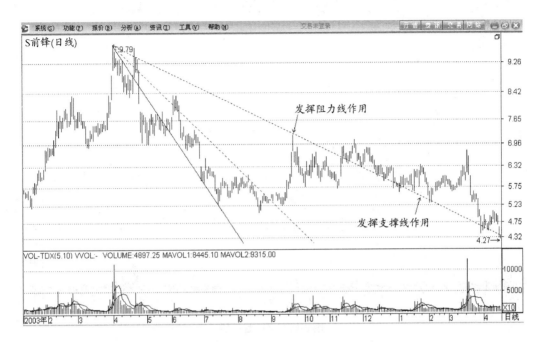

图 8-13 压力和支撑作用相互转换的速度线

第五节 甘 氏 线

甘氏线分为上升甘氏线和下降甘氏线两类。甘氏线的每条直线都有一定的角度,这些角度的形成都与百分比线中的那些数字有关。每个角度的正切或余切分别等于百分比数中的某个分数(或者说是百分数)。

每条直线都有支撑和压力的功能,但这里面最重要的是 45 度线、63.75 度线和 26.25 度线。这三条直线分别对应百分比线中的 50%、62.5% 和 37.5% 百分比线。其余的角度虽然在股价的波动中也能起一些支撑和压力作用,但重要性相对较低,容易被突破。

其中,45 度线是最重要的,如果价格穿过 45 度线,无论向上或向下,将发生重大反转。一旦反转发生,价格将移动到下一条线,比如当向上趋势反转,将移到 26.25 度线,当向下趋势反转,将移到 63.75 度线。

一、下降甘氏线的运用

定位好起点和终点之后,可以在走势图上自动生成多条角度线,当指数和股价运行到各个角度线的时候,会遭遇阻力和支撑作用(见图 8-14)。

图 8-14 下降甘氏线

二、上升甘氏线的运用

在上涨趋势中,当指数和股价运行到各个角度线的时候,会遭遇阻力和支撑作用(见图 8-15)。

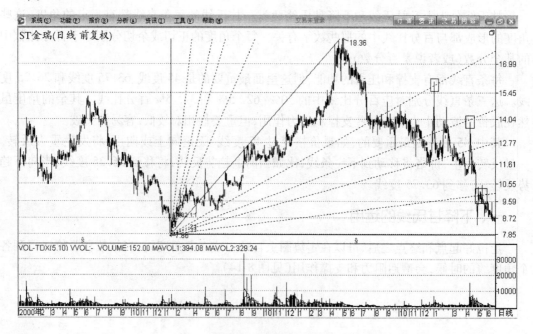

图 8-15 上升甘氏线

第六节　支撑线和阻力线

一、支撑线和阻力线的作用

每一条支撑线和阻力线的确认都是人为进行的。主要依据是根据价格变动所画出的图表,这里面就有很大的人为因素。一般来说,一条支撑线或阻力线对当前时期影响的重要性可以从三个方面进行考虑。

1. 价格在这个区域停留的时间的长短。
2. 价格在这个区域伴随的成交量的大小。
3. 这个支撑区域或阻力区域发生的时间距离当前这个时期的远近。

很显然,价格停留的时间越长,伴随的成交量越大,离当前行情越近,则这个支撑或阻力区域对市场影响就越大;反之,就越小。

二、支撑线和阻力线的修正

上述三个方面是确认一条支撑线或阻力线的重要识别手段。有时由于价格的变动会发现,原来确认的支撑线或阻力线可能不真正具有支撑或阻力的作用。比如说,不完全符合上面所述的三条。这时,就有一个对支撑线和阻力线进行调整的问题,这就是支撑线和阻力线的修正。

对支撑线和阻力线的修正过程,其实是对现有各条支撑线和阻力线的重要性的确认。每条支撑线和阻力线在人们的心目中的地位是不同的,因此,当市场情况发生改变,投资者需要重新定位新的支撑线和阻力线。

三、支撑线和阻力线的应用要点

切线方法为我们提供了很多价格移动可能存在的支撑线和阻力线。这些支撑线和阻力线对进行行情判断有很重要的作用。但是,应该明确的是,支撑线和阻力线有突破和不突破两种可能。在实际应用中会产生一些令人困惑的现象,往往要等到价格已经离开了很远的时候才能够肯定突破成功和突破失败,这需要结合其他技术分析进行综合研判。

用各种方法得到的切线提供了支撑线和阻力线的位置,这些价格的位置仅仅是一些进行参考的价格,不能把它们当成万能的工具而完全依赖它们。证券市场中影响价格波动的因素很多,支撑线和阻力线仅仅是多方面因素中的一个。多个方面同时考虑才能提高正确的概率。

四、平行区间的波段操作

当价格跌到某个价位附近时,价格停止下跌,甚至有可能还有回升,这是因为多方在这个位置买入或持股人的惜售造成的。支撑线起到了阻止价格继续下跌的作用,如果我们在实战中能够比较准确地判断出支撑线所在的位置,也就把握了一次较好的买入时机。

同样,当价格上涨到某价位附近时,价格会停止上涨,甚至回落,这是因为空方在此抛出股票造成的,阻力线起到了阻止价格继续上升的作用。支撑线和阻力线组成的平行区间被视为股价运行的箱体,是波段操作中重要的参考依据。其使用方法非常简单,当股价运行到阻力线附近时,可以卖出股票;而当股价运行到支撑线时,可以买进股票。

运用波段操作时需要注意以下要点:

1. 支撑线和阻力线运行的时间长短。时间短的平行区间缺乏稳定性。
2. 支撑线和阻力线之间的间距是多少。如果间距过于狭小,则缺乏必要的盈利空间。
3. 注意成交量的变化。当成交量过大时,往往会突破原有的平行区间(见图8-16)。

图8-16　平行区间的波段操作

五、平行区间的突破操作

1. 股价在压力线下方向上突破阻力线时,应买入股票,并到上一根阻力线的位置寻找卖点(见图8-17)。

图 8-17　平行区间的向上突破操作

2. 股价在支撑线上方向下突破支撑线时，应卖出股票，并到下一根支撑线位置寻找买点（见图 8-18）。

图 8-18　平行区间的向下突破操作

六、支撑线和阻力线的作用转换

阻力线和支撑线都是图形分析的重要方法。支撑线和阻力线的作用是可以相互转化的。当股价从上向下突破一条支撑线后,原有的支撑线将可能转变为阻力线;而当股价从下向上突破一条阻力线后,原有的阻力线也将可能转变为支撑线。

一般若股价在某个区域内上下波动,并且在该区域内累积成交量极大,那么如果股价冲过或跌破此区域,它便自然成为新的支撑线或阻力线,从而形成支撑线和阻力线的作用转换(见图8-19)。

图8-19 支撑线和阻力线的作用转换

支撑位与阻力位的形成情况有两种,一种是市场实际的密集成交区形成的;另一种是心理价位。对于前一种,如果市场的密集成交区在当前价位之上,那么该区域就会在股价(或指数)上涨时形成阻力,这就是所谓的"套牢盘"。反之,如果市场当前的价位在历史密集区之上,那么该密集区就会在股价(或指数)下跌时形成支撑。至于心理价位,则多数是对指数而言的。比如对上证指数,一些整数关口,如3000点会形成心理上的阻力位或支撑位。

对某只个股而言,如果股价轻松越过了前期密集成交区,则往往是主力资金控盘程度较高的标志。同时由于股价在突破阻力位后,上方已无套牢盘,上升空间被打开,这种股票是短线介入的极好品种。

第七节 交 叉 线

交叉线也是趋势线的一种,但与趋势线有明显区别。通常趋势线或轨道线其点的连接是高点连接高点、低点连接低点,而交叉线则与之不同。交叉线的画法是寻找反方向的点,即从一个低点去连接一个高点,或者从一个高点去连接一个低点,这是交叉线最特别的地方。交叉线还会产生力矩的效用,在交叉线中会出现一个支点,这个支点在图表上表现为交叉线与股价走势相互间的交叉点。

交叉线可以寻找到股价移动过程中的压力或支撑。被选择用来连接成交叉线的转折点,不一定是明显的谷底或峰顶,任意一处转折高点或低点,其连接起来的交叉线都具有一定的效果。只不过用重要的谷底或峰顶所连接起来的交叉线比一般高、低点连接成的交叉线更具有实际操作价值。

一、上交叉线

上交叉线是指由左侧的低点和右侧的高点相连接的趋势线,该趋势线是上升的(见图8-20)。

图8-20 上交叉线

上交叉线的作用在于寻找股价回升或反弹时所面临的压力。

在多头市场中,股价上攻碰到上交叉线时,通常会出现回调(见图8-21)。从走势中可发现上涨行情的高点往往受制于上交叉线的反压。

在少数个股的"井喷"行情中,如果个股能够快速而有效地突破上交叉线,往往会延续一段大涨行情（见图8-22）。

图 8-21 上交叉线的压力作用

图 8-22 快速而有效地突破上交叉线

二、斜上交叉线

斜上交叉线是指由左侧的高点和右侧的低点相连接的趋势线,该趋势线是上升的(见图8-23)。

图 8-23　斜上交叉线

在多头市场中,股价在回调中遇到斜上交叉线,股价往往会出现回升(见图8-24)。

图 8-24　多头市场中的斜上交叉线

三、下交叉线

下交叉线是指由左侧的高点和右侧的低点相连接的趋势线,该趋势线是下降的(见图 8-25)。

图 8-25　下交叉线

下交叉线的作用则在于寻找股价下跌或者回档时所获得的支撑。

在空头市场中,股价在调整中碰到下交叉线时,往往会出现止跌反弹,不过反弹之后仍以继续下跌为主(见图 8-26)。

图 8-26　下交叉线的支撑与压力

四、斜下交叉线

斜下交叉线是指由左侧的低点和右侧的高点相连接的趋势线，该趋势线是下降的（见图8-27）。

图 8-27　斜下交叉线

在空头市场中，股价反弹到斜下交叉线时，通常正好是股价反弹的极限或者是上攻途中的上档强压力位（见图8-28）。

图 8-28　空头市场中的斜下交叉线

五、交叉线的应用要点

1. 在画交叉线时,无论是低点与高点连接,还是高点与低点连接,中间至少要间隔一个高点或低点。

2. 股价并不一定会碰触交叉线,只有当股价在碰触交叉线时,才能判断它会上涨或下跌。

3. 当股价碰撞交叉线时,要根据其他技术方法进行综合研判。

4. 交叉线与股价的交叉支点部位,应该是越单纯越好,最好只与一根 K 线交叉。如果交叉线穿过一段股价的盘整区,那么该线将受制于盘整区的干扰,从而失去威力。

5. 数条交叉线向右方聚集延伸并交叉于某一点,为交叉线焦点。越多的交叉线同时交叉于一点时,它的威力越大,越能发挥其压力或支撑作用力道。

第八节 通 道 线

通道线又称轨道线或管道线,是基于趋势线基础上建立的一种支撑压力线。在已经得到了趋势线后,通过第一个峰和谷可以作出这条趋势线的平行线,这条平行线就是通道线。

一、通道线在短线波段操作策略中的运用

1. 当通道处于水平或上升状态中时,是适宜投资者进行波段操作的时机。

2. 当股价每次接近通道的下轨线时,投资者可以实施波段式买入。

3. 当股价重新上涨到上轨线时,投资者可以实施波段式卖出(见图8-29)。

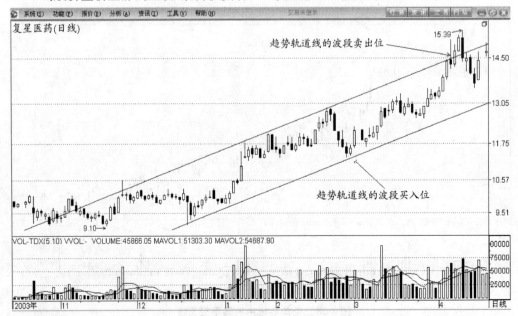

图 8-29 通道线在短线波段操作中的运用

值得注意的是,这种通道是一种非常标准的形态,投资者几乎可以不用画图,仅仅凭借肉眼即可识别,并且确定波段操作中的大致买卖价位。但是,股市中却存在着部分不标准的通道,而且在一个相对较长的趋势中,股价的通道很难保持长久的标准形态,通道会逐渐改变方向或者位置。其中,最常见的通道改变方式有两种:通道的平移和通道的转向,这时候需要借助画图才能更加准确地把握买卖时机。

二、通道线在中长线投资中的运用

通道线对股市的底部和顶部有明确的揭示作用。当股票形成明确的趋势后,往往会形成上升通道或下跌通道;而当股市结束原有的上升或下降趋势时,首当其冲的是必须突破通道线。所以,当长期的上升通道被向下突破时,往往会形成顶部(见图8-30)。

图 8-30 长期的上升通道被向下突破

而长期的下降通道被向上突破时,股市极易形成底部,这时候往往是投资者选择中长线买入或卖出的重要时刻(见图8-31)。

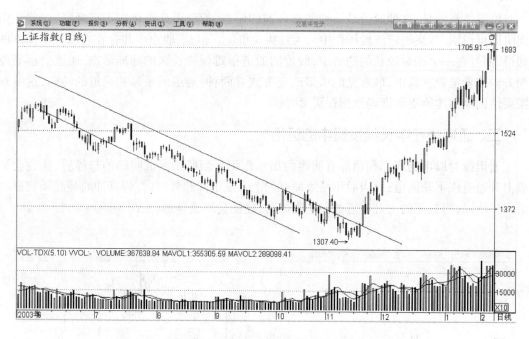

图 8-31　长期的下降通道被向上突破

三、上升通道的实战技法

当股市进入标准的上升通道后，投资者必须要做好以下几个方面的分析。

1. 上升通道中的间距分析

关注上升通道的通道上轨与通道下轨之间的距离。当两者间距逐渐缩小时，则说明即将进入变盘突破阶段，这时候，投资者应该尽量减少那种在通道下轨买入、在通道上轨卖出的短线波段操作，注意研判趋势的最终突破方向，注意从中长线角度确定投资思路。

2. 上升通道中的量能分析

股指在上升通道中运行时，如果股指上涨时适度放量，而指数回调时缩量，则说明上升通道的运行状况良好；如果成交量放大速度加快，则无论是上涨还是下跌，都意味着上升通道的运行轨迹将出现变化。股指上涨时成交量过大，会很容易形成向上突破走势；如果股指下跌时放量，会很容易形成破位走势。在一个完整的上升通道中，成交量的变化应该是放量，相对缩量，最后再放量。在拉升期，由于筹码已集中，成交量不会太大；但在拉升末期，由于主力资金大多选择退出，成交量会急剧放大。所以，在上升通道进入一定高度后，发现成交量急剧放大，需要及时卖出。

3. 上升通道中的热点分析

股指运行于上升通道中时，热点如果过于集中和过于扩散都不利于上升通道的持续发展。当热点过于集中时，市场会呈现出结构性牛市特征，股指往往会受少数热门股的波动影响而剧烈震荡。当热点板块处于扩散、凌乱、无序状态时，会导致上升通道迅速坍塌。只有活跃有序的热点行情和持续的热点板块轮动，才是维持上升通道健康运行的主动脉系统。

4. 上升通道中的技术分析

在上升通道应该运用一些技术指标来协助分析。比较有效的是用指标背离的方法来帮助判断顶部。所谓背离是指股价创新高,而指标却没有创新高。

5. 上升通道的突破分析

投资者必须明确的是:上升通道的最终被突破和改变是必然的结果。但是,有很多投资者认为,上升通道形成的向上突破是新一轮行情的爆发,而上升通道的最终向下破位将会打开下跌的空间。其实,这种观点是比较单纯和片面的。

上升通道运行趋势改变与下降通道运行趋势改变的结果迥然不同。下降通道如果形成向上突破时往往会出现一轮有力度的涨升行情。而上升通道出现股指放量向上突破时则往往意味着头部即将来临,这是因为此前在上升通道中已经累计一定获利盘,投资者的心态在上升通道中也较为乐观,一旦向上突破,常常会引发投资者的跟风追涨,主力则往往趁机派发出货。

因此,上升通道向上突破时往往意味着行情将告一段落,投资者需要把握快速上冲的机会获利了结;而上升通道的向下破位,并不一定就是熊市的来临,有时也意味着新的市场机遇将出现,例如,在上涨行情的强势调整阶段经常会出现跌破上升通道的情况。这时,投资者需要把握强势调整的机会择机介入。总之,投资者在上升通道被突破或改变的过程中,一定要做到涨不喜、跌不忧,才能正确地应对行情的变化。

如果是向下跌破上升通道,投资者需要保持谨慎。上升通道形成后行情具有一定的持续性,但通道一旦破坏就需要时间重新组合,投资者可以选择退出,直到形成新的趋势通道。

四、下降通道的应变策略

当行情走势出现在下降趋势通道时,中长线投资者的投资策略可以分为三步:

1. 减轻仓位

在下降趋势通道刚刚形成的初期阶段,中长线投资者必须把握有利时机,及时卖出股票,减轻持股仓位,甚至是逐渐达到空仓水平,为将来的战略性建仓打下资金的基础。而且,这一时期减轻仓位的操作还可以起到防止损失进一步扩大的作用。

2. 耐心等待

耐心等待是中长线投资者在下降趋势通道中最重要的操作环节。投资者在股市处于下降趋势通道中,不要过于看重行情震荡起伏所产生的短线收益,也不要因为股指稍稍反弹就盲目幻想着大牛市已经来临了,更不能急于追涨昙花一现的短线热点。这时候,最重要的是耐心地等待趋势最终明朗化和彻底转暖。

3. 跌势不言底

在下降通道中,投资者要考虑的是:本轮调整的性质是什么,调整的根本原因是什么,并据此做出投资方向的改变。在个股走出下降通道时,投资者更要注意风险。

当主力将股票大幅推高,并获利了结之后,股价便一路不回头地向下运行,于是很多投资者开始寻找股价的底部,市场人士更是纷纷预测底在何方。但市场往往不以人的意志为转移的,人们心目中各种底部经常被击穿,使得投资者惨遭套牢。特别是在下降通道中,每次反弹都是卖出股票的良机,而每次的见底只不过是暂时性的,往往在随后的行情创出更低的价格(见图8-32)。

图 8-32 跌势不言底

4. 突破买入

没有永远只跌不涨的股市,当市场整体趋势发生根本性扭转,并形成有效突破性走势时,就是中长线投资者战略性建仓的最有利时机。这种趋势扭转时所产生的突破有效性主要通过指数与成交量的变动进行研判。

指数的突破是指大盘对下降趋势通道上轨的有力穿越。成交量的突破是指成交量对均量系统的有效穿越。成交量的均线系统一般设置为三条,分别是6日、12日、24日移动平均成交量。当成交量突破这些均线系统的压制时,投资者可以重点关注和选择一些优质的个股积极介入。

第九节 扇 形 线

扇形线与趋势线的关系非常密切,确切地说,扇形线就是由三条趋势线组成的。因为单一的趋势线在分析错综复杂的多变行情时往往显得较为简单,扇形线丰富了趋势线的内容,明确给出了趋势反转(不是局部短暂的反弹)的信号。

扇形线是趋势线一种创新的用法。如果是在下跌趋势中,取一段下跌浪的最高点为起点,取三波反弹浪的高点为终点,组成三条线形成扇形;如果是在上涨趋势中,则需要取一段上升浪的最低点为起点,取三波回调浪的低点为终点,组成三条线形成扇形。

扇形线原理可以简单地叙述为:如果所画的三条趋势线逐一突破,则趋势将反转。

扇形线的投资原理是依据三次突破的原则,具体的研判技巧如下:

1. 在上升趋势中,如果所画的第一条趋势线被突破,投资者需要保持谨慎,此时,股价未必一定会见顶回落,有时还会出现一段时间的上涨,这次的破位更多的是一种警戒意义(见图8-33)。

图 8-33　上升趋势中第一条趋势线被突破

2. 在上升趋势中,如果所画的第二条趋势线被突破,投资者需要开始适当减轻仓位,实施止损、止赢或止平等方面的操作(见图8-34)。

图 8-34　上升趋势中第二条趋势线被突破

3. 在上升趋势中,如果所画的第三条趋势线被突破,投资者要坚决卖出,而且在短期内不要轻易介入抢反弹(见图8-35)。

图 8-35　上升趋势中第三条趋势线被突破

4. 在下降趋势中,如果所画的第一条趋势线被突破,意味着原来的下降趋势已经出现变化,股价有可能止跌企稳。即使这时出现再次的下跌,也往往是熊市末期的非理性下跌,投资者不要过于看空后市(见图8-36)。

图 8-36　下降趋势中第一条趋势线被突破

5. 在下降趋势中,如果所画的第二条趋势线被突破,投资者要适当做多,用部分资金参与市场的波段行情(见图8-37)。

图8-37　下降趋势中第二条趋势线被突破

6. 在下降趋势中,如果所画的第三条趋势线被突破,意味着股市已经出现本质转折,投资者要坚决做多(见图8-38)。

图8-38　在下降趋势中第三条趋势线被突破

第十节 周期类切线

通过周期类切线分析市场,必须了解周期理论。

事物的发展有一个从小到大和从大到小的过程。这种循环发展的规律在证券市场也存在。循环周期理论认为,无论什么样的价格活动,都不会向一个方向永远走下去。价格的波动过程必然产生局部的高点和低点,这些高、低点的出现,在时间上有一定的规律。我们可以选低点出现的时间入市,高点出现的时间出市。

循环周期理论的重点是时间因素,而且注重长线投资。

周期分析是股市技术分析的重要分支。但传统的周期分析基本上是一种固定周期分析方法,即将各个高点或低点间的时间加起来,得出一个平均数,再把它作为周期分析的依据,如果出现较大出入,就称之为周期偏移。

而事实上,无论是低点与低点间,还是高点与高点间,绝对等长的周期出现的并不多,周期偏移乃至周期迁移是股价运动的普遍现象。尤其是当投资者结构发生重大变化时,原来的周期节奏就会打乱,并产生出一些新的周期来。

这种打乱通常会产生两种结果:一种是形成新的周期;另一种是经过一段时间的"混乱"后,又重新还原到原来的周期上去,使看起来似乎已变得无序的市场最终还是回到原来的有序状态中。因此,做好周期分析必须同时注意两个问题:一是周期的变异以及还原;二是周期的组合。

周期类切线可以提醒股民,当股价波动至周期线附近时,正处于上升行情的,应留意股价可能形成高点;正处于下跌行情的,应留意股价可能形成低点。但它们不一定形成头部或者底部,可能仅仅是一处回档或反弹幅度稍大的转折点而已。

周期类切线的种类主要有:

一、等周期线

等周期线是指周期线之间的间隔是相等的,该周期线一般设置在一轮大的上升或下降行情中,如果行情发生根本变化,那么股市的周期规律也会出现相应的变化。

在一轮行情中,周期线常常发挥出神奇的作用,在一些重大转折的位置出现周期线,从而提示投资者卖出和买入的具体操作。

等周期线的画法是:

1. 确定一轮行情的最高点和最低点。
2. 以第一个高点(或低点)为起点,以最后一个高点(或低点)为终点进行画线。
3. 根据实际情况确定股价的运行周期(见图8-39)。

图 8-39　等周期线

二、自由周期线

自由周期线并非完全地毫无规则，其实也是按照一定规则排列，投资者可以做如下调整：

1. 决定自由周期线是否向左排列。
2. 设置自由周期线的分线数量，一般为 17 条。
3. 设置斜率，即相对每根 K 线变动数值（见图 8-40）。

图 8-40　自由周期线

三、费波纳契周期线

13 世纪初,一位名叫费波纳契的意大利商人兼数学家在完成一次埃及之旅后,写下一本数学名著——《计算的书》。这本书产生了两个成果:一个是把有史以来最伟大的数学发现——10 进制从埃及传到欧洲,并使它成为以后一切数学计算的基础;另一个就是费波纳契数列。

在数列中,任何相邻两个数的和等于数列中的下一个较大的数字,即 1+1=2、1+2=3、2+3=5、3+5=8 等直到无限大。数列中,除前几个数字以外,任何两个连续数字的比率约为 1.618 或两个数字的反比为 0.618。根据这一数列确定的时间周期,便称为费波纳契周期。比如,确定 1 月为第一个时间点。那么 2 月、3 月、5 月、8 月分别是数列的参考点,依此类推。

费波纳契周期线是将时间分成 3、5、8、13…费氏黄金数列的份额,也被称为神奇数字周期线,因为该周期线的时间间隔是按照神奇数字排列的。

费波纳契周期线画法非常简单,关键是要确立好起点,这个起点通常是由一段时间的高位或低位组成的(见图 8-41)。

图 8-41 费波纳契周期线

四、费波纳契时间周期线

费波纳契时间是通过两个重要的时间定出时间份额以黄金比率预测以后的重要时间。

画线必须要先确定起点和终点,一般是以某段时间内的最高点和最低点来设置,投资者可以根据实际情况进行调整。在画线的时候为了便于直观分析,投资者可以适当调节垂直线的高度,一般是用鼠标按住第一条的最高点来调节上下的距离(见图8-42)。

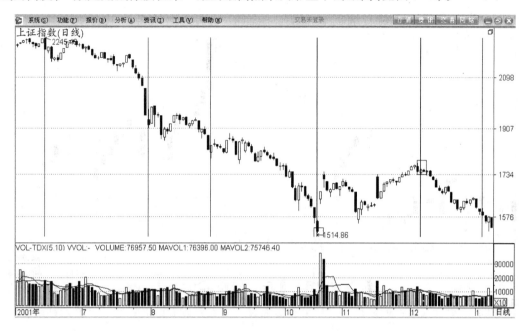

图 8-42　费波纳契时间周期线

五、对称线

对称线是寻找重要时间的对称点,属于周期线的一种(见图8-43)。

图 8-43　对称线运用于个股

对称线不仅可以用于个股分析,也可以运用到对大盘指数的分析(见图8-44)。

图 8-44 对称线运用于大盘

第十一节 安德鲁音叉线

安德鲁音叉线在图表上,基于价格的作用和反作用,提供的是一个直观分析方法,用来判断趋势的强度、支撑和阻力。这是由 Dr. Alan Andrews 建立起来的根据一条中线画一个草耙的分析技术。该技术的规定是:市场在接近中线时,将做两件事中的一件:

1. 市场将在中线处反转。
2. 市场将通过中线朝上方平行线前进,然后反转。

安德鲁音叉线的使用方法是:

画安德鲁音叉线需要 3 个点,通常用来发现 3 浪 3 的顶点,第 3 浪通常在中线或上方/下方平行线结束。将音叉滑标放在第 1 浪起点,移动鼠标到第 1 浪顶点,然后移动鼠标到第 2 浪底点(见图 8-45 和图 8-46)。

以上方法同样适用于回调浪。

画安德鲁音叉线需要 3 个点,通常用来发现回调 C 浪的底点,C 浪通常在中线或上方/下方平行线结束。将音叉滑标放在回调 A 浪起点,移动滑标到 A 浪底点,然后移动鼠标到 B 浪顶点(见图 8-47)。

第八章　切线理论分析技术与技巧　245

图 8-45　安德鲁音叉线一

图 8-46　安德鲁音叉线二

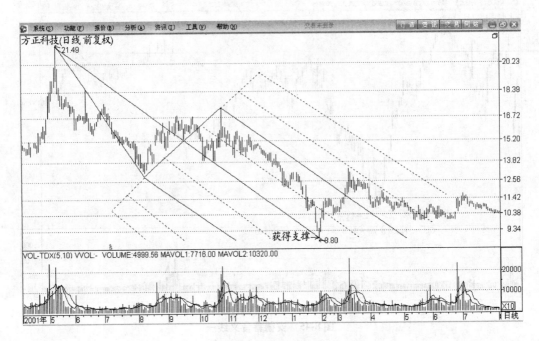

图 8-47　安德鲁音叉线三

第十二节　波　浪　线

波浪线的画线功能目前在大多数软件上还没有,只有少数比较先进的软件上具有这种功能,如飞狐等。但随着波浪理论的普及,该画线功能也将会逐渐在各种软件中普及。

一、上升五浪线

画线方法：

1. 从画线工具中选出五浪线。
2. 在走势图上选出行情的起点 A。
3. 依次确定 1—5 点的位置(见图 8-48)。

图 8-48　上升五浪线

二、下降三浪线

下降三浪线的画法与上升五浪线的画法是基本相同的,需要注意的是,在确定起点的时候,必须以一轮行情的最高点为起点(见图 8-49)。

图 8-49　下降三浪线

三、八浪线

八浪线是上升五浪线和下降三浪线的组合,表示波浪理论在一轮完整行情中的运行过程(见图8-50)。

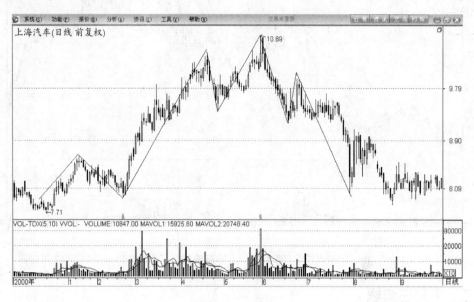

图 8-50 八浪线

四、波浪尺

1. 波浪尺在下跌行情中的运用(见图8-51)。

图 8-51 波浪尺在下跌行情中的运用

2. 波浪尺在形态量度中的运用(见图8-52)。

图8-52 波浪尺在形态量度中的运用

五、波浪线的应用技巧

1. 对于没有波浪线的画线功能,投资者可以采用线段的方法画出该波浪线。
2. 波浪线不仅可以用于完整浪形的分析,而且可以用于子浪的分析。
3. 为了更好地把握盘中的买卖机会,波浪线可以用于盘中分析。

第十三节 对称角度线

对称角度线是建立在反射原理上的一种投资技巧,根据对称角度线,我们往往可以研判未来行情的运行趋势和买卖时机。

一、对称角度线在底部反转行情中的运用

1. 绘画方法
(1)从分析软件中调用对称角度线的画线工具。
(2)以最低点确定为起点。
(3)以起点之前的最高点和行情走势确定为基本角度线。
(4)自动生成后市行情的右侧角度线(见图8-53)。
2. 应用技巧
(1)如果股价一直在右侧角度线上方运行,当股价有效破位该角度线,并且显示无力回

到右侧角度线之上的时候,投资者要果断卖出(见图8-54)。

图8-53 对称角度线

图8-54 股价有效破位该对称角度线

(2)如果股价一直在右侧角度线下方运行,当股价有效上穿角度线时,则可以买进,等股价跌穿右侧角度线时,再卖出(见图8-55)。

图 8-55 对称角度线的买入与卖出信号

(3) 有时股价或指数在上涨过程中虽然受到右侧角度线的压制,当股价穿越该角度线并迅速回转跌破时,是短线卖出位置(见图 8-56)。

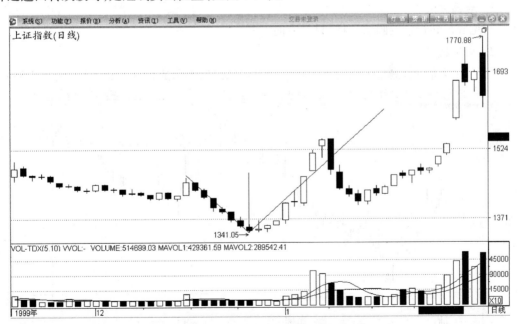

图 8-56 当股价穿越对称角度线并迅速回转跌破

(4) 如果股价在右侧的上涨过程中出现强势调整,当调整到右侧角度线获得有力支撑时,该支撑将形成最佳买点位置(见图8-57)。

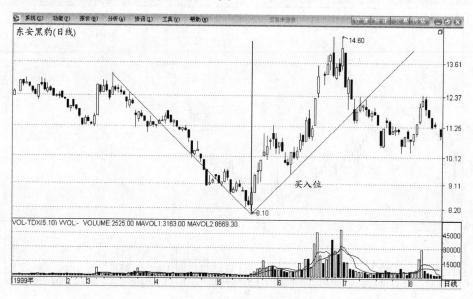

图 8-57　对称角度线的支撑作用

二、对称角度线在顶部反转中的运用

1. 绘画方法

与见底反转行情的画法一样,只是方向不同。

2. 应用技巧

(1)当股价在右侧角度线之下运行,一旦成功突破,即形成良好的买入位(见图8-58)。

图 8-58　对称角度线的买入点

（2）当股价由上向下跌穿右侧角度线,而股价的累计跌幅还不深的时候,投资者需要果断止损(见图8-59)。

图8-59　对称角度线的止损位

（3）当股价围绕右侧角度线运行一段时间以后,突然远离下降的角度线,并展开独立的上升行情时,投资者也需要及时跟进(见图8-60)。

图8-60　对称角度线的及时跟进点

第十四节 量度切线

量度切线是指衡量目标高度和时间跨度的切线。

一、量度目标

在股市的形态分析中往往存在量度目标,它是根据形态的顶、底与颈线位的垂直距离测算的。

在圆弧底、双底、头肩底和三重底形态中,当形态成立时,股价的上涨量度目标往往是在形态的低点到颈线位距离的1—2倍的高度(见图8-61)。

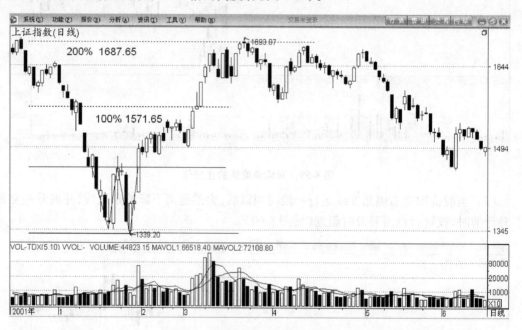

图8-61 股价的上涨量度目标位

在圆弧顶、双顶、头肩顶和三重顶形态中,当形态成立时,股价的下跌量度目标往往是在形态的顶点到颈线位距离的1—2倍的低位(见图8-62和图8-63)。

在画量度目标时,要先调用该画线的工具。

然后,确定起点线和颈线位的两根线条。在顶部形态中,起点线是以最高点为标准;在底部形态中,起点线是以最低点为标准。

当确定好这两线位置以后,量度目标将自动生成目标线。为了便于观察,颈线位的线条可以拉伸,并带动其他所有线同时变动(见图8-64)。

图 8-62　股价的下跌量度目标位（一）

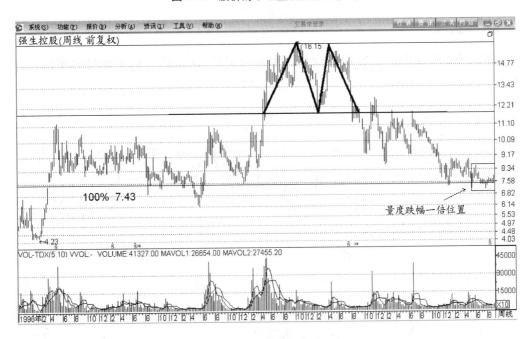

图 8-63　股价的下跌量度目标位（二）

这样，投资者可以在该股的未来行情走势中轻松发现目标位。

图 8-64　股价的下跌量度目标位（三）

二、转折尺

转折尺的作用在于以一轮行情的起点和终点定位，确定后市转折的时间和价位（见图 8-65）。

图 8-65　转折尺

三、周期尺

周期尺类似于波浪尺,先定位出两段时间,从第 2 段终点扩充出按第 1 段时间段的若干比例计算出的分线(见图 8-66)。分线数量和比例可在[画线设置]中设定。

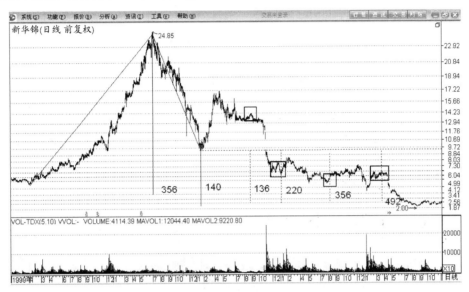

图 8-66　周期尺

四、幅度尺

幅度尺的作用在于直接标示出行情上涨或下跌的幅度,使得投资者不必计算就能方便而直观地了解行情的变动情况,为更好的分析提供便利(见图 8-67)。

图 8-67　幅度尺

五、自由比例

在应用自由比例的时候,最关键的是要确定起点和定位点,在此基础上画出的自由比例线将比较容易地确定未来行情的重要时间转折点(见图8-68)。

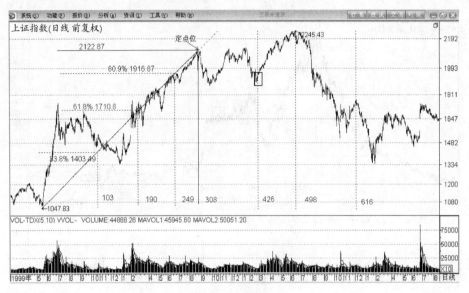

图 8-68　自由比例

六、时间尺

时间尺统计一个时间段以及与该段时间起点重合但长度是该段时间的一个黄金比例倍数的区间的价格差、周期数和交易日数(见图8-69和图8-70)。

图 8-69　时间尺(一)

图 8-70 时间尺(二)

七、时空矩形

时空矩形的作用在于能够迅速识别一段时间的交易天数(在分时图上是 K 线数)里行情涨跌的精确数据。

先确定任意行情位置是起点,然后画线到另一任意行情位置为终点。图上将立即表示出这段时间的交易天数、涨跌幅度、具体涨跌的指数或价格(见图 8-71)。

图 8-71 时空矩形

复习思考题

1. 什么是趋势线？它有哪几种类型？
2. 如何用趋势线描述价格波动的趋势？
3. 运用趋势线研判趋势时有哪些应用要点？
4. 什么是黄金分割线？它有哪些重要的分割比例？
5. 在何种情况下可以使用黄金分割线进行买卖的指导？使用黄金分割线进行了实际的行动后，对未来走势有什么样的预期？
6. 百分比线的主要分析原理是什么？
7. 速度线的主要分析原理是什么？
8. 什么是甘氏线？如何运用甘氏线进行买卖指导？
9. 如何理解支撑与压力的转换？
10. 交叉线和趋势线在应用的时候有什么异同点？
11. 在使用交叉线研判时要注意哪些应用要点？
12. 在上升与下降通道线中有什么应变策略？
13. 如何使用扇形线？
14. 周期类切线有哪些？主要研判原理是什么？
15. 如何利用安德鲁音叉线研判行情走势？
16. 运用波浪线时有哪些应用技巧？
17. 对称角度线在我们分析行情走势时有什么帮助？
18. 量度切线主要有哪几种？主要研判原理是什么？

第九章 形态理论分析技术与技巧

【本章导读】

> 形态理论是技术分析入门的基本功。通过本章的学习,了解形态分析的五个要素和价格波动的两种基本形态类型,掌握持续整理形态中双底及双头形态、头肩顶及头肩底、复合头肩形、圆弧顶及圆弧底、喇叭口与楔形、潜伏底与V形反转和菱形,以及反转突破形态中矩形整理、三角形整理和旗形整理等形态特征与分析要点,熟悉缺口的判市意义,通过研究图形形态,判断市场格局、及时把握趋势变化,第一时间做出买卖决策。

技术分析就是由"点"可以过渡到"线",再由"线"可以过渡到"面",也可以反过来进行分析,如先分析面再分析线,最后分析点。单独一根 K 线是"一个点",将每天的 K 线组合在一起就构成"一条线",那么不同波动形式的线就构成了图形。所以通过研究图形形态,就可以判断市场格局、及时把握趋势变化,第一时间做出买卖决策。

第一节 股价的运行规律和两种形态类型

为什么会产生形态,形态是否是技术分析所要研究的必要因素?这一点可从以下两个方面来理解:

一、形态的形成

(一)从股价的波动规律来看

通过对道氏理论和趋势的深入研究,我们发现市场存在三种不同方向的运动,即上涨、下跌和横盘。但这三种运动在同一规模的波动中所占的时间大不相同。据统计,一轮行情中,股价真正上涨和下跌的时间很短,大约占整个周期的 40%,而大多数时间股价都处于盘整阶段。这是因为股价在筑底、做头,甚至是上涨和下跌的中途都会出现盘局现象。通过这一点,我们可以总结出股价的一般运行规律:

首先股价应在多空双方取得均衡的位置上下来回波动。然而持续一段时间之后,多空双方的力量此消彼长,原有的平衡就会被打破。平衡被打破后,股价将向上或向下寻找一个新的平衡位置。这种规律可以用下面的表示方法具体描述:

股价在一定范围内持续整理,保持平衡——打破平衡——找到新的平衡——再打破平衡——再找新的平衡……

股价的移动就是按这个规律循环往复、不断进行的。股市中的胜利者往往是在原来的平衡快要打破之前或者是在打破的过程中采取行动,而获得收益的。而原平衡已经打破,新的平衡已经找到,这时才进行行动,就已经晚了。

（二）从主力行为来看

从主力做盘的角度我们去考虑一个问题:主力如果想运作某只股票,要达到多大的控盘率？从历史经验来看最少要控制流通股份的30%以上。我们以1亿的流通盘、股价大约为7元的股票为例,如果完全控盘需要7元×1亿股=7亿元,而控盘30%约为2亿元资金。那么,如果2亿元资金在市场中进出一次需要多长时间？按个股日间换手率3%全部为主力所为,也需要10天,即两周。但还要考虑日换手中肯定不会全是主力的交易,而且个股的日换手率还经常低于3%,则所需时间还会更长。所以,主力进场和出场都需要时间,短则数周,长则数月,甚至数年。在这么长的时间里,主力会尽量将成本控制在某一价格范围,在一定时间内图形上便会形成一个震荡区间。洗盘及出货时亦然。这种震荡区间的图形走势便构成了"图形形态"。

二、形态分析五要素

（一）形态构成

所谓形态构成是指对形态出现的位置、形状姿态等方面的具体要求,有哪些标志,不能想当然地看着"像"就一定"是"某个形态。这一点也是形态研究的基础。

（二）成交量在形态中的表现

通过形态的形成过程就可以看出投资者的情绪,股价运行到关键位置,市场参与者对它的认可程度都可以通过成交量反映出来。所以成交量是形态分析中必不可少的确认条件,如果不符合相应成交量的要求,就有可能是主力庄家划的"图形",成为埋葬技术分析人士的陷阱。

（三）颈线及突破

颈线:"颈"——咽喉所在也。通过股价移动的规律可以看到,多空双方经常会在某个位置上进行争夺,任何一方如果对此位拥有了控制权,便会主导价格趋势。犹如战役中某个重要的地理位置被形容为"咽喉要塞"一样,是交战双方必争之地。而股价的平衡点,即形态中最重要的位置,便被称之为"颈线"。

股价在颈线之上说明正在构筑形态的过程当中,突破颈线当日或刚刚突破颈线不久,说明平衡已经打破胜负已分,至此确认整个图形形态完成。

（四）买卖原则

不同的形态有着不同的买卖原则,但只有当有利于自己的交易机会出现时才能进行买卖,所以形态的买卖位置在哪里必须清晰,不能有一点含糊。

（五）预测作用

形态完成之后，本身对原趋势会起到确认作用，或持续或反转。但同时由于形态历经时间较长、震荡幅度较大，筹码相对较为集中，这样在形态完成前后介入的投资者对股价未来上涨或下跌的空间就会有一个预期，所以依据形态对股价的后期走势还能起到一定的预测作用。

三、价格波动的两种基本形态类型

价格的移动的过程就是保持平衡的持续整理和打破平衡的反转突破这两种过程。打破平衡之后，投资者最为关心的是，价格今后的移动方向。这样，根据平衡打破之后方向的不同，可以把价格曲线的形态分成两个大的基本类型：第一个是持续整理形态，第二个是反转突破形态。

这两种基本形态类型的基本图形都是价格处在平衡状态下的"模样"，价格的波动呈现"横向"运动。两者都要打破平衡。平衡的概念是相对的、有范围的。价格只要在一个范围内变动，都可以认为处于平衡状态。这样，判断平衡与波动范围的选择有关，也是为判断平衡是否被打破的关键。

（一）反转突破形态

反转突破形态有时简称为反转形态。它的最主要特点是，形态所在的平衡被打破以后，价格的波动方向与平衡之前的价格趋势方向相反。例如，之前是上升趋势，在经过了一段时间的平衡整理之后，价格的波动趋势是下降的。反转突破形态是形态理论研究的重点内容。判断反转形态的时候，要注意以下几点。

1. 股价原先必须确有趋势存在，才能谈得上这个趋势反转的问题。
2. 某一条重要的支撑线或压力线被突破，是反转形态突破的重要依据。
3. 某个形态形成的时间越长，规模越大，则反转后带来的市场波动也越大。
4. 交易量是向上突破的重要参考因素。向下突破时，交易量可能作用不大。

（二）持续整理形态

持续整理形态有时简称持续形态。它的最主要的特点是，形态所在的平衡被打破以后，价格的波动方向与平衡之前的价格趋势方向相同。例如，之前是上行趋势，在经过了一段时间的平衡整理之后，价格的波动趋势仍然是上升的。

持续整理形态也要考虑平衡被打破的问题，不过这不是研究持续整理形态的重点。持续整理形态与反转突破形态相比，最大的区别就是它所需要花费的时间比后者少。持续整理形态仅仅是事先就有的价格运动趋势方向的暂时休止，时间一般不长。虽然上面将形态的类型进行了分类，但是实际中的形态有些是不容易区分的，"这个形态究竟属于哪一类"经常是个问题。例如，一个局部的三重顶底形态，在一个更大的范围内有可能被认为是矩形形态的一部分。一个三角形形态有时也可以被当成反转突破形态，尽管多数时间我们都把它当成持续整理形态。其实，一个形态究竟叫什么名字是不重要的，我们所关心的重点是这个形态之后价格将向何处去。

第二节 反转形态分析及实践

一、双底及双头形态（见图 9-1）

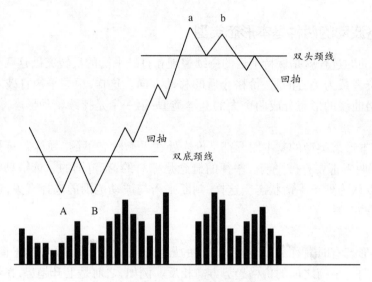

图 9-1 双底及双头形态示意图

（一）双底形态

双底又称"W"底，这是由于其形态完成过程如同字母"W"的样子。双底形态是图表分析中，判定市场底部的重要反转形态之一。股价在同一价位附近两次获得支撑，而出现反弹，说明市场底部已经探明，有了两条腿的支撑，股价向上发动行情将更加稳固。

1. 形态构成：市场经历连续下跌之后，先知先觉的投资者开始吸纳，伴随成交量的温和放大，市场形成一个低点；但此时的市场依然被熊市的阴影所笼罩，一部分股民见股价反弹开始卖出手中的股票，市场重新回到前期低点附近，但却没有再创出新低；前期介入的投资者继续买入股票，股价开始向上盘升，市场在前期低点附近又形成第二个底部。

2. 成交量的变化：量能随着股价的涨而升，随着股价的跌而落，但整个形态中最大成交量出现在突破颈线处。

3. 颈线及突破：股价在做完第一个底之后向上推进的高点处，作一条水平直线，此线便是双底形态的颈线位，也就是后期多空双方要争夺的咽喉要塞。在大量的配合下，股价一举站到颈线之上，形成有效突破，同时标志着双底形态的完成。

4. 买入原则：第一买入点，是在带量突破颈线后买入；第二买入点是回踩颈线附近买入；第三买入点，是股价回踩完毕再次放量拉升时买入。

5. 预测性：股价突破颈线后上升的时间和空间与双底形态构成的时间和高度成正比。即一般认为后期上升的时间不少于形成双底的时间，上升空间至少是自突破点向上加上升形态的高度（形态高度为双底至颈线的垂直高度）。但是据统计，80%以上的双底形成后上涨的高度和时间都远远大于这个比例(见图9-2)。

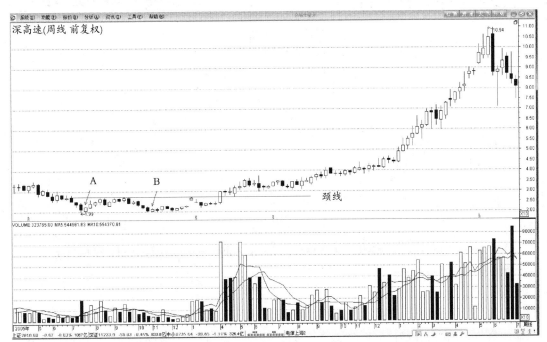

图9-2 双底形态

图9-2为深高速(600548),2005年7月15日见到最低价2.53元(见位置A)后开始小幅反弹,完成第一个底部;随后再次下跌至同年11月11日的2.53元便止跌回升(见位置B),形成第二个底部,且位置B略高于位置A。最终2006年4月7日股价放量突破颈线确认双底反转形态完成,随后此股还出现一段时间的整理,可视为是对颈线的回踩。因此突破颈线及突破后的调整或整理阶段都是我们很好的买入时机。

(二) 双头形态

双头也称"M"头,是股价二次冲击前期高点遇到前高的压力未形成有效突破便掉头向下形成的图形结构。

判定双头形态时,以下信息要多加留意:

(1) 双头形成过程中,必有一头会出现天量。如果第一个头部出现天量,第二个头部的成交量小于第一个头部的量则向下反转的可信度更强。

(2) 两个头部价位近乎相同,第二个头可以略高于或者略低于第一个头部价位,但不应差距太大,一般认为两个头部的高低幅度不宜超过3%(此原则适用于后期所有形态)。如第二个头部价位低于第一个头部价位则向下反转的可信度更强。

(3) 待收盘价向下突破颈线后应及时卖出手中股票,如果破位之后出现回抽机会更应当坚决卖出。

另外,破位后股价下跌空间与时间和双底的判定方法相同(见图9-3)。

图9-3为上海能源(600508),2004年10月下旬形成第一个高点A,一个月后即11月下

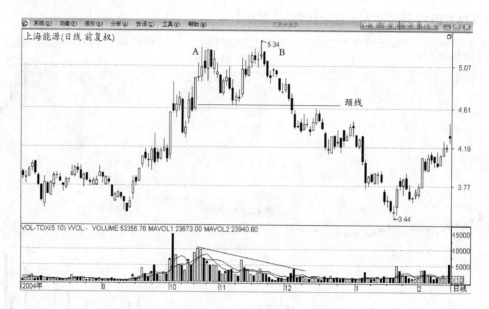

图 9-3 双头形态

旬又形成高点 B,值得注意的是,同dl虽然 B 的位置略高于 A,但成交量却是 B 小于 A,这个明显的量价背离关系刚好验证了"双头"形态。因此当我们有了成交量的验证就可以不用等待 12 月初的颈线破位,就可以立即做出决策卖出!

二、头肩顶及头肩底

头肩形态是由三个高点或三个低点组成的图形模式,分为头肩顶和头肩底(见图 9-4)。它是指股价在一个最高点(最低点)两侧各有一个次高点(次低点),整体看上去好似正立的人,最高点就是这个人的"头",在头的两侧各有一个近乎等高的次高位,像是人的"左肩"和"右肩"。这便是把此种形态称为头肩形的原因。

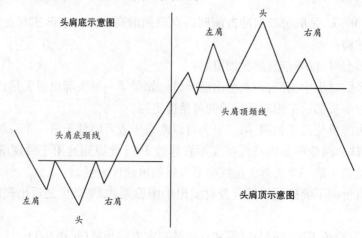

图 9-4 头肩形示意图

（一）头肩顶

1. 形态构成：有明显的颈线；左右肩高点大致相等，一般右肩低于左肩（但高低落差不能超过3%）。

2. 成交量：左肩＞头部＞右肩、右肩＝头部＝左肩、左肩＜头部＜右肩的情况各占30%。

3. 颈线及突破："左肩"下跌形成的低点与"头"下跌形成的低点连接成为形态颈线。股价在此颈线之上颈线起到的是支撑作用，一旦下破颈线，无论量缩或是放量突破，都视为有效，此时颈线就由支撑转化成了压力。

4. 出货点：下破颈线处和回抽颈线处。

5. 跌幅预测：头部的高点与颈线间的垂直距离，即形态的高度将成为后期股价下跌位置的参考数据。后期股价的下跌空间至少等于头肩顶的形态高度，甚至是形态高度的倍数关系（见图9-5）。

图9-5　头肩顶

图9-5为上海电力（600021）日线图，2005年8月11日形成第一个高点（方肩），调整四五天后再次上攻并创出新高（头），由于量能不济股价再次向下调整，调整低点较前一次调整位置略高一些，这样连接两次回落低点就形成一条微微上倾的"颈线"。9月20日价格冲高回落，没能创出新高，右肩形成。两日后一根中阴线跌破颈线，宣告整个头肩顶形态完成，此时投资者应当立即沽空股票。

这里要说明一点的是，在颈线被向下突破之后，就应当立即卖出股票了，但此时往往很多投资者还在期待着回抽确认，要知道并不是所有突破都一定会有回抽，尤其是以缺口形式向下突破的股票，回抽的概率就相当低（见图9-6）。

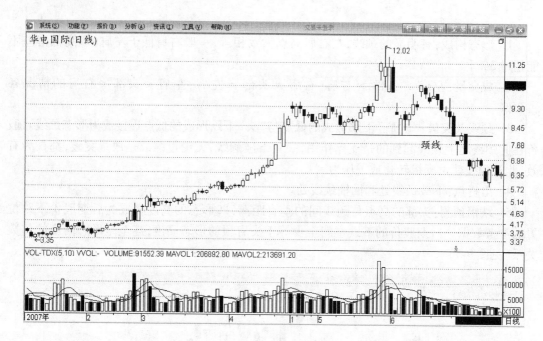

图 9-6　头肩顶

图 9-6 为华电国际（600027），日线图 2007 年 4 月 24 日小阴线的高点是"左肩"位置，5 月 30 日的最高价是"头"的位置，6 月 13 日小阳线高点是"右肩"位置。两次回调低点连成一条水平颈线，这根颈线被 6 月 26 日的跳空缺口向下突破，虽然次日将缺口完全回补，但是颈线突破已成事实。

将上海电力与华电国际的两个案例进行比对，我们可以发现几个问题：

1. 颈线不一定全部都是水平的，可以是向上倾斜也可以向下倾斜。

2. 在头肩顶形成过程中，成交量具有多种配合关系，但是以第一个案例的"量价背离"和第二个案例的"天量天价"最为常见，因此这两种关系就是对头肩顶形态的有效反证。

3. 颈线破位时或跌位后无需成交量的配合，缩量破位同样可以确立头肩顶，但是后期如果出现回抽现象，量能也不会放得太大。这里要注意的是，如果在大量的配合下股价再次反弹至颈线之上，图形有可能失败。

4. 头肩顶形态中左右肩的高度可以对等，可以左肩高于右肩，也可以右肩高于左肩，但如果右肩高于左肩太多，图形有可能失败。

（二）头肩底

头肩顶的反向形态便是头肩底。理想的头肩底形态（如图 9-7）最好是右肩高于左肩，而且突破颈线时的成交量是整个形态当中最大的量。

另外，头肩底形态的颈线向上倾斜比水平角度确认性更强，同时突破颈线之后出现回抽的概率要比头肩顶大（见图 9-7）。

图 9-7 为百联股份（600631）日线图，在 2005 年 4 月 25 日跌至最低价 4.38 元之后便展开了一轮上升行情。在最低位左右两边各有一个次低点分别构成头肩底形态的左、右肩，6

图 9-7 头肩底

月 8 日在成交量配合下股价向上突破颈线,并于 7 月初出现回踩走势,受到颈线强劲支撑,头肩顶形态完成,底部得以确认。

三、复合头肩形

在实战操作中,我们还会看到头肩形态会经常出现两个甚至多个左肩或者右肩,有时头部走得也比较复杂。这种图形便称之为"复合头肩形",其变化多种多样。归纳起来,常见的有如下几种:两头双肩式、单头多肩式、多头多肩式及不对称多肩式等等(见图 9-8)。

图 9-8 不对称复合头肩形

图9-8为上证综合指数(000001)日线图,在2003年2月至6月的大头肩顶(见图中A、B、C)当中虽然右肩略高于左肩,但成交量却远不及左肩,而且仔细观察右肩会发现,右肩也做了一个更小规模的"头肩顶"(见图中a、b、c)。6月23日一根跳空向下的阴线突破了"小头肩顶"的颈线,同时也标志着"大头肩顶"的右肩完成。

个股上复合头肩形态也比较常见,可以这样说,十分标准的头肩形在个股中是非常罕见的,大多为头肩形的变体,即各式的复合头肩形(见图9-9)。

图9-9 复合头肩形

图9-9为林海股份(600099)周线图,2005年5月13日形成左肩A,同年7月22日见到最低点B形成头肩形的"头部",12月9日见到次低点C后向上反弹,但是成交量迟迟不能放大,因此价格并没有从这里向上突破颈线,而是碰到颈线,压力再次加调,再次回调低点出现于2006年3月10日的位置已形成第二个右肩。

相关案例还可以参照600460士兰微2005年2月下旬至同年4月底阶段时间内形成的"单头多肩式",其形态由一个头、一个左肩和两个右肩构成。

如K线组合一般,图形形态也会表现得千姿百态。除了上面我们学到的头肩形及复合头肩形之外,还存在一些头肩形态的变体,如三重顶、三重底、多重顶、多重底等。仔细观察金宇集团(600201)2004年2月至4月份日线走势中的三重顶的定例,注意分辨其与头肩顶的区别(见图9-10)。

图9-10为金宇集团(600201)日线图,2004年2月11日走出第一个高点A,略微下跌后反弹至3月17日形成第二个高点B,再次遇阻回落后第三次反弹也未能突破前期高点,而是又在前高附近形成高点C,之后震荡下跌于4月27日一根长阴线下破颈线,自此股价步入长期下降趋势。头部的三个高点基本处于同一水平位置,这就形成了"三重顶形态",此形态包

含的市场行为正如兵法所云:一鼓作气,再而衰,三而竭。

图 9-10 三重顶

四、圆弧顶及圆弧底

(一) 圆弧顶

1. 形态构成:连接每次反弹高点,股价呈圆弧形下降。

2. 成交量:亦呈弧线形状,即伴随股价左弧的上涨成交量由小渐大向上递增,伴随右弧的下跌又由大渐小向下递减。

3. 碗柄:当股价大约回落到圆弧形态的起始价位附近时会出现一个短暂的整理,整理后的样子很像锅把,所以称之为碗柄,其实质是下跌之势遭遇短暂抵抗,碗柄可以理解为圆弧形态的颈线。

4. 突破:股价有效向下突破碗柄,圆弧顶形态完成。

5. 出货点:下破碗柄处及下破碗柄后的反弹。

6. 跌幅预测:下跌幅度比较大,难以量度(见图9-11)。

图9-11为锦州港(600190)日线图,于2004年1月至4月间高位走势,连接A、B、C、D、E五个高点形成圆弧状走势,且成交量也同股价一般,都是以最高点为分界线,左侧依次抬高,右侧依次降低。5月份形成的三角形碗柄被突破后出现快速下跌。圆弧顶的杀伤力由此可见一斑。

相关实例还可以参照东方航空(600115)2002年7月以及秋林集团(600891)2001年2月份的图形。

图 9-11　圆弧顶

(二) 圆弧底

股价在筑底阶段也会出现圆弧状的上升走势,但值得注意的是,在圆弧底形成初期并不能马上被发觉,股价在成交量温和放大的情况下逐步攀升。最早可以在股价做碗柄时引起关注。一旦放量突破碗柄应立即买入(见图 9-12)。

图 9-12　圆弧底

图9-12为紫江企业(600210)日线图,2006年10—12月间形成的底部形态,开始是绵绵阴跌,低点逐渐下移。至11月14日见到最低价2.24元后底部才缓缓抬高,呈圆弧状上升,此时的成交量也开始逐步放大。正当12月11日的放量长阳带给人们无限希望时,随后却走出一个倾斜向下的"碗柄"。至2007年1月5日突破碗柄拉升开始。

显然,圆弧形末期的碗柄可以由多种形式构成,水平、向上或者向下,相关实例大家还可以参考东风汽车(600006)2000年8月至12月的走势、贵州茅台(600519)2003年7月至12月份的走势、有研硅股(600206)2005年9月至2006年2月的走势,以及巨化股份(600160)2006年7月至2007年3月间的图形走势等等。

五、喇叭口与楔形

(一)喇叭形(见图9-13)

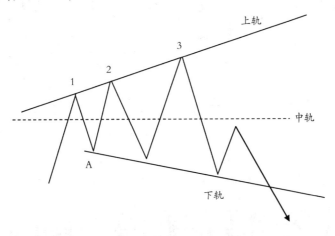

图9-13 喇叭口形态示意图

1. 形态构成:至少要有三个高点,两个低点。而且三个高点一个比一个高,两个低点一个比一个低,有明显的上轨和下轨。

2. 成交量:随着喇叭口的不断放大,成交量开始逐渐萎缩,有时也会出现不规则的巨额成交。

3. 市场行为:喇叭形走势反映了主力资金虚张声势,借拉升之虚,行出货之实。股价虽然可以不断地创出新高,但随后在主力资金不断撤退的情况下,股价每次都创出新低,形成一个向外扩散的形态。

4. 出货点:

最佳卖点是喇叭口的上轨附近(结合成交量);

第二个卖点是在形态中轨(虚拟中轨)附近,当股价从高点向下击穿虚拟中轨时卖出;

第三个卖点是股价遇下轨支撑后展开反弹,往往不会再回到喇叭口的上轨,经常出现反弹中途夭折。

最晚的卖出点当然是形态的下轨,一旦失守,坚决卖出,因为喇叭形态破位后极少有回抽情况出现,但这个卖出点已经很晚了,由于形态逐渐向外扩散,越到末期落差越大,所以此卖出点一般不作为参考。

5. 跌幅预测：没有明确的度量方式，但下跌幅度往往很深。

注意：喇叭形的下轨是由两个低点构成，所以并不一定都会出现第三个低点，有时第三次回落下轨时股价便会选择向下突破，当然也就不存在什么反弹中轨的问题，这一点应多加留意。

另外，喇叭口形态多在股价连续拉升后的高位出现，加之量价背离，形成反转向下的可信度就会大大增强，如上证综合指数历史最高点 2001 年 5 月至 7 月 2245 点附近和 2004 年 2 月至 4 月的 1783 点附近出现的喇叭形都引发了市场大规模的下跌（见图 9-14）。

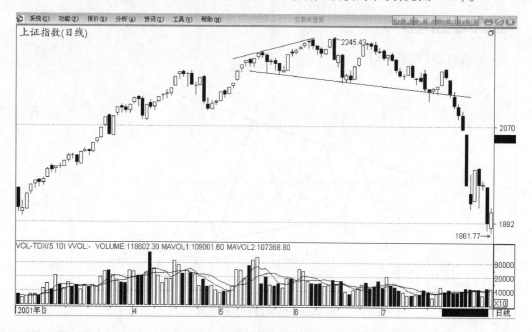

图 9-14　喇叭形

图 9-14 为上证综合指数（000001）日线图，2001 年 5 月 22 日前后连续放出大量，并形成喇叭口的第一个高点，股指虽然后期勉强创了两次新高，但成交量却没有再跟随放大。6 月 26 日指数最后一次向喇叭形上轨冲击，还未来得及碰到上轨便开始回落，最终于 7 月底向下破位，成为后面四年熊市的头部。

喇叭形如果出现在下跌趋势当中，看似相对低位也并不一定就表明向上。如申通地铁（600834）2002 年 12 月至 2003 年 5 月间下降中途的"喇叭口"走势同样选择的是向下破位，是原下降趋势的继续（见图 9-15）。

图 9-15 为申通地铁（600834）日线图的"喇叭口"，由 2002 年 12 月 4 日、2003 年 2 月 17 日及 2003 年 4 月 14 日三个高点构成形态的上轨；由 2002 年 11 月 27 日、2003 年 1 月 2 日及 2003 年 5 月 13 日三个低点构成形态下轨；上下轨中间为虚拟中轨，股价最后一次碰到下轨后的反弹位置刚好遇到虚拟中轨的水平压力，卖点出现。

所以喇叭形作为向下转向形态，其成功率和杀伤力都是很大的，在操作中应特别注意。

图 9-15 喇叭形

(二) 楔形

楔形分为上升楔形和下降楔形。上升楔形一般是头部向下的反转形态,而下降楔形往往是底部向上的反转形态。之所以称之为"楔形",是其形态样子很像木工活儿中填充缝隙用的"木楔"(图 9-16)。

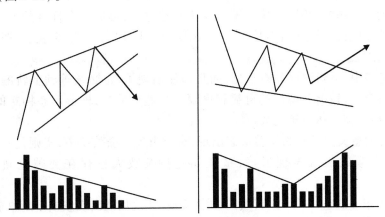

图 9-16 楔形形态示意图

1. 形态构成:是由不断收敛的三个高点和两个低点构成,连接三个高点和两个低点形成两条相互聚拢的趋势线。就形态整体而言,与三角形有些类似,最大的区别就是楔形具有明显倾斜向上或向下的角度。

2. 成交量:伴随上升楔形成交量逐渐减少,直到突破下轨也未能放出;下降楔形形成过程一般成交量也是逐步萎缩,但是向上突破上轨时,成交量必须得放大。

3. 买卖点:上升楔形突破下轨卖出,下降楔形突破上轨买入。

4. 涨跌幅:比较大,难以度量(见图9-17)。

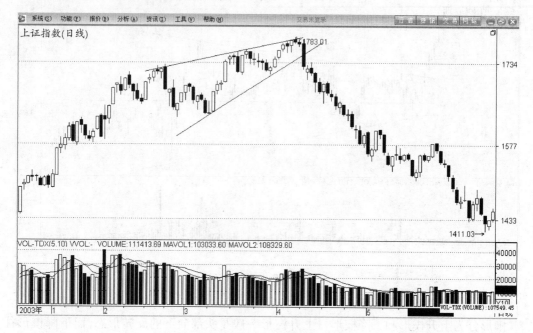

图 9-17　上升楔形

图9-17为上证综合指数(000001)日线图,2004年2月10日至4月9日之间的走势。在指数不断创出新高的同时,震荡幅度却在不断地缩小,形成一个标准的上升楔形,注意下方成交量伴随股价上涨反而不断缩小,背离明显。4月9日向下突破后,股指展开大幅调整。

在实际走势中,下降楔形并不常见,而且即使出现了,也必须等到上轨的阻力位被有效突破后再行介入,较上升楔形的可靠程度要低一些。另外,楔形形态构筑的时间较长,至少一个月以上,甚至达一年之久。

楔形形态的意义大多作为反转形态出现,有时出现在涨跌途中,实则是一种三角形时间拉长、角度上倾的极端表现形式,量能如能持续放大也存在突破上轨的可能(见图9-18)。

图9-18为东方航空(600115)日线图,进入2007年之后便出现波幅不断收窄的上倾"楔形",但是股价离底部并没走多远,涨幅也不够大,因此2007年4月24日和25日连续两日放量突破并站稳于形态上轨之上,上升趋势进入了加速期。

图 9-18 上升楔形

六、潜伏底与 V 形反转

（一）潜伏底

1. 形态构成：股价在一个极狭窄的范围内横向移动，如横线窄幅波动（一般波动幅度小于 10%），其间无明显价差可做。

2. 成交量：较下跌时期有所放大，但不是天量。

3. 突破：出现不寻常的大成交量突破形态上沿。

4. 买入点：成交量明显放大时，或价格突破形态上沿时。

5. 涨升幅度：上升速度快而且幅度非常大。

6. 形态要点：

（1）一般潜伏底持续时间为一个月左右，但股价在底部潜伏时间越长，向上反转的力度越大，正如股市谚语所云"横有多长，竖有多高"。

（2）潜伏底标准形态为横向水平移动，如经典案例有东北高速（600003）2000 年 1 月 12 日至 1 月 28 日的走势，有时也会出现略微上倾的"潜伏底"，如中信国安（000839）1999 年 4 月中旬至 5 月中旬的 K 线图形。

（3）突破后有持续的高成交量，是行情得以延续的标志（见图 9-19、图 9-20）。

图 9-19 为苏泊尔（002032）日线图，经过一段时间的下跌后，于 2005 年 11 月初开始沿图形下沿进行长时间的潜伏震荡，但震荡幅度很少出现 10% 以上的情况。这种窄幅震荡一直持续到 2006 年 4 月 12 日跳空阳线之前。随后股价略作休整，便展开了快速拉升。仔细留意潜伏底震荡中成交量不断积累的过程。

图 9-19 水平型潜伏底

图 9-20 上倾型潜伏底

图 9-20 为汇通能源（600605）日线图，2005 年 12 月 5 日见到最低 3.42 元（除权价）之后便开始一点一点地向上"拱"，留意下方成交量已经开始呈现不规则放大，其间也有震荡，但每次震荡幅度都很少能超过 10%。2006 年 4 月 14 日同样以涨停板的形式放量突破潜伏底的上沿后出现连续涨停。

潜伏底向上突破后何以有如此的能量将股价连续推出涨停或者大阳？秘密就蕴含在股价潜伏阶段不断堆积出来的成交量，股价虽然波澜不兴，实则主力已经暗自吸纳了足够的筹码。

（二）V形反转

1. 形态结构：股价由阴跌转为加速下跌，角度陡峭，深度下跌之后价格突然转折向上，在图形上形成明显的转折点。整个形态犹如字母"V"，因此得名。

2. 成交量：反转前的最后几天内伴随价格加速下跌（往往出现连续若干天的阴线）成交量却逐渐放大，但并非天量，反转的可信度较高，部分图形也存在成交量逐渐缩小的情况。

3. 买入点：股价连续收阴之后，被一根放量大阳吞并，此时应迅速买进，或者随后四个交易日内股价不创新低、成交量温和放大时可入场买入。

4. 涨升幅度：V形的爆发力很强，一般都能回到形态加速前的起始位置附近，即后期股价涨幅等于前期股价加速下跌的幅度（见图9-21）。

图9-21　V形反转

图9-21为天威保变（600550）日线图，2004年11月下旬开始阴跌，一个月后又开始放量加速。正当大家不知底在何方时，该股却在2005年1月21日和24日连续两个交易日放量涨停，形成"V形反转"。值得注意的是，这种突然逆转的走势一直是在资金推动下进行的。

V形反转的相关实例广大投资者还可去参照：深南光A（000043）、ST中侨（000047）、深赛格（000058）、辽通化工（000059）和ST鑫光（000405）在2002年1月23日同一天发生的V形反转。

V形反转较难把握的地方是买点问题，由于其回升速度快，而且中途失败情况较多，操作难度大，因此不作为重点学习内容。若操作建议大家买入应当迅速，策略上以小资金短线操作为主，一旦成交量不能持续放大就要先行离场观望。

有意思的是,股价高位出现倒"V"字形向下反转的案例并不多,这是因为股价如若只做一个山尖就一去不回头,主力是出不去货的。但是价格暴跌后由于市场交投清淡,稍微具有一定实力的主力便可不费太多力气将股价托上来,如果此时有利好消息配合形成 V 形反转概率则更大。

七、菱形(图 9-22)

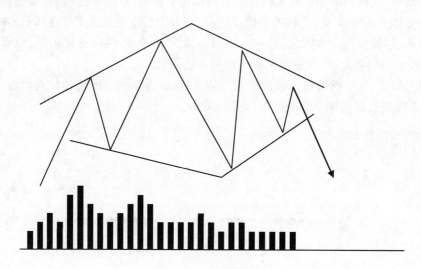

图 9-22　菱形示意图

(一) 形态分析

菱形犹如钻石状,其颈线为 V 字形。成交量如同三角状,伴随形态构筑逐渐减少。菱形实际是喇叭形和对称三角形的结合体。左半部和喇叭形一样,第二个上升点较前一个高,回落低点亦较前一个为低,当第三次回升时,高点却不能升越第二个高点水平,接着的下跌回落点却又较上一个低点为高,股价的波动从不断地向外扩散转为向内收窄,右半部的变化类似于对称三角形。

(二) 市场含义

当股价愈升愈高之际,投资者显得冲动和失去理智,因此价格波动增大,成交亦大量增加,但很快投资情绪冷静下来,成交减少,股价波幅收窄,市场从高涨的投资意愿转为观望,投资者等待着市场进一步的变化再作出新的投资决定。

(三) 形态要点

1. 菱形很少成为底部反转形态,通常它会在中级下跌前的顶部或大量成交的顶点出现,我们首先应先将它定位为股价构筑头部向下的转向形态。

2. 当菱形右下方支撑位跌破后,就是一个沽出信号;但如果股价突破右上方阻力线,而且成交量激增时,那就是一个买入信号。不过此种情况比较少见。

3. 菱形向下突破之后一般不会出现再次回抽右下轨的走势,这是因为股价已经在形态内(菱形末尾)进行了两次或两次以上的窄幅震荡,使下跌动力已经得到了缓冲。

4. 菱形被突破之后,最小跌幅的量度方法是从股价向下跌破菱形右下轨开始,量度出形态内最高点和最低点的垂直距离,这个距离就是未来股价将会下跌到的最小幅度(见图9-23)。

图9-23　菱形

图9-23为新农开发(600359)日线图,2003年4月1日开始出现菱形左侧的第一个高点,4月15日最高价为菱形的第二个高点,也是最高点。之后走势是头部依次降低,而底部略微抬高,价格波动逐渐收窄,构成菱形的右半部分。至6月下旬持续低迷的成交量告诉我们,趋势的发展方向将要向下。

菱形形态在实际走势中出现的几率并不是很高,因此我们不在这里详细讲解,掌握了喇叭形和三角形也就掌握了菱形形态的用法。

以上是为了方便记忆,我们将形态按组编制进行讲解,几乎(但不全是)每一种顶、底部形态都同时具有相对应的顶部和底部形态。然而从整体来看,顶部形态形成所需要的时间要远远小于底部形态构成的时间,这是因为主力在市场低迷进货时,受当时市场环境的影响往往会逐步地小批量地建仓,所以一般要花掉半年以上甚至一两年的筑底时间,而在主力出货时期正值市场火暴,买气旺盛,会有很多人"争"着接最后一棒,所以通过日间成交量的不断放大,主力出货多半会较为顺利地将手中筹码变现,所需要的时间当然不会很长(主力绝对控盘且拉到"天上"去的股票除外),一般完成顶部形态所需时间短则几天,长至数周,很少出现三个月以上的头部形态。

从这一点我们可以用于分辨形态真伪,如果一个顶部形态构成时间特别长就要当心它可能已经不再是一个顶部形态,或者完全失去顶部形态的意义。例如2004年9月在跌破1300点一线长达数年的大底之后,很多人甚至一些股评人士都发出极度看空的言论。其中一个论据就是说:中国股市自1999年5月至2004年9月是一个长达5年多的"大的头肩顶"形态,现在已经跌破1300点的颈线位,接下来下跌空间至少等于形态高度,这样一算

2245点-1300点=945点,从1300点倒扣下来可不得跌到300多点吗?如此滑稽的演说竟还有很多人相信,原因就在于对于形态只知道"形",而不知道"态"。

相反,底部形态则不应该构筑时间太短,构筑底部形态的时间越长,底部就越扎实,主力控盘程度就越高,接下来的拉升幅度才有可能越大。这便是为什么人们常说"天价三日,地价百天"的缘故,这是一个非常形象的比喻。

第三节 整理形态分析及实践

一、矩形整理

矩形整理也称箱体整理,是指股价在一段时期内的走势如同被限定在一个箱子里,这段时间股价始终在箱子的顶和底之间展开拉锯。

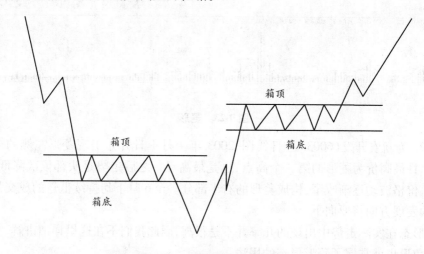

图9-24 矩形整理形态示意图

1. 形态特征:连接连续两个以上的反弹高点与连续两个以上的下跌低点皆呈水平状,或者略微上下倾斜。存在清晰上轨(箱顶)和水平下轨(箱底),股价会在上下轨之内上下震荡,震荡幅度一般大于10%小于30%。

2. 成交量:成交量会随着形态的发展呈现相应的放大和缩小,或者随着形态的发展出现整体缩小的情况。前者多出现在股价的上涨中途,后者多半出现在下跌趋势当中。

3. 平衡点及突破:短形的上轨和下轨是多空实力能否分出胜负的平衡点。向矩形上方突破时须有大成交量配合,向下突破则不一定出现大成交量。

4. 买卖原则:在矩形内可以进行短线操作,股价跌至箱底会遇到箱底的支撑,视为买入机会;反弹至箱顶会遇到箱顶的压力,视为卖出机会。有效突破箱顶多头获胜,顺势做多,反之股价有效突破箱底空头获胜,则顺势做空。

5. 涨跌幅度:一旦突破,涨跌幅度至少是箱顶至箱底的差价,即形态的高度,或它的倍数(见图9-25)。

图9-25为特变电工(600089)周线图,2006年5月26日至2006年12月22日期间的走势,

图 9-25　矩形整理

连接 A、C、E 三个水平高点形成箱顶,连接 B、D 两个低点形成水平箱底。在这段时间内短线客可以在箱体内高抛低吸,但是当在 E 点卖出后预期到股价下跌位置为 F 点,但是发现后期并未完全回落箱底便折身向上,底部抬高视为买入信号,最晚于 12 月 22 日突破箱顶仍可买入。

相关实例还可以参照华纺纺织(600273)2006 年 5 月至 2007 年 1 月上升途中的矩形、中电广通(600764)2004 年 9 月至 2005 年 4 月的下降中途的箱形整理以及并非上下轨都是水平走势的案例:华资实业(600191)2007 年 2 月至 3 月间的日线走势图(见图 9-26)。

图 9-26　特殊形式的箱体

图 9-26 为这是一种特殊形式的箱体。华资实业（600191）在 2007 年 2 月 2 日开始约整理形态并非完全水平，而是每个高低点都出现不大明显的上移迹象，连接每个高低点就形成一个略微"上倾的矩形"。而股价在形态之内每次的波动幅度都在 30% 左右，在上下轨之间可高抛低吸，具有与"水平矩形"同等的市场意义。

6. 注意事项：

矩形形态是短线投资者最喜见的形态之一，低吸高抛可来回几趟。当然，这种多空集团势均力敌的竞赛，最终有一方筋疲力尽，但是谁也预料不到何方最终会获取胜利。

通过长期的实战观察，矩形成为底部反转的概率是相当小的，几乎没有出现过。

所以此形态常见于上升和下跌途中，有时在高位出现向下突破箱底后也会成为向下的反转形态，而在底部形成向上反转的概率却极低，即便是股价向上突破箱顶时也要特别小心，很有可能是主力诱多的形态（如西藏天路 2004 年 8 月下旬至 2005 年 4 月下旬之间构成的矩形整理形态，最后来了一个漂亮的"诱多"后便掉头向下，成为下跌中继形态）（见图 9-27）。

图 9-27　诱多矩形整理

图 9-27 为西藏天路（600326），自高位下跌以来，于 2004 年 9 月 21 日开始进入矩形整理，其间利差丰盈而且容易操作，但在 2005 年 3 月初（见图中圆圈圈定范围）股价却带量突破了箱顶，但并未形成向上转势，而是来了一个 180 度大转弯随即掉头向下。

很多书上都说突破上轨买入，突破下轨卖出，但是大家一定要看突破上轨是真突破还是假突破，真突破的要求必须在突破位置及突破之后成交量能够持续放大，一旦出现大幅量的情况，就要警惕了。同时如果矩形形态出现在连续下跌趋势之后，而没有主力资金入场建仓，中继变反转的几率是相当小的，这一点大家在实战操作中应当特别注意。

箱体是股票走势中最为常见的形态,因为据不完全统计一年的波动当中真正上涨和下跌加起来的时间只占整个交易时间的50%,而其中的一半时间股价都是在一定范围内横盘震荡,按照箱体理论来指导操作的确是一种不错的方法。

在这一点上,美国投资家大卫·尼古拉(Nicol Darvas)提出了著名的《股票箱理论》。他认为不管是上涨还是下跌,股价始终是在一个个箱子里跳来跳去,股价突破一个箱子后便进入了另一个箱子。股价一旦向上突破箱顶就买入,跌破箱底就卖出,之所以这样做是因为供需关系发生了改变从而引发股价的变动。假设股市中买方的需求为5000股,而卖方的供给也正好是5000股,则供需之间相互满足,股价自然均衡;如果买方的需求突然增加到7000股,就会出现供不应求的局面,股价自然会向上打破平衡,形成上升。反之,供大于求必然引发股价下跌。

二、三角形整理(见图9-28)

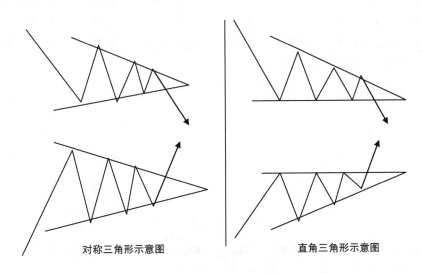

图9-28 三角形示意图

依据形态特征可将三角形整理分为对称三角形和直角三角形。

(一)对称三角形

对称三角形又称收敛三角形,也是一种比较常见的整理形态。此形态有时也会演化成为趋势逆转的信号,但形成转势几率同矩形一样也是较少的。据不完全统计,对称三角形中大约3/4属整理形态,只有1/4的机会属升市顶部或跌市底部出现的转势形态。

1. 形态构成:形态有着明显的两个高点和低点,两个高点不断降低,而两个低点则不断地抬高,呈现出向右收敛压缩状态,用直线将高点与高点、低点与低点相连,就形成了一个对称的三角形。高点连线称为形态的上轨,低点连线称为形态的下轨。

2. 成交量:随着股价波动幅度越来越小,成交量也会随之逐渐减少。股价突破上轨时同样需要大成交量相伴,突破下轨时则不必。

3. 平衡点及突破:三角形的上轨与下轨是多空之平衡点,三角形的顶点区域往往是敏感的也是最后的变盘时机。除此之外,还要注意三角形形态1/2或3/4处也是股价容易选择突破方向的位置以及股价第三、第四次撞击上轨或者下轨时最容易形成突破。

4. 买卖原则：突破三角形上轨买入，突破下轨则卖出，当然如出现相应的回抽或回踩可视为第二次进出货时机。

5. 幅度测量：

方法1，股价变动的最小幅度至少为突破点的股价加上或减去三角形顶点至底边的垂直距离。

方法2，从形态的第一个上升高点开始画一条和底部边平行的直线，我们可以预期股价至少会上升到这条线才会遇上阻力；至于股价上升的速度，将会以形态开始之前同样的角度上升；形态的最少跌幅，量度方法也是一样为平行阻力线。

对称三角形是因为多空双方的力量在一段价格区域内势均力敌，暂时达到平衡状态所形成的。股价从第一个短期高点回落后，很快便在买方的推动下回升，但多方对后市没有太大的信心，或是对前景有点犹豫，因此股价未能回升至上一次的高点位置便再次下跌；股价下跌后，那些沽售的投资者又不愿意低价贱售或是对前景仍存有希望，所以回落时主动性卖盘不强，股价没有跌到上次低点时就又开始回升，这样多空双方犹豫性的争持，使得股价上下波动范围日渐缩窄，收敛形态形成。

图 9-29 对称三角形

图9-29为中海发展（600026）日线图，2007年1月22日至3月21日形成的"对称三角形"，成为上升趋势中的中继形态。随着三角形不断向顶角方向运动，成交量也在梯次缩小，而且3月22日突破三角形上轨的成交量也是整个形态过程中最大的。

形成对称三角形形态的市场气氛为观望犹豫，因为多数投资者认为应等事态明朗以后再介入，相关案例大家还可以参考中国石化（600028）2006年4月至7月、兰花科创

(600123)2006年5月至10月和五洲交通(600368)2006年7月至12月之间的日线走势图。

前面谈到过,一般的三角形在1/2或3/4处就会选择突破方向,越靠近顶角越容易引发变盘,而且一旦达到顶角时,成交量不能有效放大的话,趋势往往就会选择向下变盘。(见图9-30)。

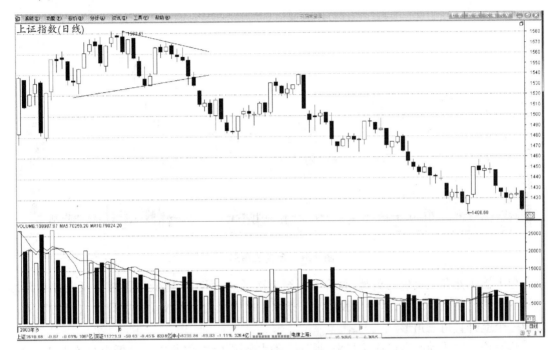

图9-30 反转三角形

图9-30为上证综合指数日线图,2002年3月21日1693点之后出现波幅收窄,反弹高点不断降低而下跌低点不断抬高的三角形形态。此形态最终于"五一"节复盘后选择了向下突破。

有顶部向下反转的三角形当然就有底部向上的三角形,不过底部反转向上的三角形多以"直角三角形"出现,即顶边近乎水平而底部抬高的收敛形态,具体形态特点及注意事项,我们会在接下来的内容里学到(见图9-31)。

图9-31为白云机场(600004)周线图,的最低点出现在2005年5月20日,自此之后低点不断上移,而几个顶部却近乎相等。这个长达一年半的三角形终于被2006年11月17日一根中阳线突破,12月8日的大量是对突破的进一步确认,后期呈现出价升量增的健康走势。

从上图可以看出,成交量在三角形突破过程中起到决定性的作用。与此同时,大家还应当进一步留意突破前的底部(顶部)是否有抬高(降低)的迹象。

(二)上升直角三角形和下降直角三角形

1. 形态构成

(1)上升直角三角形

股价在某水平位置附近遭遇强大的卖压,每次价格从低点回升到这里便告结束,开始回

图 9-31 反转三角形

落。但下档仍然存在大量的买盘,股价未回至上次低点,即高于前低位置时便又反弹起来,这样的情形反复几次以后,呈现出股价沿一条水平阻力线向右侧波动幅度日渐收窄的走势,形成一个上升直角三角形。

将股价每次波动的高点连接起来,得到一条水平阻力线;将每次波动低点相连形成一条向上倾斜的支撑线,这就是上升直角三角形的两个平衡位置。成交量在形态形成的过程中,伴随股价每次反弹而呈现出不断增长的态势,一旦突破形态上轨(水平阻力位)就应进场买入向上做多。

(2) 下降直角三角形

下降直角三角形的形状与上升直角三角形恰好相反,股价在某一水平位置总是会遇到支撑,出现稳定的买盘,因此价格回落至该水平线时便告回升。同时,上档的沽售力量却不断加强,股价每一次反弹的高点都较前次为低,于是形成一条向下倾斜的压力线。成交量在完成整个形态的形成过程中,一直是比较低迷,正是由于这种成交量促使股价较容易向三角形的下轨(水平阻力线)方向突破。

2. 市场含义

上升三角形显示买卖双方在该范围内的较量,但买方的力量在争持中已稍占上风。卖方在特定的价位水平不断沽售但并不急于出货,只是对后市产生犹豫。与此同时,市场的购买力量也在不断增强,股价还没有回落到上次低点,这些人便迫不及待地进场购进,形成了底部逐渐向上抬高的格局。另外,上升三角形的形成也可能是一种有计划的市场行为,是主力暂时压制股价,以达到逢低大量吸纳之目的。

下降三角形同样是买卖双方在某价格区域内来回较量的体现,然而买卖两方面的力量却与上升三角形所显示的情形刚好相反。看淡后市的一方不断地加大沽压力,股价还没回升到上次高点位置便开始打压,而看好后市的一方坚守着某一价格的防线,使股价每回落到该水平价位时便有大量买盘涌出来。当然,还有一种可能,这种形态的直角边是有人在固定区域托价出货造成的,直到筹码沽清后破位下跌。

3. 形态要点

(1)上升直角三角形和下降直角三角形都属于整理形态。上升三角形在上升过程中出现,暗示有向上突破的可能,下降三角形正好相反。

(2)上升直角三角形在突破顶部水平的阻力线时,视为短期买入信号,下降直角三角形在突破下轨水平阻力线时视为短期沽出信号。同样,上升直角三角形主向上突破时须伴有大的成交量,而下降直角三角向下突破时无需大成交量来验证。

(3)值得一提的是,这两种形态虽属于整理形态,但并不是说没有可能朝相反方向发展。即上升直角三角形也可能突破下轨形成下跌趋势,或者下降直角三角形突破上轨形成上升趋势。因此,稳健的投资者还是要等待股价的最终突破方向再做出抉择。同时应用前期切线理论当中的"有效突破"的确认原则,如3%、三天及成交量来验证股价的突破方向,见机行事(见图9-32、图9-33)。

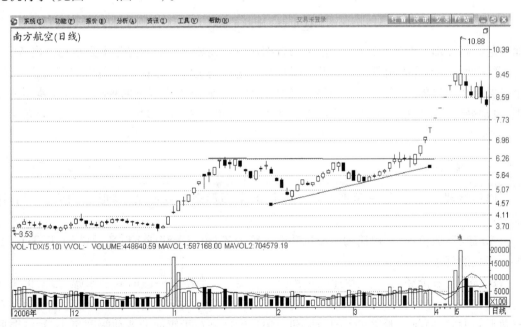

图 9-32 上升三角形

图9-32为南方航空(600029)日线图,2007年1月18日开始步入整理阶段,至3月20日为期两个月的走势,股价每次攻击到6.2元附近就遇阻回落,而每次下跌的幅度越来越小,呈现底部抬高迹象,直至后期突破三角形的水平上轨,形态完成,趋势继续向上。

图9-33为＊ST百花村(600721)周线图,2004年8月底至2005年3月初形成的下降三角形。股价经过一段时间的下跌后,开始沿水平方向震荡,每次跌至4.4元时都向上弹起,

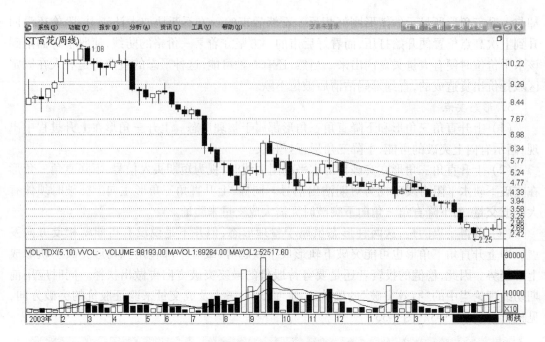

图 9-33　下降三角形

而弹起的高度却一次比一次低,从量上来看相对低点的放量行为明显是主方在托价出货。

综上所述,上升直角三角形以及下降直角三角形的关键位置在于三角形的直角边上,这个位置是楚河汉界,多空双方争夺最为激烈的地方。而斜角边则是两种力量孰强孰弱的体现,也是最终决定突破方向的重要因素。基于此,直角三角形大多数情况下都会向直角边方向突破。

三、旗形整理

旗形整理是由矩形、三角形等较大规模的整理形态演变而来,其形态构成主要有两部分:

A. 旗杆:股价连续、快速的一段拉升或下跌走势,由于上涨或下跌急速陡峭,近乎直立,如一竖立的杆子。

B. 旗面:股价经历连续、快速的走势(旗杆)之后,会出现一段时间的窄幅整理,但整理的时间比较短,之后会继续朝原来的趋势方向运行。旗面整理阶段的走势也会出现矩形和三角形等形状,而与一般意义上的矩形和三角形的区别在于旗面的波动幅度更小,持续时间更短,通常只有1—3周。可以通俗地理解为"小矩形"或"小三角形"。

旗形形态是个股日线走势中较为常见的形态,与趋势相联系我们可以将旗形划分为上升旗形和下降旗形。上升旗形是指整理形态之前为一轮笔直的上升趋势,若前期为一段笔直的下跌趋势便是下降旗形。以上升旗形为例,依据旗面的不同又存在多种变体,请看下面的不同形状的上升旗形示意图(见图9-34)。

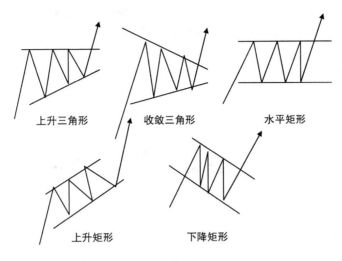

图9-34 旗形示意图

旗形属中继形态,后期股价会沿原趋势突破旗面。突破后,股价的预测涨跌幅度至少是旗杆的高度。

上升旗形向上突破旗面的阻力位时,成交量放大,则可确认整个形态已经完成,之后股价继续快速上涨;下降旗形在向下突破旗面的支撑位时一般成交量会缩小,而一旦突破成功,成交量很可能大增,促使股价沿原趋势迅速下跌(见图9-35、图9-36、图9-37)。

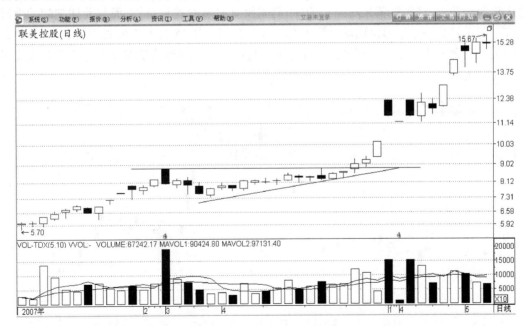

图9-35 上升旗形

图9-35为联美控股(600167)日线图,2007年3月26日至4月17日出现了逐渐向右侧收敛的走势,但这个走势又不同于"三角形整理形态",因为这段时间内股价的波动幅度极

窄,没有明显的差价可做。这个过程便可称之为上升旗形的三角形旗面了,之前的上涨视之为旗杆,而4月18日旗面的突破宣告再次拉升开始。

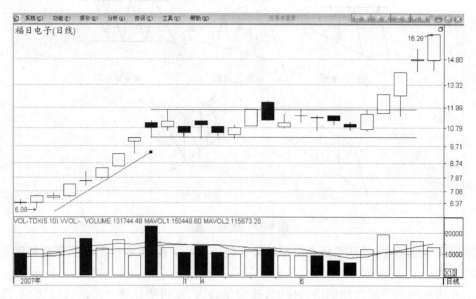

图 9-36 上升旗形

图 9-36 为福日电子(600203)日线图,经过一轮快速拉升之后于 2007 年 4 月 19 日开始进入横向震荡,但这种震荡又不同于箱体,其间没有明显的差价可做,而与前期陡峭的上涨放在一起正好是一个矩形旗面的旗形形态。该形态于 5 月 15 日的涨停长阳突破向上,再次出现的上涨无论从速度还是幅度都不亚于前期行情。注意旗面构筑时及向上突破时成交量的变化情况。

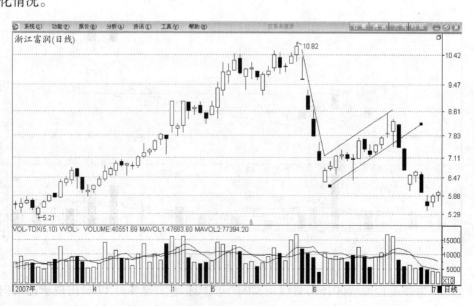

图 9-37 下降旗形

图 9-37 为浙江富润(600070)日线图,2007 年 5 月 30 日—6 月 5 日连续五日暴跌构成旗形的"旗杆",随后出现一个上倾矩形的旗面,这个旗面终于被 6 月 22 日的跌停板再次向下突破,后期下跌空间将不会少于上面旗杆的跌幅。

除此之外,相关旗形案例,广大读者还可以去参照春晖股份(000976)2001 年 8 月至 9 月收敛三角形旗面的旗形、东方锅炉(600786)2003 年 8 月至 2004 年 1 月倾斜向上矩形旗面的旗形和南玻 A(000012)2000 年 4 月初的倾斜向下矩形旗面的旗形等等。

本章中介绍了一些常见的图形形态,也属于基本形态范畴,在实际运用中还会出现这些形态的诸多变体,如由连续两个,即一大一小的圆弧底构成的"碟型"同样是底部确认的信号。当然也有一些叫不出名来的形态,需要在实战中不断总结经验。其实不同的形态代表了不同的市场投资气氛,如追涨、杀跌还是观望。在分析过程中,要透过形态表面看到形态背后的实质投资者情绪的变化。

《孙子兵法》曰:夫兵形象水、水之形、避高而趋下;兵之形,避实而击虚,水因地而制流,兵因敌而制胜。故兵无常势,水无常形;能因数变化而取胜者谓之神。

投资者在观察图形形态时也是如此,要根据当时的市场的整体情况,结合趋势仔细揣摩主力意图,千万不要"形而上学",只看到了形的存在,而不理解形的真正含义。现实走势中经常会出现许多"形似而神不似"的图形形态,如果只知其然,不知其所以然,就会经常落入主力布下的形态陷阱。例如,大家观察一下为什么长春经开(600215)2006 年 1 月至 3 月间出现的"头肩顶形态"反而成了此股拉升前的大底(见图 9-38)?

图 9-38　形似头肩顶

图 9-38 为长春经开(600215)日线图,2006 年 1 月 19 日形成高点 A、2 月 14 日形成高点 B、3 月 1 日形成高点 C,而且这期间成交量也逐渐萎缩,很多人认为这是个典型的"头肩

顶"！其实你注意形态所出现的位置并非暴涨的高位，而是股价震荡下跌的末尾，再看前期成交量一直是持续地量，而形态形成过程中的最大换手率也只不过3%，这么小的换手主力如何出货？

头肩顶本是主力反复拉高出货时构成的形态，既然是股价做头时形成的一种形态，而长春经开如此低的位置，如此小的成交量主力出的是什么货？无非是吓吓人（洗盘）而已。况且形态波动范围极窄，完全可以视其为一个横向整理，而那些在所谓的"颈线"突破后卖出该股的投资者一定会追悔莫及，但却不知道自己错在哪里。

另外，投资者必须学会运用动态的眼光看待市场，市场不是静止不动的，每天股价产生的波动都可能会使形态发生质的变化。比如双底形态没有突破颈线完全可以演化为矩形形态，喇叭形也可以演化为整理形态等等。例如上证综合指数2007年伊始构成的"喇叭形"在市场一片做头声中却形成向上突破，股指并没有在这个位置上做头，而是继续向上拓展空间，延续上升趋势（见图9-39）。

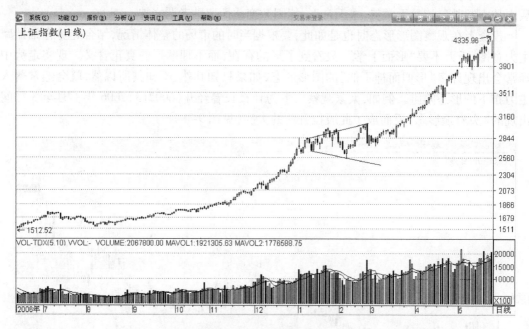

图9-39　形似喇叭形

图9-39为上证综合指数，2007年1月4日之后高点依次抬高，而回调低点反而一个比一个低，样子非常像我们前面学到的"喇叭口形态"。看似非常危险，但你是否发现形态构筑过程中成交量并没有背离，反而是一个高点比一个高点的成交量放大，而且形态持续时间很短，完全不足以构成主力出货。

回过头来寻找这次喇叭口形态失败的原因，你是否对"形态"又有了新的认识呢？

再比如，标准"喇叭口形态"是顶部不断抬高，而底部却在不断降低的，那我问你如果碰上一个高点不断抬高而底部没有降点却是水平移动的图形该如何看待呢？比如葛洲坝（600068）2007年4月至6月间的日线图形（见图9-40）。

第九章 形态理论分析技术与技巧　295

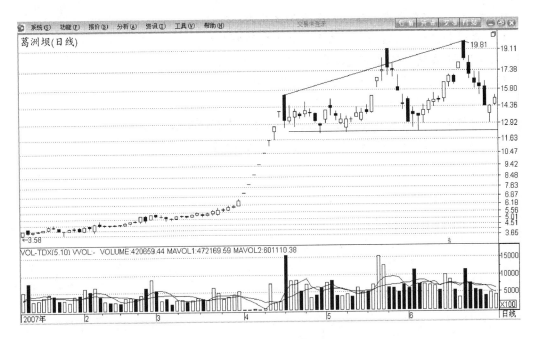

图 9-40　形似喇叭形

图 9-40 为葛洲坝(600068)日线图,这只狂奔的"疯牛"终于被 2007 年 4 月 19 日高开低走的长阴拦了下来,之后价格呈现高点不断创出新高,而低点却不跟随抬高的现象。如果几个低点不断下降我们马上就知道是个喇叭口形态,但现在不是。虽然不是,可反映的市场行为是一样的,都是人心涣散,分歧加大的表现,加之量能不济后期走势应当是凶多吉少。

这就是我们反复强调的不要只记几个花里胡哨的名字,最重要的是分析构成这个名字的要点及其背后所代表的市场行为。这样才能抓住技术分析的本质,从而处理各种变体就会有如庖丁解牛,游刃有余。

一句话,学习要静下心来用心去学,学完之后要拿到市场中去验证,验证结果要不断总结、不断修正。

 复习思考题

1. 形态理论分析有哪五种要素?
2. 价格波动的两种基本形态类型是什么?分别有什么分析特点?
3. 双底和双头的形态特征与买卖原则是什么?
4. 什么是头肩形的颈线?如何运用它?
5. 怎样处理圆弧底?
6. 矩形、旗形和楔形的区别是什么?
7. 如何理解"V"形的时间和空间的平衡?
8. 怎样处理几种三角形的出现?

9. 三种三角形各自有何特点？各有什么功能？
10. 在何种情况下，倾向于将三角形当成反转形态？
11. 喇叭形在何种情况下更容易成为持续形态？
12. 旗形的"旗杆"在对今后的预测有什么作用？
13. 形态规模的大小对今后的预测有什么影响？
14. 判断某个形态属于反转形态对其前面的趋势有何要求？
15. 如何理解同一种形态可能同时属于反转型和持续形态？

第十章 技术指标分析技术与技巧

【本章导读】

> 技术指标法是技术分析中极为重要的分支。通过本章的学习,理解技术指标的本质,熟悉应用技术指标必须考虑的六个方面,掌握移动平均线分析的特点,以及趋向类指标、概率类指标、能量类指标的主要研判技巧,学会在实战应用中指标之间的互相参考,将它们进行优势互补,以便对行情作出较准确的判断。

技术指标法是技术分析中极为重要的分支。技术指标的流行是在计算机被广泛使用之后,因为计算技术指标需要涉及"巨大"的计算量。在计算机不普遍使用的时候,用"手"计算技术指标是不可想象的。大约在 20 世纪 70 年代之后,技术指标逐步得到流行。全世界各种各样的技术指标至少有 1 000 个,它们都有自己的拥护者,并在实际应用中取得一定的效果。本章所介绍的技术指标是目前在中国市场上比较流行的技术指标。由于有了计算机的帮助,在实际的投资决策中,投资者没有必要也不可能用"手工"计算技术指标的具体值,因此,本书除了技术指标的计算过程和设计的原理有一定的说明之外,主要的篇幅放在对指标使用方法的介绍上。

第一节 技术指标概述

技术指标已深入到了每一个投资者的心里,进行证券投资操作的人都有一套自己惯用的技术指标体系。经过长期的检验,技术指标会给投资行为以极大的帮助。

一、技术指标的定义

技术指标是广大投资者业已非常熟悉的名词,但是,技术指标目前还没有一个明确的定义。一般认为:用事先确定好的方式对原始数据进行计算处理,得到的数值就是技术指标。这是比较简单的说法,如果用复杂的语言来讲,可以这么描述:按照事先规定好的固定方法对证券市场的原始数据进行处理,处理后的结果是某个具体的"数字"。这个数字就是"技术指标值"。将连续不断得到的技术指标值制成图表,并根据所制成的图表对市场进行行情研制。这样的方法就是技术指标法。

这里有两个问题需要说明:一是原始数据;二是处理原始数据的方式。

原始数据指的是开盘价、最高价、最低价、收盘价、成交量和成交金额,简称 4 价 2 量。绝大多数的技术指标仅仅涉及这六个数据。在实际市场中,除了上面的六个数据之外,还可能有其他的数据。例如叫卖价(ask)、叫买价(bid)、成交笔数等等。一些财务指标和股本结构等其他类型的数据也许也可以在计算技术指标的时候发挥作用。但是本书所指的原始数据就是这六个数据,其余的数据都不认为是原始数据。应该说明,在其他一些市场,由于交易制度和金融工具不同,原始数据所包含的内容将有变化。例如,期货市场中有 open interest。在期权交易中有关 call 和 put 的特定数据。因为本书主要以中国内地的股票市场为主,所以,原始数据都是指上面的六个。

对原始数据进行处理指的是将这些数据的部分或全部进行变形,整理加工,使之成为我们希望得到的"模样"。不同的处理方法就产生不同的技术指标。从这个意义上讲,我们就知道,有多少种技术指标,就会产生多少种处理原始数据的方法;反过来,有多少种处理原始数据的方法就会产生多少种技术指标。

其实,从数学的观点看,技术指标是一个多元函数。六个原始数据在不同时间就是自变量,因变量就是技术指标值。函数就是处理自变量的方式。更具体地说,技术分析中使用的计算方法更多的是采用"递推的"的方式。

产生了技术指标之后,最终都会在图表上得到体现。处理原始数据的过程,不仅是把一些数字变成另一些数字,而且可能是放弃一些数字或加入一些数字。

二、产生技术指标的方法

从大的方面看,有两类产生技术指标的方法:数学模型法和叙述法。

1. 数学模型法。有明确的计算技术指标的数学公式。只要给出了原始数据,按照公式和简单的说明,就可以比较方便地计算出技术指标值。一般是用计算机来完成计算的过程。这一类是技术指标中极为广泛使用的一类。著名的随机指标 KD、相对强弱指标 RSI、乖离率 BIAS 和方向指标 DMI 都属于这一类。

2. 叙述法。没有明确的计算技术指标的数学公式,只有处理数据的文字方面的叙述。对原始数据只说明应该怎样进行变形,遇到这种情况应该怎样办,遇到那种情况应该怎样办,也就是"用文字说清楚"。这一类指标相对较少,还没有得到公认。例如,钱龙软件中的等量 K 线、压缩图、新价线等,应该是属于这一类。

有些投资者只承认用数学模型法产生的技术指标,而不认同用叙述法产生的技术指标。这是个人的观点而已。对技术指标的介绍的确应该是从数学模型的方面考虑。本书只介绍数学模型的这一类。另一类可参考有关的书籍。

三、应用技术指标的六个方面

应用技术指标应该从以下六个方面进行考虑。每种技术指标的使用,就一定要考虑到这六个方面中的至少一种。这六个方面是:(1)技术指标的背离;(2)技术指标的交叉;(3)

技术指标的极端值;(4)技术指标的形态;(5)技术指标的转折;(6)技术指标的趋势。

1. 技术指标的背离

指标的背离是指,技术指标曲线的波动方向与价格曲线的趋势方向不一致。实际中的背离有两种表现形式:第一种是"顶背离",第二种是"底背离"。技术指标与价格走势背离表明,价格的波动没有得到技术指标的支持。技术指标的波动有超前于价格波动的"功能"。在价格还没有转折之前,技术指标提前指明未来的趋势。技术指标的背离是使用技术指标的最为重要的一点。对具有摆动性的技术指标来说,背离是不可缺少的。在后面的具体技术指标中将对此作详细的解释说明。

2. 技术指标的交叉(cross)

指标的交叉是指,技术指标图形中的两条曲线发生了相交现象。实际中有两种类型的指标交叉:第一种是属于同一个技术指标的不同参数的两条曲线之间的交叉,常说的黄金交叉和死叉就属于这一类。第二种交叉是技术指标曲线与固定的水平直线之间的交叉。水平直线通常是指横坐标轴。横坐标轴是技术指标取值正负的分界线。技术指标与横坐标轴的交叉表示,技术指标由正值变成负值或由负值变成正值。技术指标的交叉表明多方和空方力量对比发生了改变,至少说明原来的力量对比受到了"挑战"。

3. 技术指标的极端值

技术指标取极端值是指,技术指标的取值极其大或极其小。技术术语上将这样的情况称为技术指标进入"超买区和超卖区"。大多数技术指标的"初衷"是用一个数字描述市场的某个方面的特征。如果技术指标值的数字太大或太小,就说明市场的某个方面已经达到了极端的地步,应该引起注意。

在这里要涉及一个"定量"的问题,即技术指标达到了何种程度就可以被认为是极端值。很显然,肯定没有一个固定的数字能够将这个问题解决,因为有多种因素影响极端值的确定。

(1)不同的证券,对同一个技术指标,它的极端值可能不一样。活跃的证券,其价格的波动较大、较频繁。这样导致其技术指标的极端值不同。

(2)参数的选择影响极端值的确定。多数情况下,计算技术指标需要涉及参数。选择不同的参数,得到的技术指标值肯定不一样,因而,极端值也不一样。

此外,同一证券在不同的时间区间也可能会有不同的极端值。对某个技术指标值是否是极端值的判断,在这里提供一点参考意见。我们可以这样想,既然是极端值,那么在实际中,极端值出现的机会应该不多。比如,一年4次或6次。对于某个值,只要在过去的历史中每年越过(或低于)这个数值的次数多于6次,我们就可以认为这个值不是极端值。

4. 技术指标的形态

技术指标的形态是指,技术指标曲线的波动过程中出现了形态理论中所介绍的反转形态。在实际中,出现的形态主要是双重顶底和头肩形。个别时候还可以将技术指标曲线看成价格曲线,根据形态使用支撑压力线。

5. 技术指标的趋势

技术指标在图中也会出现一些像价格一样的上下起伏的图形。有时可以像画趋势线一样,连接技术指标的高点和低点,画出技术指标的"趋势"。技术指标的趋势线指明了技术指标的趋势,进而为价格的趋势提供了基础。从这个意义上讲,趋势与背离有一些相似的地方。在实际中,应用技术指标的背离基本取代了技术指标的趋势。

6. 技术指标的转折

技术指标的转折是指,技术指标曲线在高位或低位"调头"。有时这种调头表明前面过于"极端"的行动已经走到了尽头,或者暂时遇到了"麻烦"。有时这种调头表明一个趋势将要结束,而另一个趋势将要开始。技术指标中转折的典型的代表是方向指标 DMI。对此,将在后面的 DMI 中进行详细的说明。

四、技术指标的本质

每一个技术指标都是从某个特定的方面对市场进行观察。通过一定的数学公式产生技术指标,这个指标反映了市场某一方面深层的内涵,这些内涵仅仅通过原始数据是很难看出来的。

投资者在投资实践中会对市场有一些想法,有些基本的思想可能只停留在定性的程度,没有进行定量的分析。技术指标可以进行定量的分析,这样将使得具体操作时的精确度得以大大提高。例如,价格不断下跌时,当下跌"足够"的时候,总会出现一个反弹。那么跌到什么程度,才能被认为是"足够"呢?仅凭定性方面的知识是不能回答这个问题的,乖离率等技术指标所拥有的超买超卖功能在很大程度上能帮助我们解决这一问题。尽管不是百分之百地解决问题,但至少能在采取行动前能给予我们数量方面的帮助。

五、技术指标法同其他技术分析方法的关系

大多数技术分析方法都重视价格,而重视成交量不够。如果单纯从技术操作的角度看,没有成交量的信息,很多技术分析方法都能"正常运转",照样进行分析研究,照样进行行情预测。只是在最后附带而笼统地说,需要有成交量的配合。什么样的成交量属于"配合",什么样的成交量属于"不配合",对于这样的问题只有很简短的说明,投资者在实际使用的时候极其不方便。

由于技术指标种类繁多,所以考虑的方面就很多,投资者能够想到的都能用技术指标体现,这一点是别的技术分析方法无法比拟的。

在进行技术指标的分析和判断时,也经常用到别的技术分析方法的基本结论。例如,在使用 RSI 等指标的时候,就要用到形态理论中的头肩形、颈线和双重顶之类的结果,以及支撑线和压力线等分析手法。由此可以看出,全面学习技术分析的各种方法是很重要的。

六、应用技术指标的几点说明

技术指标在我国的应用可以说非常普遍,但是我们发现这也是广大使用者最容易被误导的地方。因此,在应用技术指标的时候应注意以下问题。

1. 多数技术指标只能作为战术手段不能作为战略手段

相当一批技术指标是从期货市场产生的(例如,威廉指标和 KD 指标)。在期货市场的

特殊环境下,这些技术指标就不可避免地带有"短"、"小"的特征。这里的"短"是指考虑的历史时间跨度短,以及对未来预测的空间跨度短。"小"是指考虑的价格波动的范围小,对未来价格波动幅度的预测跨度小。技术指标很难提供有关"整体趋势"方面的信息,如未来价格波动的深度和广度,技术指标一般不能提出有帮助的建议。同时,也不能期望从技术指标那里得到价格将要下降或上升到何种价位的"指导意见",或者得到牛市或熊市将要延续到什么时候的"预告"。

所谓战术手段是指对"小事"的判断。技术指标只能做一些"小事"。对于"大事",需要利用其他的分析方法。有时,不仅要考虑技术方面的因素,还要考虑技术之外的因素。当你正确地确定了应该买入或应该卖出的"大事"后,技术指标会使你的正确决定在"更正确"的地点和时间具体实现。因此,技术指标只能在某个瞬间指出趋势的短暂方向,不能给技术指标增加更多的"负荷",让它做不能够做的事情。

2. 关于技术指标背离的补充说明

如果仅从图形上看,指标的背离是容易理解的,属于简单的一类。而在实际应用的时候,至少还应该注意下面几点。

(1) 有时候可能需要三重背离。以底背离为例,技术指标需要出现 3 次逐步上升的低点,与此同时,价格应该出现 3 次逐次下降的低点。对于"3 次"的要求,一方面可以使原来的下降趋势运行的时间更长,同时也使原来的价格下降趋势的幅度更大。在下降的时间和空间较大的时候,买入信号的安全性更高。或者说,买入信号的成功概率更高。对于顶背离的情况,有几乎相同的要求。如果有了三重背离的要求,可以在一定程度上避免或减少过早卖出所造成的损失。

(2) 背离的低点或高点应该属于极端值。以底背离为例,识别底背离需要首先确认技术指标的逐步上升的两个低点。应该注意,两个低点中,左边较低的低点应该属于"极端值"。也就是说,应该比较小,而且应该要求是近期内的最低值。对于顶背离的情况,有几乎相同的说明。此时要求技术指标达到超买区,而且是近期的最高点。

(3) 两个背离低点之间的高点不能太高。技术指标在低位形成上升的(抬高点)低点的同时,在两个低点之间,必然会出现一个局部的高点。需要说明的是,这个高点不能过高,否则,将不能认为是底背离。至于如何判断"过高",一般观点是,不能越过多空双方力量对比的平衡点。绝大多数技术指标都有反映多空双方力量对比的平衡点。比如,对于 K 指标来说,平衡点是 50。对于 ROC 来说,平衡点是 0。对于顶背离的情况,要求技术指标两个高点之间的低点不能过低。

3. 关于黄金交叉和死亡交叉

在技术指标发生交叉的时候买入或卖出,是出于西方的证券市场的特点考虑的。更多的时候,应用交叉技术是对大的趋势进行判断。无论是黄金交叉还是死亡交叉,都有"信号偏晚"的现象。此时,如果按照交叉来确定自己的买卖策略,需要注意这个问题。此外,在价格出现调整的时候,技术指标会出现比较频繁的交叉,其信号的功能将减弱。正是出于这个原因,我们认为最好将技术指标当成战术手段。只有明确了应该买卖的时候,才能应用技术指标的交叉最终确定买卖的时间和地点。

4. 主观因素在技术指标使用中有很重要的作用

使用技术分析指标的投资者,必然受到一些个人主观因素的影响。具体地说,主观因素体现在以下三个方面。

(1) 对相同"对象"的不同判断。归根到底,技术指标是一种工具,投资者利用这些工具对市场进行预测。面对同一时间的同一技术指标,每个投资者可能得到不同的结论,这是主观因素的直接体现。

(2) 技术指标的参数选择。计算绝大多数的技术指标都需要设定参数,这就有参数的选择的问题,也是主观因素的直接体现。很显然,选取参数不同,技术指标的取值就不同,直接影响技术指标的使用效果。

(3) 技术指标的适用条件。每种关于技术指标的结论都有自己的适应范围和适用条件。有时有些技术指标的效果很差,而另外一些技术指标的效果就比较好。人们在使用技术指标时,常犯的错误是机械地照搬结论,而不问这些结论成立的条件和可能发生的意外。首先是盲目地绝对相信技术指标,出了错误以后,又走向另一个极端,认为技术指标一点用也没有。这显然是错误的认识,只能说是不会使用技术指标。实际上,技术指标永远是有用的,出问题的是使用技术指标的人。

5. 技术指标的盲点和失效

技术指标的盲点是指,技术指标在大部分时间里是无能为力的。也就是说,在大部分时间里面,技术指标都不能发出买入或卖出的信号。这是因为,在大部分时间里技术指标是处于"盲"的状态。只有在很少的时候,技术指标才能"看清"市场发出信号。我国目前对于技术指标的使用,在这个方面有极大的偏差。相当一批对技术指标了解不深的投资者都在这个问题上犯了错误。

上面提到了技术指标的盲点。每种指标不仅有自己的盲点,在条件不符合的时候,还会失效。在中国证券市场中所实际遇到的技术指标高位钝化就是技术指标失效的一个具体表现。对此,在实际中应该不断地总结历史,并找到盲点和条件所在,这对在技术指标的使用时少犯错误是很有益处的。遇到某个技术指标失效,要把它放置在一边,去考虑别的技术指标。一般说来,众多的技术指标在任何时候都会有几个能对我们进行有益的指导和帮助。尽管有时这种指导和帮助的作用可能不大,但至少在投资者的心里会有一些支持的作用,具体操作起来有一定的目的性。"每天都期待技术指标为我们提供有用的信息"是对技术指标的误解,对投资来说也是极其有害的。使用者如果没有清楚地认识到这一点,在今后使用技术指标的时候将会不断地"犯错误",其结果将是悲剧性的。

6. 技术指标之间的结合和调整

了解每一种技术指标特性和构造原理是很有必要的,但是,众多的技术指标我们不可能都考虑到,每个技术指标在预测大势方面也有能力大小和准确程度的区别。通常使用的方法是以4—5个技术指标为主,其余的技术指标为辅,依此构建自己的指标体系。选择自己使用的技术指标体系因人而异,个人有个人的习惯,不能硬性规定。随着实战效果的好坏,对所使用的指标体系中的技术指标应该不断地进行调整,调整的内容包括对技术指标的调整和对技术指标参数的调整。虽然这样做的工作量很大,但为了成功的交易,还是有必要这样做。不断地对技术指标的效果进行考察是使用技术指标不可缺少的步骤。

第二节 移动平均线

移动平均线(moving average,简称 MA)又称移动平均成本线或均线。其方法是将过去某周期内股价变动的平均值描绘成曲线,借以判断股价运动趋势及出入市时机的技术分析方法,这种分析方法的基础是准确地绘制出股价变动的移动平均线。

一、移动平均线的计算方法和参数

$$移动平均数 = \sum P_i(i=1)/N$$

式中,P_i 为第 i 天的股票收盘价,N 为计算的日期数,$\sum$ 为收盘价之和。

连续的交易日的数目就是 MA 的参数。例如,参数为 10 的移动平均线就是连续 10 个交易日的收盘价的算术平均价格,记号为 MA(10)。常说的 5 日线、30 日线实际就是参数为 5 和 30 的移动平均线。

应该说明的是,计算 MA 并不是只能针对交易日,可以自己选择时间区间的单位。英文名称是 period。例如,可以选择月、周、60 分钟、30 分钟等。表 10-1 是计算 MA 的实际结果,表中选择的参数是 3 和 5。这样做的原因是出于篇幅的考虑。其他参数可以同样计算。从表中看出,最开始的几天是没有 MA 值的。"缺损"的数目与参数的大小有关。

表 10-1　MA 的计算

日　期	收盘价	MA(3)	MA(5)
1	2.1	—	—
2	2.3	—	—
3	2.2	2.2	—
4	2.4	2.3	—
5	2.45	2.35	2.24

二、MA 的特点

MA 最基本的作用是消除偶然因素的影响,留下反映其本质的数字。价格在波动过程中不断地会出现上下的起伏,显然有些小级别的起伏肯定是应该不考虑的。MA 在某种程度上可以将小级别的趋势"过滤"掉。此外,MA 还稍微有一点平均成本价格的含义。对于 MA 应该关注下面的五个特点。

1. 追踪趋势

MA 能够表示价格的趋势方向,并追随这个趋势,不轻易放弃。如果从价格的图表中能够找出上升或下降趋势线,那么,MA 的曲线将会与趋势线的方向一致。MA 消除了价格在升降过程中出现的小起伏。原始数据的价格图表不具备这个保持追踪趋势的特性。因此,可以认为,MA 的趋势方向反映了价格波动的方向。

2. 滞后性

在价格原有趋势发生反转时，MA 的行动往往过于迟缓，调头转向的速度落后于价格的趋势，这是 MA 的一个极大的弱点。等到 MA 发出趋势反转信号时，价格调头的幅度已经很大了。

3. 稳定性

从 MA 的计算方法就可知道，无论是向上变动还是向下变动，MA 在数值上要发生比较大的改变，都比较困难，必须是当天的价格有很大的变动。因为 MA 的变动不是一天的变动，而是几天的变动，某一天价格的大变动被几天分摊，变动的幅度就会变小而显现不出来。这种稳定性有优点，也有缺点，在应用时应多加注意。

4. 助涨助跌性

当价格突破了一个曲线的时候，无论是向上突破还是向下突破，价格有继续向突破方向延续的趋势，这就是 MA 的助涨助跌性。实际中价格延续的程度有多有少，使用的时候要注意。

5. 支撑压力性

从 MA 的上述四个特性中可知，MA 在价格走势中起支撑线和压力线的作用。对 MA 的突破，实际上是对支撑线或压力线的突破。从这个意义上就很容易理解，经常听到的"站在××日线之上"是什么意思了。这里其实是把 MA 当成了支撑线。相似的，"均线系统呈空头排列"指的是 MA 正在起压力线的作用以及方向向下。利用 MA 的支撑压力特性是使用 MA 的一个重要的内容。

三、参数选择对 MA 特性的影响

参数的作用将加强 MA 上述几方面的特性。参数选择得越大，上述的特性就越强。比如，突破 5 日线和突破 10 日线的助涨助跌性的力度就完全不一样。突破 10 日线比 5 日线更具有"说服力"，未来的波动力度也较大，改变起来比较困难。

根据参数取值的大小，可以将 MA 分为长期、中期和短期三类。当然，长、中、短是相对的，不是绝对的。对时间尺度有不同偏好的交易者会选择不同的时间参数。事实上，在不同板块的不同股票中，使用同样的时间参数是不恰当的。不同的时间参数适应于不同个性的板块与个股，在选择适合的参数时，应结合市场在以往所表现出来的时间偏好，然后选定这个时间作为 MA 的参数。在试验出最佳的参数时，通常要经过反复多次的尝试。

有一组奇异数列是我们在 MA 中常用到的参数，它们是 13、21、34、55。这一组奇异数字不仅运用在日线中有分析意义，我们还可以在周线中用到它们。据一些国外的分析师统计，13 周移动平均线不管在股票市场还是在期货市场，都具有相当高的分析价值。

移动平均线在小时图、30 分钟图、15 分钟图上的表现也可以当做短线炒作的指导工具。

四、MA 的使用法则

使用 MA 的原则是考虑两个方面：第一是考虑价格与 MA 之间的相对关系；第二是不同参数的 MA 之间同时使用，而不是仅使用其中的一个。

1. 格兰维尔法则(Granville rule)

MA 的比较经典的使用法则是格兰维尔法则,但是格兰维尔法则的内容(见表 10-21)目前已经被沪、深市场的广大投资者所了解,它的实用效果并不明显。简单地说,格兰维尔法则是四种买入信号和四种卖出信号(见图 10-1)。

表 10-2　格兰维尔八大买卖法则

买点 A	平均线由下降逐渐转为水平或向上移动,而股价由下往上突破平均线时,买入股票
买点 B	股价由均线上方跌至均线下方,但均线仍处于上升趋势阶段,趋势不变,视为买点
买点 C	股价位于均线上方,股价突然下跌,但未跌至均线下方又反弹,此时应加码买入
买点 D	股价跌至均线下方,且偏离均线很远,此时股价会反弹靠近均线,此时为买入时机
卖点 E	平均线由上升逐渐转为水平且向下移动,而股价由上往下突破平均线时,卖出股票
卖点 F	股价由下往上穿越均线但又立刻拉回,且均线仍处于下跌趋势阶段,继续向下沽出
卖点 G	均线向下移动,股价位于均线下方,之后突然上涨,但未超越均线又被拉回时卖出
卖点 H	股价位于平均线上方,突然出现加速上涨远离均线,表明短期涨幅已高,可以逢高出局
附注	买点二(B)与卖点二(F)运用时风险较高,应小心

格兰维尔法则中的信号,体现了支撑和压力的思想,以及乖离率的思想。

图 10-1　格兰维尔八大买卖法则

图 10-1 为飞亚达 A(0000026)日线图,这只股票在 1995 年 7 月至 2000 年 1 月间股价与均线关系(图中均线参数为 200 天)。A、B、C、D 为葛兰维尔四个不同位置的买点,E、F、G、H 为八大法则中对应的四个卖点。

2. 两条 MA 曲线的联合使用

很明显,每天的价格实际上是参数为 1 的 MA。价格相对于移动平均线实际上可以类比为小参数的短期 MA 相对于大参数的长期 MA。从这个意义上说,如果仅仅面对两个不同参数的 MA,则我们可以将参数小的短期 MA 当成价格,将参数大的长期 MA 当成 MA。这样,上述格兰维尔法则中价格相对于 MA 的所有叙述,都可以换成短期相对于长期的 MA。也就是说,MA(5)与 MA(10)的关系,可以看成是价格与 MA(10)的关系。

3. 黄金交叉和死亡交叉

MA 比较方便的使用方法是黄金交叉和死亡交叉,市场中有关 MA 交叉的问题已经被广泛重视。从名称中我们就可以知道,黄金交叉应该买入,死亡交叉可以卖出。

所谓 MA 的交叉是指,参数不同的两 MA 发生了交叉的现象。黄金交叉是指小参数的短周期 MA 曲线从下向上穿过大参数的长周期 MA 曲线。死亡交叉是指小参数的短周期 MA 曲线从上向下穿过大参数的长周期 MA 曲线。当然交叉还有其他的限制条件,比如,长周期的 MA 的过程是从有趋势开始走平,变成无趋势。对相交叉的位置也有一些要求(见图 10-2、图 10-3、图 10-4)。

图 10-2　MA 的黄金交叉和死亡交叉

图 10-2 为珠海港(000507)的日线及 MA(10)、MA(30)。请注意点 A 处 MA(10)上穿 MA(30)构成的买入信号,若在点 B 处利用该 MA 死叉信号卖出平仓的话,应该会保持不赚不赔的状况。点 C 处 MA 再次出现金叉,是强烈的买入信号,若在 MA 再次发出卖出信号的点 D 处平仓的话,利润会达到 100%以上。本例中的两个金叉和两个死叉,准确度相当高。

图 10-3 为锦江投资(600650)日线图,锦江投资的价格曲线和 MA(5)、MA(10)及

图 10-3　MA 的三重交叉

MA(30)。在较为明朗的价格走势段中,MA(30)的表现相当不错,图中三重交叉形成的卖出点 A 至三重交叉的买入点 B 之间,MA(30)的阻力线作用相当强。而该股见底 6.62 元之后,MA(5)、MA(10)上穿 MA(30)构成的买入信号具有一定可靠性。

图 10-4　菲波纳奇数列在 MA 中的运用

图 10-4 为绿景地产（000502）日线图，我们选择一个神奇数字 34 天作为 MA 的时间参数，你会发现，在 1999 年 5 月至 9 月的时间里，尽管股价走势极为强劲，但 MA(34) 对该横向区间的描述还是比较到位的。而在 1999 年 5 月前，该移动平均线发出的买入与卖出信号成功率颇高。

从现在的观点看，MA 之间的交叉实际上就是向上或向下突破支撑或压力的问题。如前所述，可以将长周期的 MA 看成支撑压力线，而将短周期的 MA 看成价格，那么，交叉其实就是对支撑压力线的突破。按照支撑压力理论的说法，突破的时候是采取行动的时机。

五、MA 的盲点和不足

MA 的盲点主要体现在两方面：第一，信号频繁。当价格处于盘整阶段、趋势形成后的中途休整阶段、局部反弹和回落阶段，因为不同周期（参数）的 MA 的取值比较接近，容易出现交叉等信号，产生信号频繁的现象。信号多了就容易出现错误，这是使用 MA 特别要应该注意的。第二，支撑压力结论的不确定。MA 只是作为支撑线和压力线，而没有确定的"功能"。当价格"站在"某 MA 之上，当然是有利于上涨的，但并不是说就一定会涨，因为支撑线有被突破的时候。

六、居中移动平均线 CMA

在计算指标的范畴之内，一般不会涉及 CMA（Centered Moving Average）。但是在部分场合，需要使用居中移动平均线。例如，在计算周期的时候。与普通移动平均 MA 相比，其差异是画图时的位置。MA 是将计算出来的值画在最后一个位置上，而 CMA 是画在中间的位置上。

第三节 趋向类指标

趋向类指标顾名思义是指此类指标的设计原理及作用是用来辅助判断股票价格趋势的。其中大部分指标都是将股价与均线的关系，以及均线与均线之间的关系进行数字化、曲线化。属于这类的指标主要有：BIAS、MACD、DMI、OSC、EXPMA、BOLL、XS 和 SAR 等，我们将对一些重点指标进行分析。

一、BIAS（乖离率）

1. 乖离率（BIAS）的原理与计算

乖离率是表示当前股价偏离某根移动平均线远近程度的指标。在前面已介绍过"葛兰维尔八大准则"，其买卖无非是遵循两大原则：一是"顺势而为"，二是"物极必反"。其中提到当股价加速上升或加速下跌之后远离均线时，有向均线回归的需求，应择机买入或卖出。但究竟远离均线到什么程度，葛兰维尔只给了一个定性的描述，却没有一个定量的标准。乖离率指标的发明则有效地解决了这个问题，用当日收盘价减移动平均线之差与平均线的比值，即求得当日乖离率。公式如下：

(当日指数或收盘价 − N 日平均指数或收盘价)/N 日平均指数或收盘价 × 100%

如用 C 表示当日收盘价,MAn 表示 N 日移动平均线,则公式为:
$$BIAS_n = (C - MA_n)/MA_n \times 100\%$$

5 日乖离率 =(当日收盘价 − 5 日内移动平均价)/5 日内移动平均价 × 100%

式中,N 是按照选定的移动平均线参数确定,如果 5、10,就分别研究的是股价与 5 日和 10 日均线的关系。如果要研究股价与年线的关系,则将指标参数设为 240 日即可。

2. 乖离指标特性

由公式可知,乖离率也是有不同周期的,如对应于 5 日移动平均线的 5 日乖离率,相对于 10 日移动平均线的 10 日乖离率等。

公式中当日收盘价减移动平均线之差决定乖离率的正负符号,当日收盘价在移动平均线之上,C > MAn,乖离率为正值,当日收盘价在移动平均线之下,C < MAn,乖离率为负值。

将每日乖离率注在以"0 轴"(股价与参考均线价格相同,即没有拉开距离)为中心的图表上,以乖离率为纵轴的平面直角坐标上,连接成乖离率曲线,即可进行图形研究。

当股价在移动平均线之上时,称为正乖离率;反之,股价在均线之下时称为负乖离率;当股价与移动平均线重合,乖离率即为零。在股价的升降过程中,乖离率反复在零轴上下波动,数值的大小对未来股价的走势分析具有一定的预测功能。正乖离率超过一定数值时,显示短期内多头获利较大,相应的获利回吐的可能性也大,为卖出信号;一旦负乖离率超过一定数值时,说明股价下跌加速,短期已经超跌,此时空头回补的可能性较大,股价随时会引发超跌反弹,属于买入信号。

乖离率没有固定的数值界限,其数值围绕 0 值上下摆动,属摆动指标。某特定市场的特定时期股票乖离率有一个常态分布范围,这个常态区间随时期不同会有一定改变。

3. 乖离率买卖信号

乖离率表示当天股价偏离移动平均线的程度,是把移动平均线买卖信号中"太远必回归"原理从定性到定量的发展,因此乖离率与移动平均线的买卖信号完全一致。

(1) 位置信号。当正乖离率数值太大时,说明当前股价在移动平均线之上距离均线过远,随时有获利回吐、价格向移动平均线回落的可能,应择机卖出股票;当负乖离率数值(绝对值)太大时,说明此时股价在移动平均线之下,短期超跌,与均线距离过远,有向移动平均线回归的可能性,此时应择机介入股票;当乖离率在 0 值附近小幅波动时,说明当天股价与移动平均线距离没有拉开,方向不明。此现象通常出现于价格盘整时期。

乖离率究竟大到什么数值便会产生回归现象呢? 没有精确数值,只是存在大致区间,对于不同市场、不同的个股都存在一定的差别,需要研究和经验积累。一般认为当 10 日乖离率达到 +5 以上时,短线升速过快,属于危险区间;反之,当 10 日乖离率达到 −5 以下时,表明股价已经进入超跌区,随时会引起报复性反弹,一旦再次回升至 −5 之上,便可进场等待反弹(见图 10-5)。

图 10-5 为云天化(600096)日线图,我们可以先找出 BIAS 曲线上几处明显的波峰和谷底,再与其对应的价格曲线上的位置进行对比分析。当 BIAS 远离 0 度线创出新高值点 a 时,其对应的价格曲线上的位置 A 离最高价位仅一步之遥,说明 BIAS 显示的价格即将回头

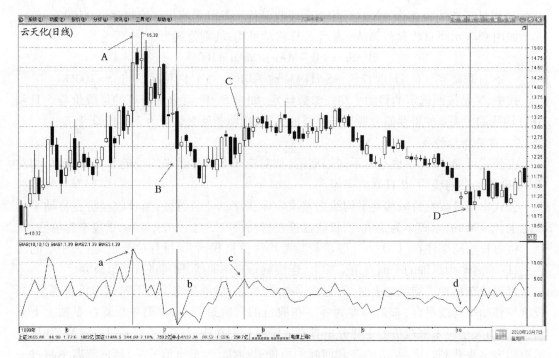

图 10-5　乖离率位置信号

的信号是准确的。当 BIAS 偏离 0 度线向下"远游"至 b 时,其对应的股价 B 也离低谷不远。另外,注意 C 与 c 和 D 与 d 的相互呼应,股价与 BIAS 之间存在的内在联系证明 BIAS 在寻找波峰与谷底方面有领先一步的优势。

表 10-3　沪深股指不同参数的乖离率买卖信号的参考

BIAS	负值	正值	适用市场
6 日	-3.4 及以下	+4 及以上	熊市抄底逃顶
	-2.4 及以下	+5.9 及以上	牛市抄底逃顶
10 日	-4 及以下	+1.9 及以上	熊市抄底逃顶
	-2 及以下	+7 及以上	牛市抄底逃顶
20 日	-4.8 及以下	+2.8 及以上	熊市抄底逃顶
	-4.4 及以下	+8 及以上	牛市抄底逃顶

（2）图形信号。乖离率的买卖信号还可以通过乖离率曲线构成的图形来研究。如果某时期乖离率曲线在一个狭窄区域横向移动较长时间,之后乖离率曲线由高点下降时将受到上述区域的支撑。相反,如果跌到震荡区域之下,乖离曲线再返身向上时,也会受到上述区域的阻力（见图 10-6）。

图 10-6 为济南钢铁（600022）日线图。2006 年 8 月以后,伴随股价横盘乖离率曲线也出现 0 轴附近来回震荡的走势,在这个过程中,乖离曲线形成的波动范围一直是股价后期上涨的有力支撑。位置 A 为 2006 年 10 月 23 日,股价虽然未完全回踩箱顶,可乖离指标已经回

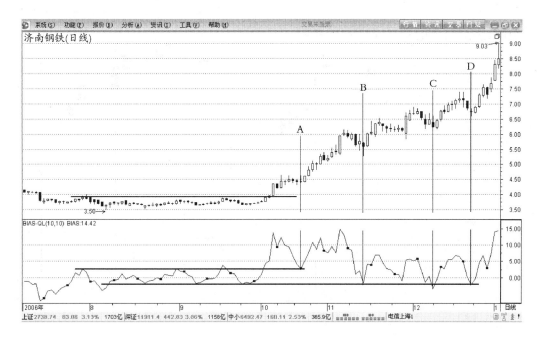

图 10-6 乖离率图形信号

调到位,价格再次拉起。而位置 B、C、D 的拐点则是乖离曲线调整到指标震荡区间的下轨分别受到强力支撑引发的。

(3) 与整体趋势的结合运用。在大势或个股多头排列的上升市况里,如短期乖离出现较大的负值,说明受消息或人为因素影响,股价短线的下跌正是很好的买进时机,因为这时进场危机性不大。反之,在大势或个股趋势向下的市况里,均线空头排列,此时若出现较大的正乖离,应当采取逢高出货操作策略,因为短期的快速上涨时间难以持续,也很难改变长期的下降趋势(见图 10-7、图 10-8)。

图 10-7 为豫园商城(600655)日线图,位置 A 为 2007 年 5 月 30 日至 6 月 6 日的急速下跌,由于此时 20 日、30 日、60 日均线依然是多头排列,因此可以大胆在乖离进入 -5 之内后逢低介入作短线。但要注意的是位置 B 显示股价再次下跌,乖离又一次进入 -5 之内,此时搏短抢反弹就要谨慎了,因为这个时候的均线已经不再是多头排列,20 日均线与 30 日均线已经形成交叉。

图 10-8 为上证综合指数(000001)日线图。自 2004 年 4 月见顶后形成一轮长期的下降趋势。在此过程中 120、60、30 日均线长期处于空头排列,是对中长期下降趋势的最好印证。然而在 2004 年 9 月 14 日(位置 A)和 2005 年 6 月 9 日(位置 B)都出现快速上涨,致使乖离曲线出现了 +5 以上的顶峰,空头市场里的快速反弹都是出货机会。

4. 影响乖离率研判的因素

影响乖离率研判的因素很多,股价的变化是最主要因素,也是需要乖离率表现的因素。此外还有一些影响乖离率研判的因素是不需要表现、要尽量减弱的人为因素,主要有以下方面。

图 10-7　多头市场下乖离买点

图 10-8　空头市场下乖离卖点

（1）移动平均线的不同时期对乖离率也有影响。长期乖离率比短期乖离率振幅大。这是因为短期移动平均线随股价变化比长期移动平均线更快更接近，所以股价经常距离长期移动平均线较远，距离短期移动平均线较近。

（2）不同市场的乖离率数值、不同的常态分布区域需分别研究，港台股市操作教材的乖离率买卖信号不适用于上海或深圳股市。

（3）同一市场的不同时期和不同股票乖离率常态分布区域也有变动,一般可分为多头市场、空头市场和盘整震荡的三种情况考虑。

（4）不同分析者的自我使用标准也会影响判断的重要原因。虽然自我使用标准不影响乖离率的数值,使用投资者的不同选择会影响操作成功率和投资收益率。如果自定义的乖离率买卖信号的数值区间过小操作上就会过于频繁,成功率相应降低,但不会漏过大行情。如果自定义的乖离率买卖信号的数值区间过大,则会漏过许多行情,相对前者操作的成功率就高。

二、MACD 平滑异同移动平均线

如果说乖离率指标有效地解决了股价和均线的关系,那么均线应用的第二个关系,即短期均线与长期均线的关系,则被"平滑异动移动平均线 MACD 指标"(Moving Average Convergence and Diver-gence)进行了完美的量化。

指数平滑异同移动平均线又称指数离差指标,是移动平均线远离的进一步发展,这一基数分析工具自 1971 年由查拉尔德拉菲尔创造出来之后,一直深受股市投资者的欢迎。

MACD 的原理是运用短期(快速)和长期(慢速)移动平均线聚合和分散的征兆加以双重平滑运算,用来判断买进与卖出的时机,这一指标在股市中有较大的实际意义。根据移动平均线的特性,在一段持续的涨势中短期移动平均线和长期移动平均线之间的距离将愈拉愈远,两者间的乖离越来越大,涨势如果趋向缓慢,两者间的距离也必然缩小,甚至相互交叉,发出卖出信号。同样,在持续的跌势中,短期线在长期线之下,相互之间的距离越来越远,如果跌势减缓,两者之间额度距离也将缩小,最后交叉发出买入信号。

1. MACD 指标的设计原理

MACD 指标是根据均线的构造原理,对股票价格的收盘价进行平滑处理,求出算术平均值以后再进行计算,是一种典型的趋向类指标。

MACD 指标是运用快速(短期)和慢速(长期)移动平均线及其聚合与分离的征兆,加以双重平滑计算。而根据移动平均线原理发展出来的 MACD,一则去除了移动平均线频繁发出假信号的缺陷,二则保留了移动平均线的效果,因此,MACD 指标具有趋势性、稳定性、安全性等特点,在判断股票的买卖时机、预测股价未来趋势方面优点非常突出。

MACD 指标主要是通过对 EMA、DIF 和 DEA(或 MACD、DEM)这三个值之间关系的分析,DIF 和 DEA 连接起来的移动平均线以及 DIF 减去 DEM 值而绘制成的柱状图的分析等来分析判断行情,预测股价中短期趋势。其中,DIF 是核心,DEA 是辅助。DIF 是快速平滑移动平均线(EMA1)和慢速平滑移动平均线(EMA2)的差。柱状图在股市技术软件上是用红柱和绿柱的增长与收缩来研判行情。

2. MACD 的计算方法

MACD 在应用上应先行计算出快速(12 日)移动平均数值与慢速(26 日)移动平均数值,以此两个数值作为测量两者(快速与慢速线)间的"差离值"依据。所谓"差离值"(DIF)即 12 日 EMA 数值减去 26 日 EMA 数值。因此,在持续的涨势中,12 日 EMA 在 26 日 EMA

之上。其间的正差离值(+DIF)会愈来愈大。反之,在跌势中,差离值可能变负(-DIF)也愈来愈大。至于行情开始回转,正或负差离值要缩小到怎样的程度,才真正是行情反转的信号的问题,MACD 的反转信号界定为"差离值"的 9 日移动平均值(9 日 EMA)。

(1) 计算移动平均值(EMA):

12 日 EMA 的计算:

$$EMA12 = (前一日 EMA12 \times 11/13 + 今日收盘价 \times 2/13)$$

26 日 EMA 的计算:

$$EMA26 = (前一日 EMA26 \times 25/27 + 今日收盘价 \times 2/27)$$

(2) 计算差离值(DIF):

$$DIF = EMA12 - EMA26$$

(3) 计算 DIF 的 9 日 EMA:

根据差离值计算其 9 日的 EMA,即差离平均值,是所求的 MACD 值。为了不与指标原名相混淆,此值又名 DEA 或 DEM。

$$今日 DEA(MACD) = 前一日 DEA8/10 + 今日 DIF \times 2/10$$

计算出的 DIF 与 MACD 均为正或负值,因而形成在 0 轴上下移动的两条快速与慢速线,为了方便判断,也可用 DIF 减去 MACD 以绘制柱图。至于计算移动周期,不同的商品仍有不同的日数。例如,在外汇市场上就有人使用 25 日与 50 日 EMA 来计算其间的差离值。此外也有人采用 6 日和 12 日移动平均线来计算 MACD,不同周期的选择取决于不同市场和不同分析者。

3. MACD 的特性

目前国内外常用 MACD 的周期是 12 日移动平均线和 26 日移动平均线,在上海股市的实际操作中被大量采用。

理论上,在持续的涨势中,12 日 EMA 线在 26 日 EMA 线之上,期间的正差离值(+DIF)会越来越大;反之,在跌势中差离值将会缩小。指标 MACD 正是利用正负的差离值(±DIF)与差离值的 N 日平均线(N 日 EMA)的交叉信号作为买卖信号的依据,即再度以快慢速移动线的交叉原理来分析买卖信号。另外,MACD 指标在股市软件上还有个辅助指标——柱状线,其公式为:柱状线 = 2 × (DIF - DEA)。我们还是可以利用柱状线的收缩来决定买卖时机。

差离值 DIF 和差离平均值 DEA 是分析 MACD 的主要工具,其计算方法比较繁琐。由于目前这些计算值都会在股市分析软件上由计算机自动完成,因此,投资者只要了解其运算过程即可,而更重要的是掌握它的分析功能。另外,和其他指标的计算一样,由于选用的计算周期的不同,MACD 指标也包括日 MACD 指标、周 MACD 指标、月 MACD 指标、年 MACD 指标等各种类型,经常被用于股市研判的是日 MACD 指标和周 MACD 指标。虽然它们计算时的取值有所不同,但基本的计算方法是一样的。

在实践中,将各点的 DIF 和 DEA(MACD)连接起来就会形成在 0 轴上下移动的两条快速(短期)和慢速(长期)线,此即为 MACD 线。

计算得出的 DIF 和 DEA 为正值或负值,因而形成在 0 轴线上下移动的两条快速和慢速线,为了方便判断常用 DIF 减去 DEA,将差值绘出柱状图。

4. MACD 买卖信号

(1) 位置信号。当差离值 DIF 和差离平均值 DEA 同处正值,则短期线在长期线之上,是多头排列,说明市场是多头市场,属中期强势,应该买进。当差离值 DIF 值和差离平均值 DEA 同处负值,则短期线在长期线之下,是空头排列,说明市场是空头市场,属中期弱势,应该卖出(见图10-9)。

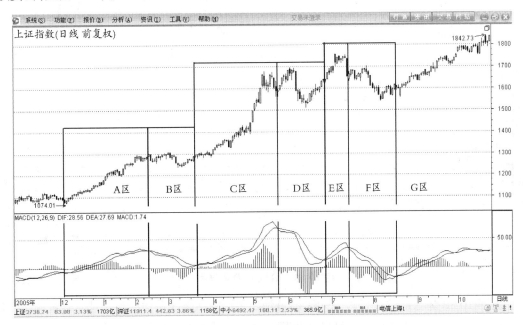

图10-9 MACD 位置信号

图 10-9 为上证综合指数(000001)日线图,自 2005 年 12 月 6 日之后的运动过程中,可依据 MACD 指标的多头或空头排列清晰地划分出市场的强弱区域。其中 A、C、E、G 为强势区域,MACD 多头向上;而 B、D、F 区域均处于 MACD 死叉后空头排列状态,因此属于弱势区域。

(2) 柱状线的研判。如果柱状图上正值扩大说明上涨持续,负值不断扩大说明下跌持续,只有柱状在 0 轴线附近时才表明形势有可能反转。基本买卖策略如下:

绿柱变红柱——买入;

红柱线增长——加码买入;

红柱线缩短——减仓;

红柱变绿柱——卖出;

绿柱线增长——加码卖出;

绿柱线缩短——少量介入。

(3) 背离信号及交叉信号。当股价经过较长时间多头市场之后,股价又创新高点,而 DIF 和 DEA 却不随之创新高点,反而有转头向下迹象,出现与股价的顶背离股价走势(在顶部的指标与股价的背离叫做顶背离),MACD 柱状线正值缩小,DIF 从高点向下与 DEA 发生死亡交叉,说明短期移动平均线开始自上而下靠近并下穿了长期移动平均线,这些顶背离转向、死亡交叉等均属卖出信号(见图 10-10)。

图 10-10　MACD 背离信号

如图 10-10 为深圳成分指数(399001)日线图,在 2007 年 5 月 29 日(A 点)和 6 月 20 日(B 点)的两个高点依次抬高,而 MACD 指标同期相对的高点 a 和 b 反而降低,而且连续出现两次死叉,市场中期调整确立。因此顶背离后的二次死叉如不引起注意,不及时沽空股票的话,将会深度套牢,因为错过最佳卖出时机就会丢掉止损的勇气。

当股价经过较长时间空头市场之后,股价又创新低,而 DIF 和 DEA 却不随之创新地点,反而有转头向上迹象,出现底背离走势(在底部的指标与股价的背离叫做底背离),MACD 绿柱不断缩短,DIF 从低点向上与 DEA 发生黄金交叉,说明短期移动平均线开始由下向上并穿越了慢速移动平均线,底背离转向、黄金交叉等均属买入信号(见图 10-11)。

图 10-11 为上海家化(600315)日线图,2005 年 3 月底(位置 A)、5 月中旬(位置 B)、7 月下旬(位置 C)连续出现三个不断下降的低点,而同期的 MACD 指标却表现出连续抬高的三个低点(a、b、c),长期底背离为此股进一步向上拉抬的原动力。

不过,在实际运用过程中需要注意的是,MACD 的底背离买入信号要较顶背离卖出信号失误率高。这是因为一旦中长期下降趋势确立后,成交清淡,而无力承接的市场会更低,所以往往在下跌中途 MACD 指标就会出现底背离情况。据此入市风险较大,最好结合成交量及其他技术分析方法辅助判断。

5. 应用小技巧

MACD 在实际运用中对于行情的确认及级别界定也会得到一定的帮助作用。

图 10-11　MACD 交叉信号

（1）0 轴下方底背离状态下指标的二次金叉,确立底部。股价经历长期下跌之后,到达某一位置,开始出现反弹。此时,如果 MACD 指标出于由弱势区(0 轴下方)开始出现的首次金叉并不能马上扭转下跌之颓势,很快便又会被市场做空的波涛淹没,所以并不是金叉就一定是买点,尤其弱势区的第一次金叉往往是套人的行情。之后股价继续走低,而 MACD 指标不再跟随向下,出现底背离之后,再度形成的二次金叉才是一个绝佳的买点,因为经过反复下跌后做空动能已经得到充分释放,二次金叉称为确认股价向上反转的一种方法(见图 10-12)。

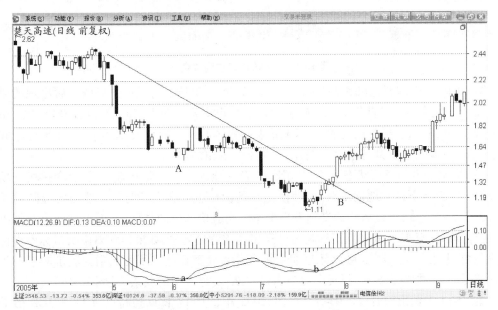

图 10-12　MACD 底背离状态下指标的二次金叉

图 10-12 为楚天高速(600035)日线图,2005 年 3 月中旬开始做头向下,A、B 两个低点依次向下,而 MACD 指标在 0 轴下方的第一次金叉 a,只能确立反弹,确立反转条件不足。而指标在 0 轴下方的第二次金叉 b,是在指标底背离的情形下产生的,这样就具备了反转的条件。虽然股价还未突破下降趋势线,但风险已经释放,稍微放量便会产生反转行情。

(2) 0 轴上方指标二次同位金叉,股价会再创新高。当 MACD 在 0 轴上方时,市场属于强势范围,一旦快速线上穿慢速线,即是对行情拉升的确认。而指标在强势区形成的第二次金叉将会大大增强市场做多的气氛,所以往往在 MACD 形成强势区的二度金叉,即使股价还没有创出新高,投资者也可以预期股价随后必然会在不断唤醒的多头参与下再次创出新高(见图 10-13)。

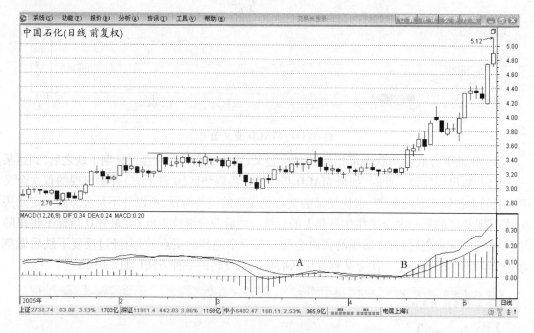

图 10-13 MACD 二次同位金叉

图 10-13 为中国石化(600028)日线图,在 2006 年 3 月下旬经过强势调整后出现的第一次金叉 A 未能有效突破前期高点,显得上攻乏力,再次死叉向下,却没有跌穿 0 轴,之后在 4 月 17 日峰回路转,一根中阳促使 MACD 形成强势区的第二次金叉 B,B 与 A 几乎处于同一水平位置,一轮快速拉升行情就此展开,股价不断创出新高。

(3) 0 轴上方顶背离状态下的二次死叉,确立顶部。在多头市场上,股价会在场外新增资金的不断介入下持续地创出新高,即使是小的回档也不会太长时间。然而要提防的是主力借机在高位放货,将最后一棒交到散户手里。当股价高位调整后,如果再度向上并创出新高,这时应该注意观察 MACD 指标是否已经出现顶背离现象,如果顶背离说明指标不支持股价的上涨,但也并不说明是到了卖出的时间,而指标背离后的二度死叉则为股价的进一步上涨判了死刑,宣告头部确立,投资者应当当机立断,卖出手中的股票(见图 10-14)。

图 10-14 为黄山旅游(600054)日线图,2005 年 3 月 17 日见到高点 A 后,MACD 形成高

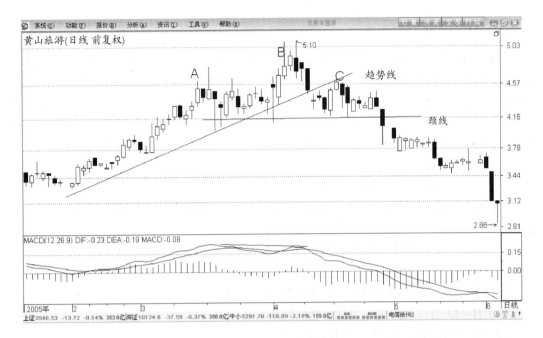

图 10-14 顶背离状态下的二次死叉

位的第一次死叉。高点 B 再次创出新高,指标明显背离,随后的下跌造成指标高位的第二次死叉,头部信号确立。除此之外,上升趋势线的突破及"头肩顶形态"的完成,只不过较 MACD 给出的卖点都显得稍晚一些罢了。

(4) 0 轴下方指标二次死叉,股价会更低。在空头浓重的市场里,人们的共识是"熊市不言底",股价稍有风吹草动便会创出新低,所以切忌在弱势区域贸然入场,除非有明显的信号出现,例如 MACD 的二次背离金叉。如果没有一些买入信息提示进场则应只做观望。这里需要指出的是,空头市场里一种杀伤力较强的走势,就是 MACD 指标弱势区(0 轴以下)的连续两次死叉说明股价仍未走出熊市的阴影,因此股价很可能再次下跌,甚至创出新低。此种走势可能伴随着指标底背离,所以欺骗性极强,稍不注意便会误入歧途。

6. 缺陷

(1) 由于 MACD 是一个长线指标,买进或卖出点和最高最低价之间的价差较大。当行情忽上忽下或盘整时,买卖信号过于频繁,参考意义不大。

(2) 当出现急升急跌行情时,MACD 来不及反应,信号滞后。

(3) MACD 反映的是 DIF 与 DEA 的距离,并不直接表示均线的形态,所以当 MACD 上升时行情仍可能处于单边下跌之中。

(4) MACD 的使用不宜在单周期下使用。由于本指标是考察短期均线与中期均线(12 日和 26 日)的关系,因此并不能明确反映股价的中长期趋势,这样会给交易者带来很大的风险,所以在实战中应尽量将其运用在多周期的环境下,例如可以将其放到周线或月线中进行观察。

三、DMI 趋向指标

趋向指标(Directional Movement Index)的基本原理在于探求价格在上升及下降过程中的"均衡点",即供求关系由紧张状况,通过价格的变化而达至"和谐",然后再因价格供求的变动,再导致紧张的循环过程。DMI 可以产生指标交叉的买卖信号,可以辨别行情是否已经发动。市场上为数众多的技术指标,都必须搭配 DMI 使用。DMI 不是凭借主观与直觉来判断买方卖方的两种力量,而是加以科学化。

1. DMI 的计算

第一步:先求的 ±DM(趋向变动值)。

"±"项代表上升下降不代表正负值,一日中的趋向变动值只能在两者之间取其最大的数值,而不能并取。

+DM = 今日最高价 - 昨日最高价(取正值,否则为 0)
-DM = 今日最低价 - 昨日最低价(取正值,否则为 0)

第二步:求取 TR,真正波幅,取最大的变动值(三选一)。

(1) H - L(当日最高价 - 当日最低值);
(2) H - PC(当日最高价 - 昨日收盘价);
(3) L - PC(当日最低价 - 昨日收盘价)。

第三步:计算方向线(DI)。DI 为探测价格上涨或下跌的指标,以 +DI 表示上升方向,-DI 表示下跌方向线。

$$+DI = \frac{DM1}{TR1} \times 100$$

$$-DI = \frac{-DM1}{TR1} \times 100$$

以 14 天为周期:分别将 14 天内的 +DM,-DM 及 TR 之和计算出来。

$$+DI14 = \frac{+DI14}{TR14} \times 100$$

$$-DI14 = \frac{-DI14}{TR14} \times 100$$

往后计算第 15 天的 ±DM14 或 TR14,只要利用平滑移动平均线的运算方法计算:

当日的 +DM14 = (前一日的 +DM14 × 13)/14 + 当日的 +DM1
当日的 -DM14 = (前一日的 -DM14 × 13)/14 + 当日的 -DM1
当日的 TR14 = (前一日的 +DM14 × 13)/14 + 当日的 +DM1

趋向值(DX)的计算:

$$DX = \frac{DIDIF}{DISUM} \times 100$$

DI DIF = 上升方向线与下跌方向线的差
DI SUM = 上升方向线与下跌方向线的和

由于趋向值的变动性大,因此以 14 天平滑运算,即得到所要的趋向平均值(ADX)。

ADXR 是 ADX 的评估数值,它的计算方法是将当日的 ADX 与 14 天前的 ADX 相加除以 2 得到的。

2. DMI 的研判技巧

DMI 指标包含四条线。第一条是 +DI,+DI 代表的是多头,第二条是 -DI,-DI 代表的就是空头,这两条线的"金叉与死叉"可以作为投资者买卖的信号。当 +DI 向上交叉 -DI(金叉)为买进,说明多头占据主动,市场继续向上推动的概率大。而如果 +DI 向下交叉 -DI(死叉)为卖出信号,表明此时空头的实力要强于多头,股价继续下跌的成分加大。在实际运用时一定要注意的是,此交易方法不适合在投机性较强的市场及股价波动异常的庄股中应用,否则极容易产生失误,给投资者带来损失。

第三条线是 ADX 线,又称方向线,是指导投资者进出的"司令官",同时也是多空双方的"两面指挥官",因为该线不管市场是出于一个多头还是一个空头,ADX 均会向上运动。在多头市场上 ADX 是多头的坚定支持者,对市场起到助涨作用;而在空头市场上 ADX 向上显示的是其对空头的拥护,对市场起到的是助跌作用。

另外,当 ADX 线在 50 以上向下转折之际,也就是市场发生转变之时,在上涨的股票此时可获利了结,而对一个连续下跌的股票而言则是空头力竭,下跌已到终点,视为买进时机的到来,而且准确性相当高。

第四条线 ADXR 线被称为评估线,是为市场性质评估而设定的一条线。简单地说,当 ADXR 在 25 以上时,表示市场比较活跃,若 ADXR 逐渐下跌至 25—20 之间时,表明市场已经进入了无趋势状态,即人们称的"牛皮市"。此时,应立即停止使用 DMI 指标。

将以上四条线进行综合应用,方法如下。

(1)当 +DI 向上金叉 -DI,视为买入信号,若配合 ADX 线止跌回升,则涨势更强;相反,若 ADX 线此时依然向下运行,即使 +-DI 形成金叉应视为无效买入信号。

(2)+DI 处于 -DI 上方,此时若 ADX 线同步上升,则是市场多头强劲的表现,应顺势做多。假若 ADX 线上升到 50 以上,便开始掉头回落,则显示出持续做多的意愿不强,往后纵使股价继续上升,升势亦会放缓,而且维持的时间不会太久,随后便会转为下跌,直到 ADX 再次掉头向上为止(见图 10-15)。

图 10-15 为上证综合指数(000001)日线图,指示位置 A 为上证综合指数 2007 年 1 月 17 日,在这之前 +DI 位于 -DI 上方,且 ADX 向上支持,而 A 点之后 ADX 线却开始向下移动,说明投资者追涨的动力开始减弱,后期股指跌多涨少震荡剧烈。位置 B 显示 +DI 金叉 -DI,且 ADX 线配合向上,上升趋势明朗。2007 年 4 月 19 日(位置 C)开始 ADX 向下,虽然股指仍然震荡上行,但上升力度已经逐步减缓,而且这段上升很快就被 5 月底 6 月初的五天下跌吞并。注意图中第二个圆圈的位置 +-DI 再次形成金叉,但 ADX 却继续向下,买点无效。

(3)当 +DI 向下死叉 -DI,便是卖出信号,此时若 ADX 线向上攀升,股价一般会出现较急的下跌,且这种跌势会直至 ADX 见顶回落才告一段落,之后走势要么止跌向上,要么跌势趋缓,随时会有反弹行情出现。

(4)当 ADX 线自 20 以下向上爬升时,不论当时的价格正往上涨或者往下跌,都可以认

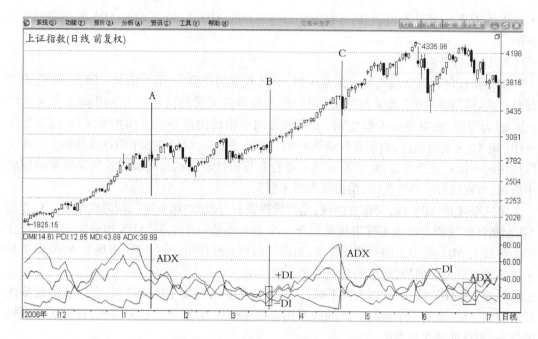

图 10-15　DMI 的 +DI 处于 −DI 上方

定,将产生一波幅度较大的行情,是上升还是下降,则要根据当时趋势而定,若此时 +−DI 多头排列价格将大幅上升,若 +−DI 空头排列价格将大幅下跌,这是对趋势的最好确认。

(5) 当 ADX 线自高位 70 以上开始拐头向下时,是确认股价见顶或者见底的信号,应当顺势沽出或者买入股票。具体来说,若股价急跌后 ADX 在 70 上方向下拐头说明做空动能得以释放,可以逢低介入;若股价急涨后 ADX 在 70 上方向下拐头说明空头实力大量消耗,应当卖出股票或者逢高减磅。故 ADX 在此实战中可以起到辅助判别趋势反转与否的作用(见图 10-16)。

图 10-16 为上证综合指数(000001)日线图。2005 年 4 月 27 日 ADX 在 +−DI 死叉状态下自 20 以内向上拐点,促使指数展开一波快速下跌。下跌至位置 B 后 ADX 自 70 以上开始回落,宣告暴跌已经告一段落,应逢低吸入。位置 C 之前表现为 +−DI 多头状态下的 ADX 上升,趋势明朗,而此后 ADX 线再次自 70 上方回落,显示市场已经进入头部区域。之后的调整一直持续到 2005 年 12 月 12 日(位置 D)ADX 线自 20 以内向上拐头结束。

(6) 当 +DI 和 −DI 相交叉时,出现了买或卖的信号,随后 ADX 与 ADXR 的相交,便是最后一个买或卖的机会。但是 ADX 与 ADXR 相交的时间要晚一些,所以如果错过最佳介入时机后只可少量买入,最好的办法是分批操作,例如 +DI 金叉 −DI 时买入半仓,等到 ADX 上穿 ADXR 时再加仓买入。卖出亦然。

(7) 当 ADX 位于 +DI 和 −DI 的下方,特别在 20 以下时,代表股价已经陷入泥沼,出于沉闷的整理期,方向不明。此时,理性的投资者应当先退出市场观望,待趋势明朗时再行决策。

DMI 主要是用于辨别行情是否发生转变的指标。一旦市场变得有利可图时,DMI 立刻

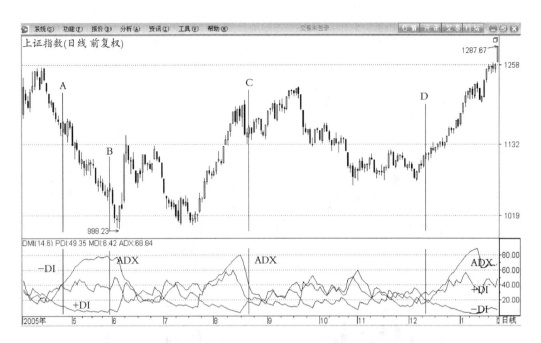

图 10-16　ADX 线在 20 和 70 时的情况

会引导投资者进场,并且在适当的时机提醒投资者退场。然而,该指标只适用于市场行情的发展期,而对牛皮盘局时,该技术指标略显不足。

四、BOLL 布林线

布林线(Bollonger Bands)是根据统计学中的标准差原理设计出来的一种非常实用的技术指标。它共由三条线组成,其中上下两条线分别可以看成是价格的压力线和支撑线,在两条线之间是一条股价的移动平均线。其计算方法是先计算均线数值的标准差,在求取均价的信赖区间,以此方法随移动平均线每天计算,所以一般情况下股价会在由上下轨道组成的带状区间内游走,而且指标会随均线的变动而自动调整轨道的位置。当波带变窄时,激烈的价格波动有可能随即产生;若股价高低点穿越上下轨时,立刻又会回到波带内,预期回档产生。

1. 计算公式

布林线有三条线,中间的移动平均线通常为 20 日的移动平均线,而在均线上方和下方各有一条线则分别为上轨线和下轨线。算法是首先计算出过去 20 日收市价的标准差,通常再乘 2 得出 2 倍标准差,上轨线为 20 日平均线加 2 倍标准差,下轨线则为 20 日平均线减 2 倍标准差。

中间线 = 20 日移动平均线
上轨线 = 20 日均线 + 2 倍标准差(20 日收市价)
下轨线 = 20 日均线 − 2 倍标准差(20 日收市价)

2. 分析技巧

(1) 股价向上穿越上轨线时,会遇到上轨线的压力,预期会造成股价的短期回档,视为短线的卖出时机。

(2) 股价向下穿越下轨线时,会遇到下轨线的支撑,将形成短期反弹,视为短线的买进时机(见图10-17)。

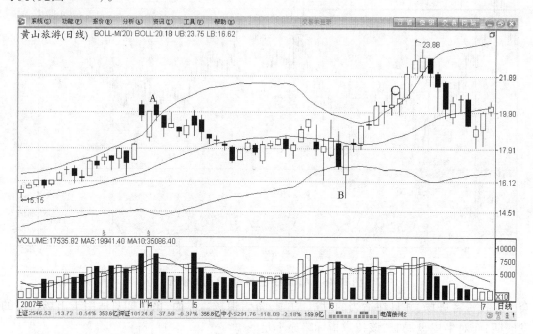

图 10-17　BOLL 布林线

图10-17为黄山旅游(600054)日线图。2007年4月23日(位置A)阳烛上穿布林线上轨,做短线卖出;位置B为5月31日至6月5日连续三天股价下穿布林线下轨,可做短线买入;位置C股价又一次上穿布林通道的上轨线,仍以出局为主。

通过黄山旅游的实例我们可以看到,布林通道"破下轨买,破上轨卖"的操作原则最适用于平衡势。因此,对于横盘阶段宽幅震荡的股票,不失为一种高抛低吸的好方法。

(3) 布林线处于水平方向移动,而股价长时间停留在中轨线(20日均线)之上,并且连续刺穿上轨线,表明股价已经进入强势,预期股价未来将展开一轮上升趋势,此时可逢低介入股票。

(4) 布林带向上,股价一直在中轨线与上轨线之间运行,则坚定持有股票,这是对股价单边上升趋势最好的确认方法,而一旦股价向下突破中轨线,就要及时落袋,因为上升趋势已经转弱,出现滞涨,甚至会朝相反方向运行(见图10-18)。

图10-18为中江地产(600053)日线图。2007年2月初进入横盘阶段,股价一直在布林中轨和上轨之间震荡。2月15日位置A和3月26日位置B的两次反弹均突破了布林带上轨,但回落点a和b都没能打破中轨线,市场语言告诉我们趋势已经转强。后期股价一直在中轨线上方运行,则坚定持股,直待股价将中轨跌破卖出。

(5) 布林带出于水平方向移动,而股价长时间停留在中轨线之下,并且连续穿越下轨线,表示股价正处于平衡势偏空的状态下,预期股价未来将形成下跌趋势,投资者应及早离

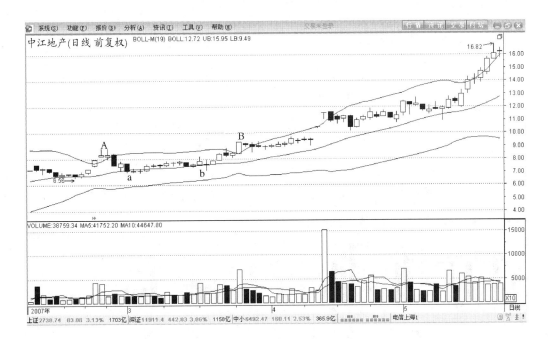

图 10-18　BOLL 布林带向上情况

场不宜恋战。

（6）布林带向下，股价一直在中轨线与下轨线之间运行，则坚决做空持币观望，这表明股价此时依然处于单边下跌趋势里，直到股价有效回到中轨线之上，就可以适量介入了。因为这说明下跌趋势已经结束，预期股价会改变方向向上运行，所以此时购入风险较小（见图10-19）。

图10-19为包钢股份（600010）日线图。进入2007年6月股价便一直在布林带的中轨和下轨线之间震荡，而且分别于6月4日位置A和6月25日位置B两次跌破下轨线，而相对应的反弹高点a和b却受到中轨的压力，终于在C处股价又一次跌破下轨线，沽空休息。只要股价一直在中轨线下方运行我们就应当持币观望。

（7）随着股价的波动幅度越来越小，会促使布林线的上下轨线与中轨线靠得越来越近，布林带的宽度就会越来越狭窄，也就是常说的"缩口状态"。当股价出现这种情况，则预示着市场不久将要选择方向，即我们常说的"变盘"。而且一旦股价选择了方向，则朝这个方向运行的力度将会很大，简单概括为"布林线缩口代表股价即将变盘"。随后股价突破上轨，布林线向上张口股价会大涨，股价突破下轨线布林带向下张口，将引发股价的大跌（见图10-20）。

图10-20为上海机场（600009）日线图。自2006年9月至2007年2月之间形成两次缩口到放口的过程。每次缩口都是股价波动幅度收窄，步入盘局的表现，而每次放口都是趋势确立突破盘局的表现。注意中轨线的强大支撑，若价格在中轨之下的缩口与放口就是由横盘转入下跌的信号。

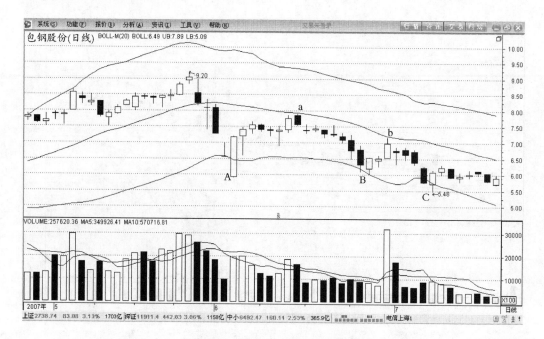

图 10-19 BOLL 布林带向下情况

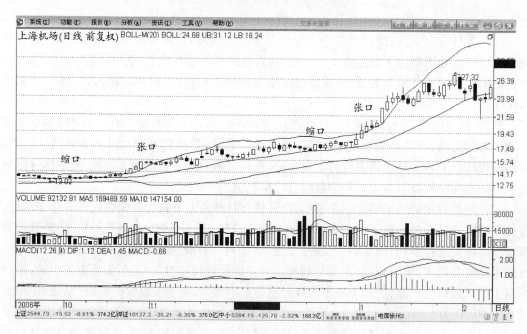

图 10-20 BOLL 布林轨道的波动幅度

五、XS 薛斯通道

薛斯通道建立于薛斯的循环理论的基础上,属于中短线指标。在薛斯通道中,包括两组通道指标,分别是长期大通道指标和短期小通道指标。

1. 薛斯通道的设计原理

(1) 画出一段时间包容 K 线高低点的同等宽度的小通道。

(2) 连接此小通道各高低点,画出同等宽度的大通道。

(3) 计算各小通道高低点出现的平均周期,据此画出未来的通道走势。

从设计原理上看,股价实际上是被短期小通道包容着在长期大通道中上下运行。因此,基本买卖策略是当短期小通道接近长期大通道时,预示着趋势将要反转。当两条上轨线接近时趋势向下反转,视为卖出点。在两条下轨线相互接近时趋势向上反转,可视为买入点。这是一种试图做好波段,寻求最大限度赢利的方法。

2. 薛斯通道的运用法则

为了方便记忆,我们可以将薛斯通道的四条线划分为"外轨线"和"内轨线"。外上轨和外下轨构成大通道,内上轨和内下轨构成小通道。

(1) 大通道反映的是该股票的长期趋势状态,趋势一旦形成,具有一定的持续性,因此薛斯通道的大通道反映的是股票的大周期,可以把握股票整体趋势,适于中长线投资。

(2) 小通道反映的是该股票的短期走势状态,将股票的短期内的涨跌起伏包容在内,能有效地滤除掉股票走势中的频繁振动,反映股票小周期的波动范围,适于中短线炒作。具体操作原则为股价触及或者跌穿小通道下轨买入,股价触及或刺透小通道上轨卖出。

(3) 大通道向上,即大趋势总体向上,此时小通道上轨触及或接近大通道上轨,表明股价短线已经超买,预期将要展开回调或步入盘整。

(4) 大通道向上,而内上轨突破外上轨,说明该股已经进入强力拉升阶段,即加速阶段。此时,投资者可以暂时持股观望,待内上轨走平或转头向下时,为较好出货点。内上轨突破外上轨即表明股价已经进入风险区,应密切注意转势信号的出现,随时准备出货,而且出货时一定要果断,切不可犹豫。

(5) 大通道向上,股价在小通道之内突然出现快速下跌,将内下轨打穿,甚至引发小通道向下拐头,但这仅仅表明股价短线回档,并非说明趋势改变,所以可继续加码买入(见图10-21)。

图 10-21 为中国联通(600050)日线图。2007 年 2 月至 6 月走势中,大通道一直是向上的,而其间股价一直在小通道内波动,每次波动的低点都会打破内下轨,见图中 A、B、C、D 四个位置。这些位置都是短线介入点,有意思的是价格每次反弹的高点都是刺穿内上轨完成的。注意 D 点之后就未必是买点了。

(6) 大通道向下,即大趋势向下,当内下轨触及或靠近外下轨时,就会有一定的"抄底盘"出现,股价后期出现缓跌或展开小幅反弹的概率加大,可适量介入股票。但要注意的是这个买点只能作为短线买点,买入时注意控制好仓位,同时对反弹高度的期望值不应太高(见图 10-22)。

图 10-22 为上海电力(600021)日线图的薛斯通道。自 2004 年底开始向下移动,大通道向下说明股价进入了中长期的下降趋势。起先小通道也随之匀速下降,2005 年 1 月 17 日至 31 日期间股价出现了加速下跌,内下轨向外下轨拉近。A、B 两处股价均撞击到外下轨遇到

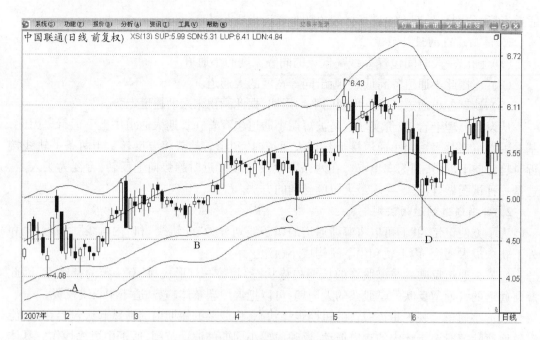

图 10-21 薛斯通道向上情况

图 10-22 薛斯通道向下内下轨触及或靠近外下轨情况

支撑引发一定幅度的反弹。

(7) 大通道向下,股价进入暴跌阶段,内下轨下穿外下轨,是一种极端超卖现象,此情况出现后股价随时可能引发超跌反弹,应当密切关注。操作上并不急于建仓,因为股价多会惯性下滑一段时间,待内下轨走平,或者掉头向上穿越外下轨时,便是一个较好的低位建仓的机会(见图10-23)。

图 10-23　薛斯通道向下内下轨下穿外下轨情况

图 10-23 为天利高新(600339)日线图。2005 年 6 月 20 日(位置 A)出现内下轨下穿外下轨的走势,表明股价已经进入加速下跌阶段。短线急跌后于 7 月 26 日(位置 B),内下轨线回穿外下轨,买点出现。内下轨在外下轨下方逗留时间一月有余,累计下跌幅度超过 30%。

(8) 大通道向下,股价突然向上快速反弹,突破内上轨,甚至引发内上轨向上拐头,但这并不能说明中长期下降趋势已经改变,因此在股价上穿内上轨时要敢于抛售,切不可贸然进场做多(见图10-24)。

图 10-24 为兰州黄河(000929)日线图。2005 年伊始便逐渐形成大规模的下降趋势,XS 线的大通道向下,其间虽多次反弹均未能有效改变趋势。图中 A 点日期为 2005 年 2 月 23 日,B 点为同年 4 月 12 日,C 点为同年 6 月 8 日,股价每次上穿小通道上轨线都是短线卖出点。

(9) 当大通道长期横向走平时,为盘整行情,股价将在通道内上下震荡,此种情况多出现在股价低位建仓和中途洗盘阶段形成的整理走势中。短线炒家可逢高(股价触及大通道上轨)抛出,逢低(股价触及大通道下轨)买入。随后,若小通道上轨强力上穿大通道上轨,且大通道也向上转向,则表明股价新一轮的拉升行情已经开始(见图10-25)。

图 10-25 为天威保变(600550)日线图。2005 年 11 月份开始进入横盘整理,大通道基本保持水平运行。其间小通道的弯曲具有显的波段性,至 11 月 22 日、23 日(位置 A)股价触及外下轨,遇到强劲支撑,买入;反弹到 2006 年春节前后(位置 B)刚好遇到外上轨压力,卖出。3 月 23 日(位置 C)一根涨停板的大阳线突破外上轨,宣告整理结束,新一轮拉升开始。

图 10-24　薛斯通道反弹突破内上轨

图 10-25　薛斯通道长期横向走平

以上对趋向类指标中的代表性指标进行了详细的讲解，此类指标在把握价格趋势上面做到了安全有效，而且买卖信号明确，且成功率高。但这类指标最大的缺点就是反应相对较慢，买卖点出现便相对较晚。那么如何解决这个问题呢？这就要用概率类指标加以辅助判断了。

第四节 概率类指标

在确定了一只股票的趋势之后,接下来要判断的是目前的股价是高还是低,也就是此时介入的风险有多大。这类指标是通过统计股价的常规与非常规分布区间,并按一定的公式将其限定在固定范围内的指标,用以研究股价见顶或见底的概率。股价在指标常态区间内运行表示趋势仍在继续,而当指标进入非常态区,则见顶或见底的概率就会增大。所以把反映"股价见顶或见底的概率"的这类指标,统称为概率类指标。其代表性的指标主要有:KDJ、RSI、WR、PRY 和 ARBR 等。

(一) KDJ 随机指标

1. KDJ 原理与计算

随机指标是乔治·C·兰德(George C. lane)首先提出的技术分析理论。在股票、期货等评判市场中有很好的实战效果。从实践看,指标的核心原理是平衡的观点,即股价的任何动荡都将向平衡位置回归。该指标是把一定周期内股票最高价和最低价的中心点作为平衡位置,高于此位置过远将向下回归,低于此位置过远将向上回归。在分析中设置快速线 K 和慢速线 D 共同研判,予以指示当前价格所处位置及趋势运行方向。另外还有考察 K、D 位置关系的 J 线。快速线 K 线也表示为%K,是真实的随机值;慢线 D 也表示为%D,是 3 个%K 的平均值;J 同样可表示为%J,是由 3 个%K 减去 2 个%D 求得。所以只要计算出%K 即可,以 9 日参数为例,公式为:

$$\%K = \frac{今收盘 - 9 日内最低价}{9 日内最高价 - 9 日内最低价} \times 100\%$$

2. KDJ 的周期

KDJ 的周期有两个概念。一是 KDJ 指标的周期,即选择几天的样本,目前通用周期有 5 日、6 日、9 日、12 日等,也有分析者先用更长周期如 14 日和 20 日等。短期 KDJ 指标反应灵敏但不稳定,较长周期的 KDJ 指标反应相对滞后但趋势明显。二是进行平滑计算时选用几天周期,也就是 D 值的计算周期,一般都选择 3 天的 D 值为平均计算的周期,当然也可以有其他选择。

3. KDJ 的数值范围和作图

K 值和 D 值均被限定在 0—100 之间,属摆动指标。把 K 值、D 值、J 值标在以时间为横轴、以 KDJ 指标为纵轴的直角坐标上,分别用平滑曲线连接每天的 K、D、J 形成的数值点,即分别得到 KDJ 指标的三条曲线。

4. KDJ 的买卖信号

(1) KDJ 的位置信号。在 KDJ 指标中,主要观察 K、D 两条线所处的位置。当股价持续上涨时,股价会保持在周期内的较高位置,这样 K 线和 D 线会不断上升。一般认为 KD 维持在 50 以上,表明市场处于强势;当股价持续下跌时,指标会在周期内的较低位置运行,这样 K 线和 D 线不断下降,维持在 50 以下,表明市场处于弱势。这样看来,中轴 50 就成为判断市场或趋势强与弱的分界线。

当强势持续，K线和D线进入过高位置时即是高价警戒信号，一般标准是K线在80以上、D线在70以上时是超买（超出买入范围）信号，此位见顶的概率较大，股价即将回落。当弱势持续，K线和D线进入较低位置时，即是低价警戒信号。一般标准是K线在20以下、D线在30以下时是超卖（超出卖出范围）信号，此位形成底部的概率较大，股价即将上涨。如K线和D线在中轴50附近震荡时信号不明，股价形成顶部和形成底部的概率各占一半（50%）。

具体到上海股市，标准会有一些变化，而且市场的不同时期情况也不同。以9周KDJ指标来说，上海股市的超买标准是K线达到80以上、D线在65以上，极端暴涨行情持续时K线达到90以上、D线达到80以上的情况也有发生。上海股市的超卖标准是K线在15以下、D线在20以下。有时D线降到20至30之间位置时股价即开始回升则行情多数不会长久，也很难产生较大行情。

至于J线由于计算方法的原因是在这三条线中运行速度最快的，所以J线很容易进入"超买区"和"超卖区"。通过长期观察我们发现，往往J线达到80以上，股价才刚刚进入主升浪。相反在下降趋势里，J线进入20以内跌势可能才刚刚开始。以上规律尤以日线为甚，但在月线中应用最快的J线对于判断市场大规模底部或顶部成功率比较高。

具体地，当综合指数在月线中J线（参数9）从高位回落至15%以内，我们就可以关注市场，积极选择强势个股进行跟踪。直到J线再次上穿15%时，说明市场已经盘出底部，此时对前期跟踪个股可进行买入。相应地，当J线从低位上穿85%说明市场已经进入超买范围，但并不等于让你立即卖出股票，可以谨慎持有。一旦J线再次下穿85%，宣告头部完成，应及时抛售做空（见图10-26）。

图10-26　KDJ的位置信号

图 10-26 为上证综合指数(000001)月线图自 1997 年 4 月至 2007 年 6 月的月 K 线。几乎每次中等规模以上的头部都是由 J 值上穿 85,然后再下穿 85 形成的。然而自 2005 年 7 月启动的新一轮牛市,在 2006 年 1 月 J 线就已经上穿 85,但这不表明市场就是头部,除非 J 值再次跌落 85。而 2007 年 6 月月线收盘后 J 线数值 83,我们就应当警惕。

(2) KDJ 的方向信号。随机指标的运动方向同样具有趋势特点,其中主要以 KD 两根线为准。如果 K 线和 D 线在高位开始减慢上升速度、走平或调头向下,说明股价的上升速度减缓或者已经开始步入横盘,此时应高度警惕,结合切线或形态,出现破位后,应立即卖出。如果 K 线和 D 线在低位开始减慢下降速度,说明杀跌动能有所收敛,走平或调头相应为买进信号。

在应用这一点上,最好是股价处于平衡势或中短期波段行情的趋势判断上,而对于股价长期展开的单边势,就不要按此方法操作了,因为一旦价格进入单边上扬或者单边下跌,指标就会出现"钝化",最好结合 MACD 等趋向指标综合研判。

(3) KDJ 的背离信号。如果股价呈一底比一底高走势,KDJ 指标也同样一底比一底高,则确认上升趋势仍在持续;如果股价是一顶比一顶低的走势,KDJ 指标同样一顶比一顶低,则说明下降趋势仍在持续。但当股价创新高后回档,KDJ 指标创新高后也随股价下跌,之后股价再创新高而 KDJ 指标却未跟随创新高,说明 KDJ 指标不再支持股价上升,KDJ 指标与股价出现了顶背离现象,视为卖出信号。

相应的,在下降趋势的末期,在股价创新低后反弹,KDJ 指标创新低后也随股价反弹,之后股价再创新低而 KDJ 指标却未跟随创新低,说明 KDJ 指标不再支持股价下降,KDJ 指标与股价出现了底背离现象,视为买入信号(见图 10-27)。

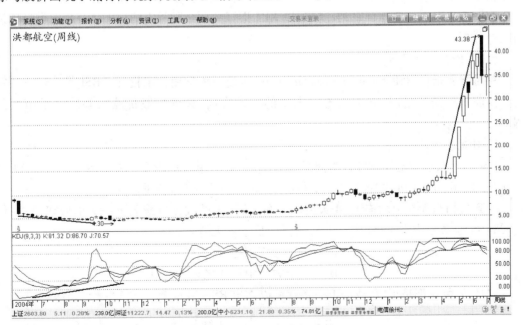

图 10-27 KDJ 的背离信号

图 10-27 为洪都航空(600316)周线图。2004 年 4 月—2005 年 1 月股价不断创出新低,然而 KDJ 指标却出现一底比一底高的背驰走势,随后股价逐渐走出低谷,展开大幅拉升。2006 年 4 月开始股价加速创出新高,而 KDJ 指标的高点却没跟随抬高,这是高位指标与股价的顶背离信号,操作上以逢高派发为主。

(4) KDJ 交叉信号。当快速线 K 在低位自下而上与慢速线 D 出现黄金交叉时,是买入信号;当快速线 K 在高位自上而下与慢速线 D 出现死亡交叉时,是卖出信号。

背离信号和交叉信号应注意一点:买入信号发生位置越低越有效,卖出信号发生位置越高越有效。

5. KDJ 的不足

KDJ 指标虽有重要价值,优点很多,例如客观性、趋势明显、短、中期均适用等,但它也有不足,KDJ 指标的最大不足是买卖信号出现时机不稳定。当 KDJ 位置、方向、背离、交叉等信号出现后,股价的最佳买(卖)点往往出现在其前面或后面,这里仍然应理解为 KDJ 指标提示的是顶部或底部区域。区域是一定的,具体点位要同时分析其他指标和股价形态、成交量等情况后才能最终确定。同时 KDJ 较适用于中短线的波段操作,对于单边走势的个股较容易产生"钝化(在非常态区内频繁出现交叉而趋势仍在继续)",这主要是受指标设计原理的限制,随机指标(K 线)的波动范围被限定在了 0—100 之间,但是股价持续上涨或持续下跌的强度往往会超出这个范围。打个比喻,两个同样的氢气球,同一时间,一个在室内放飞,一个在室外放飞,其结果会是什么样呢? 在室内的气球最高也就只能顶到天花板上,而同一时间在室外放飞的气球却没有任何限制,一直向上。室内的气球就相当于 KDJ 指标,而室外的气球就相当于持续不断上涨的股价。极为强势的市场或极为弱势的市场是不以一个指标的极限值而停止上涨或停止下跌的,所以,以 KDJ 指标判断个股时应结合大势及趋向类指标进行综合分析。

(二) RSI 相对强弱指标

相对强弱指标 RSI(Relative Strength Index)也是一种常用技术指标。RSI 是通过一特定时期内股价的变动情况,来推测价格未来的变动方向,并根据股价涨跌幅度显示市场的强弱。

1. RSI 的计算

RSI 的参数也就是考虑统计时间段的长度,一般采用 5 日、9 日、14 日等。下面以 14 日为例具体介绍 RSI(14)的计算方法,其余参数的计算方法与此相同。

找到包括当天在内的连续 14 天的收盘价,每一天的收盘价减去上一天的收盘价,我们会看到 14 个数字中有正(比上一天高)有负(比上一天低)。

$$A = 14 \text{ 个数字中正数之和}$$
$$B = 14 \text{ 个数字中负数之和} \times (-1)$$

这样 A 和 B 都是正数,我们下一步就可以算出 RSI(14)

$$RSI(14) = \frac{A}{A+B} \div 100\%$$

从数学上看,A 表示 14 天中股价向上波动的大小,B 代表价格向下波动的大小,A + B

表示股价总的波动大小。RSI 实际上是表示:向上波动的幅度占总的波动的百分比,如果占的比例大就是强市,否则便是弱市,其取值范围也是介于 0—100 之间。

2. RSI 的应用法则

(1)不同参数的两条或多条 RSI 曲线的联合使用。参数小的 RSI 称为短期 RSI,参数大的称为长期 RSI。这样,两条不同参数的 RSI 曲线的联合使用法则可以完全照搬移动平均线的两条线的使用法则。即:

A:短期 RSI > 长期 RSI,则属多头市场,或是强势市场。

B:短期 RSI < 长期 RSI,则属空头市场,或是弱势市场。

(2)从 RSI 取值的大小判断行情情况。将 0—100 分成四个区域,根据 RSI 的取值落入的区域进行操作,分划区域的方法如下:

100—80:极强势——卖出

80—50:强势——买入

50—20:弱势——卖出

20—0:极弱势——买入

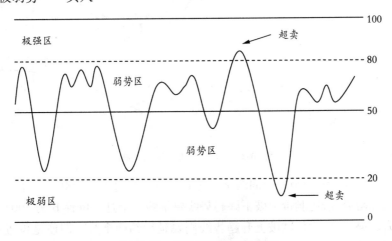

图 10-28　RSI 指标区间示意图

在应用 RSI 数值研判时同时要将以下两个要素考虑进去。

(1)与 RSI 的参数有关。不同的参数,它们的区域的划分就不同。一般而言,参数越大,分界线离中心轴 50% 就越近,离 100% 和 0% 就越远。

(2)选择股票本身有关。不同的股票,由于其活跃程度不同,RSI 所能达到的高度也不同。一般而言,越活跃的股票,分界线的位置离 50% 就越远,越不活跃的股票,分界线离 50% 就越近。

随着 RSI 取值的从上到下,应该采取的行动是这样一个顺序:卖出——买入——卖出——买入。

市场是强市,我们要买入,但是上涨过了头就该抛出了。物极必反,量变引起质变都是对这个问题的最好的说明。

(3)从 RSI 的曲线形态上判断行情。RSI 在较高(较低)的位置形成头肩形和多重顶

(底),是采取行动的信号。值得注意的是,这些形态一定要出现在较高位置和较低位置,离50%越远越好,越远结论越可信,出错的可能性就越小。

与形态学紧密相连系的趋势线在这里也有用武之地。RSI 在一波一波的上升和下降中,也会提供画趋势线的机会。这些起着支撑线和压力线作用的切线一旦被突破,就是要采取行动的信号(见图10-29)。

图10-29 RSI 的曲线形态分析

图10-29 为宏达股份(600331)周线图。位置 A 显示宏达股份2003 年10 月31 日 RSI 已经向上突破下降趋势线,比股价突破下降趋势线要早约一个月。位置 B 为2004 年3 月5 日已经打破上升趋势线,而股价跌破上升趋势线则要延后约两个月。即使是位置 C 同样也比股价早一步发现破位,C 处正好是 RSI 指标高位"头肩顶"形态的颈线位置。

(4) 从 RSI 与股价的背离方向判断行情。RSI 处于高位,并形成一峰比一峰低的两个山峰,而此时,股价却对应的是一峰比一峰高,这叫顶背离,股价这一涨是最后的衰竭动作。

股价形成两峰依次上升的谷底,而股价还在下降,这是最后一跌或者说是接近最后一跌,是可以开始建仓的信号(见图10-30)。

图10-30 为上证综合指数(000001)周线图。位置 A 为上证综合指数2003 年9 月30 日至11 月14 日形成的底背离,引发市场中期上涨。位置 B 为2004 年2 月20 日至4 月2 日的顶背离,引发市场中期调整。位置 C 为2004 年6 月25 日至9 月10 日又一种形式的底背离,即股价不断创新低,指标不再创新低,也没抬高而是水平移动。

3. 应用 RSI 时极易出错的地方

最易出错的情况是 RSI 第一次进入应该采取行动的区域,而形成单峰或单谷的时候。只有等到第二峰或第二底形成后才能明确地下结论。这时应将 RSI 放在一边,考虑别的分

图 10-30 RSI 与股价的背离

析方法。在使用 RSI 时出问题的绝大多数是犯了这个错误,将上面介绍的各种 RSI 的使用法则机械地搬到 RSI 的第一峰和第一底上,这是对技术指标了解不全面而招致的损失。

RSI 的另一个不足是在顶部和底部的钝化,这一点与 KDJ 指标具有相同缺陷,但是两者相比,RSI 的钝化程度及持续时间比 KDJ 指标要强一些。由于这个原因,RSI 在发出行动信号时,往往提不出采取行动的具体价位。

除此之外,不同周期上的 RSI 无论是在参数上,还是在数值范围上都要进行相应的调整,尤其是具体的数值界限和触顶触底的次数也都要作相应的修改。

(三) WR 威廉指标

威廉指标又称威廉超买超卖指标,简记为 WMS%R 或%R,它由拉瑞威廉(Williams Percent R)在 1973 年所著的《我如何赚取百万美元》一书中首先发表,因而以他的名字命名。这是一个用来指示现价与 N 日中的最高价的接近程度的技术指标。其计算方法与 KDJ 指标非常接近,只是用最高价减去收盘价取代计算 KDJ 的收盘价减最低价的分子部分。

1. 公式

$$WR = 100 \times \frac{H(N) - C}{H(N) - L(N)} \quad H = N \text{ 日内最高价}$$

L 为 N 日内最低价,C 为当日收盘价,R 为真实波幅。此指标在设计时将坐标值反向计算,即从 100—0,而不是 0—100,所以 W%R 的 Y 轴坐标和 RSI、KDJ 等概率类指标的 Y 轴坐标是颠倒的,但基本原则是一样的,只是反过来理解就行了。

2. 买卖信号

运用摆动点来量度股市的超买超卖现象,可以量度循环期内的高点或低点,指出有效率的投资信号。

(1) WR 上升至 20 以上水平后,再度跌破 20 超买线时,为卖出信号。

(2) WR 下跌至 80 以下水平后,再度突破 80 超卖线时,为买进信号。

(3) WR 在短期内向上碰触或接近顶线 0% 的次数越多,市场形成底部的级别越大。一般认为,指标第三次触及顶线附近时,是一个相当好的买点。

(4) WR 在短期内向下碰触或接近底线 100% 的次数越多,市场形成顶部的级别就越大,尤其是在第三次触及底线附近时,则是一个相当好的卖点(见图 10-31)。

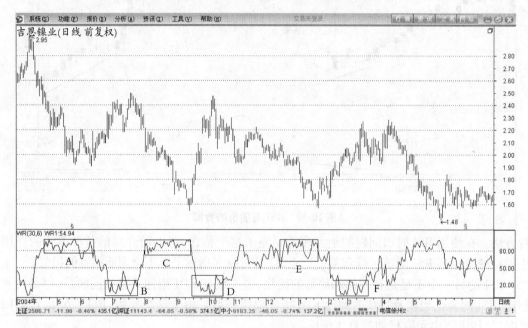

图 10-31 WR 的超买超卖现象

图 10-31 为吉恩镍业(600432)日线图(WR 参数 30)。从图中可以看到自 2004 年 4 月至 2005 年 4 月历次头部与底部过程中 WR 的表现。A 底指标 4 次触及顶线附近,其间最大数值 99.77,最小数值 96.12,用时 31 个交易日;C 底也经历 3—4 次触顶,最大数值 99.65,最小数值 96.8,用时 18 个交易日;E 底的多次触顶用时 20 天。而 B、D、下三个底部(对应股价的顶部)触及底线的次数也是 3—4 次,其间最高数值为 8,最低数值为 1.7,最长耗时 15 个交易日。

通过吉恩镍业的实例我们可以得到一组数据,或者称之为一种选股方法:股价在 30 日内连续触顶 3—4 次,且数值达到 96—100 之间即成为市场的中期底部;股价在 15 日内连续触 3—4 次,且数值达到 8—0 之间即形成市场的中期顶部。

(5) RSI 指标向上穿越 50 中轴线时,如果 WR 也同样向下穿越 50 中轴线,则更加确信市场已经进入强势,此时给出的买入信号会更加可靠。

(6) WR 进入超买或超卖区时,最好结合 MACD 等趋向类指标综合判断价格的反转信号是否有效,以及反转力度会有多大。

当然,对于不同周期下的指标参数及不同股性的个股走势,WR 表现也会有些不同,同时 WR 也同样难以回避概率类指标共有的缺陷那就是钝化问题,比如短期内触顶或触底的次数等,这些都需要投资者在实践中不断地积累经验。

（四）PSY 心理线

心理线(PSYchological line)又称大众指标 MJR(MaJority Rule),是研究某段期间内投资人趋向于买方或卖方的心理,来作为买卖股票的依据。例如以 5 天为样本,其计算公式如下:

$$心理线 = \frac{5\text{日内的上涨天数}}{5} \times 100\%$$

将每天求得的数值,标注在以 0% 作为下限、100% 作为上限的坐标轴上,然后将每个数值连成 PSY 的波动曲线。

1. 优点

可作为超卖、超买的警戒信号。

2. 缺点

此指标反应过于敏感,所以相对而言骗线较多,不过可以通过修改指标参数,来扩大统计范围,从而降低失败率。

3. 研判技巧

(1) PSY 进入 75% 至 100% 之间进入超买区。一段下跌行情展开前,超买现象的最高点会出现两次,故分析心理线,认为超买情形严重,短期内高于此点的机会极小,当心理线首次从超买区向下变动后未跌破 60%,再回升至起跌点时,就是卖出机会。

(2) PSY 进入 25% 至 0% 之间进入超卖区。从心理线来看,当一段上升行情展开时,通常超卖现象的最低点会出现两次,所以在心理线从超卖区首次向上变动后未超过 75% 而再向下滑落时,就是买进的机会(见图 10-32)。

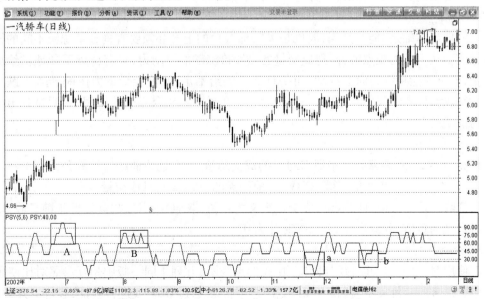

图 10-32　PSY 进入超卖区情况

图 10-32 为一汽轿车(000800)日线图(PSY 参数 5)。2002 年 7 月 3 日 A 和 8 月 12 日 B 出现两个头部区域,PSY 指标分别在这两个位置形成两次和三次连续性的高点,图形右侧 11 月 26 日位置 a 和 2003 年 1 月 7 日位置 b 两个底部均出现心理线连续两次探底。

心理线的常态分布在 25%—75% 之间,但是在应用心理线作为买卖依据时,一定要分清是多头市场还是空头市场。在多头市场中,PSY 指标会因流动筹码逐渐减少,尤其是一些小盘股经常为主力操纵,心理线超越 75% 的机会极多,如卖出太早,常会丢掉后面的暴涨行情;相反,在空头市场中,股市下跌,卖压沉重,心理线也会经常出现低于 25% 的情况,如果此时贸然进场,易遭套牢。而 PSY 曲线在 10% 以下形成的"双底",成为有效买点的机会相对较高,最好和其他技术性指标配合使用,获利的几率必然大增。

(3) 将 50% 中轴线作为判断市场强与弱的分界线。当 PSY 冲至 50% 以上,表明股价已经开始转强可以买入。同理,指标由超买区向下跌破中轴线,表明股价已经开始转弱,应卖出。

第五节 能量类指标

技术分析中很重要的内容是研究成交量以及量与价的关系。一般认为股价上升必须要有成交量的配合,下跌则不必。然而实际操作中关于量价关系也可以参考一些量化的指标,那么这类指标所反映的就是成交量或成交金额的变化,以及它们与股价的关系变化情况。所以我们就把它们归成一类,称为"能量类指标"。这类指标的代表有 OBV、VR、WVAD 等。

（一）OBV 累积能量线

累积能量线(OBV)又称能量潮,是美国投资分析家 Joe Granville 于 1981 年创立的,是从成交量的变动趋势来分析股价转势与否的技术指标。

1. 原理

它的理论基础是"能量是因,股价是果",即股价的上升必须要有资金量源源不断的输入才能完成。从力学的观点解释,把成交量看做股价涨跌的原动力,只有持续不断地供给更多的能量,股价才能持续地向上推动,而一旦能量供给不足,股价会受重力影响转入下跌。另外,动者恒动,静者恒静,股价进入一个阶段后会在投资者从众心理的作用下,明显分出交投活跃与清淡的两个阶段。

2. 计算公式

计算 OBV,首先要累计上市股票每日的成交总量,逐点连成曲线。计算公式如下:

$$累积能量线(OBV) = 前一天的 OBV \pm 当日成交量$$

当日收盘价高于前日收盘价,成交量定义为正值,取加号;当日收盘价低于前日收盘价,成交量定义为负值,取减号;二者相等时计为 0。

3. 分析技巧

在使用时,最好将 OBV 线与股价曲线(即点线图)并列于同一版中相互参照对比使用。

(1) 正常的量价关系为"价升量增、价跌量缩"。通过 OBV 线进行验证,股价上升,OBV 线不断向上突破 N 型高点,为买进信号;反之,股价下降,OBV 线也不断地向下突破 N 型低点,每次突破均视为卖出信号(见图10-33)。

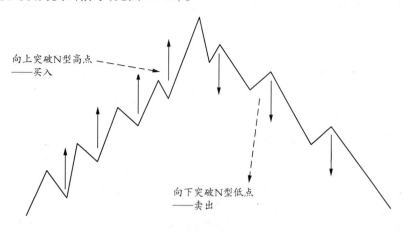

图10-33 OBV正常的量价关系

（2）股价上升,而OBV线下降或未跟随上升,说明此时已经形成"量价背离",为卖出信号。此种情况出现位置越高越有效(见图10-34)。

图10-34 OBV价量背离

图10-34为中远航运(600428)日线图。2005年3月22日之前股价一顶比一顶高,OBV线也一顶高过一顶,线与价均稳步推高。但随后股价创出22日的新高,OBV线却出现高点下移的背离走势,市场已经发出多头量能不足的信号,应及早套现将利润落袋为安。

（3）股价下跌或水平移动,而OBV线上升,表示已有增量资金进场,依据"量为价先"理论,视为买进信号。此种情况出现位置越低越有效(见图10-35)。

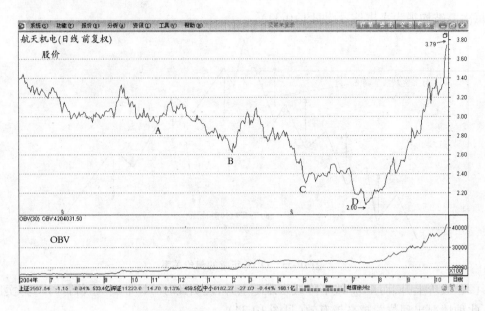

图 10-35　OBV 量为价先的情况

图 10-35 为航天机电（600151）日线图。2004 年 10 月 15 日至 2005 年 7 月 19 日底部不断降低，而同一时间的 OBV 线却出现一底比一底高的现象，这说明随着股价的震荡下跌，已有增量资金开始了暗中吸纳。尤其注意 8 月 10 日的 OBV 曲线已经跃升至所有高点之上，此时便可断定趋势已经反转。

（4）股价上涨，而 OBV 线出现急剧上升状态，表示成交量短期内增加太快，多头能量得到快速释放，应作卖出时，果断出局（见图 10-36）。

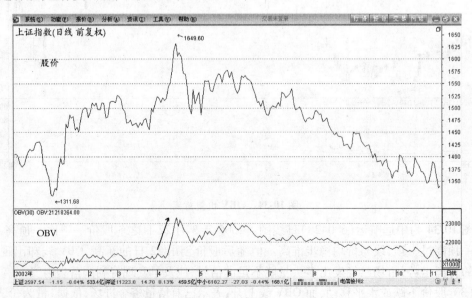

图 10-36　OBV 出现急剧上升状态

第十章 技术指标分析技术与技巧 343

图 10-36 为上证综合指数(000001)日线图。在 2003 年 4 月中旬见到了 1 649 点的中期头部,之所以形成这个头部有外界因素"非典",更有内因"急涨放量"。这段时间的 OBV 线近乎笔直的上涨促使股指加速见顶,直至 OBV 线不再上涨为止。

(5) 可将形态分析理论应用到 OBV 线中,如果 OBV 线形成高位的"M 头",且向下突破,是股价无力上攻的信号,即使股价未出现明显的双头破位,也应先出局观望。此外,在 OBV 线中还有"W 底",以及"三重头、三重底、矩形"等常见形态,均可依形态分析法进行研判。

(6) 配合切线理论,在 OBV 线中,最后一个上升 N 字形的低点,随后被向下突破,可以认定股价已经反转,或者跌穿 OBV 线中的上升趋势线,均可视为卖出股票的依据。相反,OBV 线的最后一个下跌 N 字形高点,如果被向上突破,抑或将不断降低的 N 字形顶连成的下降趋势线向上突破,均可以认定趋势已经反转向上,应及时买入。

上证综合指数 2003 年 6 月至 2004 年 4 月的日线走势图中走出两次明显的下降和上升趋势。让我们具体分析如何利用 OBV 线把握行情的买卖点(见图 10-37)。

图 10-37　OBV 线中切线理论的应用

图 10-37 为 OBV 线 2003 年 11 月 25 日突破下降趋势线(位置 A)。2004 年 3 月 9 日跌穿 OBV 的上升趋势线(位置 B),以及后期的回抽都视为卖出信号,最后卖出点为上升 N 型的低点突破(位置 C),加之上升趋势线也被破位,两者相互印证,应即刻抛售,下降趋势已经形成。

(7) 股价下跌过程中,OBV 线却横向移动,表明股价下跌途中不断有资金承接。OBV 线过长时间的盘整是接下来股价大幅上升的基础,而行情的大小与 OBV 线盘整的时间成正比。而且在大多数情况下,OBV 线会先于价格突破盘局,这也可以看做是"先见量后见价"

的另一种表现形式。

4. OBV 线的优点

OBV 作为股价的先行指标,可预知价格底部和顶部的来临,具有警示作用。同时作为对价格趋势的确认比较可靠。另外可以通过 OBV 线透析主力资金的动作,认真分析买卖法则中第(3)条和第(7)条中的案例。

5. OBV 线的缺点

OBV 线是一种单纯考虑成交量的指标,而对于不同市场,如单向市场(只可做多的市场)与双向市场(既可做多又可做空的市场)、不同投资品种、不同市场制度下,成交量的含义也不同,所以需要结合趋势及参考其他指标综合考虑。

(二) VR 容量比率指标

容量比率,又称成交量比率,或数量指标。VR 容量比率指标是基于量是价的先行指标,量与价同步、同向的理论为基础所架构的量价分析方法,以量打底和量做头确认低价和高价,来决定买卖时机。

其设计原理是用某段时期内行情上升日交易金额总计与行情下降日的交易金额总计的比值统计得到的。VR 值能够表现出市场买卖的气势、市场的活跃程度,从而掌握行情可能的趋势走向。

1. 计算公式

$$容量比率 VR = A/B \times 100\%$$

$$A = N\ 日内上涨日成交值总和 + (N\ 日内平盘日成交值总和)/2$$
$$B = N\ 日内下跌日成交值总和 + (N\ 日内平盘日成交值总和)/2$$

其中,N 为时间参数,一般采用 14 日或 26 日为基准。

2. 分析技巧

(1) 容量比率在 100% 时股价上涨的成交量与股价下跌的成交量是相等的,从经验来看,股价上升日的成交量较下跌日的成交量为大,所以 VR 值分布在 80%—150% 之间为常态,此时价格波动较小。

(2) 当 VR 值超越 350% 以上时,说明价格进入警戒区,应随时做好出货准备;而 VR 值低于 60% 时,说明价格已经进入超卖区,需注意后市的反弹或反转。同时配合 BIAS 指标使用效果非常好(见图 10-38)。

图 10-38 为上证综合指数(000001)日线图(VR 和 BIAS 参数 14)。A 点为 2005 年 6 月 2 日 VR 数值达到 61%,与此同时,BLAS 跌至 -5 以下,两日后探出最低点 998 点后展开反弹;B 点为 7 月 11 日 VR 数值下滑到 49%,加之 BIAS 同步下降到 -5 以下,第二次低点即将出现,果然次日大盘便见到了 1 004 点的低点;C 点位置 VR 线已经上升至 400% 以上,同时 BIAS 也已经达到 +6 以上,高价区出现,此时应以抛售为主。

(3) 交易金额突然增加,VR 数值线也由开始的缓升快速上升至 200% 以上时,常会引发市场大的上升行情。同时辅以 DMI 指标确认性更强(见图 10-39)。

图 10-39 为上证综合指数(000001)日线图。在 2005 年 10 月 28 日见到 1 065 点之后一直处于横盘阶段,VR 线也一直在 60%—200% 之间波动。然而,当股指运行到竖线所在位

第十章 技术指标分析技术与技巧   345

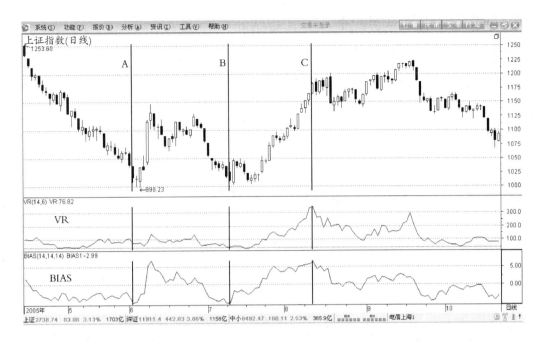

图 10-38　VR 和 BIAS 指标结合运用

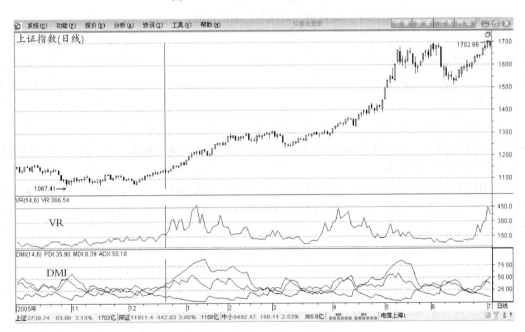

图 10-39　VR 中交易金额突然增加情况

置 12 月 22 日时，VR 数值突破 200%，达到 224%，与此同时，下方 DMI 指标中的"司令"ADX 也已经从低位开始向上运行，大行情一触即发。

（4）低档时 VR 线上升，表明买盘在不断增多。而此时如果股价未同步上升，显示价值未被市场大多数人发现，便是一个很好吸纳廉价筹码的时机，用不了太久股价就会在买盘不断介入下展开上升行情(见图10-40)。

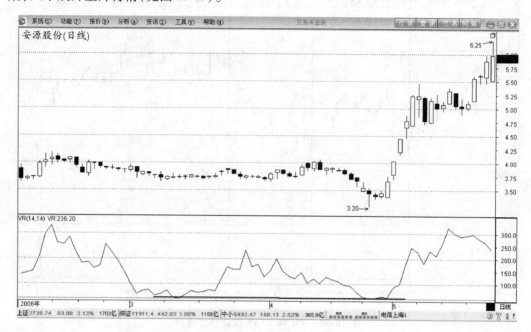

图 10-40 低档 VR 线上升情况

图 10-40 为安源股份(600397)日线图(VR 参数 14)。2006 年 3 月至 4 月搭建完平台后出现向下破位走势，而同期内的 VR 线却由低价区 60% 以内缓慢爬升至 100% 左右。此时，逢低吸纳是很好的操作策略。随后股价一跃而起，连续攻击涨停，在将近一个月左右的时间内股价近乎翻倍。

(5) 必须注意，VR 线在低价区时可信度较高，在高价区时，VR 的数值难做具体定量，需要多参考其他指标。例如在高价区时配合 RSI 强弱指标一起使用，能够对高价区产生更可靠的卖出信号(见图 10-41)。

图 10-41 为大连热电(600719)日线图(VR 和 RSI 参数 14)。A 点(2005 年 11 月 29 日) VR 数值在达到 436% 之后开始下降，股价形成短期高。但结合 RSI 可以看出，此位形成的高点并非中长期头部，因为这个位置的强弱指标的数值才达到 64%，刚刚进入强势。B 点 (2006 年 2 月 8 日)也大致如此，但 C 点(2006 年 5 月 31 日)就要小心了，因为此时 RSI 已达 94%，VR 也上升至 364%。

除了以上能量类指标之处，还有诸如 WVAD(威廉变异离散量)等指标也属此范畴。限于篇幅关系这里就不再一一介绍。

很多人应用指标时只是通过所看到指标的表象机械地进行买卖决策，但对于指标之间的差异、每个指标的开发原理及适用范围都知之甚少。其实不同指标的作用不同、不同个股的股性不同，所以在实战应用中应互相参考各指标的分析结果，以优势互补。

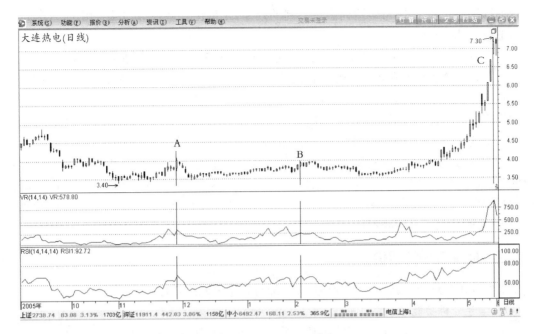

图 10-41　VR 和 RSI 结合运用

第六节　指标叠加

一、指标叠加的功能

指标叠加是现代技术分析者刚刚提出的一种创新方法。其主要出发点有以下两个方面。

1．防止庄家"骗线"

传统技术指标经过长期的推广，已为广大投资者所共知，同时也为庄家找到了一种对付散户的工具。这主要是因为庄家在建仓、洗盘、拉升及出货阶段都要想尽办法迫使散户按自己的意图去操作。有一种简单又有效的方法，那就是通过少量资金控制好股价的位置，以达到间接控制指标公式中具有决定作用因子的数值，从而使指标按庄家自己计划的方向运行。所以就有了诸如指标刚刚金叉随后便又死叉的现象。投资人，尤其略懂技术指标的"技术派"前脚按金叉买进股票，后脚就被套其中。再比如，指标明明形成了"顶背离"，卖出股票后，股价却可能出现大幅度的加速上扬行情。

经过长期的市场考验，有些技术分析人士便有了"自编指标"或"自创指标"的想法，而自编指标受制于自身知识，尤其是数学、编程、电脑操作等诸多方面的限制，绝大多数股民是没有办法完成的。而自创指标或者说将传统指标进行拆解再组合便成为一种新潮的分析方法。

2．优势互补，延伸指标用法

在保持原技术指标分析方法、准确度的同时，再和其他指标进行叠加组合使用，从而使指标进行优势互补,有时可以达到意想不到的效果,延伸出很多指标的另类用法,大大提高了传统指标的准确性。

只有对进行叠加的指标有充分了解,才能够很好地使用叠加后的指标。同时,由于不同指标在图表中的表现形式不同,放大缩小图形,指标会随坐标的不断变化而表现不同。因而,观察叠加指标的时间段就要有所确定,一般我们选取最近九个月的图形作为观察对象,同时将叠加所用各个指标在参数上尽量保持一致,即如果一个用"9",另外叠加指标也最好用"9",只有相同周期才具有可比性,当然也可根据反应快慢的需要,设置大小不同的两个参数。另一方面,在进行指标叠加时,尽量不要使用同样性质的指标,例如,把反映超买超卖状况的两个指标进行叠加,就没有多大意义了。因此,同样是摆动指标,可以选择趋向类的指标,如 MACD、DMI 等,与概率类的指标,如 KDJ、RSI 等进行叠加使用,才能发挥它们相互之间的优势,弥补相互之间的不足。

二、指标叠加的评价

指标叠加后形成的新指标是否有效可以通过以下方式进行评估。

1. 信号分析功能评估

考察叠加后的指标发出的信号功能是否统一,信号在实战中是否具备分析功能。

2. 应用价值评估

通过历史行情对叠加后的指标按照买卖信号操作,统计其成功率和获利率。

3. 模拟操作检验

考察叠加后的指标在股价的后期走势中是否影响或改变原有的对指标叠加成功率的统计结果。

4. 实战应用总结

例如,使用叠加后的指标心得如何,是否能够比原指标的使用效果有所提高等。

三、指标叠加范例

（一）RSI(参数14)与 WR(参数30)的叠加组合

RSI 与 WR 同属概率类指标,本不应进行叠加,以免同义反复。但是,由于 WR 的图形表现形式与 RSI 相反,而且两者的趋势买卖信号都不是很清晰,因此,把二者叠加作为明确的趋势买卖信号使用,不失为一种独到的方法。

1. 修改指标参数

RSI 指标中有两条不同参数的指标线,分别是 RSI(9)和 RSI(14),通过操作把 RSI(9)去掉显示,而保留显示 RSI(14)即可。WR 也同样进行更改,保留 WR(30)这根线。要注意的是,更改后保留的 RSI 和 WR 的指标线必须设置成不同颜色的指标线,以避免叠加后无法区分。

2. 进行指标叠加

指标叠加的方法很简单。如果图形中有 RSI 指标,我们只需要在指标库中选择 WR 指标。将鼠标左键点击 WR,并且按住不放,拖拉至 RSI 指标区域内,松开左键即可完成指标

RSI(14)和 WR(30)的指标叠加。

3. 叠加指标的分析方法

（1）当 RSI 指标自下向上交叉 WR 指标时，此为买入信号。

（2）当 WR 指标自下向上交叉 RSI 指标时，此为卖出信号。

（3）如果 RSI 向上交叉 WR 之后，三天内两条指标线没有有效分开，那么意味着上攻力度较弱或者股价进入了盘局状态，股票后市并不明朗，应当暂时出局观望。

（4）当两指标线的距离比较大时，表明该股不是最好买卖时机。此时我们只能顺势持股或持币，任何建立平仓头寸的行为都显得不是很理智。

（二）RSI（参数10）与 BIAS（参数10）的叠加组合

1. 叠加原理

RSI 相对强势指标是典型的摆动指标，它的最大优点在于能够给出股价"超卖与超买"两个区间，较适用于判断中期以上的底部与顶部。而 BIAS 研究的是股价与均线的远近关系，它的最大优点是捕捉物极必反的两个极端。即快速下跌后的超跌反弹和快速上升后的获利回吐，从某种意义上说判断的是股价的短期底部与顶部。股价的调整先是由小级别的调整进而时间加长，幅度加大而演化成中期甚至更大级别的调整。也就是说，当时看起来是一个短期头部，随着时间的变化可能就成为中长期头部。因此，如果一个高点同时满足短期头部的条件又满足中期顶部的条件，则进一步增强了反转的可信度，就可以在第一时间坚决卖出股票。所以当 RSI 指标达到超买区（80%以上），BIAS 指标进入"上方非常态分布区间"（+5以上），短中期头部同时确立。相同原则当 RSI 指标达到超卖区（20%以下），BIAS 指标达到"下方非常态分布区间"（-5以下），短中期顶部同时确立，此时买入风险值将大大降低。

2. 参数设定及叠加方法

参数设定及叠加方法依照前例进行，只是 RSI 与 BIAS 设置同样参数"10"，并以不同的两种颜色的线条加以区分。在附图（指标窗口）调入 RSI，再将 BIAS 拖至 RSI 线之上操作完成。

3. 叠加指标的分析方法

（1）常规卖点。RSI 在高位运行，BIAS 从下向上快速穿越 RSI 线，头部确立，应当立即卖出股票。此方法显示，两指标线形成交叉的位置越高可信度越强，形成头部的规模也就越大。

（2）主升浪的把握。RSI 以高位运行，BIAS 一直处于 RSI 线之下，未出现上穿动作，说明股价处于稳步上升阶段，坚定持有股票。

（3）常规买点。RSI 在 20 附近或之下运行，BIAS 下穿 RSI 线，说明股价短线下跌迅速加快，可密切关注该股，但此时并不是买点，因为有时股价的下滑速度会超乎寻常。待 BIAS 从 RSI 下方再次穿上来，底部确立，应当立即买进股票。此方法显示，两指标线形成交叉的位置越低可信度越强，形成底部的规模也就越大。或者如果两线同时向下黏合在一起，再次分开之时，便是买入之日。

（4）无效交叉。对于"问题"个股，如连续跌停板跳水的股票，即使出现叠加指标低位的交叉,无论 RSI 数值有多低都不要急于介入,防止"暴跌之后的惯性阴跌"。

(5)底背离的双重验证。当市场或某只个股出现反复下跌之后,经常会出现 BIAS 不下穿 RSI 就启动行情的现象,但这也并不是说叠加指标失去作用。这一点可以利用叠加指标的两条线同时与股价形成的底背离现象购入股票,这比单独某一个指标形成的底背离对市场底部的验证更有说服力。

依以上方法还可以将 OSC 与 EXPMA 叠加,叠加后的指标对于增强持股信心,确认趋势是否改变将有很大帮助。

以上是两组叠加指标的范例,而且这两组范例已经得到部分软件的验证,实战效果比较明显。除此之外,还可以进行(RSI)+(VR)、(DI)+(J)、(BIAS)+(MACD 慢速线)等指标组合,直到找到一种适合自己且准确率高的"独门暗器",这样就能有效地防范庄家利用常规指标形成的"骗线"。

使用拆散组合功能再次强调一点,将图形放大和缩小时叠加指标会产生不一样的表现结果,通过长期观察表明:选取最近九个月的走势图呈现的叠加指标指导意义最强。在弘历软件中先把图形按"+"键放到最大,再点三下"-"键即是最近九个月的 K 线图。同时叠加的指标也不能仅仅只是重复原指标的应用法则,需要对叠加的指标进行功能挖掘和提炼,如交叉、共振、协同和排列等。

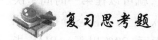

复习思考题

1. 什么是技术指标分析?在运用指标分析时主要考虑哪 6 个方面因素?
2. 移动平均线的作用是什么?
3. 技术指标的参数是否影响技术指标的效果?举例说明。
4. 什么是移动平均线的黄金交叉?什么是移动平均线的死亡交叉?如何指导我们进行操作?举例说明。
5. 什么是技术指标背离?列举可以使用背离手法的技术指标?
6. RSI 反映价格变动哪方面的特征?
7. 价格的大幅度变动对随机指标 KD 和 RSI 的影响有何不同?
8. 什么是技术指标的超买和超卖,有什么指导意义?举例说明。
9. 哪些技术指标只能应用到综合指数,不能应用到个股?
10. 平滑异同平均线 MACD 有哪些买卖信号?举例说明。
11. 布林线 BOLL 指标如何应用?举例说明。
12. 哪些技术指标与成交量有关系?
13. 如何认识技术指标对实际买卖行动的指导作用?
14. 当技术指标发生误判的时候,应该做哪些工作进行改进?
15. 技术指标叠加有什么作用?举例说明。

第三篇
金融投资投资者行为分析技术与技巧

第十一章　投资心理分析技术与技巧

【本章导读】

> 通过本章的学习,了解金融市场各种市场异象与投资心理的相互联系,了解现代标准金融理论框架分析金融行为的局限性以及近年发展起来的行为金融理论的作用。掌握认知心理偏差对投资决策的影响情况及过程,掌握认知心理偏差所导致的个体投资者的各种投资心理的表现形式,如过度自信、过度反应、后悔厌恶、自我控制等及相应的投资心理,掌握认知心理偏差所导致的群体投资者的从众行为及羊群效应。

经济学与理性严谨似乎有着与生俱来的紧密关系,建立在理性基础之上的一系列严格的理论假设成为主流经济学的基石,并统领着经济学科的各个分支。例如,建立在理性人假设和有效市场假设基础之上的现代金融学形成了由资产组合理论、资本资产定价模型、套利定价模型、期权定价理论等经典理论组成的现代标准金融理论框架,一切都近乎完美。

然而,自20世纪80年代以来,诸如规模效应、小公司效应、一月效应、周末效应、期权微笑、反应不足、过度反应、股权风险溢价之谜等金融市场异常现象(即市场异象)的大量出现,使得人们对于建立在理性人假设和有效市场假设基础之上的现代金融学产生了质疑。

金融市场上诸多市场异常现象难以用现代金融学合理解释,现代金融学在解释一些金融现象时碰到了困难。以美国普林斯顿大学的丹尼尔·卡恩曼(Daniel Kahneman)和美国乔治·梅森大学的维农·史密斯(Vernon L. Smith)为代表,结合经济学和心理学理论对人们的决策行为进行研究,主要分析人的心理、行为以及情绪对人的金融决策、金融产品的价格以及金融市场发展趋势,同时采用了大量实验的方法,对人的行为进行定量分析。这些以经济学和心理学理论来研究金融市场现象的学科,目前已被确立为行为金融学科学。

行为金融学认为每一个现实的投资者都不是完整意义上的"理性人",其行为决策不仅受制于外部环境,更会受到自身固有的各种认知偏差的影响,一些以前成功或失败的经历将影响今后的决策。

而投资界有一句人人皆知的名言:投资者总是被两种情绪困扰——恐惧和贪婪。巴菲特说:"别人恐惧时你贪婪,别人贪婪时你恐惧"。做过投资,特别是波动大的股票投资或期货投资的人都知道,这两种情绪就像魔鬼一样总是跟着投资者,影响其理性决策。心理因素对于投资的影响,在于人们在作出投资决策时,一方面需要克服自身的心理弱点,才能作出正确的决策,用一句人们常用的话来讲,叫做"战胜自我";另一方面,投资者还需要了解其他投资者的心理,方能赢得利益的博弈,从而"战胜他人"。投资是既需要战胜自我,也需要战胜他人的博弈,因此了解自己和他人常犯的心理偏差,是十分重要的。

行为金融学、投资心理学表明现代金融学不能解释金融市场的异象,投资决策不仅仅是只需依靠现代金融学可以实现的。心理偏差、心理因素影响投资决策、影响投资行为,因此从经济学、心理学结合角度分析投资心理、投资行为的互动关系,是更好地进行投资决策的需要。

第一节 投资决策的认知心理偏差

传统的投资学的观点认为投资者的心理并非影响投资者作出正确决策的因素之一,因此传统的投资学主要侧重于发展及完善投资工具,使投资者能够借助这些工具让自己的预期收益率和风险达到最优化。而投资心理学及行为金融理论将投资学与心理学结合起来,用心理学分析人的投资决策行为,从一定程度上解释了很多市场异象行为。

一、投资决策的心理学

早在二百多年前,亚当·斯密(Adam Smith)提出"经济人"的原始意义,认为经济个体是追求效用最大化的理性人,个体行为也是基于理性心理的结果。传统意义上的经济学正是建立在理性人假设的基础上,描述了不确定条件下的个体偏好与决策行为。直到 20 世纪初,才有了关于非理性的研究,从心理学的角度透视个体行为的非理性或者有限理性,这为后来行为经济学的发展奠定了基础。

1902 年,法国心理学家 Tarde 出版了《经济心理学》一书,书中强调了经济现象的主观方面,并提出了主观价值论和心理预期的观点,标志着经济心理学的诞生。经济心理学是关于经济心理与行为研究的学科,它强调经济个体的非理性方面具有极其重要的影响。其后,1942 年 Reynaud 在其著作《政治经济学和实验经济学》中提出,人的行为并不严格合乎逻辑,而往往存在非理性的因素。被誉为美国经济心理学之父的卡托纳(Katona)在 20 世纪 50、60 年代,通过对消费者心理的研究后指出,消费者动机、倾向和期望是影响周期性经济变动的重要因素,并提出了消费感情指标(CSI)这一心理预期指标。而到 1975 年,卡托纳的《心理经济学》的出版使得经济心理学开始成为一门科学,被越来越多的经济学家所重视。

现代金融学在继承了传统经济学的分析假设与研究方法,在理性人和有效市场两大基本假定的基础上,建立了现代金融学完整的理论体系,其研究范式与模型同样局限在"理性"的分析框架中,忽视了对微观个体实际决策行为的心理分析。经济学家在研究心理对行为的影响的基础上,使经济学与心理学相结合,形成跨学科的投资心理学与行为金融学。

20 世纪 90 年代迅速发展起来的行为金融学利用了与投资者信念、偏好以及决策相关的认知心理学,突破了现代金融理论只注重理性投资决策模型对证券市场投资者实际决策进行简单测度的范式,以"非理性或者有限理性"的投资者实际决策心理为出发点,研究投资者的投资决策行为规律。

行为金融学以源于心理学、社会学、人类学的行为理论为基本分析工具,视野更加开阔,对金融行为理性与否的定性既涉及偏好的形成过程,也涉及决策和判断的形成过程。

首先,它对偏好的典型特征进行了更接近实际的描述。这些特征包括:①人们常常更关注一个行动后果与某一参照点的相对差异,而对这一后果本身的绝对水平并不敏感。②损失比收益更令人关注。③人们的敏感性呈递减的趋势,在货币收入不确定的条件下,效用函数对财富变动量的斜率将随财富变动量的增大而趋于平坦。④纯粹的利己并不能完全解释人类的动机,人们同时还具有社会动机和公平意识。⑤人们并不一定都拥有稳定的、定义良好的偏好,偏好是在进行选择和判断的过程中体现出来的,而这一过程特定的背景和程序会对偏好产生影响。

其次,在决策和判断过程中,行为金融学认为,人们依据经验规则所作的直观判断虽然能简化复杂的决策过程,但其行为模式会受到心理因素的影响而发生偏差,并且这种心理因素又会随着外界环境的变化而发生着微妙的变化,尤其是金融市场面对着更多的不确定性的时候。所以,由于环境的不确定性引发投资者的心理变化,再通过人类特有的认知方式的传导过程,使得投资者产生了包括过度自信、过度反应、后悔厌恶等认知偏差,这种行为模式会产生严重的系统性错误,从而导致判断偏离理性。

二、认知心理偏差与投资心理

人类是如何认识世界、理解世界的呢?美国心理学家 E. Aronson 在其著作《社会性动物》(The Social Animal)中指出,人类大脑"不尽完美之处如同它们奇妙之处一样多,这种不完美的结果就是,许多人们自以为最终能搞清楚的事情也许并不正确"。现代认知心理学的基本观点是把人看成信息传递和信息加工系统,它研究人的高级心理过程,主要包括直觉、记忆、言语、思维等,即通常所谓的认识过程。认知心理学家将人们的认知过程看成是人脑的信息处理过程,该过程包括了 4 个主要环节,即信息获取、信息加工、信息输出和信息反馈,这些环节均受到决策环境和行动后果的影响。在认知与决策过程中,人类的行为是否理性呢?认知心理学的早期观点认为,人是完全理性的,每个人尽力做到不犯错误,坚持正确的观点和信念。但后来的学者认为人类的理性思考需要具备两个前提条件:①人们能够获取准确、有用的信息;②人们拥有无限的、可用于加工生活数据的资源。事实上,日常生活中并不具备这些条件。S. T. Fiskehe 和 S. E. Taylor 研究指出人类是"认知吝啬者",即人们总是在尽力节省认知的能量。由于人们有限的信息加工能力和"认知吝啬",通常采用复杂问题简单化的方法处理问题:①通过忽略一部分信息以减少认知负担;②过度使用某些信息避免寻找更多的信息;③接受一个不尽完美的选择。这样的处理方式很容易产生认知过程中的偏差,从而形成了人们"非理性"的行为选择。

人们在认知和决策时简化信息过程的"认知吝啬"产生了认知上的偏差,这些偏差存在于大脑处理信息的各个阶段,在各个阶段的认知偏差会导致人们在投资决策时表现出不同的心理状况和不同的投资行为。

(一) 信息获取阶段的认知偏差

信息的获取来源主要有两个,其一是记忆,另外一个是当前的工作环境。这个阶段的问题是在众多的信息源中识别有用信息,获取所需信息。

1. 记忆方面出现的偏差

记忆方面出现的偏差最具有代表性的是记忆偏误。人们在获取信息的过程中,往往对容易记起来的事情更加关注,主观认为其发生的可能性更大,例如具体的事情比抽象概念容易记住,因此给人的印象更深刻。Kahneman 和 Tversky 研究了根据想起一个例子来评价某个事情发生的可能性问题,发现该方法存在严重的回忆偏向和搜索偏向,即人们往往寻求脑海中的记忆来对客观事情进行主观臆断。

2. 工作环境方面产生的偏差

心理学研究表明,在人们获取信息的过程中,常常会将信息按照一定的次序排列。有时人们会给予排列中优先信息以优势地位(称为首因效应),有时则会赋予后序信息以更大的权重(称为近因效应),这两者统称为次序效应。正是次序效应的存在,可能产生认知偏差,从而影响人们的决策行为。

(二) 信息加工阶段的认知偏差

信息加工反映的是人们对事物或问题进行求解的过程与方式。在经济学理论中,一般把人们对不确定条件下各种未知变量的认知进行假定从而了解其概率分布,而具体到决策过程,则认为个体所遵循的基本法则是贝叶斯法则。贝叶斯法则是人们根据新的信息从先验概率得到后验概率的方法。贝叶斯法则对于决策理论非常重要,因为它假定了个体理性在不确定条件下的动态特征,即持续调整与学习过程,该思想在预期效用理论中得到充分强调。因此,预期效用的最大化亦被称之为贝叶斯理性。

那么,人类决策过程或者说信息加工方式是否真的遵循贝叶斯理性法则呢?事实上,人类的信息加工过程并不如贝叶斯法则那样有理性,而是存在着种种的偏差。

1. 简化信息处理过程所导致的认知偏差(启发式偏差)

人们风险决策过程是一个重要的思维活动过程。思维作为认知心理学研究的一个课题,是通过判断、抽象、推理、想象和问题解决这些心理属性相互作用而进行信息转换,形成一种新的心理表征的过程。思维在思想过程的三要素(包括思维、概念形成、问题解决)中范围最广,并具有综合而不是孤立的特性,而问题的解决只能借助思维来实现。总的来说,人们所采用的问题解决策略可分为算法和启发法两类。一般认为,人类解决问题,特别是解决复杂问题时,主要应用启发法。启发法也称为启发式或启发式策略,是凭借经验解决问题的办法,是一种思考上的捷径,也称为经验法则或拇指法则。

Aronson 研究显示至少存在四种情况可能导致人们使用启发式,而不是理性思考。由于人们是认知吝啬者,以下情况更容易使用启发式:①当人们没有时间认真思考某个问题时;②当人们负载的信息过多而无法充分地对其加工处理时;③当人们手中的问题不十分重要,以至于不必要深思熟虑时;④当人们缺乏作出决策所需的可靠的知识和信息时。

启发式主要有三种,分别是代表性启发法、可得性启发法、锚定与调整启发法。这三种方法既可能得出正确的推理结果,也有可能得出错误的结论。错误的结论以心理偏差的形式表现出来,这就是所谓的启发式偏差。

2. 情绪和情感的影响

（1）心情

心情影响是指人的情绪对人的判断的影响。好心情的人们会自主偏向于积极的态度,并乐于付诸行动;而坏心情使人回忆事物消极的一面,并导致消极的预期。一项研究表明,股市每日的交易量和阳光量有着明显的统计相关关系。因此,当人们处于不同的心情时,对同一项投资作出的决策很可能是不同的。众所周知,人的情绪是相当不稳定和易变的,在现代社会这种快节奏的生活状态下,生活和工作上的各种压力会影响我们的心情,甚至环境天气也或多或少地对投资者当时心境产生影响,从而导致其有限理性。并且在金融市场这种高度紧张刺激的场合下,投资者的情绪更会随着市场的冲高或回落而不断涨落。也就是说,投资者的情绪比一般人更加不稳定,更容易走极端。

（2）自我控制

自我控制指的是控制情绪。当存在自我控制问题时,个人无法依据理性来作决策。自我控制描述了人的心理作用于判断的强制性过程,破坏了判断的理性过程,容易导致最终的认知偏差和行为的非理性。

3. 对信息描述方式的反应

人们对信息描述方式所表现的认知偏差集中体现为框定偏差,即人们的判断与决策依赖于所面临问题的形式,尽管问题的本质相同,但因形式的不同也会导致人们作出不同的决策。由于人们对事物的认知和判断过程中存在着对背景的依赖,那么事物的表面形式会影响对事物的本质看法,这就是框定依赖偏差的由来。由于这种偏差,使得人们未必能作出正确的决策,因为这些判断本身是有缺陷的。框定依赖体现了人们的有限理性,同一个选择的不同表达方式可能会引导我们关注问题的不同方面,致使人们在寻找真实的或者潜在的偏好时犯错误。

4. 对新信息的态度

（1）反应过度和反应不足

对信息的反应方式一直是行为金融学研究的重点,其中反应过度和反应不足是两种主要的类型,描述的是投资者对信息理解和反应上会出现非理性偏差,由此产生对信息权衡偏离正常水平,从而对近期趋势的外推导致与长期均值不一致的现象。

Rusell J. Fuller 归纳了投资者基于新信息对未来事件的预期的行为分布,得出结论:虽然有 80% 的投资者能够对信息作出正确的反应,但却往往分别有 10% 左右的投资者反应过度或者反应不足。

反应过度是投资者对信息的理解和反应上会出现非理性偏差,从而出现对信息权衡过重、行为过激的现象。其表现在于个体投资者过于重视新的信息而忽略旧的信息,即使后者更具有广泛性。他们在市场行情上升时变得过于乐观而在市场行情下跌时变得过于悲观,正是由于投资者对于信息的过于重视,造成股价在利空信息下过度下跌,而在利好信息下过度上涨。

反应不足是人们对信息反应不准确的另一种形式,也可称为"保守主义",它是人们思想一般存在着惰性,不愿意改变个人原有的信念,因此当面临新信息的时候,人们对原有信念的修正往往不足,特别是当新的数据并非显而易见时,人们不会给予足够的重视。反应不足表现为人们过于重视先验概率,而忽视了条件概率,不能按照贝叶斯法则修正自己的信念。与个体投资者对新信息反应过度相反的是,职业经理人以及证券分析师们更多地表现为反应不足,这些人群往往对证券市场有很深的研究,但正因为如此,他们对自己的判断比较自信,不会轻易改变自己的决策,从而对新信息反应不足。

（2）隔离效应

隔离效应是人们愿意等待直到信息披露再做出决策的倾向,即该信息对于决策并不重要,或即使他们在不考虑所披露的信息时也能做出同样的决策。

（三）信息输出阶段的认知偏差

心理学研究表明,在信息的处理阶段,人们会产生各种错觉,常见的有所谓的"如意算盘"或"一厢情愿",这是指人们如果偏好某种结果,就往往感到事件正在按照他们自己的意愿进行,人们在很多场合下对自己的能力以及未来的前景预期表现得过于乐观。另一种比较普遍的现象就是过度自信,大量的实验观察和实证研究发现,人们经常过于相信自己判断的正确性,高估自己成功的机会,把成功归功于自己的能力,而低估运气和机会在其中的作用,这种认知偏差也是过度自信。过度自信对于投资者处理信息有很大的影响。其直接影响是,如果投资者过度自信,那么他们就会过分依赖自己收集到的信息而轻视公司会计报表的信息。其间接影响是过度自信会使得投资者在过滤各种信息时,注重那些能够增强他们自信心的信息,而忽视那些明显伤害他们自信心的信息。

（四）信息反馈阶段的认知偏差

通过认识过程中信息的获取、加工和输出阶段后,最终判断结果的信息要反馈到人脑,这种反馈信息会增加或减弱对事物原有的认识程度。具体而言,信息反馈阶段的认知偏差主要有后见之明、后悔厌恶、损失厌恶、认知失调、确认偏误、自我归因和处置效应等。

三、心理偏差对投资决策的影响

Kahneman从认知心理学的角度描述了人们的决策过程"在有风险和无风险两种情况下,我们对影响决策的认知因素和心理因素进行讨论,价值的'心理物理学'效应导致人们在盈利时厌恶风险,而在亏损时追求风险。心理物理学效应导致人们过分偏好确定性事件和不可能事件,不像理性选择那样具有恒定的标准,决策问题因为不同的描述和框定而产生不同的偏好。"因此,当面对不确定情况的时候,人们的判断和决策往往受到心理因素的影响而产生认知偏差,从而作出相应的决策和判断。

在金融市场上,人们进行投资决策时也同样受到心理因素的影响,其投资行为模式也会因为心理因素、认知偏差而发生行为偏差,并且心理认知偏差又会随着外界环境的变化而发生着微妙变化,尤其是投资过程中面对不确定性的时候,投资行为的非理性偏差更为明显。因此,由于认知偏差的影响,人们在进行投资决策时经常会表现为非理性的投资行为。

第二节 心理偏差与投资心理的表现形式

由于投资环境的不确定性引发投资者的心理变化,再通过人类特有的认知方式的传导过程,使得投资者产生了包括过度自信、过度反应、后悔厌恶、自我控制等认知偏差,这些不同的认知心理偏差导致人们在进行投资决策时,表现出不同的投资心理与投资行为。

一、过度自信与投资心理

过度自信理论是指由于受到诸如信念、情绪、偏见和感觉等主观心理因素的影响,人们常常过度相信自己的判断能力,高估自己成功的概率和私人信息的准确性。

大量认知心理学的文献认为,人是过度自信的,尤其对自身知识的准确性过度自信,人们系统性地低估某类信息并高估其他信息。Gervaris、Heaton 和 Odean 将过度自信定义为,认为自己知识的准确性比事实中的准确程度更高的一种信念,即对自己的信息赋予的权重大于事实上的权重。Frank 发现人们过度估计了其完成任务的能力,并且这种过度估计随着个人在任务中的重要性而增强,人们对未来事件有不切实际的乐观主义。Kunda 发现人们期望好事情发生在自己身上的概率高于发生在别人身上的概率,甚至对于纯粹的随机事件有不切实际的乐观主义。人们会有不切实际的积极自我评价,往往认为自己的能力、前途等会比其他人更好。过度自信的人往往有事后聪明的特点,夸大自己预测的准确性,尤其在他们期望一种结果,而这种结果确实发生时,往往会过度估计自己在产生这种合意结果中的作用。Daniel、Hirshleifer 和 Subrahmanyam 认为成功者会将自己的成功归因于自己知识的准确性和个人能力,这种自我归因偏差会使成功者过度自信。

过度自信主要表现为以下三方面的心理特征:一是觉得自己"高人一筹",即在面对某一具体问题时,人们总是趋向于认为自己的智慧、判断和能力高于其他人。这一心理特征使人们往往将成功归于自己的行为,而把失败归咎于不好的运气,即所谓的"自我归因"现象。二是人们过高估计高概率事件的发生概率,而过低估计概率事件发生的概率。人们对事件发生概率的估计经常走向极端,对于那些他们认为应该发生或不应该发生事件的可能性,不是估计过高,就是估计过低。三是人们用于估计数值的置信区间(指随机变量在一定概率下所在的数值范围)过于狭窄。

过度自信作为一种人的心理上的认知偏差,其有以下几方面的原因。

第一,知识幻觉会导致过度自信。知识幻觉指的是人们通常会相信,随着信息量的增加,他们对某种信息的认识也会增强,从而会改进他们的决策。然而事实并非如此。比如,如果你掷一枚均匀分布的骰子,你认为哪个数字会出现?显然,你可以选择 1 到 6 中的任何一个数字,每个数字都有 1/6 的机会。现在,如果前三次掷出的骰子都是数字 1,那么再掷一次会出现哪一个数字。许多人会认为数字 1 可能会有更大的机会,也就是其概率要超过 1/6,也有可能很多人认为数字 1 再出现的可能性要低一些。事实上,数字 1 出现的概率仍然是 1/6。很多人都认为他们预测的准确性高一些,新的信息使人们对自己的预测更加自信。

第二,控制幻觉也会使人们过度自信。控制幻觉是指人们经常会相信他们对某件无法控制的事件有影响力,造成这种幻觉的主要因素包括过去的结果、任务的熟悉程度、获得大量的信息等。投资者经常会受到这些因素的影响,从而产生控制幻觉。一般而言,投资者的自信心会随着公开信息与自有信息的一致而不断地增强。在投资的整个生涯中,随着投资经验的增加,过度自信的程度也会增加。

第三,证实偏见也是导致过度自信的原因之一。人们只关注与自己的观点相一致的证据,而不关注也不收集和自己的观点相抵触的证据,这种行为就是证实偏见,即人们总是倾向于寻找和自己一致的意见和证据。这种行为的后果导致了过度自信,因为人们只看到了对自己有利的信息,就非常乐观地相信自己的判断,越来越觉得自己的判断是对的,并不知道真相到底是什么。

第四,生理上的原因也会导致过度自信。例如,一次成功会使得人身心舒畅而产生一种优越感,在这种优越感的促使下,会表现得过度自信。这种优越感不仅是认知上的一种心理状态,也具有生理基础,即人的身体受到强烈的情感刺激后,会产生肾上腺素,肾上腺素会让人感到喜悦兴奋,从而导致过度自信。

二、心理账户与投资心理

在投资心理学领域,美国芝加哥大学教授查德·塞勒(Richard Thaler)将传统金融理论意义上的投资者、消费者与现实生活中受到诸多心理因素影响的消费者、投资者的投资、消费决策进行比较,提出了"心理账户"概念。他认为在现实生活中,普通人在进行消费与投资决策时,往往并不能对复杂事态的全局给予周到全面的通盘考虑,而是在心理上无意识地把一项决策分成几个部分,即几个心理账户来看待。同时,对于每个不同的心理账户,投资者往往会有不同的看法,作出不同的、有时甚至是自相矛盾的决策。

比如,假如投资者买股票的钱是辛苦工作赚来的,心理上便会更为在意;但如果是另外投资所得,或是意外所得,就会觉得损失了也没什么大不了。同样金额的一笔钱,因为来源的不同,投资者在作出投资决策时的心理分析就会不一样。

比如,如果今天晚上你打算去听一场音乐会,票价是 200 元,在你马上要出发的时候,你发现把最近买的价值 200 元的电话卡弄丢了。你是否还会去听这场音乐会? 实验表明,大部分的回答者仍旧去听。可是如果情况变一下,假设你昨天花了 200 元钱买了一张今天晚上的音乐会门票。在你马上要出发的时候,突然发现你把门票弄丢了。如果你想要听音乐会,就必须再花 200 元钱买张门票,你是否还会去听? 结果却是,大部分人回答说不去了。

可仔细想一想,上面这两个回答其实是自相矛盾的。不管丢的是电话卡还是音乐会门票,总之是丢失了价值 200 元的东西,从损失的金钱上看,并没有区别。之所以出现上面两种不同的结果,其原因就是大多数人的心理账户问题。人们在脑海中,把电话卡和音乐会门票归到了不同的账户中,所以丢失了电话卡不会影响音乐会所在的账户的预算和支出,大部分人仍旧选择去听音乐会。但是丢了的音乐会门票和后来需要再买的门票都被归入了同一个账户,所以看上去就好像要花 400 元听一场音乐会了。人们当然觉得这样不划算了。

又如,某咨询公司在美国证券市场上对近 5000 名投资者所进行的一项随机调查结果显示：约76.3%的投资者承认，他们更加愿意消费平日靠工作赚来的钱，而不是股票的现金股利分红。对于后者，他们更加愿意继续投资在股市中。这项调查结果也证实了一种新兴的理论，即"行为生命周期理论"。该理论认为，人们一般会根据生命周期中的不同财富的来源与形式，将其收入分为三类，分别为：现有的可支配收入、现有的资产以及未来的收入。而在这三种不同的心理账户中，个体花费每一边际单位货币的消费倾向是不同的，其中现有的收入是最容易被消费的，即现有收入的特征是具有最高的消费倾向，其次是现有资产，最后才是未来收入。从心理账户效应的角度来分析，这是因为现有的支配收入的消费诱惑力最大，随之而来的因不消费而转为储蓄的心理成本也会最大；现有资产消费的诱惑力与将其储蓄的心理成本居中；而未来收入最小。不同心理账户的资金对于消费者的诱惑力及将其储蓄的心理成本是不同的，这也导致调查中投资者对于工作所得与红利所得的处理方式不一样，消费红利（作为资产）的倾向要低于消费现有收入的倾向。

在我们日常生活中，经常存在两个账户，一个是经济学账户，一个是心理账户。心理账户的存在影响着我们的消费决策；经济学账户里，每一块钱是可以替代的，只要绝对量相同。在心理账户里，对每一块钱并不是一视同仁，而是视不同来处，去往何处采取不同的态度。心理账户有三种情形，一是将各期的收入或者各种不同方式的收入分在不同的账户中，不能相互填补；二是将不同来源的收入做不同的消费倾向；第三种情形是用不同的态度来对待不同数量的收入。

德布朗特（De Bondt）和华纳（F. M. Werner）根据心理账户的相关定义，指出投资者通常会按照资金的用途而将其分别归类：一些属于流通资产，如现金、支票账户；一些资金归类于流动财富，如股票、债券、证券投资基金；另一些则属于家庭产权以及未来收益，比如个人退休金账户、养老保险等。

三、禀赋效应与投资心理

禀赋效应是指人们一旦拥有了某个物品，就会高估该物品的价值。换句话说，一旦人们对某个物品的财产权确立了，人们就会赋予该物品更高的价值。禀赋效应的直接表现就是人们为了买入一件商品所愿意支付的最高价格和放弃该商品所愿意接受的最低价格之间存在很大的差距，前者明显低于后者。因此在商品市场上，对于同样的物品，要该物品的所有者放弃该物品而愿意接受的最低价格总是高于他们为了买入该商品所愿意支付的最高价格。

比如，Hammaek 和 Brown 于 1971 年做过一次实验，发现捕猎野鸭者愿意平均每人支付 247 美元的费用以维持适合野鸭生存的湿地环境，但若要他们放弃在这块湿地捕猎野鸭，他们要求的赔偿却高达平均每人 1044 美元。禀赋效应的存在会导致买卖双方的心理价格出现偏差，从而影响市场效率。

Kabneman、Knestscb 和 Tbaler 在 1990 年做的以下试验可以很好地观察禀赋效应的影响程度。参加试验的是 44 名大学生，随机抽取其中的一半人，给他们一张代币券和一份说明书，说明书上写明他们拥有的代币券价值为 X 美元（X 的价值因人而异），试验结束后即可兑付，代币券可以交易，其买卖价格将由交易情况决定。让卖者（得到代币券的学生）从 0 到

8.75 美元中选择愿意出售的价格。同样,也为没有得到代币券的那一半学生指定因人而异的价值,并询问他们愿意为购买一张代币券支付的价格。之后试验者会收集他们的价格,立刻计算出市场出清价及能够交易的数量,并及时公布。参加试验的学生可以按填写的价格进行真实的交易。这个试验反复进行三次。

三轮代币券交易之后,先后用杯子和钢笔代替代币券进行实物交易的试验。交易规则不变,并反复进行多次。

显然,代币券和消费品市场的交易情况大不一样。在代币券市场,买卖双方的预期价格是大致相同的。综合三次试验来看,实际成交量与期望成交量的比是 1.0。与之相对应的是,在杯子和钢笔市场上,报出的卖价的中间值可达到买价的两倍多,杯子市场的实际成交量与期望成交量的比率仅为 0.20,钢笔市场为 0.41。即使交易反复进行,这两个消费品市场的成交量也没有增加,表明参加试验者并没有学会达成一致的买卖价格以增进市场效率。

与之形成鲜明对比的是,在代币券市场的交易中,根本就没有交易不足的现象。这是为什么呢? 我们可以比较代币券和消费品的不同之处:代币券的价值是事先确定的,非常精确。而人们对消费品的偏好则可能会使其价值变得含糊,也就是说,消费者难以对一件商品确定一个唯一的货币价格。因此,当购买者购买商品是为了以更高的价格转手卖出,而不是自己使用时,其对损失和盈利有明确的衡量,就不会有禀赋效应,如购买股票。

以上的试验直观地证明了禀赋效应的存在:一旦人们得到可供自己消费的某物品,人们对该物品赋予的价值就会显著增长。这种非理性的行为常常会导致市场效率的降低,而且这种现象并不会随着交易者交易经验的增加而消除。

我们可以从以下这个例子进一步说明禀赋效应。如有一家化工厂离居民区很近,这家工厂生产时排放的废气影响到了周围居民的健康。如何解决这个问题呢? 按照科斯定理,可以用明晰产权的方法来解决外部性问题,而产权如何分配是无关紧要的。也就是说,法律可以将产权给予工厂,即赋予它污染环境的权力,此时居民为了换取洁净的空气必须向工厂支付一定费用。而反之,如果把产权给居民,即赋予居民享受清洁空气的权力,那么工厂就必须为污染环境支付给居民一定费用作为补偿。通过两者的讨价还价,最终会有一个有效的解决方案,而这个方案的结果与产权最初归谁是没有关系的。

但如果考虑到禀赋效应,问题就不会这么简单了,因为产权的拥有方倾向于把产权的价值看得更重,放弃产权所需要的补偿会很多。在此例中,如果把产权赋予居民,设居民向工厂索要的补偿为 P_1,如果把产权判给工厂,设居民愿意支付给工厂的费用为 P_2,由于存在禀赋效应,$P_1 > P_2$。同样,工厂在获得污染环境权力的情况下,向居民要求的补偿,会比为获得产权愿意支付的多。产权的买方和卖方的期望价格就可能会相差很远,类似前文中的试验描述的情况,即使不考虑其他的交易成本,谈判也很可能破裂,前文的试验已经表明了市场效率的低下。一旦谈判不成功,资源配置就没有像科斯定理期待的那样实现最优化,产权的最终分配结果就完全依赖于最初的分配方案。科斯定理显然没有考虑到禀赋效应对产权交易的影响。

四、后悔厌恶与投资心理

后悔是没有作出正确决策时的情绪体验,是认识到一个人本该做得更好而感到痛苦。

后悔比受到损失更加痛苦,因为这种痛苦让人觉得要为损失承担责任。后悔厌恶是指当人们作出错误的决策时,对自己的行为感到痛苦。为了避免后悔,人们常常作出一些非理性行为。

后悔厌恶理论由Thaler(1982)首先提出,后经Loomes和Sugden(1982)、Kahneman和Tversky(1982)等发展形成。它指在不确定条件下,投资者在作出决策时要把现实情形和他们遇到的不同选择的情形进行对比,如果个体认识到不同的选择会使他们处于更好的境地,他就会因为自己作出了错误的决定而自责不已,这种情绪就是后悔;相反,如果从现实选择中得到了更好的结果,他就会有一种欣喜的感觉。后悔厌恶理论的核心主要是:

(1)胁迫情形下采取行动所引起的后悔比非胁迫情形下的后悔要轻微。

(2)没有采取行动引起的后悔比作出了错误行动引起的后悔要轻微。

(3)个体需要对行动的最终结果承担责任情形下引起的后悔比无须承担责任情形下的后悔要强烈。

比如,假设你想买入一只新股,但手头的现金不足,因此必须出售你所持有的部分股票以筹钱买进新股。这时,你可以出售你所持有的两只股票A、B中的任意一只。自买入以来,股票A已经盈利20%,但股票B却已亏损了20%。你会出售哪一只股票呢?

如果你出售股票A再买进新股,就表明你认为原先买入股票A的决定是明智的。这会让你觉得自豪,因为你确定自己已经获得了收益。如果你亏本出售股票B,就表明你意识到自己原先买入股票B的决定是错误的。一般而言,大部分投资者会选择出售盈利的股票A,因为出售股票A的行为可以引发自豪情绪,避免产生懊悔情绪。

又比如,以买彩票为例,假设你在连续的几个月里,每月都是坚持买同样的一组号码,但至今仍未中奖,这是很正常的。这时,你的一位朋友建议你选另一组号码,那么你会改选新的号码吗?

显然,旧号码与新号码的中奖概率相同。在这个例子里,存在两种导致懊悔心理的可能性。一种情况是,你坚持买旧号码但新号码中奖了,这可以称为"不作为的懊悔";另一种情况是,你买了新号码但旧号码却中奖了,这种被称为"作为的懊悔"。那么哪一种懊悔让人更痛苦呢?可能是转而买新号码的行为使人更痛苦,因为你对旧号码有大量的感情投资,毕竟它是你已经坚持买了几个月的号码。一般来说,"作为的懊悔"比"不作为的懊悔"更让人痛苦。投资者通常后悔采取了的行动,却很少后悔没有采取的行动。

五、框定偏差与投资心理

人们对不确定事件进行认知和判断时,事件的表面形式会影响人们对事件本质的看法。事件的表面形式被用来描述决策问题时,就称之为"框定"。"框定独立"指问题的形式与人们的判断和行为无关。如果框定是透明的,那么人们可以通过不同的方法看到事物是如何被描述的,然而许多框定不是透明的,而是隐晦难懂的。当一个人通过不是透明的框定来看问题时,他的判断与决策会在很大程度上取决于问题所表现出来的特殊的框定,这就是所谓的"框定依赖"。而由框定依赖所导致的认知和判断的偏差即为"框定偏差",它是指人们的判断与决策依赖于所面临的决策问题的形式,即尽管问题的本质相同但因形式的不同也会导致人们作出不同的决策。

Kahneman 和 Tversky 对此作了一个实验。一位将军在敌人优势兵力的威胁下,处于进退两难的境地。他的情报官员说:除非他带领士兵沿两条可行的路线之一撤出,否则他们会遭到伏击,600 名士兵将全部被歼灭。如果走第一条路线,200 名士兵可以得救;如果走第二条路线,有 1/3 的士兵可能获救,但有 2/3 的士兵可能全部遇难。假设你就是这位将军,你应该选择哪条路线?

绝大多数人选择走第一条路线。理由是:保全能保全的生命,比冒造成更大损失的风险要好。但是,关于下面这种情形,又该如何选择?

如果这位将军依然是面临两条路线:如果走第一条路线,将有 400 名士兵遇难;如果走第二条路线,有 1/3 的士兵可能无一遇难,有 2/3 的士兵可能全部遇难。假设你就是这位将军,你应该选择哪条路线?

在这种情况下,绝大多数人选择第二条路线。因为走第一条路线,肯定要有 400 人死亡,而走第二条路线,至少有 1/3 的可能性士兵可以全部保全。

关于这两个问题,绝大多数被测试者得出了截然相反的结论,这个事实有点让人吃惊。但是只要粗略地考察一下就可以看出,这两个问题的实质是一样的。仅有的差别是:第一个问题是从保全士兵生命的角度提出来的,第二个问题是从丧失生命的角度提出来的。Kahneman 和 Tversky 发现,这种对于理性认识的偏离,是经常出现的,可以预见的是头脑在衡量各种复杂的可能性时走捷径的结果,对同一事物的不同理解产生的框定干扰了人们的决策,从而出现"框定偏差"。

"货币错觉"是框定效应的一个很好的例子。Kahneman 等通过调查发现,人们在评估工资、价格水平等财富数字时,对名义金额的关注超过了对实际金额的关注。例如,在名义工资上涨 6%,而同期通胀率为 12% 的情况下,人们的不适感要小于工资水平下降 6%,而同期通胀率为 0 的情况。一般来说,人们对实际和名义工资水平同时下降的反应远大于名义工资水平上升而实际水平下降的情况。

框定依赖认为人们对事物的认知和判断过程存在对背景的依赖,这种背景依赖表现为决策者决策并不是孤立地依靠知觉和记忆素材,他们会根据过去的经验以及素材发生的背景来解释新的信息。在不同的情形下,不同的刺激物可能会产生不同的感知。在判断和决策的领域中,背景依赖主要表现为首因效应、近因效应、对比效应、晕轮效应和稀释效应五种形式。

首因效应,也称为第一印象作用,或先入为主效应。第一印象作用最强,持续的时间也长,比以后得到的信息对于事物整个印象产生的作用更强。首因,是指首次认知客体而在脑中留下的"第一印象",通过"第一印象"最先输入的信息对客体以后的认知产生的影响作用,是首因效应的具体表现。

有这样一个故事:一个新闻系的毕业生正急于寻找工作。一天,他到某报社对总编说:"你们需要一个编辑吗?""不需要!""那么记者呢?""不需要!""那么排字工人、校对呢?""不,我们现在什么空缺也没有了。""那么,你们一定需要这个东西。"说着他从公文包中拿出一块精致的小牌子,上面写着"额满,暂不雇用"。总编看了看牌子,微笑着点了点头,说:

"如果你愿意,可以到我们广告部工作。"这个大学生通过自己制作的牌子表达了自己的机智和乐观,给总编留下了美好的"第一印象",引起其极大的兴趣,从而为自己赢得了一份满意的工作。这种"第一印象"的微妙作用,在心理学上称为首因效应。

这种"首因效应"在投资行为影响中表现为,第一次接触的投资品种往往会影响投资者的投资选择。比如,初次接触股票投资的投资者,假设他基本还不会股票投资的各种分析技巧,如果某一股票投资专家或受投资者信赖的朋友推荐某只股票,那么投资者可能会因为初次接触该股票的某些优异表现而从此特别青睐该股票。

近因效应与首因效应相反,是指在多种刺激依次出现的时候,印象的形成主要取决于后来出现的刺激,即交往过程中,人们对他人最近、最新的认识占了主体地位,掩盖了以往形成的对他人的评价,因此也称为"新颖效应"。多年不见的朋友,在自己的脑海中的印象最深的,其实就是临别时的情景;一个朋友总是让你生气,可是谈起生气的原因,大概只能说上两三条,这也是一种近因效应的表现。

对比效应也称"感觉对比"。同一刺激因背景不同而产生的感觉差异的现象。如同一种颜色把它放在较暗的背景上看起来明亮些,放在较亮的背景上看起来暗些。两种不同的事物同时或继时呈现,比它们各自单独呈现所得到的学习效果要好。原因是两事物在大脑皮层中产生相互诱导作用,在对比中加深了印象,而单独出现在大脑皮层中的事物无诱导作用,显得平淡而不易记忆。

晕轮效应,又称"光环效应",指人们对他人的认知判断首先是根据个人的好恶得出的,然后再从这个判断推论出认知对象的其他品质的现象。如果认知对象被标明是"好"的,他就会被"好"的光圈笼罩着,并被赋予一切好的品质;如果认知对象被标明是"坏"的,他就会被"坏"的光圈笼罩着,他所有的品质都会被认为是坏的。这种强烈知觉的品质或特点,就像月亮形式的光环一样,向周围弥漫、扩散,从而掩盖了其他品质或特点,所以就形象地称之为"光环效应"。

稀释效应是指在决策过程中,拥有更多的信息有时候的确有所帮助,但同时大量的信息会通过"稀释效应"改变对事物的认识,即中性和非相关信息容易减弱判断或印象,产生稀释相关有效信息的作用。

正是这五种形式的背景依赖的存在,使得人们产生认知过程的框定依赖。由于人们框定依赖所造成的框定偏差,使得人们的判断未必就能作出正确的决策,因为这些判断本身是有缺陷的。框定依赖体现了人的有限理性,同一个选择的不同表达方式可能引导人们关注问题的不同方面,致使人们在寻找真实的或者潜在的偏好时犯错误。

框定效应正是由于框定依赖导致产生认知偏差,具有有限理性的人们面对被精心设计的表面形式,注意力容易被误导,导致人们在追求其偏好时产生错误。

六、锚定效应与投资心理

1. 锚定效应的内涵

所谓锚定效应,就是指当人们需要对某个事件作定量估测时,会将某些特定数值作为起始值,起始值像锚一样制约着估测值。也就是说,要对某一特定对象作出评估或预测就倾向于选定一个起始点或者参考点,并由此开始去考虑进一步的信息,并且通过可能获得的反馈来调整自己初始时刻的决策,获得事件的最终解决办法。因此,预测所倾向选定的起始点或参考点,即是所谓的"锚",锚定效应的形成正是依靠选定的"锚"来进行判断与评价。

研究表明,在实际生活与决策过程中,人们习惯于用这种先锚定、后调整的策略来解决那些需要被估计和猜测的问题。最先将锚定概念引入决策制定研究的是心理学家阿莫斯·特维斯基(Amos Tversky)和丹尼尔·卡尼曼(Daniel Kahneman)。

1973年,卡尼曼和特维斯基指出,人们在进行判断时常常过分看重那些显著的、难忘的证据,甚至从中产生歪曲的认识。例如,医生在估计病人因极度失望而导致自杀可能性时,常常容易想起病人自杀的偶然性事件。这时,如果进行代表性的经济判断,则可能夸大极度失望病人将自杀的概率,这就是人们在判断中存在的锚定效应。

1974年,他们通过实验来进一步证明锚定效应。实验要求实验者对非洲国家在联合国所占席位的百分比进行估计。因为分母为100,所以实际上要求实验者对分子数值进行估计。首先,实验者被要求旋转摆放在其前面的罗盘随机地选择一个在0到100之间的数字;接着,实验者被暗示他所选择的数字比实际值是大还是小;然后,要求实验者对随机选择的数字向下或向上调整来估计分子值。通过这个实验发现,当不同的小组随机确定的数字不同时,这些随机确定的数字对后面的估计有显著的影响。例如,两个分别随机选定10和65作为开始点的小组,他们对分子值的平均估计分别为25和45。由此可见,尽管实验者对随机确定的数字有所调整,但他们还是将分子值的估计锚定在这一数字的一定范围内。

可见,不同的初始值会对以后的数值估计产生影响,且估计值将偏向于初始值,高初始值将使估计值偏高,低初始值将使估计值偏低。而更科学的说法是:个体的判断是以初始值,或者说是以"锚"为依据,然后进行不充分的向上或向下调整,并最终在此基础上得到最后的结论。卡尼曼和特维斯基从心理学的角度将这一过程概括为"通过调整已有的、可得的参考数值来获得最终结果",而这一过程即为"锚定效应"。

许多金融和经济现象都受锚定效应的影响。比如,股票当前价格的确定就会受到过去价格影响,呈现锚定效应。证券市场股票的价值是不明确的,人们很难知道它们的真实价值。在没有更多的信息时,过去的价格(或其他可比价格)可能是现在价格的重要决定因素,通过锚定过去的价格来确定当前的价格。锚定效应同时发生在商品定价的其他经济现象中,它类似于宏观经济学中的"黏性价格",只要把过去的价格作为新价格的一种参考(建议),那么新价格就会趋于接近过去的价格。如果商品的价值越模糊,参考就可能越重要,锚定就可能是更重要的价格决定因素。

2. 锚定效应的产生过程

从心理学角度来看,人们在预测或判断某件事情的思考过程中,锚定效应在每一个过程中都会发生。

首先,为了找到一个与目标相关的信息,人脑会自动从自身的经历记忆中或者使外界可获得的信息中进行广泛的联想与检索,希望找到可以直接帮助解决问题的类似参考答案。在这一过程中,锚定效应会影响信息获取的过程,与"锚"相近的信息更加容易被选中。

其次,人们会帮这些信息进行综合,并同时从整体上对目标进行一个判断。通常在这一步中,人们可能会更多地考虑与"锚"相一致的信息,或者有时候"锚"本身也成为综合考虑的因素之一。也就是说,人们倾向于与"锚"越近似越好。

最后,人们会把所得到的判断,在经过自己的一番调整后,通过一定形式表现出来,并成为最终结果,即人们更容易给出一个与"锚"相同或者相似的答案。

这里需要强调的是,锚定效应的关键在于首先获得的信息或者资料。从行为决策角度出发,人们对于这个初始信息会自然而然地形成定位,这个定位所造成的结果就是在人们的心目中形成一个制约,影响需要作出决策事件的估计。在大多数情况下,理性的人会通过自身的阅历、学术、判断和推测对该估计作出一定程度的调整,不过这样的调整往往是不充分的,最终导致的决策并不能达到预期的理想效果。

而"锚"作为人们决策过程中潜意识的一个参考依据,有一定的参考意义与价值,但也可能与实际决策无关。但由于人们的心理认知偏差,即使这个首先获得的信息对实际判断并无任何价值,绝大多数人还是会受到它的一定影响。

可见,"锚"作为一种心理状态通常是潜意识的。我们研究其产生的轨迹和原因,主要是为了更好地了解,并希望因此而有助于找到相应的方法来减弱这种效应,从而最终减小偏差。

在投资决策过程中,由于受到一些先念信息的影响,会潜意识控制投资决策,影响投资心理,从而误导投资决策,因此,通过研究投资信息造成的"锚定效应"的原因及相关过程,以便抑制所产生的不合理投资行为。

七、沉没成本与投资心理

1. 沉没成本

沉没成本是指由于过去的决策已经发生了的,而不能由现在或将来的任何决策改变的成本。人们在决定是否去做一件事情的时候,不仅是看这件事对自己有没有好处,而且也看过去是不是已经在这件事情上有过投入。我们把这些已经发生不可收回的支出,如时间、金钱、精力等称为"沉没成本"。

传统经济理论认为人们在实施某项行动之前,会考虑其现有的和将来的成本和收益,而不会考虑其过去的成本。但与这些经济理论不一致的是,人们在对未来的事情做决策时,通常都会考虑过去的历史成本和无法收回的成本,这一行为被称为"沉没成本效应"。这一效应反映人们一旦已经对某件事情付出了时间、金钱和精力,他们会倾向于继续对这件事情进行投入。沉没成本有两个重要的因素:大小和时间。

比如,某个家庭有三张价值40美元的棒球赛门票,他们期待球赛已经好久了。比赛当天下起暴风雪,虽然他们仍然能够前去观看比赛,但是暴风雪所带来的麻烦会减少看比赛的乐趣,如果这个家庭是自己买的票或者是别人免费赠送的票,哪种情况下他们更有可能去观看比赛呢?大部分人认为这个家庭如果是自己买的票就更可能去看比赛。其实40美元的门票成本并不会影响暴风雪带来的麻烦和观看比赛的乐趣,但是,他们在决定是否去观看比赛这个问题时会考虑沉没成本,如果门票是免费得到的,就体会不到什么损失。这说明沉没成本的大小是决策过程中的一个重要因素。

又比如,一个家庭期盼去观看棒球比赛很久了,这一比赛就在下周,比赛当天下起了暴风雪,门票的价格是40美元。如果这个家庭在一年之前就买了门票或者是昨天刚买的门票,哪种情况下他们更可能去观看比赛?大部分人都会认为昨天刚买票的话更可能去观看比赛,这说明沉没成本的负面影响会随着时间的变化而减弱。这个例子说明了沉没成本的时间也是一个重要的因素。

2. 沉没成本的心理分析

根据经济逻辑的法则,沉没成本与制定决策应该是不相关的,但是在实际投资决策活动中,广泛存在着一种决策时顾及沉没成本的非理性心理,这种现象即为"沉没成本效应"。"沉没成本效应"难以用传统的金融学理论进行解释,需要运用心理学的知识和理论进行解释。行为金融学从人们的实际决策行为出发来研究和解释金融市场的相关问题,吸取了大量心理学的研究成果。因此,运用心理学研究方法解释沉没成本效应便成为行为金融学领域一个重要的研究课题。

对沉没成本进行解释比较常见的理论是前景理论。前景理论是关于风险决策的一种描述性模型。它的一个主要特征是人们并不根据最终资产而是根据一个参照点对选择进行评估。如果一个选择的结果在参照点之上,这个选择就被编码为盈利。相反,在参照点之下,选择的结果就被认为是损失(见图11-1)。因为边际价值递减,价值函数对盈利来说是凹的,而对损失则是凸的。价值函数的这种"S"形状表明人们在盈利条件下通常是风险厌恶的,而在损失条件下是风险寻求的。价值函数的另一个特征是它对损失比对盈利更陡峭。这意味着损失显得比盈利更突出。例如100美元盈利的压力要比100美元损失的压力小很多。参照点通常与现有资产相关,即与现状有关。然而,Kahneman和Tversky指出"一些情形下,人们对损失和盈利的编码与不同于现状的期望或渴望水平有关"。

前景理论对沉没成本效应的解释意味着以前的投资没有被全部折现。在这些案例中,人们的期望不是从现状开始(图11-1的点A),而是从价值函数损失的一侧开始(图11-1的点B)。根据这一解释,以前的投资被看作是损失,当决策者评估下一次的行为时仍存在于决策者的大脑中。因为价值函数对损失来说是凸的,进一步的损失不会引起价值的更大规模减少。相反,从B点可以看出,盈利会引起价值的大规模增加。希望有好的结果(也可能使损失进一步增加)而向沉没成本增加资金,这种有风险的再投资比完全撤出投资(会导致肯定的损失)更有可能发生。

另外还有一些研究成果也可以用来解释沉没成本效应。沉没成本效应的存在有其理性的一面。通常来说,人们顾及沉没成本的原因是他们不想表现得太浪费。抵制浪费原则通常是一种好解释。但是这种提法也不是绝对正确的,在一些情形下(例如,剩余资源可以被更有效使用的情形),这种原则可能被过度概括化了。

人们继续执行一项失败计划的一个原因是为了教育自己下次制定决策前要认真考虑。这种意愿是具有潜在理性的。可是它暗示决策者有双重自我的身份,一重是教育者,另一重是接受者。一些决策理论家把决策者刻画为有多重自我。例如,Thaler和Shefrin的自我控制理论认为,决策者由只受短期结果影响的"近视执行者"和受终身效用影响的"远视计划者"构成。当计划者劝说执行者根据长期目标实施行动,就达到了自我控制。

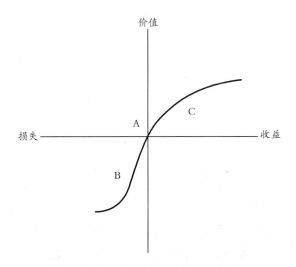

图 11-1 价值函数与前景理论

从这个意义来看,沉没成本行为可能是理性的。我们认为继续一项不成功的计划是一种特殊有效的吸取教训的方式,因为人们初始决策的后果可以产生比仅仅指出决策是失败的更好的反馈效果,换句话说就是从失败中吸取教训。

第二个执行失败计划的原因是把忍受失败的结果作为制定失误决策的惩罚。惩罚减少了决策者在未来犯同样错误的可能性,因此具有给决策者一个教训的功能。与吸取教训原因一样,这一原因也暗含了决策者是由教育者和接受者构成的。但是,两者不一致的是它在作出惩罚时没有明确为什么惩罚是必要的(除了决策者值得受惩罚)。因此,如果惩罚能够阻止未来的不良决策,那么惩罚就是对关注沉没成本的一种理性解释;而如果它只是提供报复,那么它就是非理性的。基于这样的观点,为了吸取教训而继续执行计划在改变决策者行为方面比为了惩罚自己而继续执行计划更为有效。

最后一个原因是为了展现一个良好的前后一致的决策者形象。改变行动计划常被认为是由于决策失误,这等于承认了错误。与此相反,保持一致常能得到别人的尊敬。继续执行一项已经在运作的计划也能使一个人认为自己是一个好的决策者,也就是受自我肯定的动机的驱动。因为一个良好的自我表现具有很高的主观价值,这种原因也可以被看作是理性的。

第三节 投资者的群体心理

一、群体心理

(一) 群体的内涵

群体是个体的共同体,个体按某一特征结合在一起,进行共同活动、相互交往,就形成了群体,它是具有相同利益或情感的两个或两个以上的人以某种方式结合在一起的集合体。构成群体的两个要素是:(1)成员关系必须具备相互依赖性;(2)成员具有共同的意识、信仰、价值和各种规范,用以控制行为。

社会心理学家霍斯曼(G. C. Homans)认为群体不是个体的简单总和,而是超越了这一总和。群体对个体能产生巨大影响,个体在群体中会产生不同于独处环境中的行为反应,从而形成各种群体心理现象,例如从众、流言等。

群体的分类如下。

1. 正式群体和非正式群体

根据群体的结构形式可以划分为正式群体和非正式群体。正式群体是组织精心设计与规划的有明确的目的和规章,成员的地位和角色、权利和义务都很清楚并有稳定、正式结构的群体。非正式群体是那些没有正式文件规定而构成的群体,其成员以某种共同利益、观点、爱好为基础,以彼此感情为纽带自然形成的、没有固定组织形式的群体,内部有较强的凝聚力。非正式群体一般存在于正式群体之中。正式群体和非正式群体的区别见表11-1。

表11-1 正式群体和非正式群体的区别

类 型	组成因素	特 性
正式群体	按正式程序而组成	结构单一性 具有一定结构形式
	以正式结构为本,而产生心理认同	领导者常具有主管身份 主要目标为达成工作任务
非正式群体	按人员自然交往而形成	结构具有重叠性 不具有一定结构形式
	由心灵组合为本,而产生无形结构	领导者不一定为主管 主要目标为满足成员需求

2. 实属群体和参照群体

根据个体内心倾向和行为划分为实属群体和参照群体。实属群体是个体实际归属的群体;参照群体是个体在心理上"向往"的群体。个体会自觉地把自己的行为与参照群体的标准相对照,如果不符合这些标准化,就会改正自己的行为。

3. 松散群体、联合体和集体

根据群体成员相互关系的程度和发展水平划分为松散群体、联合体和集体。松散群体是人们由于时间和空间上的接近而结成的集合体(是偶然的机会而相互结合)。联合群体属于中间层次,其特点是成员之间存在着共同的目标、共同的利益和共同的活动目的,群体成员之间建立有工作和个人间接触,共同活动较多,因而发展产生联合群体。集体是群体发展的高级阶段,是为了实现有公益价值的社会目标,严密组织起来的有纪律、有心理凝聚力的群体。

(二)群体心理

个体心理,是指包括个体身上表现出来的一切心理现象和特点,个体心理的实质是大脑对客观世界的主观反映。群体心理则是普遍在其成员的头脑中存在,反映群体社会状况的共同或不同心理状态与倾向。群体心理与个体心理是密切关联的。没有个体心理,群体心理就没有基础。比如,个人作为群体的成员,其心理状况必定会受到群体心理倾向的感染与影响。一个人心情不佳时,欢乐的群体心理气氛会使他受到感染,忘记烦恼。由于群体成员的相互影响的存在,这种状态与倾向已不简单是个人的特征,而是群体的特点。

心理学家勒庞对群体心理是这样描述的,"在某些既定的条件下,并且只有在这些条件下,一群人会表现出一些新的特点,它非常不同于组成这一群体的个人所具有的特点。聚集成群的人,他们的感情和思想全都转到同一个方向,他们自觉的个性消失了,形成了一种集体心理……姑且把它称为一个组织化的群体,或换个也许更为可取的说法,一个心理群体。"

勒庞对群体心理的特征做了如下五方面规律的归纳。

(1) 心理群体的精神统一性定律。勒庞认为,从心理学的意义上说,任何人都同时具有两种不同的个性成分,即理性的个性(Conscious Personality)与非理性的个性(Unconscious Personality)。人的理性的个性成分是不可能被统一的,这是人的创造性的源泉。只有人的非理性的个性才可能达到相互统一。当人的非理性的个性被统一之后,心理群体所形成的合力将远远大于理性个人的力量之和。而且,这种合力主要带有破坏性的本质,而不是建设性的。群体中的个人会表现出明显的从众心理,勒庞称之为"群体精神统一性的心理学规律"。这种精神统一性的倾向,造成了一些重要的后果,如教条主义、偏执、人多势众不可战胜的感觉,以及责任意识的放弃。

(2) 心理群体的整体智能低下定律。勒庞的群体的整体智能低下定律认为,当人群组成一个心理群体时,该群体总体在决策或行为时所表现出的智能水准,将远远低于该群体成员在作为个体决策或行为时所能表现出的智能水准。换句话说,心理群体的智能要远远低于组成心理群体成员的个体智能。

勒庞认为,心理群体永远也无法完成需要高智能的任务。当人群构成心理群体时,由于理性个体的丧失,群体成员无法把由理性个性所支配的智能相叠加或组合。同时,由于非理性个性的加强,群体成员只能把由非理性个性所支配的愚笨相叠加或组合。

勒庞这一定律所揭示的现象也是屡见不鲜。比如,1988年的股市"抢购风",对于大多数参与者来说,他们并不是被外在地强迫,而是不由自主地投身于抢购狂潮。曾经有个笑话,说以前某地人爱排队购买紧俏商品或便宜货,只要看到排长队的,不管三七二十一先排上再说。结果,有一回某男士排了半天队才发现原来商家在处理女式内衣。

(3) 心理群体的形成机理。人群中的个体在形成心理群体的过程中,通常需要三个主要外因的刺激。这三个外部因素通常构成心理群体形成过程的三个阶段。这三个外因是:①情绪激发,人群中的个体由某一情绪所激发并最终被该情绪所控制;②情绪传递,人群中的情绪由激发进而相互传递(相互感染)并最终控制了整个群体;③建议接受,当人群被某一情绪控制后,人群便极易受到外部建议的控制并受其指挥参与某一激烈的行动。这三个外因也形成了情绪激发、情绪传递和建议接受三个阶段。

(4) 心理群体的整体心理特征。当心理群体形成之后,心理群体的整体心理状态将具有以下三项基本特征:冲动性、服从性、极端性。

冲动性,是指心理群体的整体行动可以在某一外界强刺激因素的激发下迅速发动,并且这种行动的方向可以在外界强刺激因素的作用下迅速向相反方向逆转。因此,心理群体由其情绪的高度不稳定性必然导致其行动方向的极度不确定性。

服从性,是指心理群体具有自愿服从外来指挥的心理特征。由于在心理群体的形成过程中,群体中的个体已经丧失了个性,因此他们具有自愿服从别人意愿的强烈愿望。

极端化,是指心理群体的实际行动往往常常明显超过必要的程度,因此常常会导致过激的后果。

(5)群体心理的思维模式定律。按照勒庞的观点,心理群体的思维模式的最基本特征是:一是表象化,心理群体几乎不具备逻辑推理能力,也不接受任何逻辑思维方式的影响。这一特征表现为"肤浅"和表面化。二是形象化,心理群体具有极高的形象想象力,也极易接受形象思维方式的影响。心理群体善于理解"图像化"的建议,并以此作为自己的行动目标。

勒庞这一定律在证券市场中得到深刻体现。市场常以形象思维的方式激发起心理群体的情绪冲动,这就是我们通常所说的"煽情"。每日见诸证券报刊的股评术语有"大盘有调整的要求","黑色星期一","空方突破1600防线","重大利好","重大利空"等。

勒庞对群体心理的归纳有其片面的一面,基本否定群体心理下决策的正确性及非理性。后来的尼尔也提出了一些规律,不少是与勒庞的观点相反的。不过勒庞的观点在我国证券市场上,针对我国投资者投资决策的心理进行分析还是非常符合的。

关于群体心理的研究非常多,所形成的观点也非常复杂,甚至有些是互相不一致的。但一般而言,也有一些共同的特征。比如以下三个特征就是比较一致的:

(1)害怕偏离群体。很多人害怕被看成另类,不喜欢突出,想被别人接受,作为群体的一部分才感到舒适。这些人希望他们的决策会使他们与他们认为非常重要的群体一致,并使他们被这个群体接受。

(2)群体的一致性。面临一致决策的人处于很大的遵从压力之下。一项研究显示,在对某种主观性的事情给出看法时,97%的人同意群体所作出的决定。然而,如果群体中哪怕有一个持不同意见,就只有40%的人与群体持一致意见。股票信息提供者是一致的,他们不会同时给出买入和卖出的决策建议,而网上的讨论会却会有许多不同的意见。

(3)受群体的大小的影响。如果两个人站在寒冷的房间里,其中一个人说暖和,另一个人不太可能会同意他的观点。然而,一旦群体的人数超过三个或四个时,群体意见表面显示的诚实性和可靠性增加。当一家大公司提供了一只股票的信息,我们自然会设想整个公司都支持这一推荐。所以,与一位个人信息提供者相比,我们更容易受到一个群体的影响。

(三)羊群效应

群体心理所产生的效应,比较通俗的观点把它归纳为"羊群效应"。

对"羊群效应"有一个很形象的描述:在一群羊前面横放一根木棍,第一只羊跳了过去,第二只、第三只也会跟着跳过去。这时,把那根棍子撤走,后面的羊走到这里,仍然像前面的羊一样向上跳一下,尽管拦路的棍子已经不在了,这就是所谓的"羊群效应"也称"群体心理"。

有则幽默也反映了"羊群效应":一位石油大亨到天堂去参加会议,一进会议室发现已经座无虚席,没有地方落座,于是他灵机一动,喊了一声:"地狱里发现石油了!"这一喊不要紧,天堂里的石油大亨们纷纷向地狱跑去,很快天堂里就只剩下那位后来者了。这时,这位大亨心想,大家都跑了过去,莫非地狱里真的发现石油了? 于是,他也急匆匆地向地狱跑去。

"羊群效应"最初是在管理学上描述一些企业的市场行为,它是指由于对信息不充分了解,投资者很难对市场未来的不确定性作出合理的预期,往往是通过观察周围人群的行为而提取信息,在这种信息的不断传递中,许多人的信息将大致相同且彼此强化,从而产生的从众行为。"羊群效应"是由个人理性行为导致的集体的非理性行为的一种非线性机制。

二、证券市场的"羊群效应"

证券市场是一个动态的开放市场,参与人数众多,因而影响股价的因素复杂。其中,投资者的群体心理因素起着重要作用。我们除了研究影响市场的各种客观因素外,也应重视心理因素的研究,有时公众心理甚至左右证券交易的市场走势。投资者的群体心理对股价的影响,主要是通过投资者的心理变化引起证券供求关系发生变化,从而影响行情。因此,分析投资者的群体心理效应是非常重要的。

(一) 投资群体的心理乘数效应

投资群体有一种极端心理倾向,就是行情看涨时更加乐观,行情看跌时更加悲观。因此,当股市萧条时,即使某些个股前景看涨,也少人问津;当股市繁荣时,即使某些个股前景看淡,不具投资价值,人们也会争相购入,唯恐失去良机。可见,正是由于群体心理的乘数效应,所以股市一旦呈现涨势,就有可能引发"井喷"行情;而一旦陷入跌势,则容易"一泻千里"。

国际著名金融投机家索罗斯在其投资策略中便充分利用了"羊群效应",他并不根据对于基本面的分析,而是基于对未来公众投资行为的预期进行交易,例如,在20世纪60年代,当信息不灵通的投资者为索罗斯旗下基金收益的增加而惊喜时,索罗斯并不因预期未来收益的下跌而出售基金股份,而是预期投资者会进一步购买而抢先购入股份。如他所料,由于抢购而导致的基金股价上涨以及基金年收益增加的消息一经公布,刺激了投资者进一步购买,从而持续推动基金股价上扬。

(二) 投资群体的心理偏好效应

如同人们对于商品会有不同的偏好一样,投资者也会偏好某类股票,对某类股票感兴趣的投资者,往往几经考虑,最终还是购买该类股票作为投资选择。例如,有的投资者总离不开绩优股,因为他们偏爱其相对稳定的收益,而不喜欢冒险;相反,另一类投资者则具有强烈的风险收益意识,喜好购买资产重组股。投资者产生投资偏好的原因一般有以下三方面:第一,信息偏好。因投资者所处的环境及地位等各不相同,所能获得的信息也不完全,一般投资者获得的信息都限于少数几种特定的来源,这样,他们就只能选择可获得信息来源的股票作为投资方向。第二,习惯偏好。投资者如果曾在某股票上获利,一般会对该股票产生好感,会很自然地继续投资于这一股票。第三,安全偏好。如果投资者经常接触某类股票,就会比较熟悉这类股票的股性,出于投资安全考虑,便更愿意投资这类股票。

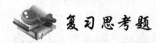 **复习思考题**

1. 现代标准金融学与行为金融学的基本假设有什么不同?
2. 行为金融学认为人们的决策过程有什么特点?
3. 简述人们为什么不能进行完全的理性思考。
4. 简述人类进行信息处理的不同阶段的特点以及在不同阶段的认知偏差。
5. 什么是过度自信?过度自信的投资者会表现出怎样的投资心理?
6. 什么是心理账户?心理账户会如何影响投资者的投资心理?
7. 什么是禀赋效应?禀赋效应会如何影响投资者的投资心理?
8. 什么是锚定效应?锚定效应会如何影响投资者的投资心理?
9. 什么是框定偏差?框定偏差会如何影响投资者的投资心理?
10. 后悔厌恶会如何影响投资者的投资心理?
11. 什么是沉没成本?沉没成本会如何影响投资者的投资心理?
12. 什么是价值函数?简述前景理论与价值函数的联系。
13. 简述群体心理的特点。
14. 什么是羊群效应?请举例说明"羊群效应"的特点。

第十二章 投资行为分析技术与技巧

【本章导读】

> 通过本章的学习,要掌握投资者的个体投资行为的主要表现形式,包括过度自信的投资行为、心理账户与行为投资组合、禀赋效应与投资行为、框定偏差与投资行为、投资行为中的锚定效应,掌握群体心理影响的从众行为及羊群效应,了解从众行为形成原因的各种模型分析,掌握证券市场中常见的市场异象行为:日历效应、股权溢价之谜、封闭式基金折价之谜、红利之谜。

第一节 投资者的个体投资行为分析

一、过度自信的投资行为表现

过度自信的人在做决策时,会过度估计突出而能引人注意的信息,尤其会过度估计与其已经存在的信念一致的信息,并倾向于搜集那些支持其信念的信息,而忽略那些不支持其信念的信息。当某些观点得到充分的信息、重要的案例和明显的场景支持的时候,人们会更自信,并对这些信息反应过度。

过度自信的心理导致投资者作出包括过度交易、冒险交易在内的错误交易决策。过于自信的心理会增加投资者交易的数量,因为他们对自己的观点过于自信。投资者的观点一方面基于他们掌握信息的准确性,另一方面基于他们自己分析信息的能力。过于自信的投资者更相信自己对股票的评估而较少考虑其他人的观点。

1. 过度交易行为

过度自信使得投资者对自身的判断能力确信无疑,过分相信自己能获得高于平均水平的投资回报率,从而倾向于过度交易。在投资过程中,适度的自信是有利的,但过度的自信却是很危险的。

布拉德·巴伯(Brad Barber)和特伦斯·奥丁(Terrance Odean)对 1991—1997 年的 38 000 个散户的交易情况,分别分为单身男性、单身女性、已婚男性和已婚女性四类账户拥有者的交易状况进行调查。衡量交易水平的基本单位叫做"周转率",周转率是投资组合中股票的百分比在一年时间内所发生的变化。例如,50%的周转率指的是在那一年里投资者售出投资组合中一半的股票,并买入相同数量的股票。这项研究显示(如图12-1),单身男性的交易量是最大的,其账户的年周转率为85%,已婚男性账户的年周转率为73%,而已婚女性账户的年周转率为53%,单身女性账户的年周转率为51%。一般而言,男性投资者总是不自觉地认为自己有能力捕捉到股票市场的变幻,可以在市场上驾驭自如,因此男性投资者相比女性投资者总是更加自信,从而也导致更加频繁的交易。

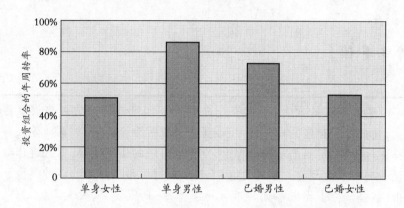

图 12-1　不同性别及婚姻状况的投资组合年周转率

同时,巴伯和奥丁针对这38 000万散户投资者的投资收益率进行调查,研究周转率与投资组合收益率之间的关系。研究结果表明,虽然周转率高的投资者付出了额外的努力,但他们的收益率并没有更高,而且由于出售和买入股票都要支付佣金,经常交易的投资者的投资收益也会受到更大的影响。男性投资者的自信以及频繁交易行为并没有为他们带来更高的收益,反而是收益相对女性投资者更低。巴伯和奥丁的研究表明,过度自信以及所造成的频繁交易会降低投资者的回报。

过度自信的投资者在金融市场中会频繁交易,总体表现为年成交量的放大,但是由于过度自信而频繁进行的交易可能为投资者带来较低的收益,这就是过度自信心理所导致的投资行为的表现,把这种投资行为称为是过度交易行为。

2. 爱冒风险行为

过度自信还会影响投资者的冒险行为。理性的投资者会在收益与风险之间找到一个均衡的投资组合。然而,过度自信的投资者会错误地判断他们所承担的风险水平,导致所做的投资组合会有较高的风险。

过度自信的投资者的投资组合要承受更大的风险,这有以下两个原因:第一,这些投资者倾向于买入高风险的股票,高风险的股票主要是那些小公司和新上市公司的股票;第二,他们没有充分地进行分散化的投资组合。过度自信的投资者认为自己能充分地收集、分析投资决策的信息,并能作出最有效的投资决策。

巴伯和奥丁的一系列研究表明,过度自信的投资者承担的风险也更大。他们发现单身男性承担最大的风险,然后依次是已婚男性、单身女性和已婚女性。单身男性倾向于购买小公司的股票、风险系数高的股票。

过度自信的投资者往往认为他们的行为并不是很冒险,而事实上并非如此。过度自信的投资者总认为自己能够把握投资机会,所做的投资往往是高风险的投资行为。

3. 赌场资金效应

股票市场的繁荣往往导致更多的过度自信,人们会认为自己是很精明的,投资获取的较高收益得益于自己的精明判断。"骄傲"的情绪会对个人的投资行为产生很大的影响作用,并在他获得更多成功后进一步强化其自信心。

因此,在经过长期的牛市行情后人们会产生"赌场资金效应","赌场资金效应"是指在赌博产生收益效应后,人们倾向于接受以前不接受的赌博,再次的赌博后失败所产生的痛苦往往较小,因为损失被前期的收益缓冲了,因此继续投资的冲动不会立即消除。

事实上,人们在获得了盈利之后也愿意冒更大的风险,这种感受被赌博者称之为玩别人的钱,在赚了一大把钱之后,业余赌博者并不会认为新赚来的钱是自己的钱。你会更愿意用自己的钱冒风险还是对手的钱冒风险呢?因为赌博者并不会将盈利与自己的钱混为一谈,他们就好像用赌场的钱进行赌博。

这种"赌场资金效应"产生的原因可以这样理解:一是已经获得收益的投资者在未来的决策中过度自信;二是已经获得收益的投资者在损失时痛苦较小,因为赌本来自于赌场,如果在接下来的赌博中输了,心里也会认为这些钱本来就不是自己的,感受的痛苦就比较小,而且痛苦容易被已获得收益所带来的愉悦所化解;三是投资者在实现了收益后,有更多的资金用于投资,从而变得不再回避风险。

二、心理账户与行为投资组合

（一）现代资产组合理论

现代资产组合理论最初是由美国经济学家哈里·马科维茨(Markowits)于1952年创立的,他认为最佳投资组合应当是具有风险厌恶特征的投资者的无差异曲线和资产有效边界线的交点。在马科维茨的资产组合理论中,风险分为两类,即系统性风险和非系统性风险。系统风险(Systematic Risk)又称市场风险,也称不可分散风险,是指由于某种因素的影响和变化,导致股市上所有股票价格的下跌,从而给股票持有人带来损失的可能性。系统风险的诱因发生在企业外部,上市公司本身无法控制它,其带来的影响面一般都比较大。非系统风险又称非市场风险或可分散风险,它是与整个股票市场或者整个期货市场或外汇市场等相关金融投机市场波动无关的风险,是指某些因素的变化造成单个股票价格或者单个期货、外汇品种以及其他金融衍生品种下跌,从而给有价证券持有人带来损失的可能性。由于系统风险是对所有股票或资产发生影响的,因而难以通过投资组合来降低风险程度。而非系统性风险,由于只对某个股票或资产发生作用,所以通过投资组合可以分散风险。当投资组合足够大时,就能完全规避非系统性风险。

威廉·夏普(Sharpe)则在其基础上提出的单指数模型,并提出以对角线模式来简化方差—协方差矩阵中的非对角线元素。他据此建立了资本资产定价模型(CAPM),指出无风险资产收益率与有效率风险资产组合收益率之间的连线代表了各种风险偏好的投资者组合。根据上述理论,投资者在追求收益和厌恶风险的驱动下,会根据组合风险收益的变化调整资产组合的构成,进而会影响到市场均衡价格的形成。

现代资产组合理论是现代资产定价模型的基石,CAPM 模型和资产套利模型均是基于投资组合理论而建立的。这些理论都假设,理性投资者会依据投资组合理论对其投资进行风险分散化,从而达到预期效用最大化。

(二)心理账户和投资组合

在实际投资决策中,人们并不能达到完全理性。由于认知偏差的存在,现代投资组合理论被人们忽视。人们倾向于用局部账户进行编辑而非综合账户,即将不同的财富分开考虑。对于投资组合,人们会遵循将财富分开考虑的投资决策过程。投资者将每一投资分别放入各个不同的心理账户,只考虑单个心理账户的结果,不考虑不同心理账户之间的相互作用,忽视各个心理账户之间的相互作用会影响到资产组合的总体收益及风险。

多数投资者是在已持有一个资产组合的状况下,考虑将其他资产加入到该组合中来。因此,投资评估考虑的重点是,当有新的资产要增加持有时,资产组合的预期收益和风险会发生怎样的变化,换言之,即新的资产与既有资产组合的关联问题。然而,由于心理账户的存在,投资者在评估这种关联性时存在着障碍。

(三)心理账户影响下的资产组合构建

投资者不是按照资产组合理论的方式进行投资组合,由于受到心理账户的作用,投资者为每一投资目标分别设立心理账户,为每一投资目标承担不同的风险,通过发现与该心理账户的预期收益和风险相配备的资产来为每一心理账户选择投资。比如,投资者会有一安全性的目标,因此,为了满足这个心理账户的需要,他们会选择一部分虽然低收益但低风险的资产。而具有较高的预期收益和风险承受的目标,如养老的需要,这显然属于另一心理账户,投资者会购入债券或支付高股息的股票。而对于致富的需要,投资者也会为其设立心理账户,并购入高风险证券。

三、禀赋效应与投资行为

(一)禀赋效应的投资行为表现特征

禀赋效应导致在证券市场上的交易不足,最典型的投资行为表现为过早出售盈利的资产,而过长持有亏损的资产,这种现象也被称为是"处置效应"。

经典金融理论将投资者的决策行为视为黑箱,抽象为一个投资者追求预期效用最大化的过程,不会受主观心理及行为因素左右。但是,大量的实验研究证明人们会系统背离预期效用理论,而且人们并不只是偶然背离理性原则,而是经常性的、系统性的背离。以期望理论为代表的行为金融理论放松经典金融理论中的假设,认为投资者并不具有完全理性,而只有有限理性,并对人们很多偏离理性的投资决策行为进行了更贴近实际的合理解释。避免后悔心理的认知误差经常会导致投资者非理性行为,为了避免因为采取不当行为而导致损失的后悔,投资行为表现为过早出售盈利的资产,而过长持有亏损的资产,在行为金融学中被称之为"处置效应"的一种市场现象。

"处置效应"是一种比较典型的投资者认识偏差,呈现出投资者对投资盈利的"确定性心理"和对亏损的"损失厌恶心理"。当投资处于盈利状态时,投资者是风险回避者,愿意较早平仓锁定利润,在行为上表现为急于平掉敞口头寸;当投资者处于亏损状态时,投资者是风险偏好型的,愿意继续持有仓位,在行为上表现为不愿轻易平仓实现亏损。

有一个例子:假如投资者甲持有某只股票,买入价为每股 10 元,投资者乙持有同一只股票,买入价为每股 20 元。该股昨日收盘价为每股 16 元,今天跌到每股 15 元。请问:甲乙两位投资者,谁的感觉更差?

多数人会同意乙比甲的感觉更差。这是因为,投资者甲可能会将股价下跌看作收益的减少,而投资者乙会将下跌看作亏损的扩大。由于价值函数曲线对于亏损比收益更为陡峭,因此,每股 1 元的差异,对乙比对甲更为重要。

再假如,有一位投资者,由于需要现金他必须卖出所持有两种股票中的一种。其中,一只股票账面赢利,另一只股票账面亏损(赢利和亏损均相对于买入价格而言),该投资者会卖出哪只股票?

1998 年,美国行为金融学家奥登(Odean)在研究了 10 000 个个人投资者的交易记录后发现,投资者更可能卖出那只上涨的股票!当股票价格高于买入价(参考点)(即主观上处于盈利)时,投资者是风险厌恶者,希望锁定收益;而当股票价格低于买入价(即主观上处于亏损)时,投资者就会转变为风险喜好者,不愿意认识到自己的亏损,进而拒绝实现亏损。当投资者的投资组合中既有盈利股票又有亏损股票时,投资者倾向于较早卖出盈利股票,而将亏损股票保留在投资组合中,回避现实损失,这也是所谓的"处置效应"所导致的投资行为表现。

(二) 处置效应中理性因素的分析

关于"处置效应"所导致的投资行为表现也可以用前景理论进行分析。1979 年 Kahneman 和 Tversky 提出了前景理论用于描述不确定性情况下的选择问题。

赵学军和王永宏对中国股市的"处置效应"进行了实证研究,他们的结论是:中国的投资者更加倾向于卖出盈利股票,继续持有亏损股票,而且这种倾向比国外投资者更为严重。

处置效应的基本结论是投资者更愿意卖出盈利股票和继续持有亏损股票。与此相关的两个推论是:①卖出盈利股票的比率超过卖出亏损股票的比率;②持有亏损股票的时间长于持有盈利股票的时间。处置效应还有一个不太适当的推论是卖出盈利股票的数量超过卖出亏损股票的数量,这一推论不适当的原因是当市场处于牛市时,投资者的投资组合中的大部分股票会处于盈利状态,盈利股票的数量远超过亏损股票,卖出更多的盈利股票是合理的;而当市场处于熊市时,投资者的投资组合中的大部分股票会处于亏损状态,亏损股票的数量远超过盈利股票,卖出更多的亏损股票是合理的。

投资者的处置效应倾向并不一定意味着投资者是非理性的,它可能与投资者采取反向投资策略有关。当股价上涨后,投资者可能降低股价进一步上涨的预期,售出股票也在情理之中;当股票价格下跌,投资者可能预期股价反转的可能性加大,也有理由继续持有亏损股票。

可以通过研究投资者卖出股票后股价的涨跌来考察投资者决策的正确与否。如果卖出股票的价格进一步上涨,则投资者的决策是错误的,继续持有股票会增加收益;如果卖出股票的价格下跌,则投资者的决策是正确的,继续持有股票会减少收益。事实上,在一段时间内,股价大多同涨同跌,如果卖出股票的股价涨幅小于(或跌幅大于)持有股票的股价涨幅,则投资者的决策是正确的;反之,投资者的决策是错误的。这是从事后结果考察投资者决策有理性因素。

从事前来看,如果投资者相信股价将继续原有的趋势,则会"售亏持盈";如果投资者相信股价会反转,则会"售盈持亏",即会表现处置效应倾向。因此,"售盈持亏"现象与股价反转是一致的。

(三)"处置效应"的对策分析——针对期货而言

"处置效应"成为制约投资者理性投资的一个重要因素,从以下两个方面阐述投资者在期货投资决策中如何有效控制"处置效应"的发生。

1. 运用程序化交易指导投资决策

一个初入期货市场的交易者往往依靠自己的直觉交易,新手缺少对市场的了解,造成了对市场行为理解的偏差和错误。这种直觉常常表现为一种错觉,是直觉的低级形式,除非投资者的运气一直很好,否则他不可能靠这种直觉持续稳定地获利。程序化交易之所以出现就在于人有着某些先天很难克服甚至无法克服的缺陷,即人的主观认识偏差。程序化交易可以通过一些机械化的交易策略来约束人的主观交易冲动,从而达到控制人在市场中的情绪波动,更客观、冷静地观察市场行为。很多投资人都经历过似乎是无法避免的重创甚至破产,我们可以在他们的自传或者介绍中得到证实。即便是身经百战的投资大师也有难以克服的人性弱点,而约束自己的弱点便是减少自己犯错误的概率,也就保证了自己的安全。

在追踪趋势的过程中,趋势的演进难免伴随着很多的"噪音",这些"噪音"常常令投资者怀疑是否出现了趋势即将终止的信号,此时不管是持有盈利仓位还是亏损仓位的投资者都变得焦躁不安起来。

盈利的投资者会害怕一旦趋势真的终止,自己已有的利润会被市场所吞噬。看着本属于自己的盈利慢慢减少,这种痛苦令投资者坐立不安。"处置效应"告诉我们,获利环境下强烈的风险规避意识最终会让大多数投资者选择落袋为安,平仓了结。如果此时投资者运用程序化交易来指导自己的投资决策,在平仓信号未出现,即某种客观标准下趋势仍在继续的情况下就可以安心持仓甚至适量加仓。对自己交易系统的理解和信心能够帮助投资者控制人内心某些很难抗拒的弱点:恐惧和贪婪。通过客观的交易规则抵消和过滤投资者在市场中无法避免的情绪波动。

当出现非主流的市场"噪音"时,亏损的投资者又会怎样呢?既然亏损,意味着他们之前对行情的判断可能出现了偏差,这是很多投资者所常见和难以避免的。但是心理学告诉我们,由于自尊心和虚荣心作怪,人通常都是容易接受自己愿意接受的事物和观点,表现在一旦建立方向性的仓位,投资者便很容易相信对自己有利的信息,而忽视甚至排斥对自己不利的信息。我们很难接受自己之前主要趋势的判断是错误的这个事实,行情演变过程中的"噪音"一出现,利用"噪音"来证明自己之前判断正确是大多数投资者的通病。浮动亏损的减少本该是认错出场的好机会,但投资者在亏损状态下强烈的风险偏好倾向却使其一再恋战,不肯出场,更有甚者还会加仓决战,最终只能是深套其中,无法自拔。程序化交易可以在人们理智失去控制、执迷不悟时敲响警钟,告诉我们情况已经发生变化了,该采取措施保护自己的本金了。只要严格执行,便能够有效地控制自己的风险,保证主要资金的安全。

2. 提高市场认识,培养科学的投资理念

克服投资中的"处置效应",首先要培养自己判断行情的能力和信心。对于自己盈利的仓位,要有信心坚持和等待时间来扩大战果,在确认趋势未终止的情况下更要抓住机会,果断适量加仓,才能实现利润的扩大。对于出现亏损的仓位,要及时确认自己之前建仓时所依据的基本面因素是否已经发生变化,影响价格走势的主要矛盾是否发生转变,在确定自己判断错误的情况下要坚决认错出局,通过实现自己现有的确定损失来避免将来可能的更大损失。

期货投资如同两军对垒,孙子兵法曰:"夕之善战者,先为不可胜,以待敌之可胜。不可胜在己,可胜在敌。故善战者,能为不可胜,不能使敌之必可胜。"善于作战者,会先力求自己不被打败,来等待对手犯错露出破绽的机会,自己可以保证自己不被打败,但要击败对手却要看对手给不给你获胜的机会。所以善于作战的人能够保证自己不被击败,但不能确定一定击败对手。这段话精辟地诠释了"善败者不亡"的道理,只有善于保存自己的力量,在不利于自己的环境中"断臂求生",才有可能等到市场给你大的行情机会来把握。人们常说的"留得青山在,不怕没柴烧"讲的就是这个道理。很多优秀的投资者胜率并不高,但只要成功把握住几次大的行情便能够将大多数的亏损账单抹掉且获利丰厚,但重要的是要有勇气善于面对亏损,保护自己的资金以耐心等待市场给予机会。

华尔街有句名言:市场一定会用一切办法来证明,大多数人是错的。长期来看,确实只有少数投资者能够在市场中稳定地获利。同时,行为金融学中著名的"羊群效应"告诉我们,当目标价格发生异常变化时,在明白自己信息不完全的情况下,投资者更容易相信其他人可能有更多的信息,所以一般会观察其他投资者的行为,采取跟随大众的投资策略,从而引发所谓的"羊群效应"。尤其是对目标资产的基本面不甚了解的情况下,投资者更是容易盲目地随大流,轻易改变自己已经制定的投资计划。大多数投资者在市场中屡遭失败也是出于这个原因。

努力提高自己对市场的认识,培养科学的投资理念是投资者摆脱"处置效应"实现科学投资的前提,只有摒弃大多数人所难以摆脱的"处置效应"及跟风习惯,才能成为那些市场中长期稳定获利的少数人,当然,这需要长时期投资心态的历练。

四、框定偏差与投资行为

(一) 投资中的货币幻觉

1. 什么是货币幻觉

框定偏差从认知情绪上影响到人们对待通货膨胀的方式,这就是货币幻觉的表现特征。"货币幻觉"一词是美国经济学家欧文·费雪(Irving Fisher)于1928年提出来的,是货币政策的通货膨胀效应。它是指人们只是对货币的名义价值做出反应,而忽视其实际购买力变化的一种心理错觉。它告诉人们,理财的时候不应该只把眼睛盯在哪种商品价格降或是升了,花的钱多了还是少了,而应把大脑用在研究"钱"的购买力、"钱"的潜在价值还有哪些等方面,只有这样,才能真正做到精打细算,花多少钱办多少事。否则,在"货币幻觉"的影响下,"如意算盘"打到最后却发现自己其实是吃亏了。

2. 宏观政策形成的货币幻觉及表现

宏观政策有意识地保持货币幻觉,在货币供应量增长的同时,投资趋热,在这一过程中,生产资料价格最先上涨。一般地,货币政策的作用有两方面:一是产出效应,二是价格效应。如果扩张性货币政策是以通货膨胀来换取产出增长,我们说这种政策有着暂时的"货币幻觉"。货币幻觉一旦消失,就全部转化为通货膨胀。

现实中也有两个案例。一是1993年下半年的"软着陆",主要是限制货币供应,效果是显著的,但也造成"惜贷"现象,导致了更加严重的通货紧缩局面;二是1986年的通货膨胀,等到物价已经上来,市场预期已经形成,货币政策也就只能跟着通货膨胀走,最后靠"套期保值"缓解了储户的恐慌心理。

投资者没有考虑上市公司的盈利可能受到通货膨胀的影响,具体一点说,就是公司在计算净利润时扣减的利息成本和折旧等都是以历史成本计量的,而收入却是包含了通胀的因素,它给人一种公司盈利加速的错觉,刺激人们加大对股票的投资。可见一旦市场形成通货膨胀预期,货币政策就盯不住了。不让市场形成通货膨胀预期,必须事先采取主动措施。显然1986年那次调控偏热,1993年那次调控又偏冷。目前针对部分行业、企业采取"点控"措施,没有提息而是限制贷款数量、抑制投资规模,就是吸取了前两次调控的经验教训,既要抑制总需求,又要防止再度陷入通货紧缩。

3. 股市上的货币幻觉

在股市上也存在类似现象,姑且称之为"绝对价格"货币幻觉。当一个股票或者投资品种绝对价格较低的时候,投资者总会认为其是便宜的,按照逻辑,既然便宜,那么这个"便宜货"就有了上涨的理论基础。既然便宜,绝对价格低的东西自然广受投资者欢迎,这种"绝对价格"货币幻觉可以为中国证券市场上的众多奇特的现象提供解释。

这一货币幻觉是炒作低价股的重要"理论基础"。也许股票的估值对一般老百姓太过复杂,把绝对价格高低就作为估值贵贱的替代是想当然的选择。而市场的种种缺陷又让这种错误不仅不被纠正反而强化。这里想强调的是,股票或权证的价值与其绝对价格高低并没有多少关系。长期以来,中国市场上的低价股其实估值并不便宜,还往往是离谱的高估。任何的货币幻觉本来就是一种心理错觉,尽快认清这种错觉,也许能避免很多损失。

4. 房产投资的货币幻觉

人们在购物时,常常会忽视那些明显已经被通货膨胀扭曲的信息,冲动地把心理价位抬高到实际价位之上,这也是货币幻觉。比如,货币幻觉可能使潜在买家相信房价会一直涨,从而认为房地产是不错的投资选择。美国耶鲁大学经济学教授罗伯特·席勒(Robert J. Shiller)认为,正是货币幻觉导致的错误逻辑催生了房地产泡沫,"人们大都只记得几年前买房时的房价,却常常忘记了其他商品的价格,错误地认为房价比其他物价涨幅更大,从而夸大房地产的投资潜力。"

(二) 投资中的现状偏见

现状偏见也是框定偏差的一种表现形式。现状偏见使投资者倾向于持有他们已经有的投资品种。萨缪尔森通过实验对现状偏见进行了论证。在试验中,萨缪尔森让受试者想象自己继承了一大笔财富,他们可以考虑不同的资产组合,投资机会包括:一个中等风险的公司,一个高风险的公司,短期国库券,政府债券。

在实验中,一些受试者被告知继承的财富已经投资到高风险公司,另一些受试者被告知继承的财富已经投资到其他的投资品种中。实验结果显示,如果继承的财富已经被投资到高风险的公司的话,选择高风险公司的受试者最为普遍;而如果继承的财富已经被投资到其他的投资品种中,则选择其他的投资品种的受试者最为普遍。显然高风险公司的股票与国债的期望收益和风险是非常不同的,但是受试者还是更多地受到现状的影响,而不是受到风险和收益目标的影响。这一结果表明,作为指定现状时,这种状态被选中的概率明显更大。而且,随着可选择项目的增加,这种现状优势也随之增加。这无疑体现了投资者对现状的框定。

行为金融学也指出,与那些不属于现状的东西相比,人们更愿意给予自己认为属于现状的东西以更高的评价,这种选择上的差异被称为"现状偏见"。所谓"江山易改,本性难移",人们宁愿安于现状而不愿改变他们的现状,这也是对现状的一种框定。

(三) 投资中的熟识性偏差

熟识性思维是一种经验法则,决策者评判事情发生的概率或事件发生的可能性依据的是相关情形或者事件涌上心头的容易程度,越熟悉的越容易被想起。当人们面临两项选择但都有风险时,假如他们对其中一项的了解多一些,他们将选择他们熟悉的那一项。面对两项输赢概率相同的赌博,人们将选择自己了解的那一项。事实上,即使其获胜的概率低一些,人们还是愿意选择自己了解的赌博。球迷们支持本地球队,雇主们喜欢持有本公司的股票,这是因为本地球队和本公司是他们所熟悉的。

1. 熟识性思维的投资配置

在美国,投资者可以选择的股票和债券有几万种之多,加上国外的证券,可选择的余地更大。那么投资者如何选择呢? 他们分析每种证券的预期收益率与风险水平吗? 事实并非如此,他们投资于他们熟悉的证券,将资金投资于自己了解的公司会让人感觉舒服一些。

让我们看看 AT&T 的例子。1984 年,政府以垄断为理由将 AT&T 的电话公司分解为 7 个地区公司。12 年后,戈尔·休伯曼调查了这些地区公司持有人的情况,他发现人们喜欢持有本地区电话公司的股份,而不是其他地区的,也就是说,投资于他们熟悉的公司令他们感觉舒适一些。基金经理们也有喜欢投资于离自己近的公司的倾向。

投资者倾向投资于自己熟悉的公司,这使人们投资于本国证券市场的资金比例,比依照传统分区投资理论所确定的资金规模要大得多,投资者具有"恋家情绪",是因为相对于国外公司他们更了解本国的公司。

美国、日本、英国的股票市场分别占世界股票市场市值的 47.8%、26.5% 和 13.8%。按照传统投资配置理论,一个充分分散的投资组合在美国、日本、英国股票市场的配置比例应该为 47.8%、26.5% 和 13.8%。

投资者是这样进行配置的吗? 不。美国的投资者投资于美国股票市场的比例为 93%,而不是 47.8%;日本的投资者投资于本国股票市场的比例是 98%;英国的投资者投资于本国股票市场的比例是 82%。这些数字说明投资者倾向于投资自己熟悉的公司的股票,而其对国外的公司是不熟悉的。

2. 熟识性思维的投资公司选择

假如投资者投资部分资金于国外的公司,他们会选择什么类型的公司呢?他们会选择他们熟悉的公司,这一类公司一般是具有很高的产品知名度的公司。例如,日本以外的投资者倾向于选择日本的大型企业,而具有吸引力的日本小型企业是往往具有较高的出口额。

在美国,人们的投资向美国本土的公司倾斜,至于外国的公司,他们会选择自己熟悉的,而且,在本国的公司中他们倾向于投资当地的公司。例如,可口可乐的公司本部设在佐治亚州的亚特兰大,佐治亚州的投资者持有可口可乐公司16%的股权,而且其中大部分人生活在亚特兰大,可口可乐产品销往全世界,但是最熟悉该公司的投资者持有其比例的股份较大。

职业基金经理也倾向于投资他们熟悉的公司。虽然美国的职业基金经理掌握大量的分析工具,并能获取大量的信息,但他们的投资也向本地的公司倾斜,特别在面对小公司和风险较高的公司的选择上更是如此。

显然,投资者并没有运用现代投资组合理论的观点来构建其投资组合。假如投资者真的运用现代投资组合理论来构建其投资组合,则其投资于国外公司的比重要比实际投资的比例大得多,但投资者投资于国外股票的比例却非常小。投资者也认为其熟悉的资产收益率比其不熟悉的资产的收益率高。

3. 熟识性思维的投资收益率预期表现

关于市场的预期收益率,美林证券每个月都向全球的基金经理进行调查。欧洲大陆的基金经理认为他们地区的市场收益率比英国、美国和日本高,而英国的基金经理认为英国证券市场的预期收益率是最高的,也就是说,投资者通常更看好本国的市场。熟识性思维念头使投资者对他们熟悉的股票的风险收益水平过于乐观,而对他们不熟悉的股票过于悲观。

(四) 投资中的代表性偏差

1. 代表性思维的内涵

Kahneman 和 Tversky 提出,人们在不确定的情况下,会抓住问题的某个特征直接推断结果,通过假定将来的模式会与过去相似并寻求熟悉的模式来判断,而不考虑这种特征出现的真实概率以及与特征有关的其他原因。代表性思维根据固定的模式进行分析判断,大脑认为具有相似性的事物是相同的。认知心理学将这种推理过程称为代表性启发法则。

有一个实验例子:玛丽是一个文静、勤奋、关心社会的姑娘,她毕业于伯克利大学,主修英语文学和环境学。了解到这些信息后,请判断以下三种工作哪一种是玛丽最可能从事的:

A. 玛丽是图书管理员。

B. 玛丽是图书管理员及山野俱乐部的会员。

C. 玛丽在银行业工作。

对实验中的被试者进行了解,其中超过一半的人选择答案 B,即玛丽是图书管理员以及山野俱乐部的会员。人们选择这个答案,是因为在勤奋、关心社会的人所可能选择的职业中,图书管理员以及山野俱乐部的会员是比较具有代表性职业。但是,这个问题询问的是,哪个工作是玛丽最可能从事的,而不是哪个工作让玛丽最快乐。

答案 A(玛丽是图书管理员)比答案 B 好,因为,是图书管理员以及山野俱乐部的会员的人肯定是图书管理员,也就是说,答案 B 涵盖在答案 A 之中,答案 A 正确的概率更大。四分之一到三分之一的人对这个问题,选择了 A。

但是,最好的答案是 C,即玛丽在银行业工作。在银行业工作的人比在图书馆工作的人多的多,因此,玛丽在银行工作的概率比在图书馆工作的概率大的多,在银行业工作跟我们描述的玛丽情况不具有代表性,因此很少有人选择 C。

实验结果表明,人们的决策经常会受到代表性偏差思维的影响。

2. 代表性思维与投资行为

在金融市场,投资者也会犯代表性思维的错误。例如,有的投资者误认为好公司就是好股票。好公司的特点是盈利能力强、销售收入增长快、管理水平高,而好股票是指价格上涨幅度比其他股票大的股票。好公司一定是好股票吗? 答案可能是否定的。

认为好股票就是过去业绩一直高速增长的公司,这忽略了以下事实,即很少有公司能够保持过去的高速增长。公众对这类业绩高速增长的公司的追捧抬高了其股票价格,但是随着时间的推移,事实证明投资者对这些股票未来业绩增长的预期过于乐观之后,其股票价格就开始下跌,这种现象叫做过度反应。

好公司不一定是好股票,投资者经常错误地认为公司过去的业绩能够代表未来的业绩,他们忽略了支持这种观点的信息,好公司未来的市场表现不会一直好下去,坏公司未来的市场表现也不会一直差。

根据股票过去的市场表现推断未来的市场表现,是投资者经常犯的错误。例如,过去 3 年到 5 年市场表现差的股票被认为是"输家",而表现好的股票被认为是"盈家"。投资者认为过去的市场表现再能够重演,他们喜欢追逐价格走势在上升通道的"盈家"。但是,事实上,买入"输家"的市场回报却比买入"盈家"高 30%。

共同基金的投资也犯同样的错误,投资者喜欢报纸杂志上列出的近期业绩表现最好的共同基金,这些投资者也是在追逐"盈家"。

简而言之,投资者认为,公司过去的经营情况如股票的市场表现将持续到未来,然而不幸的是,就长期而言,公司的经营和股票表现将向均值回归,也就是说,高速成长的公司面临的竞争不断加剧,增长速度逐渐放缓,投资者将失望地发现,他们买入的股票的市场表现与他们的预期不同。

五、投资行为中的锚定效应

锚定效应的存在会使得投资者在预测某一交易对象的未来价值时,不可避免地会受到被投资者视为初始值的那个变量影响。即使投资者自己意识到初始值的准确性并不是太高,即使投资者会不断地进行调整与改善,可是初始值往往在投资者的心理形成一定的制约准绳,影响投资者的认识偏差,并导致投资者的投资行为不同程度地受到初始值的影响,产生一定的非理性投资行为。

1. 以交易价作为参照价的投资行为

一般投资人最经常"锚定"的就是某一只股票的买入/卖出的价格。举例来说,如果投资者是以 10 元/股的价格买入股票 A 的话,那么他会在 12 元的时候容易做出卖出的决定,而如果要股价在 8 元时抛售就会犹豫不决。

锚定效应会使投资者过于针对某一价格形成投资决策,而不是根据股票本身的价值做出买卖的决定。锚定效应造成最常见的后果就是:①如果是牛股,那么在抛售后,股票继续一路上涨,由于不愿意比自己卖出价高的价格再买回来,结果只赚到了牛股中非常小的一段收益;②如果是熊股,则由于股价不断下跌,但不愿意抛售股票,甚至通过加码买入来试图降低成本,因为他认为股价已经低了。但是这个"低"是相对于买入的价格而言的,而不是股票本身的价值而言的。所以,会经常有投资者手中的股票有巨额亏损的现象。

因此,锚定效应造成了投资者不能以客观第三方的角度来分析股价,而愿意以自己买卖股票的价格来判断股价是高还是低。然而,股票价格真正的决定因素还是内在的价值。投资应该以股票本身的价值对应目前的股价来判断是否值得持有或者抛售一只股票,而不应该以自己交易的价格作为判别标准去作出投资决定。

2. 受预测估值影响的投资行为

由于锚定效应的存在,经常会导致对公司股票的定价不合理。当公司由于某些不利情况(如原材料价格的上涨、竞争对手的施压等)使得公司效益突然出现较大的下滑的时候,由于分析师们一般将注意力放在对其过去业绩水平的评估分析上,即用以分析评论的数据统计只可能来源于以往的统计报表,因此,研究结论往往会与实际的变化情况相脱离,修正降低预测的决策也会显得比较滞后,从而使得按照其预测估算值进行交易的投资者遭受到一定的风险和损失。

3. "心理锚"的投资行为

根据心理学研究发现,股票市场中占大部分比例的投资者倾向于过高估计所谓的"利好消息"可能出现的概率,这是一种普遍存在的"心理锚"。在存在普遍过高估计"利好消息"的"心理锚"的情况下,人们的收益定位普遍过高,尤其是那些在大牛市背景中介入且渴望尽快致富的年轻投资者们,投资知识的相对缺乏加上拥有过于乐观自信的心态,最终的结果往往使其遭受一定程度的亏损。而作为一个成熟的投资者,应该有意识地避免这种情况的发生,尽可能做到谋定而后动,时刻保持谨慎与客观的态度来对待自己的每一个交易决策。

第二节 羊群效应的心理与从众行为

一、从众行为的基本内涵

(一) 从众行为

从众行为是近年来经济学研究的一个热点。所谓从众行为是指由于真实的或想象的群体压力而导致行为或态度的变化,它是个人在社会群体压力下,放弃自己的意见,转变原有的态度,采取与大多数人一致的行为,这种现象被称为从众现象,或"羊群效应"。从众行为可以说是人类的本能,人们在不确定条件下决策时往往相信"真理掌握在多数人手里"。通常情况下,多数人的意见往往是对的,但缺乏分析,不作独立思考,不顾是非曲直地一概服从多数,则是消极的,是不可取的"盲目从众行为"。

从众行为从心理上可以分为两种不同的形式：一种为表面上顺从，另一种为内心真正的接受。前者虽然是因为受到群体的压力而表现出符合外界要求的行为，但内心仍然坚持自己的观点，保留自己的意见，仅仅是表面的顺从，因此是一种"伪从众"。后者是指在信念和行动上都完全接受，出于自愿地接受了大多数人的主张，而完全放弃了自己原有的态度或行为方式，因此是一种真正的从众。两者的共同点都是迫于外界压力而产生的行为，两者的区别在于是否出自内心的愿望。

在证券市场中从众行为是普遍存在的，常常被称为"跟风行为"或直接译为"羊群行为"，它表现为投资者在观测到其他投资者的决策和行为之后改变原来想法，追随那些被观察者的决策和行为。它强调的是个体决策受别人决策行动的影响，与人们的情绪、心理活动密切相关，而证券价格的易变性、价格泡沫、交易狂热、股市崩溃等都是与其相伴的常见现象。

（二）从众行为的表现特点

从众行为是一种顺从型心理倾向的行为表现，往往由于心理偏差而出现。其特点表现如下：

1. 盲目性

从众行为者往往只是盲目追随他人采取相似举动，内心没有明确的是非标准，只是随波逐流，独立思考性差。

2. 变动性

由于从众行为的盲目性，导致对同样事件的相应行为并非稳定发生，易受他人暗示和影响而随时改变方向，自主意识极为薄弱，稳定性差。

3. 主动性、有目的性

对于从众者来说，其目的在于追求对事物判断"正确性"的认识，而在答案选择上以他人确定行为为准则，因此这种目的性是潜在的、不自觉的，其行为也是主动的，不是被动的。

（三）从众行为的影响因素

1. 群体因素影响

（1）群体规范。群体规范是要求其成员共同遵循的行为准则，决定了群体成员的行为是否受到他人欢迎。个人行为虽形形色色、相互各异，但无论多么复杂多变，总会受到一定群体规范影响，表现为遵从规范要求而表现出相应的、可能得到他人接纳和喜欢的行为选择，即作出从众行为。

（2）群体规模。从众行为与群体规模密切相关。群体规模越大，赞成某一观点或采取某一行动的人数越多，个人感受到的群体压力越大，从而更容易采取从众态度。反之，群体规模小，个人感受到的心理压力相应也小，抵制行为更容易产生。

2. 个人在群体中的地位

个人地位高低可以在群体结构中得到反映。群体间高地位者所做的决定或行为往往更易引起从众行为的产生。一般而言，高地位者往往比低地位者更自信、能干、经验丰富，低地位者则相对受人轻视，常常感到来自高地位者施加给他们的从众压力，不得不表现出从众行为。

3. 群体中其他成员行为对个人从众的影响

（1）是否存在其他非从众者。当群体中出现了一个非从众者，即不随波逐流，不随意受人安排者，从众行为就会大大降低。在 Asch 的数次实验中，就曾安排过这样一种实验情境：故意让一个假被试者做出不同于其他多数人的反应，结果被试者的从众行为减少了四分之三。这是因为，只要有一个人敢于提出不同意见，特别是反对群体意见，就会大大减轻个体心理负担，敢于坚信自己判断，从而削弱从众心理。

（2）群体成员态度的改变。如果群体中少数人一开始赞同个体反应，后来又改变态度而反对，比一开始就做出不同于个体的反应更能引起个人从众倾向。因为这样更能增加个体犯错感的确信度。

4. 个体对问题答案的确信程度

从众行为往往是因个体对该问题没有太大把握，难以看出正确答案时所采取的行为。对于自己曾经经历过，或认识较为深刻的领域，个体往往能抵住群体压力而坚持自己的观点。

5. 个性特征与性别差异

个体性格会直接影响到从众行为的发生与否。一般而言，那些性格唯唯诺诺、怕得罪人、胆子又小的个体往往很容易采取从众行为，而自主性强、喜欢独立思考的个体更多会坚持自己的立场。此外，个体的自信心、自尊心及社会赞誉需要等个性心理特征，也与从众行为密切相关。有较高社会赞誉需要的人，往往更重视社会对他的评价，希望得到他人赞许，更易表现出从众倾向。

6. 文化差异

很明显，社会准则引起的从众也与社会准则的内容有关，而且从众的典型性和标准也因文化的不同而有差异，在 Asch 的实验模型中，许多其他文化的人比北美洲的人从众程度更低一些，包括德国和日本的被试者。

二、羊群效应的理论分析

（一）关于从众行为的实验及研究

1. 游动效应实验

社会心理学家谢里夫（Sherif），他最早利用"游动错觉"研究个人反应如何受其他多数人反应的影响。所谓的"游动错觉"就是指在黑暗的条件下，人们观察一个不动的光点时，由于错觉的作用，这个光点看起来在前后左右的移动。

2. 线性判断实验

美国社会心理学家阿希（S. Asch）设计了极著名的线段判断实验（Asch 实验）。实验设计了 18 套卡片，每套 2 张，分标准线段和计较线段，实验中有 7 个被试，其中 6 个是假被试，只有一个是真正的被试，这个真被试安排到倒数第 2 个回答问题，7 个被试围桌而坐，面对两张卡片比较，头几次判断大家都作出正确的判断，从第 7 次开始假被试故意作出错误判断，实验者观察真被试的选择情况，结果发现 35% 的真正被试者表现出行为从众性，即也作出同样错误的选择。但实验中也有明显的个体差异，有一些被试者一直都从众，而另一些被试者在压力下仍然保持完全独立,然而,在实验中,有超过3/4的被试者至少有一次跟随别人的判断。

社会心理学通过实验证实,当"客观现实"很模糊时,从众行为就成了信息源,或者说大众的行为提供了一个人应如何行动的信息。通常有效信息的确定是比较了各种可获信息在决策中的价值和获取成本后得到的。

著名经济学家凯恩斯的"选美竞赛"论就是从众行为最早的论述。凯恩斯准确地描述了投资者的投资行为。大量的投资者的投资行为来自于一种生物精神自发行动的冲动,而不是在统计学的基础上对各种可能的收益和损失的概率进行考察。一个投资者也许是想理性地最优化行动结果,但人类固有的认知偏差、情感瑕疵和社会的影响,将影响他作出最优化的理性行为。而近年来发展起来的行为金融学,对投资者的从众行为进行了大量的研究,研究表明投资决策从众对于投资者来说有许多心理上的好处。从众可以减少投资决策分析所需的时间,它还可以帮助投资者减缓在投资失误时的遗憾。另外,投资者知道在决策中他们并不孤独,这会使他们感到安慰。C.A.基斯勒从个体的角度出发,提出了引发从众行为的四种需求或愿望:与大家保持一致以实现团体目标;为取得团体中其他成员的好感;维持良好人际关系的现状;不愿意感受到与众不同的压力。

(二)从众行为的成因分析

关于从众行为的成因,哲学家认为是人类理性的有限性,心理学家认为是人类的从众心理,社会学家认为是人类的集体无意识,而经济学家则从信息不完全、委托代理等角度来解释从众行为的成因。

从经济学角度考虑,从众行为模型可以分为几个主要的分支:支付外部性模型、声誉模型、报酬模型、模仿传染模型、信息模型。这些模型从不同角度对从众行为的成因、效率等问题进行了探讨。

1. 支付外部性模型

支付外部性模型是最早被关注的一类"羊群效应"现象。这一模型的主要思想就是,当市场情况突然发生了不利的变化,使得总的财富不足以支付所有人的权益,而先到者采取的行动会危及后到者的利益(即存在外部性)的时候,所有参与者的理性选择就是争先。这一模型的经典案例就是银行挤兑。

2. 声誉模型

Scharfstein和Stein从声誉的角度提出了一个解释从众行为产生的模型,Graham继承并发展了该模型,建立了从众行为的声誉模型。它的基本思想是:由于雇主和其他人都是通过与其他投资经理的业绩进行比较来判断经理人的业绩,因而投资经理会倾向于模仿其他经理的投资决策。当一个投资经理对于自己的投资决策没有把握时,那么对他而言,最可取的做法是与其他投资专家保持一致,而当其他投资专家也这样考虑时,"羊群效应"就产生了。

3. 报酬模型

基金经理采取模仿行为不仅关系到声誉问题,而且还关系到报酬问题。如果投资经理的报酬依赖于他们相对其他投资经理人的业绩表现,这将扭曲投资经理人的激励机制,并导致投资经理选择一个无效率的投资组合,这样也可能导致"羊群效应"的发生。

4. 模仿传染模型

传统金融经济理论假设,投资者的决策是在例行约束下相互独立的随机过程。然而大量实证研究证明,在现实证券市场中,投资者的决策会受到其他投资者的影响,投资者之间存在相互学习和相互模仿。

模仿传染模型是一个由于观念行为的传染而造成的市场动态模式,主要是从"模仿传染"机制出发,考虑投资者的"羊群效应"。人与人之间和各种媒体间思想或行为的相互传染性使得个体倾向于与其他人的判断或行为保持一致,形成所谓的"趋向性效应"。

在资本市场上,总有一批非理性的投资者,他们对未来的预期主要依赖于市场上其他人的行为和预期,从而通过其他人的行为来选择投资策略。这种模仿传染会成倍放大股票价格。席勒认为,投资者往往是在直接的人际交流之后才把注意力集中于某只股票并择机买入,所以说,人际交流对于金融市场投资者的相互传染起着关键作用。

5. 信息模型

传统投资学的有效市场假说认为,当价格已反映所有信息时,没有人能够持续地获得超额利润。只有占有那些未反映在价格中的信息的人才可从中获利,占有这种信息的人越少,其获利的可能性就越大。在这一机制的作用下,更多的投资者会试图去搜集、研究新的信息,并从交易中得到回报,从而形成一种良性循环。因此,高效率的资本市场正是众多投资者追求信息的结果。但事实上,即使在信息传播高度发达的现代社会,信息也是不充分的。在信息不充分和不确定的金融市场环境中,每个投资者都拥有对某种证券的私有信息,这些信息可能是投资者自己研究的结果,或是通过私下渠道所获得。另一方面,与该股票有关的公开信息已经完全披露,但投资者不能确定这些信息的质量。投资者如果能掌握市场中的所有信息,那么他就不需要通过观察他人的决策来做出自己的决定。但是由于金融市场是完全开放的,而且不断有信息流入市场,信息的变化速度很快且十分不确定,在这种环境下,投资者无法直接获得别人的私有信息,但是可以通过观察别人的交易情况来推测其私有信息,这样就容易产生从众行为。一般而言,机构投资者相互之间更多了解同行的交易情况,并且具有较高的信息推断能力。因此,机构投资者相比个体投资者更容易产生"羊群效应"。

三、证券市场的从众行为

股民心理对于证券市场具有重大影响,其中从众就是一个重要的股民群体心理现象。

(一)股市从众概述

从众是股市中最常见的投资心理与行为之一。当多数人买进某股票,其他人便改变原有态度跟着买进,这就是股市从众。股市从众一般发生在信息不明、缺乏可比较标准的情况下,所以投资者应把自己的投资行为建立在深入分析行情的基础之上,采取"人买我卖、人卖我买"的投资策略。这一策略强调不要盲目从众,不能一跟到底,要改变单纯的从众为把握人气的涨落,及时做出应有的反应。

(二)股市从众的形成原因

导致股民从众的原因一般有以下四个方面。

1. 心理因素

当个体在解决某个问题时,一方面会按照自己的意愿采取行动,另一方面也会根据群体规范或群体中多数人的意愿行动。由于随大流、人云亦云是不担风险的,因此,在现实生活中人们喜欢采取从众行为,以求得心理上的平衡,减少内心冲突。

股市的变幻莫测会对投资者产生无形的压力,使投资者与多数人接近,以免产生孤独感。因而投资者很难不受投资群体心理与行为的感染与影响,真正做到"特立独行"。比如,有的股民事先想好抛售股票,但一到人气沸腾的股市之中就变得迟疑不决,似乎在这种情形下抛售股票很不光彩。如果看到股票抛售者较多,他就会变得坦然一点。

2. 人气因素

股价指数时刻变化,股民追涨杀跌,买进抛出,形成了股市人气。如果多数人认为股价将上涨,则会形成多方逼空的态势,股指将创新高。在此情形下,大多数股民,特别是散户往往盲目从众跟风,为股价上涨推波助澜。反之,股民盲目从众跟风抛售,亦会加速股指下滑,甚至引起股价"跳水",可见,股市从众是股市动荡加剧的重要因素之一。

3. 风险因素

股市永远是效益与风险同在。由于大多数股民有过被套的切身体验,因而投资入市时谨小慎微,往往不敢相信自己的判断,只好追随大多数人的操作,力求稳妥,避免被套。

4. 行情因素

(三) 从众行为对证券价格的影响

从众行为很大程度上影响着市场的变动,耶鲁大学的 Robert J. Shiller(1987)主持了一项调查,调查的对象为近 900 名经历了大跌的投资者。一个有趣的调查结果为 25% 的投资者认为暴跌是由于投资者非理性行为引发的。当问及暴跌的主要原因是经济基本面的因素,如公司利润或利率,还是心理因素时,2/3 的投资者回答是心理因素,而不是经济原因。Shiller 研究的结论是:在市场大跌时,与投资者最相关的信息是下跌的股票价格,投资者并非关心公司基本面的变化,而是随着股价的下跌,投资者更多地采取从众的策略,从而导致股价的进一步下跌。

在证券市场上,有三个行情阶段最易引起投资者的从众行为。一是上涨期,当股票价格上涨时,投资者纷纷购入,此时股市人气旺盛,一片利好景象,身处其中的股民被市场感染,于是群起跟风,盲目跟进。二是下跌期,股民人心惶惶,此时的盲目从众会导致群体溃逃,投资者集体抛出股票,割肉清仓。三是盘整期,此时行情难测,股民们迷茫不安也易产生从众行为。个人的这种理性行为的集体后果,却是完全有悖于个人利益的。抢购促使商品(股票)价格加速上涨,储蓄(抛售股票)会加深证券市场未来的萧条,从而使经济的正常波动急剧失衡,甚至滑入危机的深渊,这种现象可以称之为"理性的无知"或"集体的非理性行为"。

中国证券市场价格波动可以用心理群体的从众行为来加以解释。当投资大众经过情绪激发、情绪传递、建议接受三个阶段形成心理群体后,其作为一个整体的行为就必然具有强烈的冲动性、服从性和极端性。服从性引发了投资者争相抢购或抛售证券,导致证券市场中的各种证券在价格上同涨同落(即趋同性);冲动性和极端性又使投资者的抢购或抛售行为往往超过必要的限度,导致证券市场剧烈的价格波动(即震荡性)。因此,作为一名投资者,如果想避免成为任何一个投资心理群体中的一员,最关键的是避免自己的情绪波动,也就是对"情绪激发"环节的控制。只有控制住自己的情绪,才能避免人群情绪对自己的感染,也才能进一步避免任何外来建议的暗示或控制。当然投资人注意对"情绪传递"环节和"建议接受"环节的控制,也有助于加强对自己情绪波动的控制。

（四）如何克服股市从众行为

股市从众行为原因复杂,股民们必须不断总结自己的投资经验,加强自己的独立分析、独立判断能力。

第一,不为股市人气所惑。人气乐观时,股价上涨,多数人急于买进,但自己是否也买进,则需深思熟虑。当人气悲观时,股价下跌,这时应正确预测下跌幅度,把握行情,以求出奇制胜。

第二,提高对风险的心理承受能力。盲目从众往往与个体心理承受能力不强有关。股市如战场,提高自己对风险的心理承受能力,也是克服盲目从众行为的必要前提。

第三节　证券市场中常见的市场异象行为

一、日历效应

日历效应是指金融市场与日期相联系的非正常收益,主要包括季节效应、月份效应、星期效应和假日效应,它们分别指金融市场与季节、月份、星期和假日有关的非正常收益。

（一）"一月效应"

"一月效应"由 Wachtel 首先在 1942 年提出,Rozeff and Kinney(1976)对此作了进一步的研究。他们发现,1904 至 1974 年间 NYSE 的股价指数 1 月份的收益率明显高于其他 11 个月的收益率。Gultekin(1983)研究了 17 个国家 1959—1979 年的股票收益率,发现其中 13 个国家 1 月份的股票收益率高于其他月份。Lakonishok(1998)发现在 1926 至 1989 年间,在一月份,最小的 10% 的股票收益超过其他股票收益。但根据 Mark W. Riepe(2001)的研究,一月效应正在弱化。

对于"一月效应"的解释最主要的有减税卖出假说和"橱窗效应"假说:减税卖出假说认为,人们会在年底抛售下跌的股票,抵消当年其他股票的资产增值,以达到少缴税收的目的。而年关过后,人们又重新买回这些股票。这种集体买卖行为导致了年终股市的下跌而次年一月股市的上扬。Laura T(2003)研究了美国市政债券封闭式基金减税卖出和"一月效应"的关系,实证证明了减税卖出假说,且发现与经济商相关的市政债券基金呈现出更大的减税卖出行为。"橱窗效应"假说认为机构投资者希望卖出亏损股票买入赢利股票以装点年终报表,这种买卖在年底对于赢利股票产生正向价格压力而对于亏损股票产生反向压力,当年终机构投资者的卖出行为停止时,前一年度被打压的亏损股票在一月将产生巨大反弹,导致较大的正收益的产生。其他解释还包括代际馈赠说、购买压力说、避税退休计划说等。

（二）周效应和周日效应

Cross(1973)和 French(1980)研究了标准普尔 500 指数收益发现周五取得较高的平均收益而周一较低。Gibbons(1981)和 Keim(1984)发现 Dow Jones 指数周一存在负收益。Rogalski(1984)发现所有周五收盘至周一收盘之间的平均负收益发生在非交易时间,平均交易日收益(从开盘至收盘)所有天都是一致的。其他美国金融市场如期货市场、国债市场、中期债券市场表现出和股票市场类似的效应(Cornell,1985;Dyland Maberly,1986)。Jaffe(1985)研究了澳大利亚、加拿大、日本和英国四个发达市场,结果表明在所研究的国家中存在周末效应。但 David J. Kim(1998)对韩国和泰国市场的研究发现不存在周内效应。

对于周一效应两个最典型的解释包括日历时间假说和交易时间假说。Jaffe 等(1985)通过对澳大利亚周二效应的检验后认为,可能的原因是美国的 DOW 和亚太地区市场之间的联结关系,他们发现其他主要国家存在和美国相似的周内效应,但由于不同的时差,远东国家可能会经历一日偏差的周内效应。

二、股权溢价之谜

(一) 什么是股权溢价之谜

股权溢价之谜(The equity premium puzzle)最早由梅赫拉(Rajnish Mehra)与普雷斯科特(Prescott)于 1985 年提出,他们通过对美国过去一个多世纪的相关历史数据分析发现,股票的收益率为 7.9%,而相对应的无风险证券的收益率仅为 1%,其中溢价为 6.9%,股票收益率远远超过了国库券的收益率。他们对其他发达国家 1947—1998 年的数据分析发现同样存在不同程度的溢价,这种股票收益率相对于无风险证券的收益率的溢价交易被称为股权溢价之谜。

金融理论将风险资产超过无风险利率的超额期望收益率解释为风险的数量乘以风险价格。在 Rubinstein(1976)、Lucas(1978)等人所研究的标准消费资产定价模型中,当风险的价格是一个代表性代理人的相对风险厌恶系数时,股市风险数量根据股票超额收益率与消费增长的协方差来测量。股票收益率高,而无风险利率低,意味着股票的期望超额收益率高,即股票溢价高。但是消费的平滑性使得股票收益率与消费的协方差较低,所以股票溢价只能由非常高的风险厌恶系数来解释。Mehra 和 Prescott(1985)将此问题称为"股票溢价之谜"。

Kandel 和 Stambaugh(1991)等一些学者对"股票溢价之谜"提出了另外的看法 他们认为风险厌恶实际比传统认为的高。但是这会导致 Well(1989)提出的"无风险利率之谜"。为了跟观察到的低实际利率相适应,我们必须假定投资者是非常具有忍耐力的,他们的偏好给予未来消费几乎跟当前消费一样的权重,或者甚至更大的权重。换而言之,他们有着低的或者甚至负的时间偏好率。负的时间偏好率是不可能的,因为人们偏好于更早的效用。

(二) 股权溢价之谜的古典理论解释

1. 在完全理性的基础上引入更加复杂的效用函数

(1) "无风险利率之谜"。由于在 Mehra—Prescott 模型中要解决风险溢价难题,相对风险厌恶系数必须很高,而这显然是不可能的,因此 Weil(1989)率先对投资者的期望效用函数进行修正来解释股权溢价之谜,在这种效用函数下,投资者的消费跨期替代弹性是一个常数,并且与投资者的相对风险厌恶系数无关,然而这种模型的最终的结果却显示 Weil 不仅没有解决股权溢价之谜,反而提出了一个"无风险利率之谜",即市场中的无风险利率水平与理论值相比,明显偏低。

(2) 广义期望效用。Epstein 和 Zin(1991)在 Weil 的研究基础上,对效用函数进行了进一步的修正,在原有的函数形式中加入了对投资者一阶风险厌恶态度的设定,认为市场上的股权溢价水平不应该直接与收益率相关,而应该与收益率的波动程度相关。Epstein 和 Zin 打破风险厌恶系数与消费跨期替代弹性之间的紧密联系,把二者分离开来,提出"广义期望效用"。

(3) 习惯形成。Constantinides(1990)首先将习惯形成引入效用函数,假定效用函数不仅受当期消费而且也受过去消费的影响。习惯效应是时间不可分的,引入习惯效应后,个体对短期消费的减少更加敏感,从而较小的风险厌恶系数可以同较高的股权溢价相容。Abel(1990)对前一种方法进行修正,定义消费效用与人均消费是相连的。个体效用不仅同个人的消费有关,还受到社会平均消费水平的影响,由于股票可能产生负的收益,将会导致个人相对于他人消费的下降,个人不愿意持有股票,再加上人均消费随时间是上升的,导致对债券的需求,因而可以一定程度上解决"无风险利率之谜"。

Campbell and Coehrane(1999)将未来由于经济衰退导致消费水平可能降低的概率作为一个状态变量引入习惯形成理论,认为当衰退的概率增加时,投资者的风险厌恶增加,从而要求更高的风险溢价。另外由于消费下降,预防动机导致对债券需求增加,无风险利率下降。

2. 在传统效用函数的基础上引入非理性

(1) 灾难性状态与幸存偏差。Reitz(1988)加入令消费大量下降的小概率事件(如战争),在这种情形下,他发现很小概率的灾难性事件的存在会加大无风险利率和股票回报率之间的差距,无风险利率远小于股票收益率,从而产生一个较大的股权溢价。

Brown、Goetzmannn 和 Ross(1995)通过引入幸存偏差,试图断定幸存偏差对风险溢价估计的潜在影响,他们提出了一个股票价格的数学模型,模型中包含了一个关键性的价格水平,如果股价跌落到关键价格水平以下,就会发生市场崩溃并且交易停止。研究结果表明,如果以市场达到关键价格水平为条件,那么从未达到这一关键水平的市场上的股权风险溢价要远远高于不以这一价格水平为条件的市场上的溢价。事实上这两种解释缺乏可验证性。

(2) 非理性预期(Distorted Belief)。Cecchetti、Lam 和 Mark(CLM)(2000)通过与 Campbell 和 Cochrane(1999)的理性预期相比较,提出用非理性预期的方法来解释股权溢价。Campbell 与 Cochrane 根据"Hansen—Jagannathan bound",认为如果把夏普比率与正确的边界相比,那么股权溢价之谜就会消失,并且由于理性预期,夏普比率一定是无偏的,而 CLM 则认为基于歪曲理念下的夏普比率小于理性预期下的夏普比率,由于人们未来的预测对扩张过程是悲观的,而对收缩过程是乐观的,预期的夏普比率在扩张时比实际数据低,而在收缩时则比实际数据高。因而夏普比率在歪曲理念下是有偏的,而且这个偏差在扩张时为正,在收缩时为负。实证的结果表明更支持 CLM。

3. 市场摩擦

(1) 特殊的和不可保险的收入风险。Heaton 和 Lucas(1996,1997)认为由于劳动收入的风险是不可保障的,因而要求一个高的股权溢价作为补偿,他们才愿意持有股票。Constan-

tinides 和 Duffle(1996)则通过引入一种新的特殊型风险形式来解释所观察到的风险溢价,假设坏年景时市场衰落,与劳动收入相关的特殊性风险上升,并且投资者资产组合价值下跌。由于害怕这种双重的厄运,人们就更不愿意持有股票,这样要想吸引他们持股就得有更高的风险溢价。

(2)借款约束。Constantinides、Donaldson 和 Mchra(1998)用生命周期的特征来研究资产定价,认为股票定价主要由中年投资者来决定。年轻人通过未来工资的抵押来投资股票却受到借款约束的限制,中年人消费的变化主要来自于金融资产的变化,从而要求高的股票回报来持有股票。如果放松借款约束,年轻人购买股票,股价上升,相应的债券价格下降,从而提高债券收益率,而中年人资产组合由投资股票转向债券,又导致债券价格的上升,相应的股票收益率增加,二者相反方向的变化,同时提高了股票和债券的收益,因而溢价缩小,同时无风险利率之谜又出现了。

Kogan、Makarow 和 Uppal(2003)通过有借款约束的经济均衡分析夏普比率与无风险利率之间的联系。分析的结果表明:有借款约束的经济中股票收益的夏普比率相对高,而无风险利率相对低。并且对比有约束的异质代理人经济与无约束的异质代理人经济,发现施加借款约束,增加了夏普比率和降低了无风险利率。进一步,他们发现无约束的异质代理人经济遭受和有 CRRA 偏好的同质代理人经济一样的限制,即夏普比率与无风险利率之间的紧密联系,而在有约束的经济中则不是这样。

(3)流动性溢价。Ravi 和 Coleman(1996)从交易服务的角度考虑,除法定货币外,还有许多其他资产如短期国债、货币市场共同基金等也可以促进交易,从而影响回报率。由于债券具有促进交易的功能,个体拥有债券不仅可以获得无风险利率回报,还可以带来便利交易。债券的这一功能使得个体对债券的需求上升,无风险利率下降,而股票不能带来交易便利,所以股票和债券的期望收益率差上升。

(4)基于错误的解释。Dw Long 等(1990)提出由于股息产生过程被错误的、随机的或噪音交易者的影响而引入经济中,因此风险很大,从而产生了一个高的股权溢价。Glassman 和 Hassett(1999)认为投资者和专家建议者由于把短期波动性与长期风险相混淆而误测股票的风险,投资者渐渐会认识到股票投资保证了高的长期收益而基本上没有附加的风险。

(5)税收。McGrattan 和 Prescott(2001)考虑基于税率的变化,因而他们解释股权溢价而非股权风险溢价。他们认为第二次世界大战以后股权溢价不是谜,由于自 1960 年以来,美国的公司税率几乎没有变化,而个体收入税率下降显著,且税率的下降绝大部分是不可预测的,这导致股票价格产生了大的非预期的增加。因此由于所得税率的大量下降和避税机会的增加,粗略的估计导致 1960—2000 年股票价格由此而翻了一番,相应的股票回报率也显著提高,进而导致事后的股票收益大于债券收益。

(6)信息。Gollier 和 Sehlee(2003)运用标准两期模型,来考虑信息对股权溢价和无风险利率的效应。他们认为,如果经济学家未发现一些投资者所拥有的私人信息,则无风险利率之谜就不能解释,如果经济学家拥有未被投资者所运用的信息,则无风险利率之谜容易解决。

4. GDP 的增长和资产组合的保险

Faugere 和 Erlach(2003)通过理论和实证来说明,从长远来看,股权溢价有两个交替的解释：GDP 增长和短期的资产组合动机。首先，他们从理论上证明 GDP 增长影响股票和资产的期望收益，隐含着影响公司债务的收益，沿着这种方法形成了一个在很多公司金融教材中出现的标准可持续增长宏观均衡公式来证明长期的平均股票收益。长期的平均股票收益依赖于人均 GDP 的增长和股份再购买的净收入保留率。一旦主要的宏观经济和金融参数被投入，便与标准普尔500（1926—2001）的数学平均的历史数据相匹配，进一步验证历史的股权溢价。他们最后得出结论长期平均股票收益取决于人均 GDP 增长和收入保留率，最重要的决定是 GDP 的增长。股权溢价与短期证券组合保险的动机是一致的，股权溢价近似于投资者投资 1 美元于股票市场的看跌期权，来对每年市场的波动性导致的向下的风险进行保险。

（三）"股权溢价之谜"的行为金融学解释

1. 短视性损失厌恶

Benartzi 和 Thaler（1995）基于 Kahneman 和 Tversky（1997）的预期理论，提出投资者如何偏好在国库券和股票之间分配其金融账户，即人们在选择投资组合时，会对每一种资产计算其潜在的收益和损失，然后选择期望效用最高的那一个。

由于投资者对其证券组合的可能损失存在着厌恶心理，因此会格外关注其资产组合的安全性，这种关注使得投资者频繁对其证券组合进行绩效评价，由于股票价格具有较大的波动性，暂时性损失的概率要远远高于债券，频繁的绩效评估会使投资者越来越多地感受到股票资产上所发生的损失，从而降低股票对投资者的吸引力。只有当股市上的长期平均收益维持在较高水平时，投资者才会将股票和债券看作可替代的。即在短视性损失厌恶理论条件下，股市上存在的高水平股权溢价只是维持股票和债券两种资产之间均衡关系的必要前提，"股权溢价之谜"不能称之为"谜"。

2. 股票收益的动态均衡模型

由于 Benartzi 和 Thaler 主要从单期角度对投资者的投资组合选择问题进行研究，Barberis、Huang 和 Santos（2001）构建了包含跨期消费在内的均衡股票收益模型。Barberis 等认为投资者损失厌恶的程度随着其前期投资绩效的改变而改变，当投资者存在前期收益时，在新的亏损没有超过已有收益之前，投资者的损失厌恶程度较一般水平有所降低，一旦新发生的亏损超过了已有收益，或是前期本来就存在着一定的亏损，投资者的损失厌恶将呈现一种急剧上升的趋势，亏损越多，投资者的损失厌恶程度也就越高，正是由于这种损失厌恶态度的变化，使得股市上产生了较高的股权溢价。因此 BHS 模型对市场高股权溢价现象的解释是以投资者损失厌恶态度的变化进行的，而投资者损失厌恶态度的变化取决于前期的投资绩效，而不是由投资者的消费来推动的，因此，BHS 模型在解释高股权溢价现象的同时，仍然将市场上的无风险利率维持在一个较为稳定的低水平上，从而实现了模型与数据的吻合。

3. 失望厌恶

失望厌恶最早由 Gul（1991）提出，之后 Ang、Bekaert 和 Liu（2002）以该理论为基础，对美国市场上的高股权溢价现象进行了解释。

由于在传统的金融理论条件下，投资者的资产持有状况主要取决于三个因素：风险资产的收益状况，市场上的无风险收益水平以及投资者的相对风险厌恶程度，由于风险资产和无风险资产的收益状况都是由市场客观决定的,因此,唯一影响投资者决策的主观因素就是投资者的相对风险厌恶水平,这种过于单一的因素考虑也正是导致传统理论无法解释股权溢价之谜的原因所在。在传统理论的分析框架下,Ang、Bekaert 和 Liu 对此进行了修正,加入了对投资者失望厌恶心理的考虑,从而使对投资者最终资产组合的影响因素变成了五个,除了原有的三种影响因素外,还加入了表示投资者失望厌恶程度的失望厌恶系数,以及参照水平即在确定条件下能够产生与投资者所持证券组合相同效用的财富水平。失望厌恶系数的大小决定了投资者对待失望和满足两种投资结果时的态度差异,参照水平是由投资者的效用函数内生决定的,并且随着投资者财富水平的变化而变化,这也是失望厌恶理论不同于损失厌恶理论的一点重要差异。这种静态的失望厌恶理论认为,由于股票收益的波动性较大,极易带来当前收益与参照水平的偏离,这种偏离的程度越高,尤其是负向的偏离越大,投资者对股票就越感到失望,从而减少对股票资产的持有数量。然而这种模型虽然简单,但缺乏实际意义。

假设在 1925 年你拥有 \$1 000,由于担心股票的风险,你决定投资于政府债券,到 1995 年 12 月 31 日,你将拥有 \$12 720(年收益率为 3.7%)。如果是投资于股票,你将拥有 \$84 200(年收益率为 10.1%),是债券投资的 66 倍。两种投资收益率的差距为 6%,这是一个很大的收益差。股票投资和无风险投资的收益率差称为股权溢价,上述 6% 的股权溢价无法用标准的资产定价模型解释,被称为"股权溢价之谜"。"股权溢价之谜"就是为什么股票投资和无风险投资的收益率差别会这么大。股权溢价取决于两个因素:相对风险厌恶系数(风险价格),超额收益与消费增长率的协方差(风险)。美国的历史数据表明消费增长率是很平稳的,所以超额收益与消费增长率的协方差很小,因此那么高的股权溢价只能够用相当高的风险厌恶系数来解释。

三、"封闭式基金折价之谜"

(一)什么是"封闭式基金折价之谜"

封闭式基金常常溢价发行,但很快就在市场上以大幅度折价进行交易。封闭式基金折价率用以下计算公式表示:

折价率 =(单位市价 - 单位份额资产净值)/单位份额资产净值

封闭式基金按照低于资产净值的价格进行折价交易,即封闭式基金的股票价格低于其内在价值的现象在各国非常普遍,而且长期存在。尽管世界各国的金融学家和其他领域的学者一直试图从各种角度为这一奇异现象找出一个合理的解释,但至今都没有一种解释能够真正令人信服,这已成为难解的"封闭式基金折价之谜"。

(二)"封闭式基金折价之谜"的行为金融学解释

行为金融理论是在克服传统金融理论的缺陷中而逐渐兴起的。20 世纪 80 年代以来,行为金融学在对金融市场中各种异常现象的不断探索中蓬勃发展,通过借鉴心理学、行为学、社会学等其他学科的理论方法对传统金融理论的基本假设及分析范式作了修正,形成不同的理论解释,成为 20 世纪最后十几年来最迷人的研究领域之一。行为金融学的研究主题主要围绕有限理性个体行为和非有效市场展开,对标准金融学的理性人假设和效率市场理论造成了冲击。行为金融学对于封闭式基金折价之谜有以下解释。

1. 套利的有限性

在传统金融学中,套利是一种无须成本的活动。套利者利用卖空获得的资金买入证券,因此,套利不需要套利者自己的投资。但是,在现实中,套利既需要套利者付出成本,又需要其承担风险。有时候成本甚至会很高,风险甚至会很大,从而使套利者无利可图。

(1) 套利的成本约束。首先,套利者存在直接成本,包括佣金、报价,即要价价格差以及保证金等;其次,寻找证券的借方需要成本;最后,套利的成本还包括寻找与发现资产定价失当的资产,以及利用定价失当进行套利所需的资源成本。

(2) 套利的风险约束。套利者承担的风险限制了套利,这些风险包括基本面风险、噪音交易风险等。套利是一种需要承担风险的行为,而且需要成本,因此在消除价格背离价值这一现象方面,套利的有效性是有限的。

对于折价交易的封闭式基金,套利者可以通过两种不同的套利活动迫使其价格与价值一致。一是套利者可以收购以折价交易的封闭式基金,然后将其转换成开放式基金,或者将其解散。由于在转换成开放式基金或者解散时,封闭式基金股票的价格总是上涨,套利者可以确保获益。二是套利者可以买入封闭式基金的股票,同时卖空封闭式基金股票中的标的证券。但由于套利的有限性,这两种方法的效果并不尽如人意,因此,封闭式基金折价的问题没有被消除。

2. 噪音交易者

噪音交易理论认为,在资本市场中存在两类投资者:一类是理性投资者(即套利者),他们对资产的回报作出理性的预期;另一类是噪音交易者,噪音交易者将噪音当作有用信息。这些噪音可能是媒体对于上市公司的报道,或者是他们道听途说到关于上市公司的所谓新闻,或者是所谓投资专家的投资建议等。这些噪音实际上并不包含任何关于上市公司基本面的内容,但噪音交易者认为它们包含某些有用信息,并依据自己对这些噪音的分析进行交易。噪音交易者对资产回报的预期受到投资者心理、情绪等的影响。在某些时候,他们过度乐观,从而对资产的价值估值过高,但在另外一些时候,他们过度悲观,因此对资产的估值过低。

Delong、Shleifer、Summem 和 Waldmann(1990)建立了"噪音交易者"的行为金融模型,该模型是一个两期迭代模型,有两个关键的假定:(1)信息交易者的投资期限较短,他们更看重资产的重售价格而不仅仅是分红;(2)噪音交易是随机的而且信息交易者不可能对其进行准确预测。DeLong 等人认为,噪音交易者对基金预期收益判断的变化引起了基金折价的变化,该模型可以解释折价的持续性和波动性。

如果噪音交易者的交易是随机的,即他们彼此之间是独立的,那么整体而言,噪音交易对市场的影响将会非常有限,因为会相互抵消。但布拉德·巴伯等证明噪音交易是系统性的,因此,噪音交易风险是系统性风险。所以噪音可以较好地解释封闭式基金折价。

3. 投资者情绪理论

Lee 等人(1991)沿用 Delong 等人(1990)的模型,认为个人投资人的情绪因素是引起封闭式基金之谜的原因。当个人投资人普遍乐观时,一窝蜂的狂热将使得基金的价格相对净值上升,也就是折价幅度变小;相反,当个人投资人普遍悲观时,折价幅度也会因此变大。

Michael(2000)以英国封闭式基金为例,认为即使在英国这样机构投资者参与程度较高的市场,封闭式基金的折价仍受到投资者情绪的重要影响。

Gregory W. Brown(1999)研究了封闭式基金研究噪音交易者情绪与封闭式基金价格波动性之间的相关关系,认为投资者的情绪水平直接与封闭式基金价格的波动性密切相关,因此价格的波动性可以作为投资者情绪的直接度量,而不必再用折价率这个间接指标。Bodurtha等(1995)从国家基金角度分析投资者情绪,发现许多国家基金的市价与美国的市场回报同向运动,但其基金净值却没有此种表现。同时,国家基金的溢价同向运动,却不与国内基金同向运动,这是投资者情绪假说在国际市场上得到支持的证据。Chandar、Nandini-aet等(2000)的研究发现在新兴和成熟证券市场中,基金溢价及其波动性在外汇危机时剧烈增大;而这些影响的消散是缓慢的。并且国家基金的基金单位和基金净值具有不同的风险暴露,危机恶化时基金净值比含有国际成分的基金单位反应更强烈,也支持了投资者情绪假说。

4. 信息不对称

Chordia等人(2001)认为,当存在市场分割(市场分割是指市场间的流动障碍和差异及其导致的同质产品在不同市场的各种差异)和不完备信息时,信息量较少的证券较信息量充分的证券易产生折价。Grullon(2001)在非对称信息理论的基础上建立了一个理论模型,用来解释封闭式基金的折价或溢价。他认为,当基金标的资产中信息投机者的数量与其所拥有私人信息质量的乘积比封闭式基金中的大时,就会产生折价。即使封闭式基金中的信息投机者的数量比其标的资产中的多,但若其信息投机者所拥有的私人信息质量不如基金标的资产中的信息投机者时,折价也会产生。Grullon模型主要强调了私人信息质量对封闭式基金折价的影响。

四、"红利之谜"

(一) 什么是"红利之谜"

"红利之谜"是指私人投资者将红利和资本利得分开来对待的现象。如果对红利所征的税高于对资本利得所征的税,传统的理性投资者应该懂得公司不支付红利时,他们的收益将更高。可是在现实中,投资者却更希望公司支付红利。根据期望理论,一美元的红利和一美元的资本利得是不同的,因为投资者将它们框定为两个完全独立的心理账户,即一个受最低风险保护的红利账户和一个寻求高风险高收益的资本利得账户,股票价格的下跌是心理上资本账户的损失,而公司取消红利则是红利账户的损失,投资者一般将红利看作是保证安全的一项收入,而将资本账户视为追求高收益的账户。

(二) "红利之谜"的行为金融学解释

行为金融学独特的分析框架很好地解释了"红利之谜"。Shefrin 和 Statman 基于 Kahneman 和 Amos Tversky(1979)的期望理论建立了一个崭新的分析框架。期望理论认为,投资者习惯于在潜意识中将其资产组合放入不同的意识账户(Mental Accounts)。一些账户的资产是用来养老的,一些账户的资产可以偶尔赌一把,一些账户的资产是用来接受高等教育的,还有一些账户的资产是为度假准备的等。研究者试图说服投资者考虑不同意识账户之间的协方差而将其看成一个投资组合,但投资者似乎并不买账。他们仍然习惯于将资产划分为应对资产价格下跌的意识账户(持有现金和债券)和应对资产价格上涨的意识账户(持有股票、期权以及其他未定权益)。而投资者对这两类账户的风险偏好特性是马柯维茨(Markowitz)协方差所不能解释的,前者表现为极度的风险厌恶,而后者表现为极度的风险偏好。股票价格的下降属于资本意识账户的损失,而停止支付红利则是红利意识账户的损失。两个账户中同等数额的美元对投资者而言并不相同。

马柯维茨指出,将资产划入不同的意识账户忽略了不同资产之间的协方差,会使投资组合位于资产组合理论导出的有效前沿的下方。但 Thaler 和 Shefrin(1981)针锋相对地指出,现实生活中受情绪等行为意识影响的投资者并非主流金融学框架下的完全理性人。他们不具有完美的自控能力,容易趋于各种诱惑。将资产划入不同的意识账户的做法实际上更有利于投资者提高自控能力。至于马柯维兹的有效前沿只是一种现实生活中永远无法达到的理想状态罢了。

制定行动规则是一种很好的自控方式。正如对于沉迷于酒精的人来说"最多喝到第一次摔倒"是一种很好的自控标准一样,"消费红利、绝不动用资本利得"是消费欲望强烈的投资者的自控标准。那些认为停止红利支付会使其丧失收入来源的小股东们实际上是在忠实地执行绝不动用资本利得的自控规则。这些人将持有的股票放到了获得稳定收入来源的收入意识账户。他们担心,一旦开始自制红利(卖股票),就会像酒鬼碰到酒一样一发不可收拾,最终失去一切。

对于遵循行为金融的投资者而言,自制红利还有另一个不足之处——它开启了遗憾之门。Kahneman 和 Tversky(1982)将遗憾定义为投资者发现不同的选择本能得到更好的结果时的痛苦感觉。设想一个投资者用分红所得的 1 000 美元购买了一台电视机,另一个投资者用卖掉股票所得的 1 000 美元购买了一台同样型号的电视机。Kahneman 和 Tversky 问道:当股票价格上升时,这两个投资者会感到同样遗憾吗?遗憾总是和责任相连的,而责任来源于选择。买卖股票是一种重大的抉择,自然可能导致重大的遗憾。而等待分红是一种不必选择的选择,自然遗憾较少。

复习思考题

1. 过度自信的投资心理的主要投资行为表现有哪些,有什么特点?
2. 什么是赌场资金效应?
3. 什么是行为投资组合理论?
4. 什么是处置效应?
5. 处置效应的理论基础是什么,表现什么特点?
6. 什么是投资中的货币幻觉?
7. 投资中的现状偏见表现出怎样的特点?
8. 什么是熟识性偏差,投资中的熟识性偏差表现出怎样的特点?

9. 什么是代表性偏差,投资中的代表性偏差表现出怎样的特点?
10. 锚定效应的投资心理的主要投资行为表现有哪些,有什么特点?
11. 什么是从众行为? 主要特点有哪些?
12. 简述从众行为的影响因素。
13. 简述从众行为模型支付外部性模型的内容。
14. 简述从众行为模型声誉模型的内容。
15. 简述从众行为模型报酬模型的内容。
16. 简述从众行为模型模仿传染模型的内容。
17. 简述从众行为模型信息模型的内容。
18. 简述证券市场从众行为的表现特征。
19. 简述日历效应的主要表现形式。
20. 什么是"股权溢价之谜"? 请解释"股权溢价之谜"的经济学内涵。
21. 什么是"封闭式基金折价之谜"? 请解释"封闭式基金折价之谜"的经济学内涵。
22. 什么是"红利之谜"? 请解释"红利之谜"的经济学内涵。

第十三章 投资策略分析技术与技巧

【本章导读】

> 通过本章的学习,理解行为投资组合理论的内涵,以及与现代投资组合理论的区别;了解自我控制与投资情绪的关系,理解如何通过自我控制策略来影响投资行为;理解证券市场中小投资者羊群效应形成的原因、形成的效应以及有关规避非理性从众行为的投资策略;理解基于股票市场投资者的投资行为受到各种心理认知偏差的影响的几种常见的投资策略:关注小盘股的投资策略、反转交易策略、成本平均策略、时间分散化策略、动量交易策略、购买并持有策略。

第一节 行为投资组合策略

一、行为投资组合理论

传统的理性投资组合理论认为,投资者应该从全局出发,关心并考虑他们投资组合的整体期望收益。因此投资者尤其是机构投资者倾向于从资产组合的收益、风险的均衡视角出发,采取传统的投资组合理论,如哈里·马柯维茨(Harry Markowitz)利用资产组合的有效边界来确定投资组合。传统的投资组合理论是在考虑预期收益率与风险等级基础上,采取的投资组合分散化的策略。可是在实际操作中,不仅要考虑预期收益率与风险等级,还要考虑由于心理账户效应所引起的变化。一般而言,由于心理账户效应的影响,人们几乎都倾向于将资金具体分成:①安全账户,作为保障其基本生活水平与财富存量的部分;②风险账户,作为超出基本生活层次需求的资产,并试图用高风险投资甚至投机的资产部分。基于这两类账户,人们在确定投资组合时会从这两类资产出发进行安排。

针对心理账户效应的投资组合,谢夫林(Shefrin)与斯塔德曼(Statman)经共同研究,提出了基于心理账户效应的行为投资组合理论(Behavioral Portfolio Theory,BPT),这是一个心理账户效应在金融投资决策中应用最为广泛的理论。该理论认为:现实中的投资者所建立的投资组合,是基于对不同资产的风险程度认识以及投资者个人的目的,从而形成的一种金字塔式的行为投资组合(如图13-1),典型的分层金字塔结构从底部到顶端是按照风险程度由低到高分层排列的。在塔中，人们普遍将各层资产与特定的目标和风险态度相联系，而往往会忽略各层次之间的相关性。

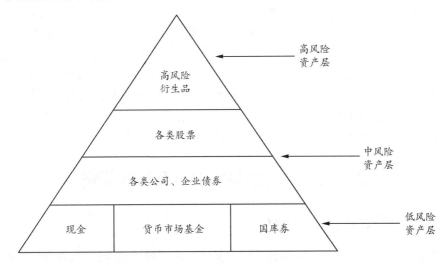

图 13-1 行为资产组合金字塔图

行为投资组合理论认为投资者的资产结构应该是金字塔式的分层结构，而这四种资产的分层安排的层次结构，正是所谓的"心理账户"。投资者对其资产进行分层管理，每一层对应于投资者的一个目标。底层通常是为了满足基本生活需求、避免贫穷而设立的，因此，投资对象一般是短期国债与货币市场基金等有着稳定收益而风险较小的证券。越往上则投资致富的需求越强烈，所以最高处的投资对象通常就是高科技公司股票、高收益高风险证券乃至高风险的金融衍生品等。即使是在最简单的情况下，投资者通常也会分别针对高期望水平与低期望水平这两个心理账户构建投资模式，并对投资资金进行分配。

事实上，如果现在我们去银行或者证券公司进行投资理财咨询的话，理财专家经常会向广大投资者建议将其财产构建成一个类似金字塔结构的组合。通常是根据风险性、流动性与收益性相结合的原则，将现金、银行存款、国库券、货币市场基金放在最底部作为基础，而把债券、证券投资基金放在中间，风险与收益系数比较高的股票放在最高层。从某种角度上，这其实就是一个简化版本的 BPT 理论的金字塔模型，投资心理家就是按照这一规律构建金字塔投资组合的。

二、理财策略

从投资理财的角度来看，在心理账户效应的影响下，行为投资组合理论指导投资者构建一个金字塔模式的投资结构。人们为每项投资目标都建立起独立的心理账户，且投资者愿意为不同的投资目标承担不同的投资风险。投资者通过寻找与心理账户的预期风险和收益率相配备的资产品种来为每个心理账户寻求投资方式。

首要的，投资者有寻求安全的目标。因此，他们将足够的资产投入最安全的一层（金字塔的底部），这是心理账户的需求。能够承担更高预期收益率和风险的心理账户就可以将资产分配到另外更合适的那一层。例如，退休的投资者需要投资收入，这就决定了要将资产投入具有高股息的债券和股票的层面。在满足这个收入目标之后，退休者的下一个目标就是抵制通货膨胀，那么投资者就会将资产投入成长股。

每个心理账户都会用一定数目的资金来满足特定的目标。要求安全的心理账户的数目决定了在安全投资项目上要投入的资金数额。相反，一些心理账户设定的是"致富"目标，则"致富"的心理账户的数目决定了在高风险投资项目上要投入的资金数额。总的来说，投资者建立的投资组合内的资金分配，是由心理账户对每个资产级别的要求决定的。没有许多安全目标的投资者会将大部分的资金投入高风险的证券中去；有更强烈的安全及收入目标的投资者就会在金字塔相应的层面上有大量对应的证券投资。

第二节　投资决策中的自我控制策略

一、自我控制与投资者的情绪

所谓"自我控制"是指控制自己的情绪，并能够在保持理性的前提下，对各种事件作出自认为最合理、最有利的判断和决定。具体到证券投资市场上，每一个投资者都有自觉的"自我控制动机"，渴望能够使自己把握住局面，以有效应对瞬息万变的交易市场。在每个人的内心深处都存在着这种理性的自我控制的部分，但同时也存在着原始的情绪冲动的非理性部分。

一般而言，当投资专家、股评人士在解释证券价格波动时，人气或心理因素是重要的原因之一，即投资者的情绪。在证券市场中，股票价格的变化会导致人们产生各种各样的情绪，例如乐观与悲观、反应过度与反应不足等，而这些情绪又会进一步加剧股价的波动。

同时，投资者的情绪容易传染，使更多的投资者出现共鸣，出现相同的情绪状态，并对其操作行为产生严重影响。"追涨杀跌"正是这种情况的典型变现。简而言之，悲观的情绪会引起市场恐慌，而乐观的情绪则会激发市场人气。

Kaufman（1999）提出了"情绪化是个体有限理性的来源"的观点，并详细分析了"觉悟水平"与个体决策质量高低的直接关系。当个体的觉悟水平很低时，其经历着沮丧、忧郁或无聊等悲观情绪，这种状态有损于决策质量。因为个体投入到信息采集和问题处理中的心理能力太弱，注意力更多地集中在手头工作之外的事情，在这种情形下，投资者难免会作出低劣甚至错误的决策。

Kaufman 认为理性的有限性可以被分解成两部分，一部分来源于认知限制，另一部分来源于情绪觉悟的极限。投资者要想提高自我控制的能力，可以像飞行员那样通过接受训练来应对危险情况下所产生的巨大压力。如一些国际著名的投资银行对其交易员进行"压力测试"的训练，以保证其投资行为的理性和操作的稳定性，从而获取高水平的决策正确率和投资收益率。

二、投资决策如何实施自我控制

投资者如果想要成为一个能够获取一定投资收益的成功投资者，就必须有能力进行自我控制。关于如何有效实施自我控制可以从以下几个方面来进行。

1. 通过看清楚自我影响力进行控制

通过影响力进行控制表现为人们能够在很大程度上影响某一事件发生的进程,这种影响力能够最大限度地满足控制的需要。例如,对于绝大多数驾驶员来说,他们倾向于确信自己拥有过硬的驾驶技术以及迅速的判断与处理能力,能够在大多数情况下对驾驶中的突发情况作出及时正确的估计和反应,因此他们会认为只有在自己驾车的时候,才有一种真正的安全感和一种有能力避免事故发生的主动感。一旦他们成为乘客,则必须依赖所乘车辆驾驶员的能力,此时自己所能够施加的影响力就非常之小。事实上,驾驶员对自己控制事故发生的能力表现出一定的过高估计自己,产生忽视其他人的过度自信心理,过分高估自己的影响力。

普通投资者在投资时也经常会高估自己的能力,过高估计自己控制股价走势。事实上,普通投资者并没有什么机会或能力来影响整个大盘或某只股票的价格走势。他们也不能对其施加重要的控制,即使单方面注入相对大量的资金,也并不能大到足够掌控市场方向的程度。事实上,市场上的确存在极少数的人或者机构可以通过较大的成交量和资金量来控制市场,但其中包含个人投资者的概率微乎其微,一般也只能在短期内影响市场,而且更多只会出现在较小规模的市场或者投资产品上。

鉴于这一情况,投资者在投资决策时,要正确认清个人对市场的影响力度,不要过高估计自己的影响力,对过高估计的心理偏差进行自我控制,不要逆势而为。

2. 通过预测进行控制

尽管投资者不能直接控制或者影响股价的走势,但其未来状况至少是可以根据事件的发展而进行设计和预测的。如果投资者能够在一定程度上进行有效地预测,他们就能对事态发展进行全面的考虑,并按照事件最终出现的尽可能有利的结果来决策自己的投资行为。

例如,某公司主管根据其掌握的内部消息,诸如产品的成本与利润率、销售的情况或者可能发生的关联收购等,对自己公司未来的股价走势作出大体准确的预测,那么如果他以此来进行股票买卖交易,就可以有效控制其资本风险并赚取到高额收益。然而,这种做法在世界上绝大多数国家和证券投资交易市场都被法律明文规定为违法行为。

除了上述这种例外情况,绝大多数投资者都不能很好地预测股价未来的发展趋势。事实上,预测能够引起人们控制市场的感觉,而现代投资分析理论已越来越倾向于将投资者的心理活动以及理性预期作为研究金融市场兴衰与否、投资交易是否健康有序的重要分析变量之一。

理性的投资者需要意识到,即使专家也有判断失误的时候,如果只是一味地盲从,那么心中的控制欲望就变得强烈,这很可能会使投资者遭受损失。股票市场一般遵循"二八法则",即在证券市场上真正获取收益的成功投资者占投资者总人数的20%,80%的人则会亏损。因此,过度认为自己预测准确并带来收益的控制心态是不理性的,要对自己的预测拥有自我控制的意识。

3. 通过以往的经验进行控制

分析一个过往事件发生的原因,无疑将有助于人们在未来出现类似事件的时候能够控制局面。在证券市场上,一个投资者以往的投资经验对于以后的操作会有重要的影响,至少会具有一定的参考价值。例如,一个在牛市环境中投身股市的投资者,通常都会表现出过于乐观、风险意识淡薄的行为特点,因为他没有股市下跌时的经历和应对经验。相反,一个在股市中沉浮多年的老股民,其投资决策就会更加稳重和考虑周详。又如,一个投资者不幸刚在一个阶段的股市大跌中损失惨重,他很可能在一段时间内变得风险规避,即所谓"一朝被蛇咬,十年怕井绳",会导致其不敢作合理投资。

需要注意的是,根据经验进行控制的做法虽然相对来说比较理性,但也同时存在一定的风险,根据事件发生的复杂程度以及投资者个人的总结、分析、归纳能力的优劣,在记忆并解释过往事件的过程中,人们往往可能因为急于达到控制的目的,或者限于知识水平的程度,而仓促得出一个不一定客观正确的结论。一旦这种情况发生,越是忠于"分析经验、总结教训"的人,越会在将来继续作出错误的投资决策。因此,基于以往经验进行控制投资决策的行为会产生一定的缺陷,要有心理准备去意识这一问题,并有意识的自我控制。

4. 通过看淡消极后果进行控制

无论是国外还是国内的心理学家都发现在普通人群中,有一部分人会比较迅速地忘记那些相对痛苦的事件,或者在思想上尽可能放大积极的一面。这种行为特征被称为"看淡消极的后果"。存在这种特点的投资者往往很容易说服自己,"既往的损失不过是整个投资计划的一部分而已,不过是自己所交的一点学费而已。"然而,我们需要认识到,这种刻意贬低损失的态度,其实是一种心理上自我安慰式的控制形式,而这种形式的特点是通过改变对情形的感知,来使自己减轻痛苦从而获得更大的满足。需要强调的是,这种某种程度上的"阿Q精神",虽然能让自己的心态放松,减少痛苦感,但是外部的实际环境却不会因为个体态度而发生任何改变,尤其是在复杂而多变的证券市场上,幸运女神肯定不会因为这种看淡消极后果的"良好"心态而朝你微笑,选择轻易忘记而不吸取过往损失的教训,只会让投资者在将来的操作中继续失败。

因此,在针对投资失败的一些消极后果要客观看待,不能太过于忽视,要重视并控制这些失败的教训。

三、实施自我控制策略的措施

1. 投资目标应该放的更长远

投资心理学专家提出,培养远见与克服贪婪是提高自我控制能力的有效方法。事实证明,合理地设想拥有美好的未来远景对于调整人们的投资心态有着很重要的意义。研究表明,那些没有办法想象出美好未来的人,或者那些不愿意将注意力集中在未来消费可能性上的人,往往会把自己所有的钱都花费在当前的消费上(即时消费),导致投资目标的短期化,投资收益率的波动性大。因此,在制定投资目标时,最好的办法是设计一个长远的投资规划,比如依据个人或家庭理财规划的思路,根据个人或家庭的生命周期特点,对个人或家庭的一生进行规划。

2. 投资目标的制定要有"行为战略"规划

从行为金融学的角度出发,往往会强调一些所谓的"行为战略",即每个人都可以拥有自己的战略准则,以此来管理行为决策。在这里,提出一些值得培养的、让人更好地做到自我控制的通用行为战略。

（1）选择性地关注那些支持当前动机的信息。往往即时性的欲望和思想容易打乱人们原来的合理部署,造成不利后果。所以在对待这类信息时,要有意识的慎重,加强自我控制能力。

（2）选择性地将与目标相连的新信息记录编码。简单地说,就是关心与自己投资相关的各类有益信息和发展情况,并能够作出自己的分析和判断,尽可能地降低投资的风险,提高投资成功率。

（3）适当控制内外在的激励结构。这将非常有助于及时有效地作出投资决策的战略。金融市场上的涨跌情况瞬息万变,决策的及时性是非常重要的,机会稍纵即逝,要通过外部条件与自身情况的结合,激励自己赶在时间的前面,这样才有可能抓住市场上的机会。

3. 投资目标的设计要有优先次序

在日常生活中,投资者要学会控制不同目标的优先次序的排列。这个自我控制的有效方法能够让人们全面地关注自己的工作、消费和投资活动,使得投资这一相对长期的人生目标能够获得应有的关注以及资源的适当投入。几乎所有人都有过这样的经历,即对某件事情毫无兴趣可又必须去做。此时,良好的自我控制能够帮助我们认清事情的必要性与重要性,也许这件事并不是最终目标,但却是在达到目标的路途中所必须的过程。自我控制能力保证我们在预期的动机没有完成之前,能够保护其不被其他事件所影响或者削弱,这样更有利于我们最终完成自己预期的投资,并达到预期的效果。因此,在投资决策时,要学会对不同的投资行为进行分析,认清每一次投资行为的必要意义和优先程度,进行合理的规划。

4. 投资者应该自己制定一些有效规则

"规则"是一种很好的自我控制的工具。"没有规矩、不成方圆",有效的规则设计,能帮助投资者控制自己的贪念,规范投资者的投资行为。比如,一些投资者在持有股票时总希望获得越高的收益,希望在最高点抛出股票;而在股票下跌时,总是希望股价再涨回来。如果制定一些规则,在一定程度上可以避免大面积的亏损。比如"无论大盘如何,基本面走势怎样,只要有20%的收益就坚决套现离场",即不失为一个理想的操作策略。建立一个合理的、有效的规则,能够让自己的投资变得更轻松有序。

第三节 证券市场中中小投资者的"羊群效应"及投资策略

一、证券市场中中小投资者的"羊群效应"

1. 中小投资者模仿机构投资者的"羊群效应"

中小投资者放弃自己原本的信息跟随机构投资者的"羊群效应",是中小投资者根据智猪博弈中的大猪、小猪博弈均衡的原理,对双方力量和利益进行对比之后采取的合理措施。对于中小投资者而言,机构投资者是资金充裕、信息灵敏、操作专业的代名词,实力雄厚,相当于智猪博弈中的大猪;而中小投资者由于资金较少、信息不充分、投资经验不足、力量薄弱,相当于智猪博弈中的小猪。中小投资者正是基于这样的考虑,以及对风险厌恶等心理影响,当信息不一致的时候,他们不愿意也没有能力去辨别真伪,而宁愿选择"安全"的投资策略。即跟随机构投资者的投资行为,与他们保持一致,以此获取部分"安全"的收益。

下面用经典的智猪博弈原理来解释中小投资者和机构投资者之间的博弈过程以及他们的关系。我们不妨假设机构投资者和中小投资者都投资于股市,机构投资者资金充裕、信息灵敏、操作专业,中小投资者资金较少、信息不充分、操作不熟练。双方可以通过收集信息进行投资,获取相应的投资收益。信息收集是两类投资者可以采取的策略,两类投资者可以采取收集信息或不收集信息两种策略,而收集信息是要花成本的,假设机构投资者和中小投资者要收集正确信息的成本费用是 20,而如果只收集对方的情报、搭便车的话,所需花费的成本是 5。假设如果依据收集的正确信息进行投资,机构投资者由于投资总额大可以获取的投资收益是 100,而中小投资者由于投资总额较小,可以获取的投资收益是 10。如果两类投资者都不收集信息,则获得投资收益为 0。

根据以上博弈规则的设计,两类投资者采取不同行为策略,其相应的收益就明确了。如果机构和中小投资者都同时收集正确信息,则机构投资者的收益为 100 − 20 = 80,中小投资者的收益为 10 − 20 = −10;如果机构投资者收集正确信息而中小投资者跟随机构,则机构投资者的收益不变为 80,中小投资者的收益为 10 − 5 = 5;反之,如果中小投资者收集正确信息而机构搭便车,则中小投资者的收益为 10 − 20 = −10,而机构的收益为 100 − 5 = 95;如果机构和中小投资者都不收集正确信息,则两类投资者的收益为 0。收益矩阵如表 13-1。

表 13-1 机构、中小投资者收益矩阵

		机构投资者	
		收集信息	不收集信息
中小投资者	收集信息	(−10,80)	(−10,95)
	不收集信息	(5,80)	(0,0)

从表 13-1 的收益矩阵我们可以看出,中小投资者具有最优策略:不收集信息。在这种情况下,机构投资者的最优策略是收集信息。机构投资者收集信息、中小投资者不收集信息搭便车是均衡的策略,双方的收益为(5,80)。

从以上博弈均衡的结果来看,机构投资者收集信息并分析信息,中小投资者分析机构投资者的行为并模仿跟随是合理的,因此也就产生了中小投资者对机构投资者的从众行为。

2. 中小投资者模仿其他中小投资者的"羊群效应"

在现实中,出于各种原因,中小投资者在投资中除了经常跟随机构的投资策略外,还倾向于跟随其他中小投资者的投资策略。中小投资者出于对损失和后悔的厌恶,但又担负不起获取确切信息的费用,或无法获取确切信息,而且缺乏正确分析信息的经验和能力,所以经常采用观察的方式来间接揣摩别的投资者的思路,进而模仿成功的中小投资者。

比如,中小投资者乙通过对中小投资者甲进行多次观察,发现甲连续多次在投资中获利,他就会相信甲的信息比较可靠,那么以后他就会采取和甲相同的投资策略。同样,中小投资者丙也在密切关注乙的投资行为,发现投资者乙投资收益较为可观,并且自己在原来的投资中数次和投资者乙的投资策略相反而被套牢,他就越发相信投资者乙有内幕消息,跟随他应该是安全的,所以当自己的信息和投资者乙不一致时,就会毫不犹豫地放弃自己的信息而跟从乙,或是自己根本不再花金钱和时间收集信息,完全模仿投资者乙的投资策略……经过一系列的传导过程,市场上存在越来越多的投资者模仿中小投资者的投资行为,这就形成了中小投资者之间互相模仿的"羊群效应"。

二、证券市场中中小投资者"羊群效应"的效应分析

沪深股市起步于20世纪90年代初期,发展时间较短,证券市场和大多数投资者都不成熟。和成熟市场相比,中小投资者的从众行为导致股市行情过度波动的情况尤为剧烈,使交易量与股价之间表现出共涨共落的高度相关性。从众行为、"羊群效应"使股市行情像大海的波涛一样此起彼伏,市场上的交易量具有明显的单向性,投资者对证券市场价格走势的观点认同度偏高,或者说投资者的投资行为趋同度高。这种"羊群效应"的发生不是偶然的,市场中庄家和机构常常是"羊群效应"的领头羊,中小投资者往往成为盲目跟风的"羊群",这种推波助澜的作用使得股价原本正常的上调成为过度超涨,或者使原本正常的下调成为过度超跌。同时,庄家或机构经常利用中小股票的从众跟风心理操纵股票价格,使中小投资者无法有效模仿投资获取收益,反而因为跟风而落入庄家设置的圈套,蒙受套牢的巨大损失。

"羊群效应"所导致的股价过度波动的状况,不仅给中小投资者带来了重大的利益损失,也会影响中国证券市场的健康发展。对于这一盲目从众的"羊群效应"所带来的不利,我们把它定义为是非理性的"羊群效应"。

非理性"羊群效应"导致的过度波动一直是困扰我国证券市场发展的一个严重障碍。分析和研究中小投资者的非理性从众行为的特征、影响及成因,对于我国证券市场的健康有序发展、政府的有效监管和规范以及促使投资者形成理性投资决策有着重要的现实意义。

三、中小投资者非理性"羊群效应"的成因分析

1. 信息不对称因素

投资者之间信息不对称是非理性"羊群效应"产生的重要原因。面对市场上大量的不确定信息,中小投资者因自身能力的不足,往往无法筛选出有效信息。在证券市场中,中小投资者之间信息不对称是一种常态,而投资者之间在有效信息的获取上具有极大的差异,这是因为许多有效信息并没有在市场上及时公开和证实,而且信息的获取需要支付相应的时间成本和经济成本。通常,机构投资者由于拥有雄厚的资金、专业的技术以及人才方面的优势,往往能够及时获取有效信息。而中小投资者作为证券市场的弱势群体,在信息成本的支付上与机构投资者不能相提并论,他们处在一个相对不利的地位。在没有获得有效信息的条件下,中小投资者无法优化其投资决策,因此不得不面临极大的投资风险。为了趋利避害,中小投资者往往会放弃自己独立的判断与分析,而倾向于追寻自认为可靠的权威信息和某些所谓的"内幕消息",甚至会依附市场中某些具有影响力的投资人。

2. 缺乏自信心因素

在中小投资者中,仅有少部分人对自我投资能力有较高的评价。多数中小投资者因缺

乏专业知识和实际操作经验,对自我投资决策能力严重地缺乏信心。他们在高风险、高收益的证券投资活动中,为了追求收益、避免损失,往往以专业投资者的认知与判断作为自己投资决策的依据,其结果是盲目听从专业人士的意见。

大量实证研究已经证实,人们在面临高度不确定性和模糊性时,容易以他人的认识和判断作为自己决策的"锚定"。而股票市场是一个信息高度不确定的市场,所以中小投资者通常采取与他人趋同的投资策略,而不轻易自信判断和决策。显然,在这种情况下,专业人士扮演着"头羊"的角色,广大中小投资者顺理成章地成为"羊群"。

3. 博弈格局因素

中国的证券市场上,中小投资者虽然人数众多,绝对资金量大,但投资分散,不能形成同向合力。在缺乏有效信息和投资经验的情况下,中小投资者的投资行为具有相当严重的盲目性。相对而言,机构投资者在信息、人才、设备和资金投向的集中度方面占有绝对优势。在沪深股市中,我们可以明显看到,中小投资者成为机构投资者共同博弈的对象。机构投资者借助各类消息、传闻操纵市场,诱导大量处于弱势的中小投资者跟风投资。如果不对这种格局进行有效调控,将会引发股价的剧烈波动,导致整个证券市场股价体系的紊乱,甚至会阻碍证券市场有效配置资源。

4. 投机因素

证券市场是一个投资与投机两相宜的场所。众所周知,沪深股市还是不成熟、不规范的证券市场,投资者难以获得应有的投资回报,投资需要承受更大的风险,导致投机盛行。众多参与者不重视对上市公司经济效益的分析和研究,而只重视股票差价带来的收益。垃圾股被众人追捧,绩优股却少人问津,投资者少,投机者多。过度投机必然会导致大量的非理性从众行为。毫无疑问,如何减少股票市场中的投机成分,使沪深股市成为一个良好的价值投资场所,是摆在证券监管者们面前的一个重要课题。

四、规避非理性从众行为的投资策略分析

1. 坚定价值投资理念

博弈论将经济博弈分为零和博弈和非零和博弈。零和博弈又称零和游戏,属于非合作博弈,参与博弈的各方,一方的收益必然意味着另一方的损失,博弈各方的收益和损失相加总和永远为"零"。非零和博弈又分为正和博弈和负和博弈。一个不成熟、不规范的证券市场,可能是一个零和博弈,甚至是一个负和博弈。在这样的场所中,投资者无法投资,只能投机。中国证券市场建立后经历了种种艰难险阻,正在从它的幼年期慢慢成长。如今,中国股市的不良状况已得到一定程度的改观。

在中国经济高速发展的宏观背景下,中国的证券市场正在逐渐成为优良的资本投资场所。因为一个成熟、规范的股票市场中,多数上市公司都是业绩优良且具有良好成长性的投资品种,这样的股票市场是一个正和博弈的金融场所。股神巴菲特曾说,短期股市的预测是毒药,应该把它放在最安全的地方,远离儿童以及那些在股市中行为像儿童般幼稚的投资者。非理性的从众行为会诱导无数中小投资者追涨杀跌,到最后落得高位套牢,甚至血本无归的境地,其结果只是向券商交足了手续费。其实巴菲特的做法很简单,可以归纳为八个

字:精选股票、长期持有。这就是巴菲特股市投资的制胜法宝。巴菲特在过去40多年里,坚定地持有自己精心挑选的股票,获得了2 000多倍的投资收益,成为全世界投资者顶礼膜拜的"股神"。

巴菲特认为应做到以下四点来选择有真正投资价值的股票:①能够了解的企业;②有良好发展前景的企业;③由诚实正直的人经营管理的企业;④能以较便宜的价格买入该企业的股票。具体到沪深股市,我们可以将有投资价值的股票理解为能代表中国经济高速增长的优质上市公司,它应该是蓝筹股,也是有高成长性的龙头股。在沪深股市2 000多只股票中,挑选几只有投资价值的股票应该不是很困难的事情。关键在于,中小投资者能否坚持价值投资,把眼光放得长远一点。

2. 调整投资策略,提高操作技巧

在许多机构投资者眼中,中小散户不过是一个容易受掌控和驱使的"羊群"。于是他们依靠强大的资金实力,利用信息不对称的优势,翻云覆雨,兴风作浪,再利用非理性的"羊群效应"让市场做出极端过度的反应,诱使中小投资者追涨杀跌、超买超卖。

中小投资者即使处于不利地位,也能争取到主动的投资机会。他们应该依据自己的理性分析,尽量减少投资的盲目性,争取投资的主动性。在股票投资中,中小投资者很难获取有效信息,因此仔细观察分析某些机构投资者的投资举动,把握好投资节奏,就会取得事半功倍的效果,这似乎也可算作一种理性的从众行为。但值得注意的是,机构投资者会千方百计地改变博弈规则,阻止中小投资者抢先获利。因此,中小投资者要防止被机构投资者制造的假象所欺骗。

3. 稳定心态克服羊群效应

投资大师彼得·林奇说过"假如你在绝望时抛售股票,你一定卖得很低"。当市场处于低迷状态时,其实正是进行投资布局、等待未来高点收成的绝佳时机。不过,由于大多数投资人存在"羊群效应"的心理,当大家都不看好时,即使具有最佳成长前景的投资品种也无人问津。而等到市场热度增高,投资者才争先恐后地进场抢购,一旦市场稍有调整,大家又会一窝蜂地杀出,这似乎是大多数投资者无法克服的投资心理。

如何尽量避免跟风操作呢?投资者结合自身的投资目标、风险承受度等因素,设定获利点和止损点,同时控制自己情绪来面对各种起落,加强个人"戒急隐忍"能力,这样才能顺利达成投资目标。

基金投资虽然不应像股票一样短线进出,但适度转换或调整投资组合也是必要的,因为有些风险基金是无法避免的,如市场周期性风险,即使是明星基金也必须承担随着市场景气与产业周期起伏的风险。设定获利点可以提醒投资者的投资目标已经达到,避免陷入人性贪婪的弱点,最终反而错失赎回时机,获利缩水。设定止损点则可以锁定投资者的投资风险,以避免可能产生的更大损失。当基金回报率达到损益条件,投资者就应该判断是否获利了结或认赔赎回。

设定获利点和止损点的参考依据很多,一般而言,投资者可以结合自身的风险承受度、获利期望值、目前所处年龄阶段、家庭经济状况以及所在的市场特征加以考虑,同时定期检查投资回报情况,这样才能找出最适合自己投资组合的获利及止损区间。特别强调每季度的定期检查,基金投资须每季度检查基金表现、排名变化、投资标的增减,为最终的赎回或转换提供决策依据,以免错失最佳卖点或过早出局。

需要指出的是,当基金回报达到自己设定的获利点或止损点时,并不一定要立刻获利了结或认赔卖出,此时应评估市场长线走势是否仍看好、基金操作方向是否正确,以及自己设定的获利点或止损点是否符合当时市场情况,再决定如何调整投资组合。如果是因为市场短期调整而触及止损点,此时不宜贸然赎回,以免市场马上反弹,投资者却因为耐性不足而卖在低点。如果基金业绩在同类型基金中表现突出,同时所在市场长线也看好,只是因为短期波动达到止损点,此时如果能容忍继续持有的风险,或许投资者应该重新设定警示条件,甚至可趁机加码,达到逢低摊平的目的。反之,当市场由多头转为空头已成定局,或者市场市盈率过高、市场风险增大时,无论是否达到获利点,都应尽快寻求最佳赎回时机。

第四节　基于行为金融学的股票常见投资策略

基于股票市场投资者的投资行为受到各种心理认知偏差的影响,行为金融学提出了几种常见的股票投资策略:关注小盘股的投资策略、反转交易策略、成本平均策略、时间分散化策略、动量交易策略、购买并持有策略等。

一、关注小盘股的投资策略

(一)关注小盘股的投资策略的内涵

关注小盘股的投资策略,又称"小公司效应"。所谓"小公司效应"是指小盘股比大盘股的收益率高。该策略认为,一般而言,小盘股的收益要比大盘股的收益高。但随着公司规模的扩大,股票的市值会随着公司规模的扩大而减少。在这种趋势下,只要掌握了已知信息,就可以预测收益率的变化,通过关注投资小盘股,可以获得高于大盘股的平均收益率。

小盘股的特性主要是流通市值较小,炒作资金较之大盘股要少得多,较易吸引主力介入,因而股价的涨跌幅度较大,所以经常成为熊市独立行情的代表品种。应对此类股票的方法主要有:耐心等待股价走出缩量的上升通道,且上市公司行业景气度转好时买进,卖出时机可根据市场及上市公司的环境因素和业绩情况,注意在历史的高价区域附近获利了结。一般来讲,小盘股在1—2年内,大多存在数次涨跌循环机会,只要能够有效把握节奏且方法得当,套利小盘股获利大都较为可观。关注小盘股的投资策略是国际资本市场上流行的投资策略。

在使用小盘股的投资策略时,投资者找到具有投资价值的小盘股,当预期小盘股的实际价值与将来股票价格的变动有较大的差距时,可以考虑选择该种股票。先前被低估的小盘价值股一旦有利好消息传出时,市场上可能导致投资者对新信息反应过度,从而使股票价格大幅上涨。另外,由于小盘股流通盘较小,市场上投资者所犯系统性错误对其股价波动的影响更大,从而为掌握该种投资策略的投资者带来超额投资收益。

(二)小盘股投资策略的原理

根据行为金融学有关观点,在某种条件下,投资者在处理信息的过程中会犯系统性的精神和心理错误。这些精神和心理错误是投资者犯代表性偏差和框定依赖偏差等认知偏差的根源。由于代表性偏差或框定依赖偏差的存在,投资者对负面信息会存在过度反应。利用投资者的过度反应,投资者要找到哪些在长期内业绩被低估的小公司股票,这些公司股票价值将会恢复的信息由于投资者的行为偏差而被忽视。但随着时间的延长,这种公司的投资价值会逐渐显现,当大家都认识到这种公司的价值时,行为投资经理则可以抽身离开,以这种策略可以获得较好的投资收益。

(三)小盘股投资策略的操作方法

首先,选中易受一系列令人失望的消息影响的公司,这些消息能导致一个股价长期下降的模式。对于这些公司,一般大多数投资者对被选中的公司管理失去信心,并将业绩不好的表现类推到未来,预期将从公司带来更多的坏消息,从而忽略了公司管理得到改善的信号。

其次,分析是否存在一个改善公司价值的信号正在发生,这些信号如内部股票购买或公司股份回购等。

再次,分析公司价值改进信号的力量和质量,管理层乐观预期的合理理由,导致结果改善的潜在的催化剂是什么。

最后,当股票有下列情形时卖出:①当前股票价格已经反映公司价值的改进基础。②相对于同类或历史范围卖出已经有溢价收入。③来自管理层导向表明不再有好的市场预期。④有来自于管理层的负面信息。⑤公司发行股票。⑥内部抛售股票。⑦潜在的催发剂因素对公司无影响。⑧管理层对公司预期前景是错误的。⑨经营基础没有得到改善。

二、反转交易策略

反转交易策略(Contrarian Strategy)是行为金融学发展至今较为成熟,同时也是最受关注的论点之一。它是基于股票市场反应过度现象提出的,是人们对信息反应过度的结果。所谓反转交易策略,是指购买过去表现实际较差或者公司经营状况较差的股票,同时卖出过去市场表现较好或者公司经营状况较好的股票。其中,市场表现是指股票的收益,公司的经营状况是指一些财务指标的表现。这里把过去市场表现较差或者公司经营状况较差的股票称为价值股,过去市场表现较好或者公司经营状况较好的股票称为成长股,因此反转交易策略换句话说就是买进价值股同时卖出成长股。

反转交易策略另一种理解,就是买进过去表现差的股票,而卖出过去表现好的股票,如选择低市盈率的股票、选择股票市值比其账面价值低的股票、选择历史收益率低的股票等。行为金融学认为,反转交易策略是对股市过度反应的纠正,是一种逆向思维的方法。

三、成本平均策略

成本平均策略是指投资者在投资股票时,按照预定计划根据不同的价格分批进行,以备不测时摊薄成本,从而规避一次性投入可能带来较大风险的策略。该策略一般是在股市价格下跌时,分批买进股票以摊薄成本的策略。采用这一策略不是追求效用最大化,而是为了降低投资的遗憾度。

成本平均策略假定投资者的财富只有一种形式,并且想把资产转化为另一种形式。成本平均策略的投资者通常会把现金分成不同的部分,然后每次以同样数量的现金按照事先确定的方案投资,这样可以避免一次性投资带来的风险。成本平均策略使得投资者在股票价格较高时投资的股数少,而股票价格低时投资的股数多,即可以减少投资成本。成本平均策略的投资者其实是次优的而非最优的投资策略。1994年,Warther的实证研究发现,基金公司的现金流入和流出存在着强烈的联系,采用成本平均策略的投资者在经过股价下跌一段时间以后更有可能买进股票。

四、时间分散化策略

时间分散化策略是指根据投资股票的风险将随着投资期限的延长而降低的信念,建议投资者在年轻时较大比例地投资股票,随后逐渐减少此比例的投资策略。

Fisher和Statman(1999)对这种策略进行了系统解释,提出了其合理性并给出了实施中加强自我控制的建议。时间分散化策略有两个方面,一方面是认为股市的风险会随着投资期限的增加而降低;另一方面是,建议投资者在年轻时将资产组合中的较大比例投入股市中,而随着年龄的增长则不断地减少股票在资产组合中的比例。无论是个人投资者还是机构投资者,都认为时间分散会减少风险。

1998年,Ibbotson和Associate通过研究股票不同时间范围内的收益——从1年到20年,结果发现时间分散的影响,长时间地持有资产可以降低损失风险,并且认为如果期限15年或者以上,基本就可以获得非负的收益。

五、动量交易策略

"动量现象"是金融经济学英文中"Momentum"一词的中文翻译,也有根据含义译为"惯性",它属于资产定价理论研究中异常现象的一种,一般是指在过去较短时期内(因市场不同而有所差异,美国市场上是3—12个月)收益率较高的股票,未来的中短期收益也较高;反之则相反。

动量效应就是指在一定持有期内,如果某只股票或者某个股票组合在前一段时期表现较好,那么,下一段时期该股票或者股票投资组合仍将有良好表现,而表现不好的股票也将会持续其不好的表现。

根据以上现象所形成的交易策略进行交易,就是动量交易策略。具体而言,所谓的动量交易策略是指早期收益率较高的股票仍会在接下来的表现超过早期收益率低的股票,因此买入过去的强势股,卖出过去的弱势股。动量交易策略也被称为相对强势策略。这一策略的核心内容是寻求在一定期间内股价变动的连续性。如果股价变动连续趋涨,则采取连续卖出的策略;如果股价变动连续趋跌,则采取连续买入的策略。

动量交易策略是针对反应不足的心理偏差设计的。华伟荣、金德环等人以我国上海证券交易所2000年1月1日至2002年7月31日所有上市股票(ST、PT除外)为样本,研究了动量策略的可行性,得出在中国股票市场存在强者恒强、弱者恒弱的现象,时间周期在3—24周,此期间主要呈现反应不足。因此在短期内可以采取买入强势股票,卖出弱势股票的策略。

六、"购买并持有策略"

个人和机构投资于股票应执行能够帮助控制认识错误和心理障碍的安全措施。控制这些心理障碍的关键方法是所有类型的投资者可以实施一种严格的交易策略——"购买并持有策略"。

"购买并持有策略"是指按确定的恰当的资产配置比例构造了某个投资组合后,在诸如3—5年的适当持有期间内不改变资产配置状态,保持这种组合。"买入并持有策略"是消极型的长期再平衡方式,适用于有长期计划水平并满足于战略性资产配置的投资者。

在该策略下,投资组合完全暴露于市场风险之下,它具有交易成本和管理费用较小的优势,但也放弃了从市场环境变动中获利的可能,同时还放弃了因投资者的效用函数或风险承受能力的变化而改变资产配置状态,从而提高投资者效用的可能。因此,"买入并持有策略"适用于资本市场环境和投资者的偏好变化不大,或者改变资产配置状态的成本大于收益时的状态。

一般而言,采取"买入并持有策略"的投资者通常忽略市场的短期波动,而着眼于长期投资。就风险承受能力来说,由于投资者投资于风险资产的比例与其风险承受能力正相关,一般社会投资大众与采取买入并持有策略的投资者的风险承受能力不随市场的变化而变化,其投资组合也不随市场的变化而变化。因此,"买入并持有策略"的投资组合价值与股票市场价值保持同方向、同比例的变动,并最终取决于最初的战略性资产配置所决定的资产构成。投资组合价值线的斜率由资产配置的比例决定。

复习思考题

1. 什么是行为投资组合理论?与现代投资组合理论有什么联系与区别?
2. 简述行为投资组合理论的基本策略。
3. 简述投资决策中实施自我控制要从哪些方面出发。
4. 简述投资决策中实施自我控制的基本措施。
5. 请用博弈论的思想阐述中小投资者与机构投资者的"羊群效应"形成原理。
6. 简述中小投资者非理性"羊群效应"的成因。
7. 简述规避非理性从众行为的投资策略。
8. 简述关注小盘股的投资策略的内涵。
9. 简述关注小盘股的投资策略的操作方法。
10. 简述反转交易策略的内涵。
11. 简述成本平均策略的内涵。
12. 简述时间分散化策略的内涵。
13. 简述动量交易策略的内涵。
14. 简述"购买并持有策略"的内涵。

第四篇
金融投资价值模型分析技术与技巧

第十四章 金融投资价值模型分析技术与技巧

【本章导读】

> 通过本章的学习,了解金融资产市场价值与内在价值的关系,市场价值不会长期远离内在价值。掌握固定收益证券的利率预测分析方法及资金成本分析方法,理解如何运用这些分析方法确定收益率以便更好地确定金融资产的内在价值。掌握金融资产内在价值模型的分析方法:资本资产定价模型、金融资产未来收益贴现模型、市盈率模型以及布莱克—斯克尔斯期权定价模型。

第一节 金融资产价值概述

一、金融资产价值内涵

金融资产的常见类型有债券、股票、基金、权证等产品,这些产品也是当前投资者选择的常见投资品种。投资这些产品会给投资者带来一定的收益,当然不同的产品,投资者所获得收益来源的方式不一样。比如,债券投资比较常见的收益来源渠道包括利息来源、投资债券的资本利得,股票的常见收益来源有红利、股票资本利得等。这些产品的收益正是投资者之所以愿意进行投资的原因及动力。从这一收益来源构成投资动机来看,金融资产的价值主要反映投资该项资产所获得的未来产生的收益,这些收益来源也就构成了资产的实际价值。

因此,对金融资产内在价值的理解是估算金融资产预期未来现金流量的现值。围绕金融资产内在价值的估算,目前已有不少成熟的理论模型。比如对股票内在价值的计算有红利贴现模型、固定股利贴现模型、固定增长股利贴现模型等,对债券有利息贴现模型等。这些模型正是对资产未来产生的收益进行现值估算。对这种以资产未来收益现值进行估算所确定的价值,我们称之为资产的内在价值。

资产未来收益除了用贴现方法进行估算外,还有一些其他的方法,比如用市盈率来估计股票的价值问题,用利率、资金成本来估算资产的收益情况,用布莱克—斯克尔斯期权定价模型估计期权、权证等的价值,这些价值是从理论的角度估计资产的实际价值,着眼于资产未来收益的价值,是资产的真实价值,我们也称之为资产的内在价值或实际价值。

二、市场价值与内在价值的关系

市场价值是指一项资产在交易市场上的价格。它是买卖双方竞价后产生的双方都能接受的价格。内在价值是资产的真实价值,它不一定总是等于市场价值,但内在价值与市场价值有密切关系。

从有效市场的角度来看,如果市场是有效的,即所有资产在任何时候的价格都反映了公开可得的信息,则内在价值与市场价值应当相等。如果市场不是完全有效的,一项资产的内在价值与市场价值会在一段时间里不相等。投资者估算一种资产的内在价值,并与其市场价值进行比较,如果内在价值高于市场价值则认为资产被市场低估了,他会决定买进。投资者购进被低估的资产,会使资产价格上升,回归到资产的内在价值。长期来看,资产的市场价值总是会趋向并回归于内在价值,而且市场越有效,市场价值向内在价值的回归越迅速。

从商品交换的价值规律来看,价格总是围绕价值在波动,它不会等于价值但也不会完全脱离价值。当价格远离价值较多时,总会有一股市场的力量会促使价格向价值回归。

因此,资产的内在价值是所有金融资产价值的基础,市场价值不会长期远离内在价值。如果对资产的内在价值能有比较准确的估计,就可以比较有效地衡量当前资产的市场价值是否合理,也可以据以作为决定投资市场价值低于内在价值或卖出市场价值高于内在价值的金融资产的决策依据。所以,用一些理论模型分析金融资产的内在价值就显得尤为重要了。

第二节 金融资产收益率模型分析

对金融资产内在价值的评估可以从两方面来理解:一方面是从资产收益率的角度来看,比如固定收益证券(如债券)的利率及收益率,权益类资产的收益率等,通过分析、比较收益率可以从相对指标的角度来评估金融资产的价值是否合理;另一方面是从金融资产的内在价值与市场价格相比的角度,即从绝对指标的角度来评估资产的理论价值与市场价格的关系,根据市场价格与理论价值的高低来判断市场对资产价值是高估还是低估。

以下将从两方面对资产价值的评估加以分别介绍。本节主要是从第一方面介绍相关收益率分析的模型及方法,后面四节则从绝对指标的角度分析内在价值,在计算内在价值时要考虑折现率,分析折现率也需要使用本节所介绍的分析收益率的方法。

一、固定收益证券的利率预测模型

对固定收益证券收益率的分析,首先要分析其相关的利率。这里主要介绍两种方法:一是从构造利率期限结构的角度分析 n 年期即期利率;二是用水平分析方法分析债券的实际年利率。

(一) 利率期限结构理论与利率预测模型

1. 等价连续复利的含义

对于每年复利 m 次的一笔资金 p,n 年后的终值 FV 满足:

$$FV = p\left(1 + \frac{r}{m}\right)^{mn} \tag{14.1}$$

式中：r——复利。

如果有一笔1 000元的存款，年利率（复利）为6%，据式（14.1），则3年后该笔存款连本带息（一年复利两次）应为1 194.05元。若将每年复利的次数m增加到3,4,…,100，则得到3年后（即n年后）该笔存款连本带息的金额如图14-1所示。

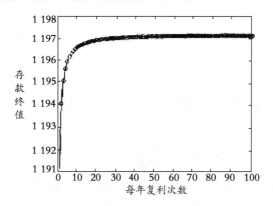

图14-1 一笔资金每年复利次数与存款终值

当每年复利的次数m趋于无穷大时，$FV = p\left(1 + \frac{r}{m}\right)^{mn} \to pe^{rn}$，我们将复利的次数m趋于无穷大时的利率r称为连续复利。

例1：有一笔1 000元的存款，年利率（连续复利）为6%，则3年后该笔存款连本带息为：
$FV = pe^{rn} = 1\,000^{6\% \times 3} = 1\,197.22$（元）

因此，3年后该笔存款连本带息为1 197.22元。

根据以上关系，可以得出，每年复利的次数为m时的复利r和与其等价的连续复利r^*的关系满足：

$$e^{r^*} = \left(1 + \frac{r}{m}\right)^m \tag{14.2}$$

整理得：

$$r^* = m \times \ln\left(1 + \frac{r}{m}\right) \tag{14.3}$$

例如：一年复利两次的年利率为6%的等价连续复利为：

$$r^* = m \times \ln\left(1 + \frac{r}{m}\right) = 2 \times \ln\left(1 + \frac{6\%}{2}\right) = 5.91\%$$

因此，一笔3年后到期的1 000元存款按6%复利计算（一年复利两次）与按5.91%的连续复利计算，3年后所得的金额是一样的。

2. 利率期限结构的构造与即期利率预测

下面，我们利用不同国债的市场价格来构造利率期限结构。表14-1列出了7种面值为100元国债的到期期限、票面利率和当前的价格。

表 14-1　7 种不同国债的价格

到期期限(年)	票面利率	价格
0.25	0	98.1
0.5	0	96.18
1	0	92.21
1.5	8.5	99.18
2	9	99.37
2.5	11	103.16
3	9.5	99.11

由表 14-1 中 3 个月期(0.25 年)的国债价格 98.1,可以得出以连续复利表示的 3 个月期的即期利率为:

$$4 \times \ln\left(1 + \frac{100 - 98.1}{98.1}\right) = 7.67\%$$

类似地,可以得到以连续复利表示的 6 个月期的即期利率为:

$$2 \times \ln\left(1 + \frac{100 - 96.18}{96.18}\right) = 7.79\%$$

以连续复利表示的 1 年期的即期利率为:

$$1 \times \ln\left(1 + \frac{100 - 92.21}{92.21}\right) = 8.11\%$$

下面,我们再利用还有 1 年半到期的第四个国债来计算出 1.5 年期的即期利率。令 r 为 1.5 年期的即期利率,由于国债每半年付息一次,我们得到:

$$99.18 = 4.25 e^{-0.5 \times 7.79\%} + 4.25 e^{-1 \times 8.11\%} + 104.25^{-1.5r}$$

求解上式中的 r,得到 1.5 年期的即期利率为 8.94%。

类似地,可以得到以连续复利表示的 2 年期的即期利率为 9.19%,以连续复利表示的 2.5 年期的即期利率为 9.40%,以连续复利表示的 3 年期的即期利率为 9.70%。

故不同期限的即期利率如表 14-2 所示:

表 14-2　不同期限的即期利率表

期限	3 个月	6 个月	1 年	1.5 年	2 年	2.5 年	3 年
即期利率	7.67%	7.79%	8.11%	8.94%	9.19%	9.40%	9.70%

根据即期利率表,可以得到利率的期限结构图,如图 14-2 所示。

(二) 水平分析模型

水平分析模型是一种对债券实际年利率分析的方法。这里用一个例子来介绍水平分析模型是如何计算债券的实际年利率。下面是水平分析模型的一个例子。

例 2:假设发行一种期限为 20 年,面值为 1 000 元,息票利率为 10%,每年付息一次的债券,其到期收益率为 9%。投资者 A 购买了该债券,其投资规划是持有该债券两年后出售,

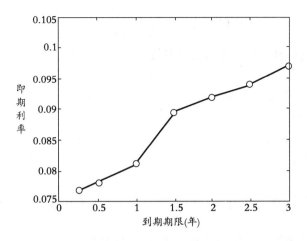

图 14-2 利率的期限结构

因此投资者 A 会关心持有该债券 2 年间的总收益情况。2 年后债券的期限还有 18 年,分析预测 2 年后期限还有 18 年的该债券的到期收益率为 8%,2 年间支付的息票利息可以 7% 的利率进行短期债券投资。

针对该情况,用水平分析模型分析持有该债券 2 年的收益率。

投资者 A 期初购买该债券的现值为:

$$100 \times (P/A, 9\%, 20) + 1\,000 \times (P/F, 9\%, 20) = 1\,091.29(元)$$

预测 2 年后债券的现值为:

$$100 \times (P/A, 8\%, 18) + 1\,000 \times (P/F, 8\%, 18) = 1\,187.44(元)$$

2 年间支付的息票利息进行投资的远期价值为:

$$100 \times 1.07 + 100 = 207(元)$$

持有该债券 2 年的持有其收益率为:

$$HPR = (1\,187.44 - 1\,091.29 + 207) \div 1\,091.29 = 27.8\%$$

投资者 A 持有该债券 2 年的实际年利率为:

$$r = \sqrt{1 + 27.8\%} - 1 = 13\%$$

运用这一分析方法,根据相应的条件,可以分析持有债券若干年的实际年利率。这样一种分析方法,即为水平分析法。

二、资金成本分析

(一) 债务资金成本

债务资金成本根据利率水平、利率计算方式(固定利率或浮动利率)、计息方式(单利或复利)、还本和付息方式、宽限期和偿还期而计算结果不同。对债务资金成本的估计,可以用估算债券内在价值的方式,反向推导出债务资金成本。由于债务利息计入企业的税前成本费用,可以起到抵税的作用,因此含筹资费用的税后债务资金成本,依据债券价值计算的方法,可以用式(14.4)表示:

$$P_0(1-\rho_d) = \sum_{t=1}^{n} \frac{F_t + I_t(1-\tau)}{(1+i_d)^t} \quad (14.4)$$

式中,P_0——债券发行价格,即债务当前的市值;

F_t——本金偿还额;

I_t——债务年利息,其中债券年利息 = 面值×票面利率;

i_d——债务资金成本;

ρ_d——债务资金筹资费率;

n——债务期限;

τ——所得税税率。

特殊情况下,假设采取每年按票面利率支付利息,到期一次支付本金,则债务资金成本可以表述如下。

(1) 当不考虑债务筹资费用的情况下,债务资金成本为

$$i_d = (1-\tau) \times r_d \quad (14.5)$$

(2) 当考虑债务筹资费用的情况下,债务资金成本为

$$i_d \approx \frac{(1-\tau) \times r_d}{1-\rho_d} \quad (14.6)$$

例3:某公司发行面值为500万元的10年期长期债券,票面利率12%,每年支付一次利息,发行费用占发行价格的5%。若公司所得税税率为25%,计算该债券的资金成本。

解答:依据公式(14.4),有

$$500 \times (1-5\%) = \sum_{t=1}^{10} \frac{500 \times 12\% \times (1-25\%)}{(1+i_d)^t} + \frac{500}{(1+i_d)^{10}}$$

得出 $i_d = 9.81\%$,即为该债券的资金成本。

(二) 权益资金成本

权益资金成本是对股东而言的必要收益率。对权益资金成本的估算可以采取估算股票内在价值的红利贴现模型来估算股票的内在收益率,我们把这一方法称为内部收益率法。也可以采取资本资产定价模型来估算权益资金成本。

1. 内部收益率法

根据红利贴现模型,权益资金价值等于公司的股利的现值。用公式表示如下:

$$V_0(1-\rho_e) = \sum_{t=1}^{n} \frac{D_t}{(1+i_e)^t} + \frac{V_n}{(1+i_e)^n} \quad (14.7)$$

式中,V_0——权益资金价值;

i_e——权益资金成本;

D_t——第 t 年的股利;

V_n——第 n 年末公司的价值;

ρ_e——权益资金筹资费率。

① 若要求每年的股利 D_t 保持不变为 D,且项目永续进行,依据固定股利模型,有:

$$V_0(1-\rho_e) = \frac{D}{i_e} \quad (14.8)$$

则权益资金成本为：

$$i_e = \frac{D}{V_0(1-\rho_e)} \quad (14.9)$$

② 若要求每年的股利 D_t 保持固定增长速度 g，年初的股利 D，而且项目永续进行，依据固定股利模型，有：

$$V_0(1-\rho_e) = \frac{D(1+g)}{i_e - g} \quad (14.10)$$

则权益资金成本为：

$$i_e = \frac{D(1+g)}{V_0(1-\rho_e)} + g \quad (14.11)$$

例4：某上市公司拟上一项目，准备筹资1 000万元，准备增发1 000万普通股，发行费率为5%。预计当年股利率为10%，同时估计未来股利每年递增4%，计算权益资金成本。

依据公式(14.11)，有：

$$i_e = \frac{D(1+g)}{V_0(1-\rho_e)} + g = \frac{1\,000 \times 10\% \times (1+4\%)}{1\,000 \times (1-5\%)} + 4\% = 14.94\%$$

2. 资本资产定价模型法

在有效的资本市场条件下，资本资产定价模型是一种常用的估计权益资金成本的方法。

$$i_e = r_f + \beta(r_m - r_f) \quad (14.12)$$

式中，r_f 表示无风险投资收益率，r_m 表示市场组合的投资收益率，β表示该行业股票的投资超额收益率相对于整个市场超额收益率的敏感系数。

（三）加权平均资金成本

企业筹资一般采取多种融资方式，如股权融资、债务融资等。从不同来源取得的资金，其成本各不相同，综合各项来源资金的成本，以各种资金占全部资金的比重为权数，对各种资金成本进行加权平均资金成本，称为加权平均资金成本（Weighted Average Cost of Capital，WACC）。计算公式为：

$$WACC = \sum_{j=1}^{n} i_j \cdot W_j \quad (14.13)$$

式中，WACC——加权平均资金成本；

i_j——第j种资金成本；

W_j——第j种资金占全部资金的比重（权数）。

在实际估算加权平均资金成本时，可分为三个步骤进行：第一步，先估算个别资金成本；第二步，计算各种资金来源占全部资金的比重；第三步，利用上述公式计算出加权平均资金成本。

例5：某公司上一新项目，企业拟从内部筹资600万元，成本14%，另向银行借款筹资400万元，成本6%。试计算项目筹资的加权平均资金成本。

计算加权平均资金成本为：

$$WACC = 14\% \times 0.6 + 6\% \times 0.4 = 10.8\%$$

对于如果由以上债务融资和权益融资两种资金来源组成，其相关设定如上面的规定，则加权平均资金成本为：

$$WACC = \lambda(1-\tau)r_d + (1-\lambda)i_e \qquad (14.14)$$

如果考虑筹集资金的费用，则：

$$WACC = \lambda \frac{(1-\tau)r_d}{1-\rho_d} + (1-\lambda)\frac{D}{V_0(1-\rho_e)} \qquad (14.15)$$

式中，λ 表示债务融资占全部资金来源的比重，其他符号所代表的含义如上文。

第三节　资本资产定价模型分析

一、资本资产定价模型的基本内涵

资本资产定价模型（Capital Asset Pricing Model，简称 CAPM）是由美国学者 William Sharpe、John Lintner、Jack Treynor 和 Jan Mossin 等人在资产组合理论的基础上发展起来的，是现代金融市场价格理论的支柱，广泛应用于投资决策和公司理财领域。

资本资产定价模型是建立在如下假设基础之上的。

（1）投资者是风险厌恶者，投资目标是期末财富效用最大化。

（2）单一资产无限可分，从而意味着投资者能按任意比例购买其偏好的资产，投资组合权数则为连续的随机变量。

（3）市场完全有效，没有摩擦，即市场上资本和信息可以自由流动，对所有投资者来讲，可以免费地获得所有相关信息。市场没有交易成本，也不存在对股息、红利收入和资本收益的征税。

（4）所有投资者对各种资产收益率的分布情况看法一致。由于信息可以自由流动，投资者总可以从市场上获取有关信息，形成对资产收益率分布的了解，从而预期相同，即对资产收益率、标准差和协方差看法一致。

（5）存在无风险资产，投资者可以按同样的无风险利率借入或贷出任意数量的无风险资产。

（6）单一的投资期限，即假定所有投资者在相同的时间内选择投资，在这段时间内，忽略投资的机会成本可能的变化。

（7）不存在税收与交易成本。

在满足以上假设条件的基础上，金融资产市场的所有的交易资产构成一个有效的市场组合，所有交易的资产处于市场均衡状态。在均衡状态下，任何一种资产期望收益率由两部分构成：一部分为无风险利率 r_f，是时间等待的报酬；另一部分代表投资者承担风险而得的补偿，为风险报酬。这是资本资产定价模型的核心思想，模型的表达式如下：

$$E(r_i) = r_f + \frac{E(r_M) - r_f}{\sigma_M^2}Cov(r_i, r_M) \qquad (14.16)$$

式中，M——有效的市场组合；

　　　i——资产组合中的任一资产；

　　　$E(r_i)$——市场组合 M 中的任一资产 i 的收益率；

$E(r_M)$——市场组合 M 的收益率,即由所有资产按有效投资组合方式构成的市场组合的收益率;

σ_M^2——市场组合的方差;

$Cov(r_i, r_M)$——资产 i 与市场组合 M 的协方差。

二、资本资产定价模型的实务应用一:证券市场线

定义 $\beta_i = \dfrac{Cov(r_i, r_M)}{\sigma_M^2} = \dfrac{\sigma_{iM}}{\sigma_M^2}$,则式(14.16)转化为:

$$E(r_i) = r_f + \beta_i [E(r_M) - r_f] \quad (14.17)$$

式中,β_i——资产 i 对市场组合风险的贡献度,称作资产 i 的 β 系数。

资本资产定价模型的图示形式称为证券市场线,它主要用来说明证券预期收益率与协方差风险的线性关系。如果用 σ_{iM} 度量资产的风险情况,则是期望收益有关 σ_{iM} 的证券市场线;如果用 β 来度量资产的风险情况,则是期望收益有关 β 的证券市场线,如图 14-3 所示。

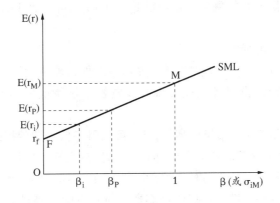

图 14-3 证券市场线

在资本市场均衡下,所有资产或股票都会落在证券市场线(SML)上,表明所有的股票或资产都得到了市场的合理评价。股票的期望报酬率与其风险(β 或 σ_{iM})成正比,也就是说,投资者所得的投资报酬率是他们承担风险的正当报酬,而无额外报酬。

但在证券分析时,投资者希望能发掘被股市低估的股票,如果投资于被低估的股票,就可以获得额外的报酬,即可以获得正常期望报酬率意外的报酬。比如图 14-4 中的资产 A(或股票、基金 A)标在证券市场线的上方,代表它是被市场所低估的股票,故其实际报酬率是 $E(r_A) + \alpha$(其中 $\alpha > 0$),表明比正常期望报酬率 $E(r_A)$ 高出 α,这种被低估的资产 A 是一种应该买入的投资对象。反之,如图 14-4 中的资产 B(或股票、基金 B),标在证券市场线的下方,代表它是被市场所高估的股票,故其实际报酬率是 $E(r_B) + \alpha$(其中 $\alpha < 0$),表明比正常期望报酬率 $E(r_B)$ 低于 -α,这种被高估的资产 B 是应该卖出或卖空的对象。

这样,把实际报酬率与期望报酬率之间的差距称之为 α 系数,用以衡量资产(股票、基金等)被市场所高估还是低估。这种用 α 系数反映收益率的差距,习惯上被称为是 Jensen 评价法。由公式表示:

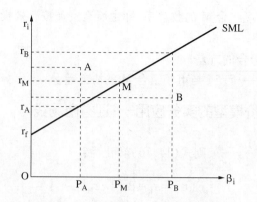

图 14-4 资产实际收益率和 α 系数

$$\bar{r}_i = \alpha_i + \{r_f + \beta_i[E(r_M) - r_f]\} \quad (14.18)$$

或
$$\alpha_i = \bar{r}_i - \{r_f + \beta_i[E(r_M) - r_f]\} \quad (14.19)$$

式中，$\bar{r}_i$ 是资产 i 的实际平均报酬率，$\{r_f + \beta_i[E(r_M) - r_f]\}$ 是资产 i 的正常期望报酬率，可由证券市场线求得。

对 Jensen 评价法的解释如下。

(1) 若 $\alpha_i > 0$，则资产 i 为市场所低估，故具有额外报酬 α_i，实际报酬率高于期望报酬率。所以，在证券分析时，投资者应该发掘并投资被市场所低估的资产，才能获得额外的报酬。

(2) 若 $\alpha_i < 0$，则资产 i 为市场所高估，其实际报酬率低于期望报酬率。所以，在证券分析时，投资者不应该投资这类高估的资产，但可以卖空这类资产来获利。

(3) 若 $\alpha_i = 0$，则资产 i 是市场对其的合理估价，其实际报酬率等于期望报酬率，无额外报酬。所以，在证券分析时，投资者投资这类资产所获得的报酬只是期望报酬，也就是对承担风险的正当报酬。

例 6：假设 2008 至 2009 年这两年来市场的平均报酬率及无风险利率分别为 12% 及 4%。基金 A 的风险系数 β_A 为 1.6，实际平均报酬率为 13.2%；基金 B 的风险系数 β_B 为 1.6，实际平均报酬率为 11.9%。问此两种基金的业绩如何？

根据证券市场线，基金 A 的期望报酬率为：
$$E(r_A) = r_f + \beta_A[E(r_M) - r_f] = 0.04 + 1.6 \times (0.12 - 0.04) = 13.8\%$$

基金 B 的期望报酬率为：
$$E(r_A) = r_f + \beta_B[E(r_M) - r_f] = 0.04 + 0.9 \times (0.12 - 0.04) = 11.2\%$$

基金 A 的 α 系数为：
$$\alpha_A = \bar{r}_A - E(r_A) = 13.2\% - 13.8\% = -0.6\% < 0$$

故基金 A 的实际经营业绩并未达到其应得的期望报酬率，投资业绩不好。

基金 B 的 α 系数为：
$$\alpha_B = \bar{r}_B - E(r_B) = 11.9\% - 11.2\% = 0.7\% > 0$$

故基金 B 的实际经营业绩高于其应得的期望报酬率，投资业绩较好。

三、资本资产定价模型的实务应用二:证券特征线

证券特征线模型描述的是证券实际报酬率与证券风险的关系的模型。与证券市场线模型一样,β系数代表这种证券的报酬率与市场证券组合的灵敏度。

将式(14.19)改写成下列形式:

$$\bar{r}_i - r_f = \alpha_i + (\bar{r}_M - r_f)\beta_i \qquad (14.20)$$

式(14.20)表明,持有资产的实际超额期望收益率由两部分构成:一是该资产的 α 系数;二是市场组合超额收益率和风险系数的乘积。在横轴为 $\bar{r}_M - r_f$、纵轴为 $\bar{r}_i - r_f$ 的坐标平面上,描绘资产 $\bar{r}_i - r_f$ 与 $\bar{r}_M - r_f$ 之间线性关系的直线,称为证券的特征线,如图14-5所示。

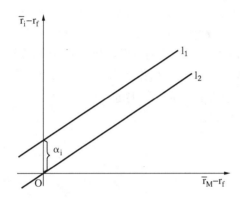

图 14-5 α 系数和特征线

令 $\bar{R}_i = \bar{r}_i - r_f$, $\bar{R}_m = \bar{r}_m - r_f$,则式(14.20)改为:

$$\bar{R}_i = \alpha_i + \bar{R}_m \beta_i \qquad (14.21)$$

式中,$\bar{R}_i$——资产 i 的实际超额收益率;

$\bar{R}_m$——市场组合的期望收益收益率。

描述收益发生过程的证券特征线,可以通过回归方程获得。在从经验数据中找出资产实际收益和市场组合收益之间的关系过程中,必然存在着随机误差,因此式(14.22)表达了实际收益的发生过程:

$$\overline{R_i(t)} = \alpha_i + \beta_i \overline{R_m(t)} + \varepsilon_i(t) \qquad (14.22)$$

式中,$\varepsilon_i(t)$——期望值为零的随机误差;

$\overline{R_i(t)}$——资产 i 在一定时期内各时段的超额收益率;

$\overline{R_m(t)}$——市场组合在一定时期内各时段的超额收益率。

显然,资产 i 的实际超额收益率由三部分构成:一是资产的 α 系数;二是 $r_M - r_f$ 与 β 系数的乘积;三是随机误差。当对式(14.22)两边求期望值时,就得出式(14.21)。

针对式(14.22),我们可以通过对任何一种资产与市场组合的超额收益率的数据进行线性回归,用统计软件如 SPSS、Eviews、SAS 等软件进行数据处理,即可估计出回归方程。

由特征线的方程可知,特征线的斜率等于这种资产的 β 系数,因此 β 系数就是测定资产期望收益率相对市场组合期望收益率灵敏程度的一个指标。特征线有正的斜率,表明市场

组合的收益率越高,该资产的期望收益率也越高。纵轴截距为 α_i,只要 α_i 不为零,即表明该资产被错误定价:截距为正,则该资产定价过低;截距为负,该资产定价过高。图 14-5 描绘了两条证券特征线,其中 l_1 的 α 系数为正,l_2 的 α 系数刚好为零。

资产的特征线在纵轴上截距不为零,是偏离均衡时的特征线的位置,图 14-5 中 l_1 偏离了均衡时的特征线 l_2。但是 α 系数在长期是难以维持非零的,短期内该资产的大量买卖可以获取利益,这种市场压力会逐步修正错误定价,使偏离均衡位置的特征线重新回到均衡位置。

特征线概念也暗含了按风险将资产分类的可能性。β 值是特征线的斜率,它测度的是资产收益率对市场组合收益率的灵敏度。β 值大于 1 的资产可以归入进攻型资产,因为它的市场价格波动明显高于市场平均水平,即在牛市(上升市场)中比市场平均水平上升得更快,但在熊市(下跌市场)里,价格下跌得也更快。反之,β 值小于 1 的资产属于防御型资产,其市场价格相对市场整体的报酬波动要平缓些,即在牛市(上升市场)中比市场平均水平上升幅度要小,但在熊市(下跌市场)里,价格下跌幅度也小于市场平均水平。而 β 值等于 1 的资产则是中性资产,其价格和收益与市场波动同步。因此,投资者可以根据自己的风险收益偏好,选择适合自身风险收益特征的资产种类进行投资。

不同 β 值的证券特征线如图 14-6 所示。

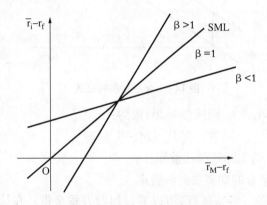

图 14-6　不同 β 值的特征线

四、证券特征线应用实例

证券特征线方程 $\overline{R_i(t)} = \alpha_i + \beta_i \overline{R_m(t)} + \varepsilon_i(t)$ 可以通过统计回归分析获得。因此,这里从当前的历史数据资料来验证证券特征线方程并进一步说明。

选取中国工商银行(601398)的股票作为资产 i,选取上证综合指数(000001)作为市场组合 m,分析股票 601398 的实际超额收益率(风险溢价)与指数 000001 的超额收益率(风险溢价)的线性关系。我们所选取的时间是从 2009 年第 1 周开始,到 2009 年第 30 周结束,选取的依据是因为在这一期间内指数 000001 与股票 601398 都是直线稳步上涨,具有比较好的拟合关系。时间这样选取的目的是为了更好地解释说明证券特征线的特征。

表 14-3 是相关历史数据。其中第二列是股票 601398 每周的平均收盘价,第三列是相应

的本周收益率,其中定义为:本周收益率 = $\frac{下一周收盘价 - 本周收盘价}{本周收盘价}$,其中第五列是指数 000001 每周的平均收盘点数,第六列是相应的本周收益率,其中定义为:本周收益率 = $\frac{下一周收盘点数 - 本周收盘点数}{本周收盘点数}$。假设无风险年收益率为 2%,则无风险周收益率为 $(1+2\%)^{1/52} - 1 = 0.000381$。第三列和第六列的周收益率减掉无风险周收益率,即得到第四列和第七列的股票 601398 和指数 000001 的超额收益率(风险溢价)。

表 14-3 股票 601398 与指数 000001 相关历史数据资料表

日 期	中国工商银行 601398			上证指数 000001		
	股价	周收益率 r_i	风险溢价 $R_i = r_i - r_f$	上证指数	周收益率 r_m	风险溢价 $R_m = r_m - r_f$
2008 年第 52 周	3.54	—	—	1820	—	—
2009 年第 1 周	3.58	0.011299	0.010918	1904	0.044118	0.043737
第 2 周	3.56	-0.00559	-0.00597	1954	0.025589	0.025208
第 3 周	3.66	0.02809	0.027709	1990	0.01809	0.017709
第 4 周	3.92	0.071038	0.070657	2181	0.087575	0.087194
第 5 周	3.97	0.012755	0.012374	2320	0.059914	0.059533
第 6 周	3.83	-0.03526	-0.03565	2261	-0.02609	-0.02648
第 7 周	3.73	-0.02611	-0.02649	2082	-0.08598	-0.08636
第 8 周	3.8	0.018767	0.018386	2193	0.050616	0.050235
第 9 周	3.68	-0.03158	-0.03196	2128	-0.03055	-0.03093
第 10 周	3.78	0.027174	0.026793	2281	0.067076	0.066695
第 11 周	3.95	0.044974	0.044593	2374	0.039174	0.038793
第 12 周	4.07	0.03038	0.029999	2419	0.018603	0.018222
第 13 周	4.07	0	-0.00038	2444	0.010229	0.009848
第 14 周	4.11	0.009828	0.009447	2503	0.023572	0.023191
第 15 周	4.02	-0.0219	-0.02228	2448	-0.02247	-0.02285
第 16 周	4.09	0.017413	0.017032	2477	0.011708	0.011327
第 17 周	4.36	0.066015	0.065634	2625	0.056381	0.056
第 18 周	4.29	-0.01606	-0.01644	2645	0.007561	0.00718
第 19 周	4.26	-0.00699	-0.00737	2597	-0.01848	-0.01886
第 20 周	4.34	0.018779	0.018398	2632	0.013298	0.012917
第 21 周	4.47	0.029954	0.029573	2753	0.043952	0.043571
第 22 周	4.69	0.049217	0.048836	2743	-0.00365	-0.00403
第 23 周	5.19	0.10661	0.106229	2880	0.047569	0.047188
第 24 周	5.55	0.069364	0.068983	2928	0.016393	0.016012
第 25 周	5.48	-0.01261	-0.01299	3088	0.051813	0.051432

续表

日期	中国工商银行 601398			上证指数 000001		
	股价	周收益率 r_i	风险溢价 $R_i = r_i - r_f$	上证指数	周收益率 r_m	风险溢价 $R_m = r_m - r_f$
第 26 周	5.24	-0.0438	-0.04418	3113	0.008031	0.00765
第 27 周	5.24	0	-0.00038	3189	0.023832	0.023451
第 28 周	5.22	-0.00382	-0.0042	3372	0.05427	0.053889
第 29 周	5.43	0.04023	0.039849	3412	0.011723	0.011342
第 30 周	5.09	-0.06262	-0.063	3260	-0.04663	-0.04701

运用以上数据进行回归分析,其中 $\overline{R_i(t)}$ 取第四列风险溢价,$\overline{R_m(t)}$ 取第七列风险溢价,回归分析软件采用 Eviews5.0,回归结果如表 14-4。

表 14-4 回归结果分析表

系 数	系数值	标准差	T 检验值	伴随概率
α_i	0.001366	0.006256	0.218363	0.8287
β_i	0.610361	0.153517	3.975849	0.0004
R^2	0.360838	F 检验值	15.80738	
调整的 R^2	0.338011	伴随概率	0.000448	

依据回归结果,得到证券特征线方程为:

$$\overline{R_i(t)} = 0.001366 + 0.610361 \times \overline{R_m(t)} + \varepsilon_i(t)$$

F 检验表明方程较好地拟合了历史数据。关于系数 β_i 的 T 检验表明,对系数 β_i 的估计通过了检验,表明通过用 β_i 与市场组合的风险溢价相乘能很好地解释资产 i 的风险溢价。特征线方程拟合后得到 $\beta_i = 0.610361 < 1$,表明股票 601398 属于防御型资产,其市场价格相对上证指数 000001 的报酬波动要平缓些。关于系数 α_i 的 T 检验表明,对系数 α_i 的检验结果不好,表明常数 α_i 不能较好地解释资产 i 的风险溢价。

对特征线进行改进,取消常数 α_i 进行回归分析。如设以下方程:

$$\overline{R_i(t)} = \beta_i \overline{R_m(t)} + \varepsilon_i(t)$$

采用软件 Eviews5.0 进行回归分析,结果如表 14-5:

表 14-5 回归结果分析表

系 数	系数值	标准差	T 检验值	伴随概率
β_i	0.625327	0.135093	4.628849	0.0001
R^2	0.359750	调整的 R^2	0.359750	

相对表 14-4 的回归结果,表 14-4 的回归结果表明采用取消 α_i 的回归结果拟合更好,说明 $\alpha_i = 0$ 拟合更好。表明股票 601398 在 2009 年前 30 周的周收益率与指数 000001 的周收益率高度相关,市场价格与股票 601398 的价值基本保持一致,即市场对股票 601398 没有低

估,也没有高估,比较好地反映了股票 601398 的收益率。

第四节 金融资产未来收益贴现模型分析

一、金融资产未来收益贴现模型基本思路

从理论上来说,金融资产内在价值的来源主要是资产未来的收益。对资产未来收益的准确计量是有效确定金融资产内在价值的一个基本思路,即通过对金融资产的未来现金流进行估算,再考虑确定一个投资者能够接受的基本收益率作为折现率,将未来的收益现金流折算为现值,这个折现值就是金融资产的内在价值或合理价格。金融资产中比较常见的两种类型是股票与债券,这两类资产有相对容易估计的未来收益现金流,对收益现金流的折现就能获得该类资产的内在价值。

对于债券来说,债券的未来现金流主要包括两个部分:一是持有债券的利息收入,二是到期时投资者兑付后获得的面值价值。由于债券的面值、期限、票面利率是确定和已知的,因此对债券进行估值时,未来的现金流是明确的,只要计量一个比较适合的折现率,就能很容易地确定债券的内在价值。

对于股票来说,股票的未来现金流就是现金红利收入。由于股票发行公司的现金流红利受未来生产经营状况、公司存续期等较多因素的影响而具有极大的不确定性,因而确定股票的内在价值相对债券而言要复杂一些,但总体而言,基本上也是确定相应的折现率来对股票的未来红利进行折现。

因此,基于这一思路,对金融资产内在价值的评价可以通过对其未来收益现金流采取合适的折现率进行折现来确定。其公式如下:

$$V_0 = \sum_{t=1}^{n} \frac{FC_t}{(1+i)^t} \quad (14.23)$$

式中,FC_t——金融资产未来各年的收益现金流;

i——确定的合适的折现率;

n——金融资产产生现金流的总期限,对于债券而言,一般都有一个固定年限,如 10 年、20 年、30 年等,但对于股票而言,有时其年限是无穷大。

而运用公式(14.23)的关键是确定金融资产未来各年的收益现金流 FC_t 以及相应的折现率 i。

二、债券估值模型分析

1. 债券估值的一般模型

按照金融资产未来收益贴现一般模型的公式(14.23),进行具体的转换,则债券估值的一般模型为:

$$V = \sum_{t=1}^{n} \frac{FC_t}{(1+i)^t} \quad (14.24)$$

式中:V——债券的理论价格或内在价值;

FC_t——t 时间的债券预期现金流,包括各年利息以及到期的本金偿还等;
t——时间;
i——折现率(社会平均利息率);
n——投资期内时段数(通常以年计算)。

根据上式,债券价格与预期现金流大小成正比,与折现率高低成反比,与期限亦成反比,但也包含了一些正比因素。其中,预期现金流包括年利息与本金两部分。期限则指有效期限、待偿期限及持有期限三种,有效期限指债券发行之日至到期日为止这段时间;待偿期限指债券自转让成交之日至到期日这段时间;持有期限指发行转让成交之日至未到期售出之日这段时间。计算发行价,应使用有效期限,计算转让价时应使用待偿期限及持有期限。

对于折现率的评估则可利用债务资金成本来推算,也就是可以参考第二节分析债务资金成本的方法来推算。

将上述模型具体化,可得出如下公式:

$$V = \frac{\frac{r}{m}F}{\left(1+\frac{i}{m}\right)} + \frac{\frac{r}{m}F}{\left(1+\frac{i}{m}\right)^2} + \cdots + \frac{\frac{r}{m}F}{\left(1+\frac{i}{m}\right)^{mn}} + \frac{F}{\left(1+\frac{i}{m}\right)^{mn}}$$

$$= \sum_{t=1}^{mn} \frac{\frac{r}{m}F}{\left(1+\frac{I}{M}\right)^t} + \frac{F}{\left(1+\frac{I}{M}\right)^{mn}} \tag{14.25}$$

式中:V——债券理论价格或内在价值;
F——债券面值;
n——期限(以年为单位);
r——债券票面利率;
i——折现率(社会平均利息率);
m——年支付定额利息次数。

上式表明,债券价格由预期利息现金流值与到期偿还本金的现值两部分构成,前者为 $\sum_{t=1}^{mn} \frac{\frac{r}{m}F}{\left(1+\frac{i}{m}\right)^t}$,后者为 $\frac{F}{\left(1+\frac{i}{m}\right)^{mn}}$。

考虑到债券有单利与复利之分,同时利息支付方式也不同,有些是分期付息,到期一次还本;有些是一次还本付息,在分期付息中,有些是 1 年付息一次,有些是半年甚至 1 季度付息一次,因此,可根据具体情况建立若干具体的估值模型。

2. 债券估值的具体模型
(1) 一次性还本付息债券的估值模型:
① 按单利计息的一次性还本付息债券的估值公式:

$$P = \frac{F(1+r \cdot n)}{(1+i \cdot n)} \tag{14.26}$$

式中符号同前。
② 按复利计息的一次性还本付息债券的估值公式：

$$P = \frac{F(1+r)^n}{(1+i)^n} \tag{14.27}$$

式中符号同前。
（2）分期付息一次性还本债券的估值模型：
① 按年付息的一次性还本债券的估值公式：
按单利计：

$$P = \sum_{t=1}^{n} \frac{r \cdot F}{1+i \cdot t} + \frac{F}{1+i \cdot n} \tag{14.28}$$

按复利计：

$$P = \sum_{t=1}^{n} \frac{r \cdot F}{(1+i)^t} + \frac{F}{(1+i)^n} \tag{14.29}$$

② 按半年付息的一次性还本债券的估值公式：

$$P = \sum_{t=1}^{2n} \frac{\frac{r}{2}F}{\left(1+\frac{i}{2}\right)^t} + \frac{F}{\left(1+\frac{i}{2}\right)^{2n}} \tag{14.30}$$

③ 按季付息的一次性还本债券的估值公式：

$$P = \sum_{t=1}^{4n} \frac{\frac{r}{4}F}{\left(1+\frac{i}{4}\right)^t} + \frac{F}{\left(1+\frac{i}{4}\right)^{4n}} \tag{14.31}$$

在债券的估值中，如果债券期限较长，有时计算十分复杂，为此可查阅年金表和现值表进行计算。首先，将每次的利息支付额乘以对应期限的年金折现系数，再将本金乘以相应期限的本金折现系数，随后将这两个值相加，即得出债券价格。比如，按年付息的一次性还本债券的估值的公式可以表示为：

$$V = F \times r \times (P/A, i, n) + F \times (P/F, i, n) \tag{14.32}$$

式中：V——债券价格；
　　　r——债券票面利率；
　　　i——债券平均折现率；
　　　F——本金；
　　　F×r——每次支付利息额；
　　　(P/A,i,n)——对应期限的年金贴现系数；
　　　(P/F,i,n)——对应期限的本金贴现系数。
（3）贴现债券的估值模型
贴现债券价格评估的基本原理同附息债券相似。贴现债券的发行价格计算公式为：

$$V = F \cdot (1 - d \cdot n) \tag{14.33}$$

式中：F——债券面值；

P——发行价格；

d——年贴现率(360 天计)；

n——期限。

贴现债券的交易价格估值公式同一次性还本付息的附息债券相同,因为贴现债券不存在中途付息,可看作一次性还本付息。此外,贴现债券是按面值偿还的,也不存在名义付息问题,因而其未来值就是面值,由此其估值模型为：

按单利计：

$$P = \frac{V}{1 + i \cdot n} \tag{14.34}$$

按复利计：

$$P = \frac{V}{(1 + i)^n} \tag{14.35}$$

三、股票估值模型分析

1. 股票估值一般模型

股票投资的未来现金流是由每期取得的股息收入与股票出售时价格两部分组成,将这两部分收入折算成现值即为股票理论价格或内在价值。按照金融资产未来收益贴现一般模型的公式(14.23),进行具体的转换,得：

$$V = \left[\frac{D_1}{(1+i_1)} + \frac{D_2}{(1+i_1)(1+i_2)} + \cdots + \frac{D_n}{(1+i_1)(1+i_2)\cdots(1+i_n)} \right] + \frac{F_n}{(1+i_1)(1+i_2)\cdots(1+i_n)} \tag{14.36}$$

式中：V——股票理论价格；

D_i——每年每股股息；

i_n——各年的折现率(市场平均利息率)；

F_n——股票出售价格；

n——持有股票年限。

当每年股息不变,即 $D_1 = D_2 = \cdots = D_n = D$；

市场利率水平不变,即 $i_1 = i_2 = \cdots = i_n = i$。

对于折现率的评估则可利用权益资金成本来推算,也就是可以参考第二节分析权益资金成本的方法来推算。

投资者持有期为永久,即 $n = \infty$,则：

$$V = \left[\frac{D}{(1+i)} + \frac{D}{(1+i)^2} + \cdots + \frac{D}{(1+i)^\infty} \right] + \frac{F}{(1+i)^\infty}$$

因为 $i > 0$,所以 $1 + i > 1$,当 $n \to \infty$ 时, $\frac{F}{(1+I)^\infty} \to 0$,这时,V 可视为各期股息现值之和。

$$V = \frac{D}{1+i} + \frac{D}{(1+i)^2} + \cdots + \frac{D}{(1+i)^\infty} = \sum_{t=1}^{\infty} \frac{D}{(1+i)^t} \tag{14.37}$$

上式即为无限期持有股票时股票价格的现金流折现法的一般和基本评估模型。

由于公司所处行业不同、股份种类区别、经营风格差异,经营状况和股息派发呈现出不同特点,因此股息现金流折现法又有适合不同情况的具体方法。

2. 零增长模型

假设未来各期所得股息为一个固定值,即是一个常数,用等式表示为:

$D_0 = D_1 = D_2 = \cdots = D_\infty$,其中 $D_0, D_1, D_2, \cdots, D_\infty$ 为一无限期内各时段股息。由于其是一个固定值,即所有时段增长率为零,所以这种模型称为零增长模型。

该模型为:

$$V = \sum_{t=1}^{\infty} \frac{D_0}{(1+i)^t} = \frac{D_0}{(1+i)} \left[1 + \frac{1}{(1+i)} + \frac{1}{(1+i)^2} + \cdots + \frac{1}{(1+i)^{t-1}} \right] \quad (14.38)$$

式中:V——股票理论价格;

　　　D_0——每股股息;

　　　i——折现率(社会平均利息率)。

应注意的是,模型方括号部分是无穷等比级数。

对式(14.38)两边同时乘以比值 $\frac{1}{(1+i)}$,得:

$$V \cdot \frac{1}{(1+i)} = \frac{D_0}{(1+i)} \left[\frac{1}{(1+i)} + \frac{1}{(1+i)^2} + \cdots + \frac{1}{(1+i)^{t-1}} + \frac{1}{(1+i)^t} \right] \quad (14.39)$$

式(14.38)、式(14.39)两式相减,得:

$$V \cdot \frac{i}{(1+i)} = \frac{D_0}{(1+i)} \left[1 - \frac{1}{(1+i)^t} \right] \quad (14.40)$$

由于 $t \to \infty$,对式(14.40)两边求极限,并整理得:

$$V = \frac{D_0}{i} \quad (14.41)$$

由此可见,当股息为一常数时,股票理论价格等于每股股息除以社会平均利息率(折现率)。

零增长模型假设某一股票分配的股息永远不变,这似乎与实际情况不符,因而其实际运用价值有限。当然,在评估业绩尚可的优先股价值时,利用这一模型还是有意义的,因为优先股股息大多是固定的,不随公司盈利变化而变化。此外,对产品缺乏需求弹性,经营业绩平稳、分配政策稳定的公用事业类、反周期类公司普通股价值的评估也有一定的参考价值。

3. 固定增长股利模型

假设下一时段的股息以上一个时段股息的一个固定不变的百分比增长,直到永远,即后期股息与前期股息存在着一个固定增长率关系,这种模型称为固定增长股利模型。具体情况为:

$$D_t = D_0 (1+g)^t \quad t = 1, 2, \cdots, n \cdots$$

式中:D_0——上一年的股息;

　　　g——股息的增长率。

$$V = \sum_{t=1}^{\infty} \frac{D_0(1+g)^t}{(1+i)^t} = \frac{D_0(1+g)}{1+i}\left[1 + \frac{1+g}{1+i} + \left(\frac{1+g}{1+i}\right)^2 + \cdots + \left(\frac{1+g}{1+i}\right)^{t-1}\right] \quad (14.42)$$

式中方括号部分为无穷等比级数。

对式(14.42)两边同时乘以比值$\left(\frac{1+g}{1+i}\right)$,按照上面的方法进行处理,并求极限,可以得出类似的结果,即固定增长股利模型:

$$V = \frac{D_0 \times (1+g)}{i-g} \quad (14.43)$$

注意,这里必须满足 $i > g$。

很显然,如持有期限无限长,且 $i < g, D_0 > 0, i > 0, n \to \infty$,这时式 $\sum_{t=1}^{n} \frac{D_0(1+g)^n}{(1+i)^n}$ 中分子的增长速度将远远快于分母增长速度。由于这个多项式是发散的,因此现值不存在,即无法计算,而事实上一个公司股息增长率永远高于市场平均利率,则无论市场定价多高都低于某股票的实际价值,这样的股票千金难得,实际难求,就这个意义而言,此评估模型的理论意义大于现实意义。只有当 $i > g$ 时,该多项式的后一项值均小于前一项,随着项数增加,项值逐渐收敛,股票才能得到一个有限现值,于是上述公式才有实际使用价值。

与零增长模型相比,可发现固定增长股利模型与零增长模型有着联系,即 $g = 0$ 时,固定增长股利模型转为零增长模型。零增长模型实际上是固定增长股利模型的一个特例。

4. 有限期持股的股价评估方法

前面所列举的模型均是假设投资者无限期持有股票,事实上,大多数投资者不可能接受未来所有的股息流,那么,有限期持有股票的内在价值又如何确定呢?

其实,无论是无限期还是有限期持有股票,股价评估的结论是相同的,也就是说,股息折现模型评估可不考虑投资者计划持有股票时间的长短。以下推导可说明。

折现模型的基本公式是:

$$V_n = \sum_{t=1}^{n} \frac{D_t}{(1+i)^t} + \frac{P_n}{(1+i)^n} \quad (14.44)$$

如果持有期限为1年,那么 $n=1$,即:

$$V_1 = \frac{D_1}{1+i} + \frac{P_1}{1+i} \quad (14.45)$$

式中:D_1——第一年预期股息;

P_1——第一年后股票出售价格;

P_n——第 n 年后股票出售价格。

由于 P_1 为买方愿意支付的价格,这一价格又取决于以后预计股息,即仍要用第一年以后预期股息折现模型求得:

$$P_1 = \frac{D_2}{1+i} + \frac{D_3}{(1+i)^2} + \cdots + = \sum_{t=2}^{\infty} \frac{D_t}{(1+i)^{t-1}} \quad (14.46)$$

将 P_1 代入 V_1 中,可得:

$$V = \frac{D_1}{1+i} + \frac{1}{1+i} \sum_{t=2}^{\infty} \frac{D_t}{(1+i)^{t-1}}$$

$$= \frac{D_1}{1+i} + \sum_{t=2}^{\infty} \frac{D_t}{(1+i)^t}$$

$$= \sum_{t=1}^{\infty} \frac{D_t}{(1+i)^t} \tag{14.47}$$

显然,这一公式与无限期持有股票的价格评估公式完全相同,上述结论成立。

式(14.44)表明股票持有有限期的价值由持有期股票的红利的贴现值 $\sum_{t=1}^{\infty} \frac{D_t}{(1+i)^t}$ 以及股票出售的卖价的贴现值 $\frac{P_n}{(1+i)^n}$ 两部分组成。式(14.44)即为有限期持股的股票估值模型。

四、股东自由现金流贴现模型分析

自由现金流模型是股利折现模型外的另一种评估公司价值的模型。对自由现金流模型使用前必须有效评估公司的自由现金流。

(一) 股东自由现金流

股东自由现金流(Free Cash-Flow)是指在扣除公司债务支付和资产维持开支之后的最终可以发放给股东的现金流。公司的筹资来源主要有两类:一是债务筹资;二是权益筹资。股东的自由现金流主要是由自由资金,即权益资金所形成,不包含债务资金。在股东自由现金流中,现金的流出中必须扣除借款的本金偿还和利息支付,即现金净流量主要是由权益投资所引起的变化,而不包括债务筹资所引起的现金流量的变化。

在财务理论中,对股东自由现金流的评估主要采取权益资金投资现金流量表来推算,如表14-6 所示。

表14-6 权益资金投资现金流量表

序号	项 目	项目周期			
		1	2	……	n
1	现金流入				
1.1	营业收入				
1.2	回收固定资产余值				
1.3	回收流动资金				
1.4	其他现金流入				
2	现金流出				
2.1	经营成本				
2.2	营业税金及附加				
2.3	所得税				

续表

序号	项　目	项目周期			
		1	2	……	n
2.4	借款本金偿还				
2.5	借款利息支付				
3	净现金流量				

当然,在核算权益资金投资现金流,还要考虑折旧、利息支出等对所得税的影响,因此要完整地核算权益资金投资现金流,还要分析利润表、固定资产投资还贷计划表等,这在财务理论中有一系列的会计报表需要综合分析处理。依照财务理论,可以用简化的公式来表示现金流量,如:

净现金流量 =（营业收入 – 经营成本 – 营业税金及附加）×（1 – 所得税率）
　　　　　+ 折旧 × 所得税率 + 利息支出 × 所得税率

（二）股东自由现金流贴现模型

用股东自由现金流进行折现来评估公司的价值就是股东自由现金流贴现模型（Free Cash-Flow Discount Model）。假设我们用 FCF_t 来表示公司未来各年的净现金流量,则自由现金流贴现模型表示如下:

$$V_0 = \sum_{t=1}^{n} \frac{FCF_t}{(1+k)^t} \tag{14.48}$$

式中 k 表示折现率,一般对该折现率的估算可以采取如第二节所表述的权益资金成本的分析公式来得到。

如同股票股利折现模型一样,当评估出公司各年的股东自由现金流量成一定的规律,如各年的自由现金流量保持不变或以某一速度增长,则可以参照已有的股票股利折现模型来简化自由现金流量折现模型。

如果公司的股东自由资金以一固定的成长率 g 成长,即 $FCF_t = FCF_0 \times (1+g)^t$,且公司的经营周期是无限的,则股东自由现金流贴现模型也可以变为:

$$V_0 = \frac{FCF_1}{k-g} = \frac{FCF_0 \cdot (1+g)}{k-g} \quad (其中 k > g) \tag{14.49}$$

如果增长速度为 g = 0,即自由现金流是固定的,则模型可以变为:

$$V_0 = \frac{FCF_0}{k} \tag{14.50}$$

用股东自由现金流贴现模型所得到的是公司的股东价值,如果要评估股票的价值,还需要知道公司的总股本数 N,这样股票的价值就为:

$$P = \frac{V_0}{N} \tag{14.51}$$

第五节 市盈率模型分析

一、市盈率

市盈率是指在一个考察期(通常为 12 个月的时间)内,股票的价格和每股收益的比例。投资者通常利用该比例值估量某股票的投资价值,或者用该指标在不同公司的股票之间进行比较。"P/E Ratio"表示市盈率(缩写 PE);"Price Per Share"表示每股的股价(缩写 PPS);"Earnings per Share"表示每股收益(缩写 EPS)。即股票的价格与该股上一年度每股税后利润之比,该指标为衡量股票投资价值的一种动态指标。

市盈率模型是一种根据股利预测情况估计股价的比较常见的模型。对许多投资者和证券分析人员来说,尽管采用基于股利进行现值计算的方法可以确定股票的内在价值,但是由于未来每年股利并不很容易能准确预测,所以在评估股票价值时经常有一些投资分析人员会利用市盈率模型来估计股票的内在价值。其基本思路是用预测的每股盈余乘以相应的市盈率,作为对股票内在价值的大致估算。公式如下:

$$V = EPS \times PE \tag{14.52}$$

二、市盈率的计算

1. 静态市盈率的计算

按照市盈率的含义,一般市盈率的计算如下:

$$市盈率(静态市盈率) = 普通股每股市场价格 \div 普通股每年每股盈利$$

即 $PE = \dfrac{PPS}{EPS}$,公式符号分别代表上式的含义。

计算时,股价通常取最新收盘价。而 EPS 方面,若按已公布的上年度 EPS 计算,称为历史市盈率(Historical PE),若是按市场对今年及明年 EPS 的预估值计算,则称为未来市盈率或预估市盈率(Forecast PE)。计算预估市盈率所用的 EPS 预估值,一般采用市场平均预估(Consensus Estimates),即追踪公司业绩的机构收集多位分析师的预测所得到的预估平均值或中值。

2. 动态市盈率的计算

我国现常用的是动态市盈率,其含义是以静态市盈率为基数,乘以动态系数。具体计算公式如下:

$$DPE = PE \times \frac{1}{(1+i)^n} \tag{14.53}$$

式中,系数 $\dfrac{1}{(1+i)^n}$ ——动态系数;

　　i——企业每股收益的增长性比率;

　　n——企业的可持续发展的存续期;

DPE——动态市盈率；

PE——静态市盈率。

例7：上市公司目前股价为20元，每股收益为0.38元，去年同期每股收益为0.28元，成长性为35%，即 i=35%，设该企业未来保持该增长速度的时间可持续5年，即 n=5，则动态系数为：

$$\frac{1}{(1+35\%)^5} = 22.3\%$$

相应地，静态市盈率：20元/0.38元=52倍，动态市盈率为52×22.3%=11.74倍。

3. 行业平均市盈率的计算

对于发行新股而言，如果采取市盈率模型来确定发行价格，发行新股的公司没有市场价格，因此难以直接得到该新股的市盈率。对这一类型的市盈率的估算，可以采取利用市场的数据资料，估算同行业的其他新股的市盈率，采取加权平均的方法确定行业的平均市盈率，以作为该股发行新股的待估算市盈率。其计算公式表示如下：

分两种情况：

（1）平均加权

$$\overline{PE} = \frac{1}{n} \sum_{i=1}^{n} PE_i \tag{14.54}$$

（2）市值加权

$$\overline{PE} = \sum_{i=1}^{n} PE_i \times \frac{V_i}{\sum_{i=1}^{n} V_i} \tag{14.55}$$

式中，PE_i——某行业股票 i 的市盈率；

$\overline{PE}$——该行业的平均市盈率（平均加权或市值加权）；

n——该行业的股票数；

V_i——该行业股票 i 的市值。

例8：假设某新发行股票属于电力行业，经研究与该公司有较强关联性的电力行业股票有 A、B、C、D 四只股票，其股价及股本数量分别为20元/股，3亿股；30元/股，2亿股；40元/股，2亿股；35元/股，1亿股。经计算，股票的每股盈余（EPS）分别为2元，2.5元，3元，3元。试估算该公司发行新股时拟采取的行业市盈率。

根据条件，得出相关的数据，如表14-7所示。

表14-7　行业市盈率数据表

股票	市价(元)	股数(亿)	每股盈余(元)	市盈率	市值(亿元)
A	20	3	2	10	60
B	30	2	2.5	12	60
C	40	2	3	13.3	80
D	35	1	3	11.6	35

则行业平均市盈率为：

$$\overline{PE} = 10 \times \frac{60}{235} + 12 \times \frac{60}{235} + 13.3 \times \frac{80}{235} + 11.6 \times \frac{35}{235} = 11.87$$

三、市盈率估价模型

（一）市盈率估价的一般模型

依据市盈率的含义，如果要评估某一股票的内在价值，可以采取公式 V = EPS × PE 来估算。其基本步骤主要有两部分，一是估计该股票的每股收益 EPS，二是估计该股票价值的市盈率 PE。

对于每股收益 EPS，可以利用财务管理的思路，分析该公司的利润分配情况，利用公司的利润分配表计算公司当年的股利，并估计公司未来若干年的股利情况，据以确定每股的平均盈利。

从市盈率模型来看，要求每股收益 EPS 能确定一个固定收益，故该模型要求公司未来的股利能保持比较稳定，这也是市盈率模型的一个局限性，即对于公司未来股利难以确定或股利不稳定的情况，市盈率模型不太适用。

对于市盈率 PE，如果公司是增发股票，公司在以前已经上市且本身可以计算出市盈率，一般采取利用公司过去四个季度的每股盈利及市价来计算市盈率，即所谓的现行市盈率来确定。如果是公司首发新股，公司没有直接的股票市价来确定市盈率，可以采取根据行业的加权平均市盈率来确定。估计得到每股盈利 EPS 及适当的市盈率 PE，则公司的股票价格就可以得到。

例如，根据行业相关资料得到某行业的加权平均市盈率为 12 倍，如果预测该公司今年每股盈利为 2 元，则用市盈率模型可以得出公司股票的每股价值是 2 × 12 = 24 元。

（二）有增长机会市盈率模型

决定公司未来股价的两项重要因素是每股盈利 EPS 及市盈率 PE。但对于一个拥有增长机会的公司，公司的价值将持续增长，公司的价值也不是由简单的市盈率 PE 来决定。一个拥有增长机会的公司的股价将受到公司成长现值（Net Present Value of Growth Opportunities，简称 NPVG）的影响。

由财务理论可以知道，一个拥有增长机会的公司股票的价值是：

$$P = \frac{EPS}{k} + NPVG \tag{14.56}$$

式中，P——公司股票的价值，；

EPS——每股盈利；

k——公司资金成本；

NPVG——公司每股成长现值。

因此，当一个公司有持续增长机会时，该公司的真正价值 P 是其盈利的现值 $\frac{EPS}{k}$ 与成长现值 NPVG 的和。即成长公司的股票价值等于在不扩充投资情况下公司价值 $\frac{EPS}{k}$ 加上因持续投资所产生的价值,即成长现值 NPVG。

1. 成长现值 NPVG

对投资者而言,成长现值是决定股价及市盈率最重要的因素。公司对现在及未来持续进行有力的投资计划,将使其成长现值增加,从而促使公司的价值或股价增加及市盈率的上升。所以,成长公司的市盈率将比其他公司的市盈率高。一个公司市盈率的高低反映公司的未来成长机会的多寡。若投资者认为公司的未来成长机会多,投资者对该公司股票的需求将会增加,促使股价及市盈率上升。

关于成长现值 NPVG 的估算,我们进行如下假定。假设公司盈利保留率为 $b = 1 - \dfrac{D}{E}$,其中 E 表示每股盈利,D 表示每股发放股利,公司保留盈利 bE 作为投资用途。设公司每年投资报酬率为 r,故每年的投资净收入为 bEr,则第一年用保留盈余 bE 进行投资所产生的投资净现值为:

$$NPV_1 = \sum_{t=1}^{\infty} \frac{bEr}{(1+k)^t} - bE = \frac{bEr}{k} - bE \tag{14.57}$$

同样地,在第二年若公司再度投资盈余 bE,而得到每年投资净资金收入 bEr。则第一年用保留盈余 bE 进行投资所产生的投资净现值为:

$$NPV_2 = \frac{bEr}{k} - bE \tag{14.58}$$

同理,如果公司以后每年持续投资盈利 bE,则每年公司的价值将增加 bEr/k − bE。这些每年增值的现值就是公司持续进行有力投资的成长现值。公式表示如下:

$$\begin{aligned} NPVG &= \sum_{t=1}^{\infty} \frac{NPV_t}{(1+k)^t} = \sum_{t=1}^{\infty} \frac{bEr/k - bE}{(1+k)^t} \\ &= \sum_{t=1}^{\infty} \frac{bEr/k}{(1+k)^t} - \sum_{t=1}^{\infty} \frac{bE}{(1+k)^t} \\ &= \frac{bEr/k}{k} - \frac{bE}{k} \\ &= \frac{bE}{k}\left(\frac{r}{k} - 1\right) \end{aligned} \tag{14.59}$$

如果公司所投资项目的报酬率 r 高于公司的资金成本 k,因 r/k − 1 > 0,则成长现值大于零。也就是说,若一公司能持续投资部分盈余 bE 而产生投资报酬率高于公司的资金成本 (r > k),则公司的价值将增加。所增加的数额为成长现值 NPVG > 0。

2. 有增长机会的股票的内在价值

将式(14.59)代入(14.56),即得到有增长机会的公司的股票的内在价值。

$$P = \frac{E}{k} + \frac{bE}{k}\left(\frac{r}{k} - 1\right) \tag{14.60}$$

由式(14.60)得知,公司的投资报酬率 r 越高于公司的资金成本 k,公司的增值也越大。反之,若公司的投资报酬率 r 越低于公司的资金成本 k,则其价值将降低,成长现值为负值。不从事于盈利再投资的公司(即 b = 0),或投资报酬率等于资金成本的公司(即 r = k),其公司价值将不会成长增加。故在证券分析时,我们必须辨认能够持续有利投资(r>k)的公司。

例9:A 公司每年平均每股盈利为 20.5 元。为促使公司成长,董事会决定每年保留 40% 的盈利作为再投资之用。公司对所投资的项目的平均报酬率为 18%,高于公司的资金成本 12%。问该公司的股票内在价值为多少?

$E = 20.5; b = 0.4; r = 0.18; k = 0.12$

公司的股票内在价值为:

$$P = \frac{20.5}{0.12} + \frac{0.4 \times 20.5}{0.12}\left(\frac{0.18}{0.12} - 1\right)$$

$$= 170.83 + 34.17$$

$$= 205(元)$$

公司股票的内在价值为 205 元/股,因其有效率的持续投资,使其价值增加了 34.17 元/股。

若投资者对该公司的成长有过分的期望,或者对该公司股票进行投机而盲目追求,致使该公司的股价高过其内在价值 205 元/股,则以后价格下跌的可能性很大,投资者的投资报酬率将会降低,甚至遭受损失。

四、市盈率在股票市场的应用

股票市场上判断股票内在价值一种比较简单的方法是市盈率指标衡量,这种衡量指标很简单、直观,如果用好市盈率指标,对投资者提高收益帮助很大。

股票市盈率高低大致能反映市场热闹程度。早期美国市场市盈率不高,市场低迷的时候不到 10 倍,高涨的时候也就 20 倍左右,香港市盈率大致也是如此。我国股市市盈率低迷的时候为 15 倍左右,高涨的时候超过 40 倍(比如 2001 年)。市盈率过高之后,总是要下降,持续时间很难判断,但不会长久维持。

一般成长性行业的企业市盈率比较高,比如当前消费、旅游、低碳等行业,其市盈率比国外同类企业要超出很多,这是因为投资者对这些企业未来预期很乐观,愿意付出更高的价钱购买企业股票,而那些成长性不高或者缺乏成长性的企业,投资者愿意付出的市盈率却不是很高,比如钢铁行业,投资者预计未来企业业绩提升空间不大,所以普遍市盈率不高。

美国 20 世纪 90 年代科技股市盈率很高,并不能完全用泡沫来概括,当初一大批科技股确确实实有着高速成长的业绩做为支撑,比如微软、英特尔、戴尔,1998 年以前市盈率和业绩成长性还是很相符的,只是后来网络股大量加盟,市场预期变得过分乐观,市盈率严重超出业绩增长幅度,甚至没有业绩的股票也被大幅度炒高,导致泡沫形成和破裂。科技股并不代表着一定的高市盈率,必须有企业业绩增长,没有业绩增长作为保证,过高市盈率很容易形成泡沫。因此过高市盈率的股票应该有成长机会现值 NPVG 做支撑,如果没有成长机会现值 NPVG,公司的高市盈率必然隐藏风险与泡沫。

另外,处于行业拐点、业绩出现转折的企业,市盈率可能过高,随着业绩成倍增长,市盈率很快滑落下来。简单用数字高低来看待个别企业市盈率,是很不全面的。比如以前中信证券市盈率 100 多倍,但股价却大幅度飙升,而市盈率却不断下降。包括一些微利企业,业绩出现转折,都会出现这种情况。因此,在使用市盈率的同时,一定要考虑企业所在行业具体情况。

不能简单地用本国企业市盈率和国外对比,因为每个国家不同行业发展阶段是不一样的。比如航空业,在我国属于朝阳行业,而国外只能算是平衡发展,或者处于萎缩阶段。房地产行业在我国处于高速发展阶段,而在工业化程度很高国家,算是稳定发展,因此导致市盈率有很大差别。再比如银行业,在中国处于高速发展阶段,未来成长的空间很大,而西方国家,经过百年竞争淘汰,成长速度下降很多,所以市盈率也会有很大不同。一个行业发展空间应该和一个国家所处不同发展阶段、不同产业政策、消费偏好有着密切关系。不同成长空间导致人们预期不同,从而会有不同的定价标准。简单对照西方成熟市场定价标准很容易出错。

第六节 布莱克—斯克尔斯期权定价模型分析

1973年,数学家费雪·布莱克(Fischer Black)和迈伦·斯克尔斯(Myron Scholes)创立了布莱克—斯克尔斯期权定价模型(Black-Scholes模型,简称B-S模型)。B-S模型为包括股票、债券、货币、商品在内的新兴衍生金融市场的各种以市价价格变动定价的衍生金融工具的合理定价奠定了基础。

一、不支付红利的欧式期权定价模型

在B-S模型内,有一些重要的基本假设。
(1)股票价格服从对数正态分布。
(2)在期权有效期内,无风险利率和股票资产期望收益变量和价格波动率是恒定的。
(3)市场无摩擦,即不存在税收和交易成本。
(4)股票资产在期权有效期内不支付红利及其他所得(该假设可以被放弃)。
(5)该期权是欧式期权,即在期权到期前不可实施。
(6)金融市场不存在无风险套利机会。
(7)金融资产的交易可以是连续进行的。
(8)可以运用全部的金融资产所得进行卖空操作。
该假设规定必须是不支付红利,且必须是欧式期权,故又称为是不支付红利的欧式期权定价模型。

根据以上假设,Black与Scholes于1973年利用随机微分方程推导出欧式买权期权的定价模型,公式表示如下:

$$C = S \cdot N(d_1) - X \cdot e^{-rT} \cdot N(d_2)$$

$$d_1 = \frac{\ln(S/X) + (r + \sigma^2/2)T}{\sigma\sqrt{T}} \qquad (14.61)$$

$$d_2 = \frac{\ln(S/X) + (r - \sigma^2/2)T}{\sigma\sqrt{T}} = d_1 - \sigma\sqrt{T}$$

式中:$r = \ln(1+i)$ = 连续复利无风险利率;

σ——股票报酬率的标准差;

$N(d_1)$、$N(d_2)$——累积标准正态分布函数。

另外 S——股票的现在价格;

X——股票执行价格;

T——期权的期限;

C——欧式买权的价格。

利用 B-S 模型与欧式买权、卖权的平价关系,可以很容易得出欧式卖权的定价模型,如下:

$$\begin{aligned} P &= C - S + X \cdot e^{-rT} \\ &= S \cdot (N(d_1) - 1) + X \cdot e^{-rT} \cdot (1 - N(d_2)) \\ &= -S \cdot N(-d_1) + X \cdot e^{-rT} \cdot N(-d_2) \end{aligned} \quad (14.62)$$

例 10:假设依据当前的市场资料,得知某三个月期欧式买权的执行价格是 48 元。标的股票的现在价格为 50 元,且其连续报酬率标准差为 25%(以每年计)。连续无风险利率为 5%。问该欧式买权的合理价格是多少?

根据本题已知条件,得:

X = 48 元; S = 50 元; r = 5%; T = 0.25 则:

$$d_1 = \frac{\ln(S/X) + (r + \sigma^2/2)T}{\sigma\sqrt{T}}$$

$$= \frac{\ln(50/28) + (5\% + (25\%)^2/2) \times 0.25}{25\% \sqrt{0.25}} = 0.49$$

$$d_2 = d_1 - \sigma\sqrt{T} = 0.49 - 25\% \times \sqrt{0.25} = 0.37$$

查正态分布表得:

$N(d_1) = 0.6879, N(d_2) = 0.6443$

故该欧式买权的合理价格是:

$C = S \cdot N(d_1) - X \cdot e^{-rT} \cdot N(d_2) = 50 \times 0.6879 - 48 \times e^{-5\% \times 0.25} \times 0.6443 = 3.86(元)$

针对该欧式买权,标的资产股票价格必须上升到 48 + 3.86 = 51.86 元,买权持有者执行期权才能获利。

例 11:假设依据当前的市场资料,得知某六个月期欧式卖权的执行价格是 105 元。标的股票的现在价格为 100 元,且其连续报酬率标准差为 30%(以每年计)。连续无风险利率为 5%。问该欧式卖权的合理价格是多少?

解答:根据本题已知条件,得:

X = 105 元; S = 100 元; r = 5%; T = 0.5 则:

$$d_1 = \frac{\ln(S/X) + (r + \sigma^2/2)T}{\sigma\sqrt{T}}$$

$$= \frac{\ln(100/105) + (5\% + (30\%)^2/2) \times 0.5}{30\% \sqrt{0.5}} = -0.01$$

$$d_2 = d_1 - \delta\sqrt{T} = -0.01 - 30\% \times \sqrt{0.5} = -0.21$$

查正态分布表得：

$N(d_1) = 0.5040, N(d_2) = 0.5832$

故该欧式卖权的合理价格是：

$$P = -S \cdot N(-d_1) + X \cdot e^{-rT} \cdot N(-d_2) = -100 \times 0.5040 + 105 \times e^{-5\% \times 0.5} \times 0.5932$$
$$= 9.32(元)$$

针对该欧式卖权，标的资产股票价格必须下降到低于 $105 - 9.32 = 95.68$ 元，卖权持有者执行期权才能获利。

二、支付红利的欧式期权定价模型

使用以上欧式期权定价模型时必须注意标的资产股票是不支付红利的。若有红利发放，欧式期权定价模型需要进行调整，因为影响期权价值的重要因素是标的资产的价格。股利的发放将使股价在股权登记日后下降并近似等于股利发放金额。所以在运用 B-S 模型时，股价必须对股利发放进行调整。也就是说，股价的输入资料应为股票的现在市价减掉到期日之前所有的股利分发的现值。

基于以上陈述，显然支付红利的欧式期权定价模型与不支付红利的欧式期权定价模型基本一样，只是对股票的现在市价要进行调整。因此具体的模型没有再重复写出来，而是用一个例子来说明。

例 12：假设依据当前的市场资料，得知某 6 个月期欧式买权的执行价格是 62 元。标的股票的现在价格为 65 元，经股利调整后的标准差为 25%（以每年计）。连续无风险利率为 5%。已知在未来一个月及四个月，该股票将发放股利分别为每股 0.8 元及 0.7 元。问该欧式买权的合理价格是多少？

首先，我们对股价进行调整：

股利的现值为 $D = 0.8 \times e^{-5\% \times 1/12} + 0.7 \times e^{-5\% \times 4/12} = 1.485(元)$

根据本题已知条件，得：

$X = 62$ 元; $S = 65 - 1.485 = 63.515$ 元; $r = 5\%$; $T = 0.5$。

$$d_1 = \frac{\ln(S/X) + (r + \sigma^2/2)T}{\sigma\sqrt{T}}$$

$$= \frac{\ln(63.515/62) + (5\% + (20\%)^2/2) \times 0.5}{20\%\sqrt{0.5}} = 0.42$$

$$d_2 = d_1 - \sigma\sqrt{T} = 0.42 - 20\% \times \sqrt{0.5} = 0.28$$

查正态分布表得：

$N(d_1) = 0.6628, N(d_2) = 0.6013$

故该欧式卖权的合理价格是：

$$C = S \cdot N(d_1) - X \cdot e^{-rT} \cdot N(d_2) = 63.515 \times 0.66280 - 62 \times e^{-5\% \times 0.5} \times 0.6013 = 5.19(元)$$

针对该欧式买权，标的资产股票价格必须上升到 $62 + 5.19 = 67.19$ 元，买权持有者执行期权才能获利。

注意：在股利发放的情况下，B-S 公式内的股票标准差一般都用以下公式进行近似计算：

$$\sigma^* = \frac{S}{S-D} \cdot \sigma \quad (14.63)$$

式中，D——所发放的股利现值；

σ——未发放股利时的标准差；

σ^*——未发放股利后的标准差。

在上例中，假设标准差 $\sigma = 19.54\%$，经股利调整后的标准差为：

$$\sigma^* = \frac{65}{65-1.475} \times 19.54\% = 20\%$$

三、美式期权定价模型

就美式期权而言，股利的发放会促使持有者于到期日前提前执行权力。B-S 欧式期权定价模型不适用于这种有提前执行可能性的美式期权。不过 Black-Scholes 就美式期权提供了一种近似估值方法。

针对上面的例子，将欧式买权资料改成美式买权，说明美式买权的估值步骤。

（1）以最后一个股利支付日当做欧式买权的到期日。故这一期权的期限是 T = 4/12，而且该欧式买权只有在未来一个月支付股利 0.8 元。此外，该欧式买权的其他因素与美式买权的因素相同。

根据本题已知条件，得：

X = 62 元；S = 65 − 0.8 × $e^{-5\% \times 1/12}$ = 64.20 元；r = 5%；T = 0.5。

利用 B-S 模型计算该欧式买权的价格

$$d_1 = \frac{\ln(S/X) + (r + \sigma^2/2)T}{\sigma\sqrt{T}}$$

$$= \frac{\ln(64.20/62) + (5\% + (20\%)^2/2) \times 4/12}{20\% \sqrt{4/12}} = 0.50$$

$d_2 = d_1 - \sigma\sqrt{T} = 0.50 - 20\% \times \sqrt{4/12} = 0.38$

查正态分布表得：

$N(d_1) = 0.6915, N(d_2) = 0.6480$

故该欧式卖权的合理价格是：

$C = S \cdot N(d_1) - X \cdot e^{-rT} \cdot N(d_2) = 64.20 \times 0.6915 - 62 \times e^{-5\% \times 4/12} \times 0.6480 = 4.88$（元）

（2）然后，将原来的美式买权视为欧式买权。计算此欧式买权的合理价格。

X = 62 元；S = 65 − 1.485 = 63.515 元；r = 5%；T = 0.5。

由前例已计算出欧式买权的价格为 5.19 元。

（3）该美式买权的近似值应为上面两欧式买权价格的较大者：

C ≈ max(4.88, 5.19) = 5.19 元

若标的股票会于未来一个月及四个月支付股利，则以该标的股票为主所发行的六个月

美式期权买权的合理价格大约是5.19元。

复习思考题

1. 金融资产市场价值与内在价值的关系体现在哪些方面？
2. 请简述如何利用利率期限结构理论预测及其利率的基本步骤。
3. 假设发行一种期限为20年,面值为1 000元,息票利率为10%,每年付息一次的债券,其到期收益率为9%。投资者A购买了该债券,其投资规划是持有该债券三年后出售,因此投资者A会关心持有该债券2年间的总收益情况。3年后债券的期限还有17年,分析预测3年后期限还有17年的该债券的到期收益率为8%,3年间支付的息票利息可以以7%的利率进行短期债券投资。针对该情况,用水平分析模型分析持有该债券3年的实际收益率。
4. 依据本章的条件,推导公式 $i_e = \dfrac{D}{V_0(1-\rho_e)}$。
5. 依据本章的条件,推导公式 $V_0(1-\rho_e) = \dfrac{D(1+g)}{i_e - g}$。
6. 请简述证券市场线中的α系数的含义,并说明如何利用α系数进行证券分析。
7. 请简述证券市场线中的β系数的含义,并说明如何利用β系数对证券资产进行分类。
8. 请说明股票市场在大市趋势分别处于熊市、牛市时,投资者应该选择怎样的β系数证券？
9. 请就证券市场中的某一股票或某一股票组合与市场组合进行回归分析,并解释回归结果。
10. 什么是市盈率？
11. 静态市盈率与动态市盈率有什么区别？
12. 加权平均市盈率是什么？如何利用加权平均市盈率估计首次发行股票的价格。
13. 请简述不支付红利欧式期权与支付红利欧式期权在进行资产定价时的区别。
14. 请简述欧式期权与美式期权的区别？

参 考 文 献

1. 〔美〕滋维·博迪:《投资学》第七版,机械工业出版社 2009 年版。
2. 〔美〕哈里·马柯维茨著:《资产选择:投资的有效分散化》,首都经济贸易大学出版社 2002 年版。
3. 刘德红:《股票投资技术分析》,经济管理出版社 2004 年版。
4. 〔美〕迈克尔·C·托姆塞特:《利用基本面分析在股市获利》,中国青年出版社 2007 年版。
5. 高翔、左晨光:《股票投资分析与策略》,经济管理出版社 2008 年版。
6. 〔美〕帕特·多尔西:《股市真规则》,中信出版社 2006 年版。
7. 中国证券业协会:《证券投资分析》,中国财政经济出版社 2009 年版。
8. 吴晓求:《证券投资分析》,中国人民大学出版社 2001 年版。
9. 赵锡军、李向科:《证券投资分析》,中国金融出版社 2003 年版。
10. 张伟:《投资规划》,中国金融出版社 2006 年版。
11. 杨老金、邹照洪:《投资规划》,经济管理出版社 2007 年版。
12. 张旺军:《投资理财——个人理财规划指南》,科学出版社 2008 年版。
13. 徐国祥:《证券投资分析》,科学出版社 2006 年版。
14. 中国金融教育发展基金会金融理财师标准委员会:《投资规划》,中信出版社 2004 年版。
15. 李向科编著:《证券投资技术分析》第三版,中国人民大学出版社 2008 年版。
16. 〔美〕本杰明·格雷厄姆著,丘巍、李春荣译:《证券分析》,海南出版社 1999 年版。
17. 〔美〕罗伯特·爱德华著,李诗林译:《股市趋势技术分析(第 8 版)》,东方出版社 2004 年版。
18. 高翔、左晨光编著:《股票投资分析与策略》,经济管理出版社 2008 年版。
19. 〔美〕威廉·彼德·汉密尔顿著:《股市晴雨表》,海南出版社 1999 年版。
20. 〔美〕菲利普·A·费舍著:《怎样选择成长股》,海南出版社 1999 年版。
21. 杨基鸿著:《股票操作大全》,广东经济出版社 1998 年版。
22. 许沂光著:《风险投资实用分析技巧》,中华工商联合出版社 2004 年版。
23. 程峰著:《股票技术分析实战傻瓜书》,广东经济出版社 2000 年版。
24. 张卫星著:《三线开花》,中华工商联合出版社 2001 年版。
25. 杨基鸿著:《价量经典》,广东经济出版社 2001 年版。
26. 冯钢、祖良著:《技术分析精解与实战操作》,海南出版社 2007 年版。

27. 黎航编著：《股市操练大全》，一册、二册、三册、四册，上海三联书店2006年版。
28. 赵涛编著：《新编股票操作学全书》，立信会计出版社2010年版。
29. 一舟、金石著：《投资分析指导与操盘技术提高》，中国计量出版社2009年版。
30. 一舟著：《价量关系实战技术精要》，地震出版社2005年版。
31. 〔美〕马丁·丁·普林洛编著：《技术分析精论》，经济科学出版社2001年版。
32. 汪勇编著：《图解证券技术分析》，上海交通大学出版社2001年版。
33. 陈蓉编著：《股市技术分析实战操练大全》，中信出版社2008年版。
34. 章劼编著：《股指期货全攻略——一周通》，上海财经大学出版社2000年版。
35. 尹红、胡红霞：《股市技术分析实战全书》，经济管理出版社2007年版。
36. 夏俊、丁涛著：《看盘与操盘技巧》，海南出版社2007年版。
37. 〔美〕史蒂夫·尼森著，台湾寰宇证券投资顾问公司译，《股票K线战法》，宇航出版社1999年版。
38. 范江京编著：《实战看盘》，中国宇航出版社2009年版。
39. 雪峰著：《股市技术分析实战技法全新版》，地震出版社2004年版。
40. 陆剑清主编：《现代投资心理学》，首都经济贸易大学出版社2009年版。
41. 陆剑清主编：《行为金融学》，立信会计出版社2009年版。
42. 李国平著：《行为金融学》，北京大学出版社2006年版。
43. 陈野华著：《行为金融学》，西南财经大学出版社2006年版。
44. 林国春、段文斌主编：《行为金融学及博弈论应用》，南开大学出版社2006年版。
45. 约翰·诺夫辛格著（赖晓鹏，张瑞卿译）：《投资中的心理学》，中国人民大学出版社2008年版。
46. 陆剑清、马胜祥、彭贺、李同庆编著：《投资心理学》，东北财经大学出版社2000年版。
47. 易宪容、赵春明主编：《行为金融学》，社会科学文献出版社2004年版。
48. 徐晓斌著：《金融高风险市场的人性弱点》，中国经济出版社2005年版。
49. 王虎峰著：《观念与财富》，东方出版社2001年版。
50. 宫玉松著：《投资与投机——机构投资者投资行为研究》，中国金融出版社2004年版。
51. 杨朝军主编：《金融投资风格与策略》，中国金融出版社2005年版。
52. 章 劼、艾正家主编：《证券投资学》，复旦大学出版社2006年版。
53. 张鸣主编：《投资管理》，东北财经大学出版社2006年版。
54. 陈松男著：《投资学》，复旦大学出版社2002年版。
55. 黄渝祥、邢爱芳：《工程经济学》，同济大学出版社2005年版。
56. 杨长汉：《西方证券投资理论演变与述评》，经济管理出版社2010年版。
57. 〔美〕格雷厄姆：《聪明的投资者》，江苏人民出版社1999年版。
58. 〔美〕怀特曼：《价值投资：一种平衡的分析方法》，机械工业出版社2001年版。

图书在版编目(CIP)数据

金融投资分析技术与技巧/欧阳莹,章劼主编.—上海:复旦大学出版社,
2011.1(2021.9重印)
普通院校金融理财系列教材
金融理财师(AFP)资格认证培训教材
ISBN 978-7-309-07747-6

Ⅰ.金… Ⅱ.①欧…②章… Ⅲ.金融投资-经济师-资格考核-教材 Ⅳ.F830.59

中国版本图书馆 CIP 数据核字(2010)第 240240 号

金融投资分析技术与技巧
欧阳莹 章 劼 主编
责任编辑/王联合 张咏梅

复旦大学出版社有限公司出版发行
上海市国权路 579 号 邮编:200433
网址:fupnet@fudanpress.com http://www.fudanpress.com
门市零售:86-21-65102580 团体订购:86-21-65104505
出版部电话:86-21-65642845
常熟市华顺印刷有限公司

开本 787×1092 1/16 印张 29 字数 636 千
2021 年 9 月第 1 版第 7 次印刷
印数 14 101—15 200

ISBN 978-7-309-07747-6/F·1653
定价:49.00 元

如有印装质量问题,请向复旦大学出版社有限公司出版部调换。
版权所有 侵权必究